KB274302

석명권의 역사

변론주의와 석명권의 역사적 고찰

석명권의 역사

김 영 지음

釋明權

한국학술정보(주)

머 리 말

　변론주의가 지배하는 민사소송에서 석명권은 변론주의의 완전한 실현을 위해 법관이 행사할 수 있는 중요한 소송상의 권한이자 의무이다. 법관의 석명권은 사실관계에 좀 더 밀착해서 소송관계를 분명히 함으로써 소송의 진행이 겉돌지 않도록 한다. 그래서 법관의 석명권은 민사소송에서 Magna Carta로 표현되기도 한다. 석명권은 민사소송을 이해하는 훌륭한 관점이라는 데 큰 이견이 없을 것이다.

　그런데 실제 민사소송에서 법관이 어떤 상황에서 어떠한 수준으로 석명권을 행사하여야 하는지에 대한 명확한 기준을 찾기 어려웠다. 석명권 행사상황과 행사기준에 대한 이론적인 논의가 그동안 없거나 부족한 것은 아니었다. 이에 대한 학설과 판례의 일반적인 논의는 활발히 전개되어 왔다. 이런 상황에서 이 책은 석명권 행사의 기준에 관한 논의를 종래 횡적이고 단면적인 관점에서 종적이고 역사적인 관점으로 전환하는 시도를 하였다. 민사소송을 이끌어 가는 변론주의라는 대원칙과 그 보완원리로서 석명권이 민사소송법의 역사 속에서 시기마다 어떻게 정립되고 전개되어 왔는지를 살펴보기 위해 저자는 일정한 시대구분을 시도하고자 한다. 이 경우 민사소송법의 역사를 의미 있게 나누는 기준을 어떻게 설정하느냐가 문제될 수 있는데 이 기준으로서 민사소송에서의 변론주의와 석명권의 의미 있는 변화를 시대구분의 한 기준으로 삼아 보았다. 그리하여 민사 소송법의 역사를 크게 다섯 개의 시대로 나누어 각 시대마다 법률의 규정, 문헌의 태도, 그리고 이 시기를 반영하는 석명 판례를 고찰함으로써 각 시대의 유의미한 특징을 찾아보고자 하였다. 이를 통해 법관의 석명권이 구체적인 역사적 조건하에서 어떻게 행사되는지를 살펴 석명권의 바람직한 정립을 시도해 보고자 하였다.

그렇지만 이런 저자의 바람은 능력의 부족으로 정밀하게 추구되지 못했음을 밝힌다. 단지 인위적으로 구분된 시대에 대한 사실적인 정리에 그치고 말아 특정 시기에서 변론주의와 석명권의 동적인 특성을 찾아보고자 한 시도는 부족하였음을 밝힌다. 다만 이 책을 통해 민사소송법의 역사를 단지 개정과정을 통해 설명하는 기존의 방식을 벗어나 저자 나름의 기준을 가지고 시대구분을 시도해 보았다는 점과 그 역사적 시기에서 법령과 문헌 그리고 석명판례를 각각 정리해 보았다는 점이 이 책의 특징이라고 할 수 있다. 특히 석명판례는 단순히 판시사항의 나열에 그치지 않고 그 석명권이 행사되는 상황을 분석하기 위해 판례의 사실관계와 법률관계를 재정리해 보고자 하였다. 이를 통해 법관의 석명권이 다분히 역사적·동적 성격을 지니고 있다는 사실을 밝혀 보았다. 평면적인 이 책을 통해 각 시기마다의 석명권을 입체적으로 인식할 수 있는 현명한 독자라면 석명권은 변론주의와 긴밀한 관련성을 가지고 있음을 깨달을 수 있을 것이다. 더불어 이 책은 석명권에 대한 역사적인 전개과정을 밝히고 이를 통해 석명권의 유형화의 단서를 찾을 수 있게 하였다.

이런 결과는 저자의 또 다른 석명권에 관한 저서인 '법관의 석명권'에서 확인할 수 있음을 말씀드린다.

　아무쪼록 이 책이 민사소송에서 당사자와 법관의 소통구조로서 석명권에 대한 이해를 위해 작은 보탬이 되었으면 하는 바람이다. 끝으로 이 책이 나오기까지 아낌없는 성원을 보내 주신 한국학술정보(주) 채종준 대표와 편집과 출판을 위해 수고해 주신 문진현 님께 감사의 인사를 드린다.

2010년 2월

김영

목 차

제3장 1970년대와 1980년대의 辯論主義와 釋明權 / 139

제4장 1990년 이후 2002년까지 辯論主義와 釋明權 / 213

제 1 장

1945년부터 1960년까지의
辯論主義와 釋明權

Ⅰ. 法律의 規定

이 시기 일본의 지배로부터 해방되어 독립국가가 되었지만 아직 독립된 민사소송법을 제정하지 못한 상태에서 일본 식민시대에 적용되던 법률이 계속 그 효력을 발휘하고 있었다(헌법 부칙 100조, 군정법령 제21호 중 민사소송절차에 관한 규정). 일본 식민시대 조선 민사령(제16조 내지 제72조) 중 민사소송절차에 관한 규정에 의해 부분적으로 의용되던 일본국 민사소송법이 의용의 근거만 바뀌었을 뿐 계속 그 효력을 발생하고 있었다는 사실은 변함이 없었다.

일본국 민사소송법은 1877년 독일 민사소송법(Zivilprozessordnung)을 모방한 것인데 이 독일 민사소송법은 1793년의 프로이센 민사소송법에 대한 반성적 고려에서 변론주의를 철저히 도입한 입법이었다. 주지하다시피 1793년 프로이센 민사소송법은 소송의 사명이 법률질서의 유지이고 진실한 사실관계를 명확히 밝히는 것이 소송의 목적이라는 생각에서 직권주의를 강조한 입법이었다. 그러나 이 프로이센 민사소송법은 진실발견을 위한 법원의 주도적인 노력은 불가능하고 법원의 주도적인 진행은 당사자에게 편파적인 재판이라는 비난을 받게 되어 그 신용을 잃게 되어 결국 1833과 1846년의 칙령에 의해 새로이 변론주의가 수용되게 되었다. 이런 시대적인 상황에서 1877년의 독일 민사소송법이 제정되었기 때문에 이 독일 민사소송법은 프로이센 소송법의 폐단을 제거한다는 의미에서 변론주의를 철저히 하고 민사소송을 법원 앞에서의 결투를 위한 규칙이라 생각하고 이 결투를 어떻게 해 나가느냐는 오로지 당사자의 기술에 의하고 법원은 이 결투규칙이 과연 준수되고 있는

가를 감독하면 충분하다고 보았다.[1]

　이런 입장에서 제정된 1877년 독일 민사소송법이 일본국의 1890년(明治 23年) 민사소송법 모법이었고 해방 후에 대한민국의 민사소송법이 제정되기 전까지 일본국 민사소송법이 계속 의용되었던 것이다. 1890년 일본국 민사소송법은 1926년(大正 15年) 개정되었는데 이때 종전의 의무형식으로 규정되었던 법관의 석명규정(제112조)이 법원의 권리형식으로 바뀌었고(제127조 제1항) 구 민사소송법 제112조 제2항은 삭제되었다. 종전 의무형식의 석명규정이 변론주의를 제한한다는 점을 고려한 개정이었다고 설명한다.[2] 일본국 민사소송법 중 변론주의와 석명권에 관련되는 조문은 다음과 같다.

제118조 소송비용을 지불할 자력이 없는 자는 재판소에 소송상의 구조를 신청할 수 있다. 단, 승소의 가망이 없으면 예외로 한다.

제119조 소송상 구조는 각 심에 구조사유를 소명하여야 한다.

제120조 소송과 강제집행에 대한 소송상의 구조는 다음과 같을 때 효력이 있다.

　1. 재판비용 지불의 유예

　2. 집달리 보수와 법원에서 부첨을 명한 변호사의 보수, 그리고 입체금 지불의 유예

　3. 소송비용 담보의 면제

---

1) 李英燮, "辯論主義의 宿命", 法曹 제1권 제1호(1949. 4.), 법조협회, 49－51면; 胡文赫, "民事訴訟에 있어서의 理念과 辯論主義에 관한 硏究", 서울대학교 法學 제30권 3・4호(1989), 222－223면.

2) 변경 전후 조문의 내용과 입법이유에 대해서는 김영, "法官의 釋明權에 관한 硏究", 서울대 법학박사 학위논문(2008. 2.), 17－18면 참조.

제121조 소송상의 구조는 이를 받은 자에 한하여 효력이 있다. 재판소는 소송승계인에 대하여 유예한 비용의 지불을 명할 수 있다.

제122조 소송상 구조를 받은 자가 소송비용을 지불할 자력이 있음이 판명되거나 자력이 있게 된 때에는 소송기록 있는 재판소는 직권 또는 이해관계인의 신청에 의하여 언제든지 그 구조를 취소하고 유예한 소송비용의 지불을 명할 수 있다.

제123조 소송상의 구조를 받은 자에게 지불을 유예한 비용은 그 부담의 재판을 받은 상대방으로부터 직접 취립할 수 있다. 전항의 경우에 변호사 또는 집달리는 소송상의 구조를 받을 자의 채무명의에 의하여 보수와 입체금에 관한 비용액을 정하는 신청과 강제집행을 할 수 있다. 변호사 또는 집달리는 보수와 입체금에 대하여 당사자를 대신하여 제103조 또는 제104조의 결정신청을 할 수 있다.

제124조 본 절에 규정한 재판에 대해서는 즉시항고를 할 수 있다.

제127조 재판장은 소송관계를 명료하게 하기 위하여 사실상 및 법률상의 사항에 관하여 당사자에 대하여 질문을 하고 또는 입증을 촉구할 수 있다. 배석판사는 재판장에게 고하여 전항에 규정한 처치를 할 수 있다. 당사자는 재판장에게 대하여 필요한 발문을 청구할 수 있다.

제128조 재판장은 전조의 규정에 의하여 당사자로 하여금 석명할 사항을 지시하고 구두변론기일 전 준비를 할 것을 명할 수 있다.

제129조 당사자가 변론의 지휘에 관한 재판장의 명령 또는 제127조 혹은 전조의 규정에 의한 재판장 혹은 재석판사의 처치에 대하여

이의를 진술하였을 때는 재판소는 결정으로써 그 이의에 대하여 재판을 한다.

제131조 재판소는 소송관계를 명료하게 하기 위하여 아래의 처분을 할 수 있다. (1) 당사자본인 또는 그의 법정대리인의 출두를 명하는 것, (2) 소송서류 또는 소송에 있어서 인용한 문서 기타의 물건으로서 당사자가 소지하고 있는 것을 제출하는 것, (3) 당사자 또는 제3자의 제출한 문서기타의 물건을 재판소에 유치하는 것, (4) 검증을 하고 또는 감정을 명하는 것, (5) 필요한 조사를 촉탁하는 것, 전항에 규정한 검증, 감정 및 조사의 촉탁에 대해서는 증거조사에 관한 규정을 준용한다.

제135조 재판소는 소송관계를 명료하게 하기 위하여 필요한 진술을 할 수 없는 당사자, 대리인 또는 보좌인의 진술을 금하고 변론속행을 위하여 신기일을 정할 수 있다. 소송대리인의 진술을 금하고 또는 변호사의 부첨(附添)을 명할 수 있다. 소송대리인의 진술을 금하고 또는 변호사의 부첨을 명하였을 때는 본인에게 그 취지를 통지하여야 한다.

제136조 재판소는 소송이 여하한 정도에 있음을 불문하고 화해를 시도하고 또는 수명판사 혹은 수탁판사로 하여금 이를 시도하게 할 수 있다. 재판소 또는 수명판사 혹은 수탁판사는 화해를 위하여 당사자 본인 또는 그 법정대리인의 출두를 명할 수 있다.

제139조 당사자가 고의 또는 중대한 과실로 인하여 시기에 늦어서 제출한 공격 또는 방어의 방법은 이로 인하여 소송의 완결을 지연하게 할 것이라고 인정한 때는 재판소는 신립(申立)에 의하여 또는 직권

으로써 각하의 결정을 할 수 있다. 공격 또는 방어의 방법으로서 그 취지가 명료치 못한 것에 대하여 당사자가 필요한 석명을 아니 하고 또는 석명을 할 기일에 출석하지 않을 때도 또한 전항과 같다.

제140조 당사자가 구두변론에서 상대방의 주장한 사실을 명확히 다투지 않는 때에는 그 사실을 자백한 것으로 간주한다. 단 변론의 전 취지에 의하여 그 사실을 다툰 것으로 인정할 경우는 그렇지 아니한다. 상대방의 주장한 사실을 모른다는 취지의 진술을 한 자는 그 사실을 다툰 것으로 추정한다.

제186조 재판소는 당사자의 신립하지 않은 사항에 대하여 판결을 할 수 없다.

제191조 ② 사실 및 쟁점의 기재는 구두변론에 있어서 당사자의 진술에 기하여 요령(要領)을 적시하여 이를 하여야 한다.

제255조 조서 또는 이에 대신할 준비서면에 기재하지 않은 사항은 구두변론에 있어서 이를 주장할 수 없다. 단 그 사실이 재판소가 직권으로써 조사할 것인 때, 현저히 소송을 지체시키지 않을 때, 또는 중대한 과실 없이 준비수속에 있어서 이를 제출하기 불능하였다는 것을 소명한 때는 차한(此限)에 부재한다. 전항 단서의 규정은 제247조 규정의 적용을 방해하지 아니한다. 소장 또는 준비수속 전에 제출한 준비서면에 기재한 사항은 조서 또는 이에 대신할 준비서면에 기재하지 않은 것이라 할지라도 구두변론에 있어서 이를 주장하는 것은 무방하다.

제256조 제126조 내지 제129조, 제131조, 제133조 내지 제141조 및

제238조의 규정은 준비수속에 이를 준용한다.

제261조 재판소는 당사자의 신립한 증거에 의하여 심증을 얻기 불능한 때, 기타 필요하다고 인정할 때에는 직권으로써 증거조사를 할 수 있다.

제331조 당사자 또는 그 대리인의 고의 또는 중대한 과실로 인하여 사실에 반하여서 문서의 진정을 다툴 때는 재판소는 결정으로써 오백 원 이하의 과태료에 처한다. 이 결정에 대해서는 즉시항고를 할 수 있다. 전항의 경우에 있어서는 문서의 진정을 다투는 당사자 또는 대리인이 소송의 계속 중 그 진정한 것을 인정한 때는 재판소는 사정에 의하여 전항의 결정을 취소할 수 있다.

제339조 선서한 당사자가 허위의 진술을 한 때는 재판소는 결정으로써 오백 원 이하의 과료에 처한다. 이 결정에 대해서는 즉시항고를 할 수 있다. 제331조 제2항의 규정은 전항의 결정에 이를 준용한다.

제385조 제1심판결의 변경은 불복신립의 한도에 있어서만 이를 할 수 있다.

제394조 상고는 판결이 법령에 위배된 것을 이유로 하는 때에 한하여 이를 할 수 있다.

제402조 상고재판소는 상고이유에 기하여 불복의 신립이 있는 한도에서만 조사를 한다.

제405조 제402조 내지 전조의 규정은 재판소가 직권으로써 조사할 사항에 이를 적용하지 않는다.

Ⅱ. 文獻의 立場

1. 訴訟資料의 提出에 대한 當事者의 權能 및 責任 : 辯論主義

(1) 辯論主義의 槪念範圍와 그 認定根據

변론주의(Verhandlungsmaxime)는 판결의 사실자료를 당사자의 책임으로 하고 그에 의하여서만 채용한다는 것을 지칭하는 소송자료 제출의 관점에서 파악하는 입장,[3] 소송의 해결 혹은 심리자료의 수집을 당사자의 권능과 책임으로 할 것을 주장하는 주의로 파악하는 입장[4]이 보인다. 간혹 불간섭 심리주의라는 표현도 확인된다.[5]

그런데 당시 변론주의와 처분권주의 양자의 관계에 대한 오늘날과 같은 명확한 구분을 하지 않는 입장도 확인된다. 예를 들면 변론주의에 소송의 해결을 당사자의 권능과 책임으로 할 것을 주장하는 주의를 포함하면서 변론주의의 결과 당사자가 소송물을 처분할 수 있으므로 소송의 개시진행과 종결을 당사자의 의사에 의존하게 할 것이므로 변론주의는 처분권주의를 포함하는 것이라고 파악하는 입장이[6] 그러한 경우이다. 변론주의를 협의와 광의로 나누어서 광의의 변론주의에는 소송을 판결에 의하지 아니하고 해결하는 권능을 인정하는 처분권주의까지도 포함되는 것으로 소개하는 입장이 있는 것을 보면[7] 당시에는 처분권주의를 당사자의 소송자

---

3) 朴商鎰, 「民事訴訟法」, 국립중앙도서관 디지털자료실, 檀紀 4289(1956), 176면; 兼子一 著, 李祜吉, 「民事訴訟法槪論」, 서울, 世光出版社, 1955, 159면.

4) 方順元, 「民事訴訟法」, 서울, 民衆書館, 1955, 162면.

5) 李英燮, "辯論主義의 宿命", 法曹 제1권 제1호(1949. 4.), 법조협회, 46면.

6) 方順元, 위의 책, 162 - 163면.

료의 제출책임의 문제인 변론주의에 포함시켜 이해하는 입장이 혼재하고 있었다고 할 수 있다.

당시 민사소송에서 변론주의를 채택한 이론적 근거를 살펴보면 사법상의 법률관계에서 권리자가 이를 자유 처분할 수 있으므로 당사자의 분쟁에 있어서 소송자료의 주장과 제출을 각 당사자에게 일임함으로써 가장 용이하고 신속하게 진실을 발견할 수 있다는 점을 근거로 들었다.[8] 민사소송은 현재의 분쟁해결이 목적이고 객관적인 사태의 규명을 목적으로 하는 것이 아니므로 법원이 적극적으로 사안의 탐지에 나서는 것은 오히려 당사자의 기대에 반해 그의 관심을 감쇄시키고 만약 법원이 나서서 완전한 탐지를 못하게 되면 당사자가 편파적이라는 불만을 품게 된다는 점을 지적하는 입장도[9] 위와 비슷하다. 이와 더불어 현실적으로 현재의 재판제도로서는 민사관계에 대한 직권탐지를 기대하기 어려운 점을 들어 당사자의 이익추구를 이용하여 자기 책임하에서 심리에 협력시키는 방안이 효과적인 방법임을 드는 입장도[10] 확인된다.

변론주의에 대한 민사소송법상의 근거를 살펴보면, 당시의 민사소송법은 소송자료의 수집과 제출에 있어 당사자의 권능을 인정하고 동시에 책임을 지우는 변론주의를 일반적으로 채택한 것으로(민사소송법 제140조, 제261조) 여겨진다. 당사자가 소송에서 명백히 다투지 않는 사실은 그대로 사실인정을 하였다는 점(동법 제140조, 제257조)과 법원은 당사자가 신청한 증거에 의해 심증을 얻기 불가

---

7) 兼子一 著, 李祐吉, 위의 책, 159면; 朴商鎰, 위의 책, 176면; 李英燮, 「民事訴訟法」, 正音社, 檀紀4290(1957), 128면; 李英燮, 위의 논문, 47면(여기서 저자는 협의의 변론주의와 처분권주의는 裁判所不干涉主義를 구성한다고 보고 있다.).

8) 方順元, 위의 책, 162면.

9) 朴商鎰, 위의 책, 176면.

10) 兼子一 著, 李祐吉, 위의 책, 159면; 李英燮, 앞의 책, 129면.

능할 때 원칙적으로 직권증거조사를 할 수 있다고 규정한 점(동법 제261조)을 볼 때 명시적으로 밝히지는 않았지만, 당시 민사소송법 은 변론주의를 민사소송의 일반원칙으로 전제하였다고 볼 수 있다.[11]

(2) 辯論主義의 內容

(가) 판결의 기초인 사실, 특히 적용될 법규의 구성요건에 해당하 는 사실(주요사실), 즉 권리 또는 법률관계의 발생·소멸 등의 법률 효과를 판단하는 데 직접 필요한 요건의 존부는 반드시 당사자의 진술을 기다릴 것이며, 변론에 현출되지 않는 한, 가령 증인의 진 술 등에서 사안에 관계있는 것이 판명되더라도 법원은 이것을 기 초로 하여 판결할 수 없다고(제191조 2항) 보았다.[12] 이와 관련하 여 피고가 변제의 항변을 제출하지 아니하였는데 법원이 증인의 공술에 기하여 변제의 효과를 판단할 수는 없다는 예를 소개하고 있다.[13] 단 어떠한 당사자의 진술에 인한 것인가는 불문하며, 또는 주요사실의 존부를 간접으로 추인하는 자료가 되는 사실(증빙)과 같은 것은 반드시 당사자의 진술이 없어도 채용할 수 있다고 보았 다. 이런 취지에서 대금반환청구를 한 원고가 소비대차계약이 성립 한 날짜를 8월 6일이라고 주장한 반면 증인은 8월 1일이라고 진술 하였다면 법원은 8월 1일을 판결의 날짜로 삼을 수 있다고 보았다. 왜냐하면 소비대차계약의 날짜 정도는 소비대차계약의 존부를 추 인하게 하는 간접사실에 불과하기 때문이라고 기술하고 있다.[14] 다

---

11) 岩本勇次郎·三ケ尻好人 共著, 「新民事訴訟法要論(上)」, 巖松堂書店, 1929, 114면.

12) 兼子一 著, 李祐吉, 위의 책, 160면; 朴商鎰, 위의 책, 177면.

13) 朴商鎰, 위의 책, 177면.

14) 李英燮, 앞의 책, 128면.

른 예를 들고 있는 것을 보면 과실이 있었다는 것이 주장되어 있는 경우 법원은 증거조사의 결과로서 과실을 추인할 사실 예컨대 만취했었다는 것을 인정함은 상관이 없다는 기술도 있다.[15]

(나) 소송상 당사자 간에 다툼이 없는 사실은 반드시 그대로 판결의 기초를 삼고, 이것에 대하여 법원이 확신을 얻음을 요하지 않고 이에 반하는 사실인정은 할 수도 없다고(동법 제140조, 제257조) 보았다.

(다) 계쟁사실인정의 증거자료도 또한 당사자의 제출한 증거방법에 한정함을 원칙으로 한다. 단 당시 민사소송법에서는 보충적으로 직권증거조사를 허용하여 예외를 인정하였다(동법 제261조, 336조).

(3) 辯論主義의 適用範圍

변론주의의 지배는 당사자의 이익추구에만 방임하여도 무방한 소송 또는 사항에 한하고[16] 이에 반하여 그 해결 여하가 사회의 공익에 관련된 사건이나 또는 소송제도의 유지에 필요한 사항의 판단에 관해서는 직권탐지주의가 적용된다고 보았다. 직권탐지주의가 적용되는 영역으로는 공익에 관한 사건을 예로 드는데 보통 인사소송, 파산사건(당시 인사소송법 제14조, 파산법 제110조 제2항)을 예시하고 있다.[17] 이 범위에서 당사자는 임의로 사건해결을 꾀할 수 없고(특히 청구의 인락), 또한 당사자의 변론은 직권탐지를 보좌·촉진함에 불과하므로, 자료제출의 지체에 따른 불이익(민사소송법 제139조, 제255조) 등이 면제될 수 있다고 보았다(인사소송

---

15) 朴商鎰, 위의 책, 177면.

16) 朴商鎰, 위의 책, 177면.

17) 方順元, 위의 책, 164면; 李英燮, 앞의 책, 129면.

법 제10조 참조). 더욱 통상의 소에 있어서도 공익에 관한 사항(예
컨대, 치외법권, 전속관할, 제척원인, 중복소송의 금지)에 관해서는
직권탐지가 행해질 수 있다고 본다.

그리고 변론주의는 사실자료에 관해서만 인정되고, 법규의 해석,
법률상의 판단은 법원의 전권에 속하며, 당사자의 진술을 기다리거
나 또는 이에 구속되는 것은 아니라고 보았다(법은 법원이 아는 것
이다[Jura novit curia]).[18]

(4) 辯論主義의 限界

변론주의가 행해진다고 하여서 민사소송은 실질적 진실주의
(Prinzip der materiellen wahrheit)를 채택하지 않고 소위 형식적 진
실(Formelle Wahrheit)에 만족할 것으로 속단하여서는 안 된다고 보
았다. 변론주의의 채용은 민사소송의 성질상 자료의 수집을 당사자
의 책임으로 하는 것이 일반적으로 진실에 이르게 되는 첩경이며
또한 이에 의하여 국가노력의 경감과 당사자의 공평을 꾀할 수 있
다는 고려에 근거한 것이므로 당사자의 태도에 따라서 어떤 경우
에 객관적 사실과 불일치하는 사실을 인정하여 재판의 기초로 삼
는 것은 변태적 현상이며 원래 변론주의가 예기한 바는 아니라는
것이다. 변론주의는 결코 소송상 허위를 진술할 자유를 준 것이 아
니고 도리어 의용 민사소송법 제331조, 제339조의 규정과 공지의
사실에 반하는 자백을 무효로 인정해야 할 필요가 있는 이상, 차라
리 당사자에게 진실의무(Wahreheitspflicht)를 인정할 수 있다는 지
적도 확인된다.[19]

---

18) 兼子一 著, 李祜吉, 위의 책, 160면; 方順元, 위의 책, 163면.
19) 兼子一 著, 李祜吉, 위의 책, 161면. 그러면서 저자는 오스트리아 민사소송법 제187조는

변론주의가 당사자의 책임을 인정하는 것은 당사자의 소송상 자유경쟁을 승인하고, 그 소송추행능력이 완전히 대등한 것을 전제로 하지만 사실상 당사자는 지식경험과 경제력에 있어서 대등한 것이 아니고, 특히 본인소송의 경우에는 충분한 법률적인 변론을 기대하기 어려우므로, 이에 대한 조절은 법원의 후견에 기대하여야 하기 때문에 소송법의 입법상 그리고 해석상 직권주의가 가미되는 것은 당연하다고 보았다. 의무로까지 인정한 석명권의 행사, 변호사의 부첨명령(제135조), 직권증거조사(제261조)와 같은 것은 이런 태도를 반영한 것으로 보았다.[20] 나아가 소송상의 구조제도를 소송 당사자 간의 경제력의 불균형을 시정하기 위한 제도로 본다.

이와 같은 인식에서 당시에 이미 변론주의를 결코 타파할 수 없는(unverbruchlich) 원칙이 아니고 법관의 석명권 행사를 통해 수정될 수 있는 원리로 파악하고 있다는 점이다.[21] 이로부터 변론주의의 가치에 대한 충분한 인식이 당시에 형성되지 않은 것이라고 볼 수도 있다. 문제는 이런 변론주의의 한계 내지 폐해를 법관의 석명권 행사를 통한 직권강화를 통해 해결하고자 한다는 점은 주목해야 할 부분으로 여겨진다. 이 점에 대해서는 평가부분에서 다시 기술하기로 한다.

진실의무를 선언하고 있는 점에서 진보적인 규정이라고 기술하고 있다. 같은 지적으로 方順元, 위의 책, 163면 참조; 李英燮, "辯論主義의 宿命", 法曹 제1권 제1호(1949. 4.), 법조협회, 57면.

20) 兼子一 著, 李祐吉, 위의 책, 161면; 方順元, 위의 책, 164면.

21) 李英燮, 위의 논문, 57면. 저자는 社會的 民事訴訟法을 입법화한 오스트리아의 Franz Klein을 소개하고 있다. 적어도 辯論主義를 만능으로 보고 이를 절대시하는 입장이 이 당시 법률가들(특히 법원의 실무가들)의 일반적인 인식은 아니었음을 확인할 수 있다.

2. 辯論主義의 補完策으로서의 法院의 釋明權

(1) 法院의 訴訟指揮權

이 시기의 문헌은 법관의 석명권을 법원의 소송지휘권 하나로 파악하고 있다. 즉 소송심리를 신속하고 완전히 수행하기 위하여 단지 형식적으로 소송법규에 의거하는 것으로 만족하지 않고, 구체적인 경우에 응해서 적당한 처리를 강구할 필요가 있기 때문에 법원은 부여된 광범한 소송상의 주재권능을 일괄하여 행사하는데 이를 소송지휘권이라 부르기도 하고,[22] 소송절차를 합법적으로 신속·적확하게 진행시키는 목적달성에 진력하는 법원의 지휘적 권한을 말한다는 입장도 있다.[23]

법원의 소송지휘는 종국판결에 이르기까지 심리의 전반에 걸쳐 이루어지는데 특히 현재의 입법경향은 무용하고 복잡한 소송의 단계형식을 폐지하고 사건의 내용에 따른 활기 있는 심판을 시키기 위하여 소송지휘권을 확대·강화하고 있어 소송지휘권은 점점 중요해지고 있고 소송지휘권의 적절한 행사 여부는 소송해결에 중대한 영향을 미치므로, 이것을 담당하는 재판관의 충분한 지식경험에 기대하지 않으면 안 된다는[24] 기술도 확인된다.

소송지휘권은 법원(합의체)에 속하는 것이 원칙이다(민사소송법 제131조 내지 제135조). 특별규정이 있는 경우 재판장이 법원의 발언기관으로서 소송지휘권을 행사하고(동법 제126조 내지 제129조), 또한 수명판사와 수탁판사도 그 수권된 절차에 관해서는 소송지휘

---

22) 兼子一 著, 李祐吉 譯, 「民事訴訟法槪論」, 서울, 世光出版社, 1955, 152면.

23) 方順元, 「民事訴訟法」, 서울, 民衆書館, 1955, 158면.

24) 兼子一 著, 李祐吉 譯, 위의 책, 154면.

권을 갖는다(동법 제152조 제2항, 제256조 등 참조).

(2) 法院의 釋明權을 통한 訴訟指揮

1) 辯論主義의 補完策으로서 法官의 釋明權

이런 법원의 소송지휘권 하나로 법원의 석명권을 예시하는 설명이 이 당시의 문헌에서 확인된다.[25] 그렇지만 일반적으로 석명권은 변론주의가 지배하는 민사소송에서 나타나는 변론주의의 폐해를 시정하기 위한 법원의 조치 중의 하나로 소개된다. 이 시기에도 이와 같은 인식이 명확하게 나타나고 있음을 문헌을 통해 확인할 수 있다. 즉 변론주의를 원칙으로 하는 민사소송에서 재판자료인 사실의 주장과 증거의 제출은 원칙적으로 당사자의 책임이나 이를 심리하는 법원도 당사자의 진술 취지를 명확하게 하여 소송의 전모를 명료하게 하는 것은 적정하고 공평한 재판을 위해 필요한 것으로 보아 법원은 공평하고 합리적인 범위에서 당사자를 유도하여 완전한 변론을 시켜서 간접적으로 자료의 충실에 협력할 책임이 있다고 본다.[26] 나아가 석명권 행사의 합리적인 한도는 변론주의와의 관계에서 상대적이고 시대적인 배경하에서 규정된다고 보아 변론주의의 대전제인 개인의 평등사상이 동요되어 변론주의의 형식적인 준수가 일으키는 폐단이 많아질수록 석명권의 합리적인 행사 범위는 점차 확대되어야 한다고 보는 입장도 등장한다.[27]

---

25) 方順元, 위의 책, 159면; 兼子一 著, 李祐吉 譯, 위의 책, 155면; 李英燮, 위의 논문, 60면.
26) 方順元, 위의 책, 159 - 160면.
27) 李英燮, 앞의 책, 129 - 130면.

2) 釋明權 槪念의 定立

그리하여 민사소송에서 재판의 기초가 되는 사실자료는 변론에 있어서 당사자의 제출을 기다리는 것이 원칙이나 재판을 하는 법원으로서 그 진술의 취지를 확인하고 소송의 전체를 명백히 하는 것은 최소한도의 필요일 뿐 아니라, 당사자가 충분히 변론을 하지 않으면 정정 또는 공정한 해결은 기대할 수 없다고 보면서, 불완전한 심리의 변론주의에 의존하여 함정적인 재판을 하는 것은 부당히 당사자의 이익을 해하고 법원의 위신을 상실시키게 될 것이므로 법원은 변론에 있어서, 당사자에 대하여 법률상 및 사실상의 견지에서 발문하여 그 진술을 해명시키고, 또는 분쟁이 있는 사실에 대하여 심증을 얻지 못할 때에는 거증책임이 있는 당사자에 대하여 입증을 촉진하는 권능을 가지는데 이것을 석명권(Aufklärungsrecht) 또는 발문권(Fragerecht)이라고 부르고 있다(민사소송법 제127조).[28]

3) 釋明權의 內容 및 限界

석명권의 내용은 당사자의 진술 취지를 선해하고 철저하게 하기 위하여 그 모순·흠결·불명확함을 지적하여 이것을 정정·보완하는 기회를 주는 것이다.[29] 나아가 증거방법의 제출을 독촉하거나 또는 상대방에 대하여 그 인정 여부를 묻는 것을 포함한다. 또한 법관은 당사자가 특정의 법률효과를 주장한 경우에 그 요건사실에 대한 진술을 충분히 하게 함을 요한다고 본다.[30]

구체적인 석명권의 행사와 관련하여 관심을 가질 부분은 법관의 석명권 한계이다. 석명권의 한계와 관련하여 일정한 한계를 두려는

---

28) 兼子一 著, 李祜吉 譯, 위의 책, 155－156면.
29) 兼子一 著, 李祜吉 譯, 위의 책, 156면.
30) 方順元, 위의 책, 160면.

입장은 변론주의를 석명권의 한계사유로 본다. 예를 들면 당사자가 전혀 주장하지 않은 공격·방어방법 특히 독립한 항변사실(시효의 원용, 상계, 취소)을 당사자에게 교시하여 그 제출을 권유하는 법원의 조치는 변론주의에 정면으로 모순되어 석명권의 한계를 일탈하게 된다고 보는 입장이 있다.[31]

그렇지만, 당시 문헌을 보면 석명권의 적극적인 행사에 대해서도 긍정하는 입장도 확인된다. 즉 법관은 사건의 타당한 해결을 꾀하기 위하여 화해의 시도를 할 수 있는 것도 고려할 수 있으므로 경우에 따라서는 소송에 의한 법률적 주장 자체에 대해서도 그 청구의 취지 또는 원인의 변경도 시사할 수 있다는 입장도 있다.[32] 나아가 법관의 석명권을 당사자의 부족한 실력을 적극적으로 보충하여 변론주의가 전제하는 개인평등의 믿음을 대수정할 필요가 있다는 입장도 있다. 그리하여 법관은 당사자가 주장하는 어느 법률효과의 법률요건 사실의 존부를 석명한다든지, 혹은 법률적 주장에 관하여 청구취지나 청구원인의 변경시사까지도 석명권의 합리적인 행사방법으로서 가능하다는 것이다.[33]

그렇지만 이런 석명권의 행사에는 일정한 제한이 필요하다는 입장 역시 존재한다. 즉 동일한 사실관계에서 단순한 법률상 의견의 변경이 아닌 경우에는 당사자의 주장이 없이는 법원이 마음대로 원고에게 유리한 청구원인변경을 할 수 없다는 것이다. 즉 석명권은 구체적 소송관계에서 당사자의 진술에 의심이 있을 때 이 경우에 한해서 필요한 것이므로 당사자가 전연 주장을 하지 않은 사실

---

31) 方順元, 위의 책, 160면.
32) 兼子一 著, 李祐吉 譯, 위의 책, 156-157면.
33) 李英燮, 앞의 책, 129-130면.

을 발문하여 이에 대해 유인해서는 안 된다고 보았다.[34]

4) 釋明權의 行使

(가) 釋明權 行使가 法官의 裁量 또는 義務인지 여부

석명권의 행사는 법원이 스스로 소송자료를 탐지·수집하는 것은 아니나, 공평 또는 합리적인 범위 내에서 당사자를 친절히 유도하여 그 변론의 완벽을 기하고 간접적으로 소송자료의 충실에 협력할 것을 의미하며, 이것은 다른 면에서 볼 때는 당사자에 대한 법원의 직책이라고도 할 수 있다(따라서 석명의무의 명칭도 있다. 단 석명의 권능도 책임과의 범위는 반드시 일치하지 않으면 아니 되는 것은 아니다.). 이에 대한 행사를 태만히 하고 또는 잘못 행사한 때에는 심리의 부진 내지 미진이 되어, 사실확정 절차의 위반으로서(민사소송법 제394조, 제403조 참조) 판결에 대한 상고이유가 된다.[35]

(나) 本人訴訟과 辯護士 代理訴訟에서 釋明權 行使의 水準

본인이 직접 소송을 진행하는가 아니면 변호사가 선임되어 소송대리를 하는가에 따라 법관의 석명권 행사에 있어 차이가 있을 수 있는지에 대한 논의는 발견되지 않는다. 변론주의는 당사자의 평등을 전제로 한 것인데 불비한 당사자의 실력을 법관이 석명권 행사를 통해 보충하는 것으로 이해한다면[36] 당사자의 실력에 있어 차이가 나타날 수밖에 없는 본인소송의 경우 법관이 보다 적극적으

---

34) 李英燮, 위의 논문, 61－62면. 이는 독일의 Stein Jonas의 견해이기도 한데 저자는 이를 인용하고 있다. 이미 이 당시 독일 민사소송법의 영향이 실무계에 미치고 있었음을 알 수 있게 한다.

35) 兼子一 著, 李祐吉 譯, 위의 책, 156면; 朴商鎰, 위의 책, 176면; 方順元, 위의 책, 160면; 李英燮, 위의 논문, 60면. 대법원 1960. 1. 14. 선고 4292민상493 판결(대법원판례집 제8권 민사 7면).

36) 李英燮, 앞의 책, 130면.

로 관여할 수 있다는 결론에 이를 것임을 짐작할 수는 있겠다.

다만 판례는 당사자의 지식경험이나 경제력에 있어서 대등하지 않고 특히 법률지식이 없는 본인소송에 있어서는 충분한 법률상의 변론을 기대할 수 없으므로 민사소송법은 석명권의 행사규정을 두어 이를 조절하게 한 것이라고 판시한 것이 있다.[37] 즉 판례가 법관의 석명권 행사를 당사자의 변론능력을 조절하기 위한 수단으로 이해했다는 점은 이미 이 시기에 석명권에 일종의 당사자 능력 보상적 기능(kompensatorishe Funktion)이 있다는 점을 밝혔다는 점에서 주목할 만하다. 이후 이 판결의 영향을 고찰해 볼 필요가 있다.

(다) 釋明權의 訴訟節次上 行使方法

석명권은 주로 재판장이 대표하여 이것을 행사하지만(민사소송법 제127조 제1항), 배석판사도 필요가 있으면 재판장에게 알리고 이것을 행사할 수 있다(제2항). 당사자는 상대방의 진술의 취지를 확실히 하기 위하여 직접 발문할 수는 없으나, 재판장에게 그 취지의 발문을 요구할 수 있다. 이를 당사자의 구문권이라 한다(동 조 제3항). 또한 재판장은 변론기일 전에 미리 석명사항을 지시하여 다음 기일에 있어서의 진술 준비를 명할 수 있다(동법 제128조, 제139조 제2항). 이러한 재판장 또는 배석판사의 조치에 대해서 당사자가 이의 있을 때에는 법원이 결정으로 그 태도를 명백히 한다(동법 129조). 준비절차에 있어서는 수명판사가 석명권을 행사한다(동법 제256조).

석명권의 행사 이외에 법원은 사안을 명료하게 하기 위하여 민사소송법 제131조 소정의 조치를 취할 수 있다. 예컨대 소송대리인

---

37) 대법원 1959. 7. 2. 선고 4291민상336 판결. 대법원 판결집 제7권(1959), 137 – 140면.

이 있는 경우에 당사자 본인의 석명을 청취하기 위하여 그 출석을
명하고, 또는 주장된 계약의 취지를 알기 위하여 인용한 계약서의
제출을 명하고, 또는 사안의 이해를 돕기 위하여 감정인의 설명을
구함과 같다. 단 이러한 조치의 목적은 계쟁사실에 대하여 심증을
얻으려는 데 있는 것이 아니므로, 본래의 증거조사가 아니다(제131
조 제2항 참조). 단 본조에 의한 감정과 검증의 결과는 동시에 증
거자료로서 사용할 것을 방해하지 않는다고 할 것이다.[38]

3. 기타 辯論主義의 制限 내지 補完策

(1) 職權探知主義 및 職權調査事項

직권탐지주의(Untersuchungsmaxime)라 함은 변론주의에 대하여,
당사자의 태도 여하에 불구하고 법원이 판결의 기초자료를 적극적
으로 수집하는 것, 다시 말해 법원이 직권으로써 사실의 탐지 및
증거조사를 행하는 주의를 말한다.[39] 사회의 공익에 관한 사건, 예
컨대 인사소송, 파산사건 등 특수한 수속에 대해서는 이 방식에 의
해 행하여진다(인사소송법 제12조, 제37조, 파산법 제110조 제2항).
이 범위에서 당사자는 임의로 사건해결을 꾀할 수 없는데 특히 청
구의 인락과 같은 소송물의 처분을 할 수 없다. 또한 당사자의 변
론은 직권탐지를 보좌·촉진함에 불과하므로, 자료 지체의 불이익
(민사소송법 제139조, 제255조) 등이 면제된다. 더욱 통상의 소에
있어서는 공익에 관한 사항, 예컨대 치외법권, 전속관할, 제척원인,

---

38) 兼子一 著, 李祐吉 譯, 위의 책, 157면.
39) 兼子一 著, 李祐吉 譯, 위의 책, 157면.

이중(중복)소송의 금지에 관해서는 직권탐지가 행하여지며, 또 현행법상의 증거조사는 보충적으로 직권으로도 할 수 있도록 하였다(동법 제261조, 제336조).[40]

법원의 직권조사라 함은 소송상의 사항, 주로 소송요건과 개개의 소송행위 적법요건 존부에 대하여 당사자가 항변(예컨대 방소항변)과 이의 등에 의하여 지적함을 기다리지 않고 또는 당사자 간에 다툼이 없음에도 불구하고 법원이 항상 고려하여 판단한 후 상당한 처치를 취할 수 있음을 의미하고, 그와 같은 사항을 직권조사사항이라 한다. 예컨대, 관할권, 당사자 능력, 소송능력, 대리권, 소의 병합요건, 소권의 존부 등의 소송요건, 강행법규의 준수 여부, 불변기간의 준수 등이다. 그와 같은 사항에 관해서는 당사자는 합의 내지 책문권의 포기에 의하여 조사를 방해할 수 없으며 또한 당사자의 지적은 법원의 조사를 촉진시키는 데 불과하므로 다른 공격·방어방법과 달라서 그 제출에 제한이 없다(민사소송법 제255조 제1항, 제405조 참조).[41] 단 직권조사는 당연히 판단자료의 직권탐지를 의미하는 것은 아니다. 물론 소송제도의 유지상 간주할 수 없는 공익적 사항에 관한 것이 통상적이므로, 직권탐지를 원칙으로 하나, 더욱 임의관할과 확인 이익의 판단 같은 것은 본안의 심리와 같이 변론주의가 행해진다고 해석하여도 무방하다.[42]

직권탐지주의와 직권조사사항은 구별하고 있다. 즉 직권탐지라는 것은 판단자료의 수집에 관한 것인 데 대하여 직권조사는 그 사항의 판단을 직권으로 하느냐 아니냐의 문제이므로 양자를 구별해서

---

40) 兼子一 著, 李祐吉 譯, 위의 책, 158면; 方順元, 위의 책, 165면.
41) 方順元, 위의 책, 165면.
42) 兼子一 著, 李祐吉 譯, 위의 책, 158면.

생각하여야 한다고 본다. 예를 들어 임의관할도 직권조사사항이지만 그의 판단자료는 변론주의에 의하는 것이라고 설명한다.[43]

(2) 當事者의 眞實義務

변론주의가 행해진다고 하여서 민사소송은 실질적 진실발견주의를 채택하지 않고 소위 형식적 진실에 만족하는 것으로 속단하여서는 안 된다고 인식한다. 변론주의의 채용은 민사소송의 성질상 자료의 수집을 당사자의 책임으로 하는 것이 일반적으로 진실에 접근하는 지름길이며 또한 이에 의하여 국가노력의 경감과 당사자의 공평을 꾀할 수 있다는 고려에 근거한 것이다. 당사자의 태도에 따라 객관적 사실과 불일치하는 사실을 인정하여 이를 재판의 기초로 삼는 것은 변태적 현상이며 변론주의가 예기한 바는 아니라고 본다. 변론주의는 결코 소송상 허위를 진술할 자유를 준 것이 아니고 도리어 현행 민사소송법에서도 제331조, 제339조의 규정과 공지의 사실에 반하는 자백을 무효로 인정할 여지가 있는 이상, 차라리 당사자의 진실의무(Wahreheitspflicht)를 인정할 수 있다고 본다.[44] 진실의무의 인정근거로 이와는 달리 당시 변호사법 제17조 제2항을 부가하는 입장도 있다.[45]

이로부터 변론주의하에서 상대적 진실 혹은 형식적 진실관을 수용하지 않고 실질적 내지 실체적 진실관을 수용하고 있음을 알 수 있는데 이는 문헌자료에서 공통적으로 확인되고 있다. 이런 입장은 당시 판례의 태도에서도 확인된다. 이에 대해서는 아래에서 살펴보기로 한다.

---

43) 朴商鎰, 위의 책, 181면.
44) 兼子一 著, 李祐吉 譯, 위의 책, 161면; 方順元, 위의 책, 163면.
45) 朴商鎰, 위의 책, 178면.

(3) 職權證據調査

민사소송법은 재판소가 당사자가 신청한 증거에 의하여 심증을 얻기 불능한 때 또는 기타 필요하다고 인정할 때에는 직권으로써 증거조사를 할 수 있다고 규정한다(동법 제261조). 그 취지는 법원이 자진하여 증거조사를 하라는 것이 아니라 예외적으로 법원이 당사자의 신청을 기다리지 않고 당사자가 신청한 증거에 의하여 심증을 얻을 수 없을 때 또는 기타 필요하다고 인정할 때 증거조사를 할 수 있음을 의미한다.[46] 이 규정에 의해 법원은 증거조사의 영역에서는 당사자가 제출한 증거에 만족하지 않고 직권으로 증거조사를 할 수 있게 된다. 이 한도에서는 변론주의에 의할 경우 나타날 수 있는 형식적 진실규명의 한계를 법원의 노력으로 극복할 수 있다는 점에서 볼 때 직권증거조사제도는 변론주의의 한계를 보완하는 작용을 할 수 있다.

(4) 辯護士의 附添命令

재판소는 소송관계를 명료하게 하기 위하여 필요한 진술을 할 수 없는 당사자, 대리인 또는 보좌인의 진술을 금하고 변론속행을 위하여 신기일을 정할 수 있다. 소송대리인의 진술을 금하고 또는 변호사의 부첨(附添)을 명할 수 있다. 소송대리인의 진술을 금하고 또는 변호사의 부첨을 명하였을 때는 본인에게 그 취지를 통지하여야 한다(민사소송법 제135조). 변론주의가 원활히 운영되기 위해서는 법원의 소송지휘권을 통한 적극적인 관여도 필요하지만 심판자로서의 기본적인 임무로 인한 제한으로 인해 불공정한 소송 진

---

46) 李英燮, "辯論主義의 宿命", 法曹 제1권 제1호(1949. 4.), 법조협회, 56면.

행이라는 비난에 직면할 수 있다. 이런 측면에서 볼 때 당사자의 소송대리인으로서 변호사의 등장은 변론주의의 전제인 당사자 평등의 실현을 위해 필수적인 요청이라고 할 수 있다. 이런 관점에서 볼 때 당시 민사소송법이 법원에 변호사의 부첨을 명령할 수 있는 권한을 부여했다는 점은 의미 있는 부분이다.

(5) 訴訟救助制度

당시 민사소송법은 소송비용에 관한 부분에서 소송상의 구조제도에 대해 상세히 규정하고 있다(동법 제118조 내지 제124조). 이와 같은 태도는 일본국 민사소송법의 구상자들이 독일민사소송법 제정자들의 구도와 마찬가지로 변론주의에 대한 깊은 이해를 바탕으로 하고 있었다는 점을 반영한다.[47) 즉 변론주의가 제대로 작동하기 위해서는 당사자의 평등이 이뤄져야 하고 이러기 위해서는 변호사인 소송대리인의 도움이 필수적이라고 보고 이런 법률전문가의 도움을 받을 수 없는 자를 위해 법원이 소송상의 구조를 실시함으로써 변론주의는 바라는 대로 실현될 수 있다고 본 것이다.

그렇지만 당시 문헌을 보면 소송상의 구조제도를 변론주의의 결함을 보충하는 제도로 파악하는 입장을 확인할 수 없다는 사실은 당시 학계나 실무계가 변론주의에 대한 민사소송법 제정자들의 구도에 대한 인식에는 미치지 못한 것이 아닌가 하는 의구심이 들게 한다.

---

47) 물론 법전의 전면적인 계수가 이뤄졌다고 보면 일본국 구 민사소송법의 제정자들이 소송구조 제도에 깃들인 변론주의의 보완수단으로서 기능을 깊이 성찰하였다고 단정 지을 수는 없다.

Ⅲ. 判例의 立場

1. 辯論主義와 釋明權의 關係

[1] 대법원은 민사소송에 있어 변론주의를 채택함은 민사소송의 성질상 자료의 수집을 당사자의 책임으로 함이 일반적으로 진실을 얻는 첩경이며, 국가의 노력경감과 당사자에 대한 공평을 꾀할 수 있다는 고려하에서 취하여진 것으로서 변론주의가 시행된다고 하여 실체적 진실 발견주의를 버리고 형식적 진실로써 만족하는 것은 아니며 변론주의가 당사자의 책임을 인정하는 것은 당사자의 소송추행 능력이 완전히 대등한 것을 전제로 하는 것이나 사실에 있어서 당사자는 지식 경험이나 경제력에 있어서 대등하지 않으며 특히 법률지식이 없는 본인소송에 있어서는 충분한 법률상의 변론을 기대할 수 없으므로 민사소송법은 석명권의 행사 또는 직권증거조사의 규정을 두어 그 조절을 하게 한 것이라고 판시하였다 (1959. 7. 2. 선고 4291민상336 판결).[48] 이는 대체로 변론주의와 석명권의 관계에 대한 당시 문헌의 태도를 따른 것이라고 볼 수 있다. 변론주의하에서 법원이 형식적 진실관이 아니라 실체적 진실관을 지향하고 있음을 보여 주는 것이다.

---

48) 대법원 판결집 제7권(1959), 137 - 140면; 송상현, 「판례교재 민사소송법」, 제2전정판, 법문사, [575], 334면.

2. 具體的인 釋明權의 行使領域

(1) 請求趣旨에 대한 釋明義務

[2] 시가지 실시 구역 내의 농지를 분배받은 상속인 간의 경계에 관한 분쟁이 있는 경우에는, 분배된 각 농지의 지번, 지목, 지적 및 필수와 이에 대한 환지예정지와의 관계를 명료히 하여 그 경계를 확정하여야 한다고 하였다(대법원 1957. 5. 25. 선고 4290민상62 판결).[49] 이는 청구의 목적물이 특정되지 않아 청구취지가 불명한 경우 이를 석명하여야 하는 경우이다. 전형적인 소극적 석명의 일종으로 허용되는 것이다.

청구취지가 그 자체 법률상 부당한 경우에 법원은 이에 대해 석명해야 한다. [3] 판례는 현물인 백미(白米)로 손해배상청구를 함으로써 부적법한 소라 하여도 원고의 진의가 백미상당의 금전손해배상청구로 볼 수 있다면 석명하여 청구취지를 시정하게 하는 등의 조치를 취해야 하는데도 이런 조치를 취함이 없이 백미로서의 배상청구에 대하여 만연히 금전배상을 명하였음은 위법의 판결이라고 하였다(대법원 1959. 9. 24. 선고 4291민상423 판결).[50]

대법원이 원심판결을 위법하다고 본 것은 원심이 처분권주의를 위반했다는 것인데 그보다는 그 과정에 청구취지의 변경을 석명하지 않은 원심의 석명의무 위반이 지적되어 있음도 사실이다. 결과적으로 원심의 금전 손해배상 판결은 옳으나 당사자에게 석명하여 금전 손해배상 법제에 맞는 청구취지로 정정하도록 석명하는 절차

---

49) 판례총람, 246면(15)(金詳源, "釋明權小考", 사법논집 제1집, 법원도서관, 주81에서 재인용).
50) 대법원 판결집 제7권(1959), 227-230면.

를 밟지 않고 바로 금전형식의 손해배상을 명한 원심은 처분권주의에 위배되는 결과에 이른 것이다.[51] 당사자로 하여금 불의의 재판을 받지 않도록 법률적인 면과 사실적인 면에서 논의하고 지적해야 하는 석명의 취지를 볼 때 이는 타당한 것이다.

청구취지가 당사자의 명백한 착오나 법리의 부지에 의한 신청의 경우 법원은 이에 대해 석명하여 올바르게 청구취지를 기재하도록 석명하여야 한다고 보았다. [4] 판례는 원고들이 피고 서울특별시 관재국장을 상대로 피고 보조참가인에 대한 귀속재산불하처분을 취소하라는 소를 제기하였는데 여기서 원고들은 자신들이 이 사건 부동산에 대한 자기 거주부분과 그에 수반하는 대지 이외의 무관계한 다른 원고들의 거주부분에 대한 불하처분까지 취소해 달라고 청구한 것은 가분적 불하처분의 취소를 청구해야 하는 통상 공동소송의 법리를 오해한 것으로 보이므로 원심은 석명권을 발동하여 청구취지를 각자의 점거부분을 기초로 하여 원고 개별적으로 구별 정정케 한 연후에 심판을 수행하였어야 타당하고 전연 원고 등의 의사를 불원하고 자구수정의 정도를 초월하여 청구의 범위를 변경함과 같은 조치는 위법인데 원심의 청구취지 무수정의 조치는 원판결 전체에 영향을 미친 것이라고 하였다(대법원 1955. 8. 19. 선

---

51) 바로 원심이 원고의 백미지급청구를 기각했다고 하더라도 석명의무 위반의 판결은 된다고 보인다. 물론 처분권주의에 위반하게 되지는 않을 것이다. 이런 판례의 석명권에 대한 입장이 1995. 7. 11. 선고 94다34265 판결의 기초를 형성한다고 할 수 있겠다. 이 판결에서 대법원은 토지임대인의 임차인 상대의 지상물 철거 및 토지인도청구소송에서, 임차인이 지상물매수청구권을 적법하게 행사한 경우에 그대로는 원고청구기각을 당할 수밖에 없을 때 법원은 임대인이 그래도 종전의 청구를 계속 유지할 것인지, 아니면 대금지급과 상환으로 지상물의 명도청구로 소 변경의 의사가 있는 것인지의 여부를 석명해야 한다고 하였다. 원고의 지상물 철거 및 토지인도청구에는 건물대금과 상환으로 지상물을 명도하라는 청구가 포함되어 있지 않으므로(대법원 1966. 6. 28. 선고 66다712 판결), 바로 상환이행판결을 내리면 당사자가 청구하지 않은 것을 판결한 위법을 범하게 되므로(대법원 1966. 5. 24. 선고 66다548 판결) 소 변경을 석명하여야 한다고 한 것이다.

고 단기4288 행상 제36호 판결).[52]

(2) 當事者의 事實陳述에 대한 釋明

1) 事實陳述의 不明確·矛盾·不一致가 있는 경우

원고의 청구취지에 대한 피고의 답변이나 이에 대한 원고의 답변에 포함된 사실진술에 불명확함이나 모순, 불일치가 있다면 법원은 이를 석명하여 정확한 사실진술이 이루어지도록 해야 한다. 법원이 이런 측면의 소송 진행을 위해 그 석명권을 행사해야 한다는 판례는 이미 이 당시에 여러 차례 확인된다.

[5] 원고가 피고를 상대로 임야소유권이전등기를 청구하면서 그 청구원인으로 이 사건 임야에 대하여 신탁자를 대위하여 피고 등에게 신탁계약해지의 의사를 표시한다고 주장했는데 피고가 이에 대해 항변을 하자 재항변으로 원고는 직접 피고들에 대하여 이전등기이행을 청구함은 당사자의 특약[53]이 있음에 기인하는 것이라 주장한 사안에서 대법원은 원고의 재항변 요지는 원고가 위 임야를 매수할 때 신탁자와 수탁자와 부동산 취득자의 삼자 간의 약정으로써 신탁계약해제로 인한 반환목적물을 중간등기 생략하여 직접 피고 등으로부터 원고에게 이전등기절차이행을 할 것을 정한 사실을 알 수 있으므로 이렇다면 앞서 원고가 주장한 신탁계약해제의 의사를 표시한다는 사실과 뒤의 재항변 취지는 전후 서로 일치하지 않는 점이 있으므로 원심은 마땅히 이를 석명하여야 함에

---

52) 대법원 판결집 제2권 6집, 행정, 23 – 32면.

53) 원고가 목적물을 매수하면서 신탁자와 수탁자, 부동산취득자 3자간의 약정으로써 신탁계약해지로 인한 반환목적물을 중간등기를 생략하여 직접 피고로부터 원고에게 이전등기절차이행을 할 것을 정한 약정이다.

도 불구하고 이를 간과한 채로 판결에 이르렀으니 결국 원판결에
는 석명권 불행사의 위법이 있다고 하였다(대법원 1947. 1. 21. 선
고 46민상92 판결).[54]

또한 [6] 원고가 소외 일본인으로부터 조선염공업주식회사 주권
을 대금 55,000원에 매수하였다고 하면서 피고 대한민국 관재청
장을 상대로 주식명의서환을 청구한 사안이었는데 원고의 청구
원인을 보면 원고가 소외인으로부터 매려특약부매매계약에 의한
것인가 혹은 단순매매계약에 의한 것인가가 명료하지 못하고 또
원고에 대한 신문조서기재에 의하면 "본인의 선친이 본건 주권
을 소외 일본인으로부터 양수받은 동기는 동인과 선친 간에 금
전거래가 있었는데 당시 소외인이 거래를 청산하자 하여 선친에
게 본건 주권을 인수하라고 요청하여 선친이 인수한 것"이라 진
술하여 기존 거래채무를 청산하기 위하여 본건 주권을 양도한
것인가 혹은 단순매매인가 역시 명료하지 못한데, 이런 경우 법
원은 모름지기 석명권을 행사하여 그 주장이 과연 어느 것인가
를 특정한 연후에 비로소 증거에 의하여 그 사실을 확정할 것임
에도 불구하고 그렇지 않고 청구원인이 불명료한 그대로 곧 원
심판시와 같은 조치를 취하였음은 석명권 불행사에 기인한 심리
부진이 아니면 이유불비의 위법을 범하였다고 하였다(대법원
1952. 9. 6. 52다43 판결).[55]

2) 法律要件事實의 補充을 위한 釋明

어떤 법률효과를 주장하면서 요건사실을 빠뜨렸을 때 이의 보충
을 위한 석명을 말한다. 이 경우 주장책임의 일반원칙에 의하면 요

---

54) 宋相現, 「判例敎材 民事訴訟法」, 第2全訂版, 法文社, 1982, 판례번호[592], 343면.
55) 대법원판례집, 제1권 2집(1953), 28-29면.

건사실이 부존재하는 것으로 취급하여 주장 자체를 이유 없는 것으로(Unschlüssigkeit) 배척할 수 있으나 이것은 국민의 권리보호자로서 법원의 지위와 어울리는 심리태도가 아님은 물론 법원의 진실추구의무에 반하는 태도가 될 수 있다. 따라서 법원은 그 심리에 있어서 당사자가 내세운 외형상의 자료만을 기준으로 평가할 것이 아니라 사건의 실체에 숨어 있는 권리자의 진의를 깊이 탐구하고 그것이 소송자료에 충분히 반영되었는가를 검토할 필요가 있다.

[7] 원고가 정치어업권[56]을 침해당하였음을 이유로, 손해배상을 청구한 사안에서, 본건 정치어업이 면허를 받은 일이 없었다면, 그 어업권은 법령의 보호를 받지 못하는 권리임이 분명하므로, 원심은 응당 어업면허의 유무에 대하여 석명을 구하여야 한다고 하였다(대법원 1959. 8. 27. 선고 4291민상820 판결).[57] 원고의 청구취지를 실현하기 위해 필요한 법률요건의 일부가 구비되지 않았음에도 원고가 이에 해당하는 요건사실에 대해 주장하고 입증하지 않는 경우 그대로 불리한 판결을 내리지 않고 흠결된 요건사실의 보충을 위해 입증책임이 있는 당사자에게 이를 석명하여 주장의 기회를 주어야 한다는 취지의 판결로 바람직한 석명권의 행사로 평가할 수 있다. 이런 태도가 일반적인 법률요건의 일부가 흠결된 경우 법원의 석명의무가 발생한다는 판례로 계속된다.

3) 當事者의 主張이 不明確 또는 錯誤가 있는 경우

당사자의 주장에 불명확한 부분이 있는 경우 이를 지적하는 석명은 기본적인 석명의 대상이다. 석명은 원래 사실관계 그 자체가 아닌 당사자의 진술 자체에 불명확함이 있는 경우 이를 석명하여

---

56) 당시 수산업법 제8조 제1항 제2호에 의하여 지방해무청장의 면허를 얻어야 한다.

57) 판례카드 No.6929(金詳源, "釋明權小考", 사법논집 제1집, 법원도서관, 각주 82에서 재인용).

소송관계의 불명료함을 시정하는 것이 석명권의 출발점이었다. 또한 당사자의 주장이 전후의 주장이나 증거자료의 기재에 비춰 볼 때 착오가 있음이 드러날 경우에도 이를 지적하는 석명은 원활한 소송관계의 진행을 위해서 필요하다는 점에서 석명권의 본질적 부분에 해당한다.

이 시기 판례에 나타난 사안을 보면, [8] 당사자가 부동산의 취득시효를 주장하는 경우에 그것이 민법 제162조 제1항 소정의 20년간 점유로 인한 것인지, 동 조 제2항 소정의 10년간에 관한 것인지를 석명하여야 한다고 하였다(대법원 1959. 11. 12. 선고 4291民上880 판결).58) 법률효과를 발생시키는 법률요건 사실이 어느 것인지가 식별이 안 되는 사례여서 이에 대한 석명이 필요하다고 보았다.

또한 [9] 원고가 피고에게 건물에 대한 소유권이전등기를 마쳤는데도 피고가 위 건물을 계속 점유하고 있음을 이유로 그 명도를 청구한 사안에서 피고가 원고에게 부담한 금전채무의 확보를 위하여 담보로 본건 건물을 원고에게 제공한 것에 불과하다는 진술만 하고 원고가 제출한 갑 제1호증, 제2호증에 피고의 진술에 부합하는 기재가 있음에도 피고가 이를 이익으로 원용하지 않고 있다면 법원은 원고에 대하여 그 석명권을 행사하여 원·피고 간의 계약 내용의 골자를 규명하여야 한다고 보았다(대법원 1959. 7. 2. 선고 4291民上336 판결).59)

4) 當事者의 事實陳述에 대한 釋明義務의 限界

[10] 재판관의 석명의무는 판결에 영향을 미칠 만한 당사자의 중요한 사실상 주장에 不明·不定·矛盾 등 불명료한 점이 있을

---

58) 대법원판례집 제7권(1959), 305 - 306면.
59) 대법원판례집 제7권(1959), 137 - 140면.

때에는 사실심 재판관은 당해 당사자로 하여금 이에 대한 석명을
시켜야 할 의무가 있지만, 판결에 별로 영향이 미치지 않는 사실상
주장에 관한 사항이거나 또는 판결에 영향이 미치는 중요한 사항
일지라도 당사자의 그에 대한 주장이 명료한 때에는 법관의 석명
의무 해태로서 논할 수 없을 것이라고 하였다(대법원 1953. 3. 5.
선고 4285민상146 판결).[60]

(3) 當事者의 法律上 主張에 대한 釋明

당사자의 법률상 주장에 대한 석명은 당사자의 법률상 주장 자
체가 불명확한 경우와 당사자가 불완전한 법률상 주장을 하는 경
우로 나눌 수 있다. 원고의 청구원인이나 재항변에서, 피고의 경우
항변사실에서 법률적 주장이 나타나고 이런 주장에 불명확함이 있
거나 법률적으로 불완전한 주장이 숨어 있는 경우 이를 지적하는
법원의 석명은 필요하다. 소송관계의 불명확함은 당사자의 사실진
술만이 아니라 법률상 주장에도 포함되어 있을 수 있고 이를 시정

---

60) 대법원판결집 제1권 5집(1953), 26 - 30면. 사안은 원고가 피고를 상대로 토지소유권이전
등기 말소등기절차이행의 소를 제기하였는데 이에 대해 피고는 원래 이 사건 토지(말소대상)
를 원고로부터 양수하여 이전등기를 마친 것이고 원래는 원고, 피고, 소외 서준원 3자가 소
송을 통해 승소하여 취득하게 될 토지가 있었는데 농지개혁법에 의해 위 토지의 약 절반가량
이 정부에 의해 적산으로 불하되게 되어 잔여토지만을 위 3인이 분배하기로 하고 불하된 토
지에 대한 불하대가는 3인이 각 3분지 1씩을 분할 취득하기로 하고 기본계약을 체결하였는
데 그 후 원고가 불하대금 전부를 자기가 단독으로 취득하겠다고 하여 3인 간에 분쟁이 발
생하여 결국 소외 서준원은 원고로부터 불하대금 3분의 1에 대한 양도증서를 받고 피고는
불하대금청구권을 포기하는 대신 이 사건 토지를 취득하게 된 것이라고 주장하였다. 원심은
피고의 이와 같은 주장을 위 서준원의 증언을 믿을 수 없다고 하면서 배척하자 피고는 석명
의무 위반을 이유로 상고하였다. 이에 대해 대법원은 이와 같이 논지를 전개하면서 이 사건
토지가 원고로부터 피고에 양도된 사실관계 등은 원심에서 피고가 상세히 답변사실로 주장
하여 불명료한 점이 없어 이에 대해 다시 석명할 필요는 없고 단 원고, 피고, 소외 서준원
간의 기본계약에 의한 분배 여부에 관해서는 불명료한 점이 있으나 이는 본건 판결에 영향을
미칠 만한 중요한 사항이라 볼 수 없으니 원심은 이에 대해서도 석명권을 행사할 필요가 없
고 만일 피고가 그 이상 필요하다고 인정하면 피고가 자진하여 석명 또는 주장할 사항이 될
뿐이라고 하였다.

하여 소송관계를 원활하게 할 필요는 마찬가지로 존재한다.

판례에 나타난 사안을 보면, [5] 원고가 피고를 상대로 임야소유
권이전등기를 청구하면서 그 청구원인으로 이 사건 임야에 대하여
신탁자를 대위하여 피고 등에게 신탁계약해지의 의사를 표시한다
고 주장했는데 피고가 이에 대해 항변을 하자 재항변으로 원고는
직접 피고들에 대하여 이전등기이행을 청구함은 당사자의 특약[61]
이 있음에 기인하는 것이라 주장한 사안인데 대법원은 원고의 재
항변 요지는 원고가 위 임야를 매수할 때 신탁자와 수탁자 그리고
부동산 취득자의 삼자 간의 약정으로써 신탁계약해제로 인한 반환
목적물을 중간등기 생략하여 직접 피고 등으로부터 원고에게 이전
등기절차이행을 할 것을 정한 사실을 알 수 있으므로 이렇다면 앞
서 원고가 주장한 신탁계약해제의 의사를 표시한다는 사실과 뒤의
재항변 취지는 서로 일치하지 않는 점이 있으므로 원심은 마땅히
이를 석명하여야 함에도 불구하고 이를 간과한 채로 판결에 이르
렀으니 결국 원판결에는 석명권 불행사의 위법이 있다고 하였다(대
법원 1947. 1. 21. 선고 46민상92 판결).[62]

(4) 當事者의 立證促求에 대한 釋明

당사자가 법률상 주장을 하면서 이에 대한 입증을 하지 않고 있
는 경우 입증책임이 있는 당사자에게 입증을 촉구하는 석명을 할
필요가 있고 이는 석명권의 전통적인 행사영역이었다. 특히 당사자

---

61) 원고가 목적물을 매수하면서 신탁자와 수탁자와 부동산취득자의 3자간의 약정으로써 신탁계
    약해지로 인한 반환목적물 중간등기를 생략하여 직접 피고로부터 원고에게 이전등기절차이
    행을 할 것을 정한 약정이다.

62) 宋相現,「判例教材 民事訴訟法」, 第2全訂版, 法文社, 판례번호[592], 343면.

소송의 경우 이런 경우가 많은데 변론주의가 지배하는 민사소송에서 사실에 대한 증명은 당사자의 책임영역이라는 사실에 대한 무지에서 비롯되는 경우가 많다.

판례에 살펴보면, [11] 원고가 피고를 상대로 가옥명도의 소를 제기하자 피고는 자기가 이 사건 부동산을 소유의 의사로 평온·공연하게 점유하였으므로 취득시효의 완성에 의하여 그 소유권을 취득하였다고 주장하였으나 원심은 피고가 이 사건 부동산을 시효취득하기 위해서는 10년 또는 20년간 이를 점유함을 요하는데 피고가 그러한 기간에 걸쳐 본건 부동산을 점유하였다는 사실을 인정할 증거가 없다고 판정하여 피고의 주장을 배척하고 원고의 청구를 인용하자 피고가 상고하였다. 이에 대법원은 피고가 현재 이 사건 부동산을 점유하고 있는 점을 원고가 자인하고 있으므로 원심은 의당 피고가 본건 부동산을 점유한 시기와 권원에 관하여 피고의 석명을 구하고 그것이 민법 제162조 제1항 소정의 20년간 점유로 인한 취득시효 완성을 주장하는 것인가 또는 동 조 제2항 소정의 10년간 점유로 인한 그것을 주장하는 것인가를 확정한 후 이에 대한 입증을 촉구하였어야 하는데 이를 행한 흔적이 기록상 보이지 아니하니 원심은 석명권 해태의 비난을 면할 수 없다고 하였다(대법원 1959. 11. 12. 선고 4291민상880 판결).[63] 사안은 원고가 피고의 시효취득 항변 요건사실 중 하나를 자인하고 있는 경우이므로 피고가 나머지 요건을 입증하지 않고 있는 경우 이에 대한 입증촉구의무가 법원에 발생한다는 취지의 판결이다.

---

63) 대법원 판결집 제7권(1959), 305–306면.

(5) 訴訟要件에 대한 釋明義務

법원은 소송요건과 관련하여 당사자의 표시가 잘못되어 있는 것이 소송관계상 명확히 드러나는 경우 이를 석명하여야 한다. 소송요건은 법원의 직권조사사항이므로 법원의 책임영역이라고 볼 수 있지만 이는 법원이 직권으로 조사하는 계기를 갖는다는 의미일 뿐 소송요건에 해당하는 사실의 수집과 제출은 변론주의가 지배한다. 그러므로 법원은 직권조사사항에 해당하는 소송요건에 해당 사실이 흠결되거나 불명확한 점이 있는 경우 소송요건의 흠결로 불이익을 받을 당사자에게 이를 지적하는 석명을 하여야 한다.

판례를 보면, [12] 원고가 제기한 소장에는 金 모라고 기재되어 있으나 위임장에는 全 모라고 되어 있는 경우에는 석명을 통하여 이를 정정하여야 하고(대법원 1957. 1. 11. 선고 4289행상119 판결)[64] [13] 원고의 주장사실에 의하면 원고가 부재자의 재산관리인이라 주장하나 당사자표시에는 본인인 것처럼 표시한 경우에 법원은 석명권을 행사하여 이를 올바르게 고치도록 하여야 한다고 판시하였다(대법원 1957. 2. 22. 선고 4289행상134 판결).[65]

(6) 새로운 攻擊·防禦方法의 釋明

[14] 법원의 석명권 내용은 당사자 주장의 취지를 명백히 하기 위하여 그 진술의 모순·흠결·소홀 등에 대하여 주의를 환기하고 이를 정정·보충할 기회를 부여하며 증거방법의 제출을 종용하는

---

64) 이교림, "석명권의 대상과 범위", 재판과 판례 제5집(1996.12), 대구판례연구회, 347면에서 재인용.

65) 이교림, 위의 논문, 347면에서 재인용.

일방 상대방에 대하여 그 부인의 진술기회를 주는 데 있는 바로서
당사자가 특정의 법률효과를 주장한 때에 대하여서는 그 원인사실
에 관한 진술을 촉구하여야 하나 당사자가 전연 주장하지 아니하
는 공격·방어방법 특히 독립한 항변사유를 당사자에게 시사하여
그 제출을 권유함과 같은 행위는 변론주의원칙에 위배하는 것으로
석명권의 한계를 일탈한다고 판시하였다(대법원 1959. 3. 19. 선고
4290민상855 판결).[66]

판례에 나타난 사안을 보면, [14] 원고가 피고에게 건물명도청구
를 한 사안에서 피고가 본건 건물을 점유 중 그 수리 등 관계로 일
정한 금액의 필요비 내지 유익비를 지출하였으므로 그 상환청구권
에 기한 유치권을 행사한다고 주장한 것으로 보아 이런 취지의 유
치권 항변을 하는 것인지에 대해 석명할 의무가 없으므로 이 점을
들어 원심에 심리미진의 위법이 있다고 볼 수 없다고 판시하였다
(대법원 1959. 3. 19. 선고 4290민상855 판결).[67]

---

66) 대법원판결집 제7권(1959), 59－61면.
67) 대법원판결집 제7권(1959), 59－61면.

Ⅳ. 제1기(1945년부터 1960년까지) 辯論主義와 釋明權의 評價

1. 法律規定의 評價

이 시기 민사소송법은 일본국 민사소송법을 계속 사용했던 관계로 변론주의에 충실했던 1877년 독일 민사소송법의 영향이 법률의 규정에서 그대로 나타났다. 그리하여 당시 민사소송법은 변론주의에 충실하였고 법원의 석명권 역시 독일 민사소송법과 달리 법원의 권한으로 규정하였다.

당시의 민사소송법은 소송자료의 수집과 제출에 있어 당사자의 권능을 인정하고 동시에 책임을 지우는 변론주의를 일반적으로 채택한 것으로(민사소송법 제140조, 제261조) 여겨진다. 당사자가 소송에서 명백히 다투지 않는 사실은 그대로 사실인정을 하였다는 점(동법 제140조, 제257조)과 법원은 당사자가 신청한 증거에 의해 심증을 얻기 불가능할 때 원칙적으로 직권증거조사를 할 수 있다고 규정한 점(동법 제261조)을 볼 때 명시적으로 밝히지는 않았지만, 당시 민사소송법은 변론주의를 민사소송의 일반원칙으로 전제하였다고 볼 수 있다. 자백의 구속력과 이에 따른 법원의 사실인정권 배제와 직권증거조사의 보충성을 규정하여 변론주의의 중심적 내용을 받아들였고 동시에 변호사제도와 이를 보충할 소송구조제도(제118조 내지 제128조)를 규정하여 변론주의의 보완책을 마련하였다.

한편 법관의 석명권을 규정하여 변론주의의 보완수단으로서 법원의 역할을 강조하였다. 석명권의 대상으로는 사실상의 사항과 법률상의 사항을, 석명권의 내용으로 질문권과 입증촉구권을 각각 규정하였다(동법 제127조). 당사자의 진실의무 근거규정이라고 볼 수 있는 규정도 있었다(동법 제331조, 제332조).

이를 통해 볼 때 당시의 민사소송법은 변론주의원칙에 충실하였고 변론주의의 보완책으로서 직권증거조사, 변호사제도, 소송구조제도, 그리고 법관의 석명권 등을 규정하여 변론주의의 단점을 보완하고자 하였다. 인사소송법 등 특수한 소송영역에서는 변론주의의 예외도 인정하였다.

2. 文獻의 評價

민사소송은 소위 형식적 진실주의에 만족하지 않고 실질적 진실주의를 추구해야 한다는 인식이 문헌에서 확인된다. 즉 변론주의의 채용은 민사소송에서 진실발견에 있어 국가의 노력을 줄이고 당사자의 공평을 기하기 위한 고려에 근거한 것이므로 당사자의 태도에 의해 객관적 사실과 불일치하는 사실을 법원이 인정하여 재판의 기초로 삼는 것은 변론주의의 왜곡이고 원래 변론주의가 예기한 바도 아니라는 것이다. 오히려 변론주의는 결코 소송상 허위를 진술할 자유를 준 것이 아니고 차라리 당사자에게 진실의무(Wahreheitspflicht)를 인정할 수 있다는 지적도 나타난다. 위와 같은 실질적 진실관이 민사소송의 이상이라고 보는 태도는 종래 자유주의 민사소송의 형식적 진실관과는 크게 대조를 이룬다. 이런 강한 진실관에 따라 법관의 석명권을 강조하는 입장으로 귀결되는 현상이 나타난다.

당시 법원의 석명권은 법원의 소송지휘권 하나로 설명이 된다.

그리하여 석명권은 변론주의가 지배하는 민사소송에서 나타나는 변론주의의 폐해를 시정하기 위한 법원의 조치 중의 하나로 소개되는데 이 시기에도 이와 같은 인식이 명확하게 나타나고 있음을 문헌을 통해 확인할 수 있다.

그렇지만 당시 문헌을 보면 석명권의 적극적인 행사를 주장하는 입장도 확인되는데 법관은 사건의 타당한 해결을 꾀하기 위하여 화해의 시도를 할 수 있는 것도 고려할 수 있으므로 경우에 따라 당사자의 법률적 주장 자체에 대해 그 청구취지 또는 청구원인의 변경도 시사할 수 있다는 입장이 나타난다. 나아가 법관은 당사자의 부족한 실력을 석명권의 적극적인 행사를 통해 보충하여 변론주의가 전제하는 개인평등의 믿음을 대수정할 필요가 있다는 입장도 등장한다. 이런 입장은 위에서 보았던 민사소송의 실체적 진실관과 관련을 가진다. 법관의 석명권을 단지 변론주의의 보완책으로 인식한다면 변론주의의 한계 내에서 행사되어야 할 것이지만, 실체적 진실의 발견이라는 목적 아래 변론주의와 법관의 석명권이라는 수단을 배열한다면 법관의 석명권 역시 진실발견이라는 목적을 위해 적극적으로 행사되어야 하는 상황에 놓이게 된다. 나아가 당사자에게 진실을 말할 의무가 있다는 주장도 이 시기에 나타난다. 모두 민사소송에서 실질적 진실을 발견해야 하는 것이 법원의 임무이고 당사자 역시 여기에 협조해야 한다는 인식이 존재했음을 알 수 있다.

이런 인식은 당시 법률의 규정과는 일정한 괴리를 보인 것이다. 당시 민사소송법은 변론주의에 충실하였음을 살펴보았고 특히 변호사의 부첨명령(민사소송법 제135조), 변호사제도, 그리고 소송구조제도에 대해 상세히 규정하고 있었다(동법 제118조 내지 제124

조). 이와 같은 사실은 당시 민사소송법이 변론주의에 대한 깊은 이해를 바탕으로 이를 보완할 수 있는 여러 제도들을 구비하고 있었음을 보여 주는데 그럼에도 당시의 학계와 법원 실무는 변론주의의 한계를 법관의 석명권 강화와 당사자의 진실의무를 통해서만 해결할 수 있다고 생각하는 일종의 도그마와 같은 사고를 가지고 있었다는 것을 확인할 수 있다.

3. 判例의 評價

대법원은 민사소송에서 변론주의가 지니는 의미를 수단설로 이해하는 입장을 보여 주고 나아가 민사소송에서 변론주의가 시행된다고 해서 실체적 진실발견을 포기하지는 않는다는 태도를 분명히 보여 주었다(1959. 7. 2. 선고 4291민상336 판결). 이로써 대법원은 민사소송에서 상대적 진리관이 아닌 실체적 진실관을 추구하고자 한다는 것을 알 수 있다. 이는 당시 학계의 태도를 반영하는 것이기도 하다.

이 시기 판례가 인정한 청구취지와 당사자의 사실진술에 대한 석명은 전통적인 석명대상으로 여겨진 부분이다. 그리고 당사자가 법률요건사실의 일부를 주장하고 나머지 요건사실을 주장·입증하지 않는 경우 법원이 종국판결에서 그 당사자에게 불리하게 판단하지 않고 미리 흠결된 법률요건을 지적하여 이에 해당하는 사실을 진술할 수 있는 기회를 주어야 한다는 취지의 판결이 나타났다. 이는 이후 법관의 석명권 행사방향을 시사하는 중요한 판례로 평가할 수 있다.

그리고 판례가 법률요건사실에 대한 입증이 없는 경우 이에 대한 입증을 촉구하는 석명을 하도록 한 것(대법원 1959. 11. 12. 선고 4291민상880 판결), 그리고 소송요건과 같은 직권조사사항에 대해서도 법원의 석명을 인정한 것은 소송요건의 흠결로 예측하지 못한 불이익한 재판을 받을 수 있는 당사자의 이익을 고려한 것으로 타당한 판례로 평가할 수 있다.

한편 대법원은 법원의 사실진술에 대한 석명의무의 한계를 명확히 제시하였는데 이것 역시 타당하다(대법원 1953. 3. 5. 선고 4285민상146 판결). 그렇지만 여기서 대법원은 판결에 영향을 미치는지 여부를 첫째 기준으로 제시하였는데 이 기준은 명확하지만 소송의 발전과정을 고려하면 항상 타당한 기준이 되기에는 한계가 있다. 두 번째로 제시한 당사자의 주장이 명료한지 여부는 당연하다고 여겨지고 명료함의 관점은 법관을 기준으로 해야 할 것이다.

끝으로 새로운 공격·방어방법의 석명에 대해서는 당사자가 전혀 주장하지 아니하는 공격·방어방법 특히 독립한 항변사유를 당사자에게 시사하여 그 제출을 권유함과 같은 행위는 변론주의원칙에 위배하는 것으로 석명권의 한계를 일탈한다고 판시하였다. 판례는 분명히 석명권의 한계로서 변론주의를 의식하고 있었고 이를 근거로 새로운 공격·방어방법의 제출을 종용하는 석명은 허용되지 않는다고 판시하였다. 이런 한계를 일탈한 석명이 행해진 경우 그런 석명을 행한 법관은 기피신청의 대상이 된다고 해석된다.

제 **2** 장

1960년대의 辯論主義와 釋明權

Ⅰ. 法律의 規定

　정부수립 후 1948년 9월 15일 대통령 제4호로 법전편찬위원회 직제를 공포하고 동 위원회에서 민사소송법초안을 만들어 1953년 1월 13일 국회에 제출하였으나 전후 5회에 걸쳐 회기 불계속을 이유로 폐기되었다가[68] 1959년 12월 28일 정기회에 상정되어 드디어 의결되었고 다음 해인 1960년 4월 4일에 공포되어 동년 7월 1일부터 시행되었다. 민사소송법은 민사소송의 이상인 적정·공평·신속·경제의 4대 이상의 실현을 보장하고 소송법의 합리성과 고도의 기술성을 고려해 그동안의 경험과 지식을 참작하여 성안되었다고 제안이유를 밝히고 있다.

　새로이 독립국가에 걸맞게 독자적인 민사소송법을 제정하였으나 새로 제정된 민사소송법은 제정 전까지 의용되었던 일본국 민사소송법의 변론주의와 석명권에 관한 규정을 거의 그대로 받아들였다. 다만 일본식의 표현과 형식만을 부분적으로 고치는 정도의 수정이 이루어졌을 뿐이다. 법원의 석명권에 관한 규정형식을 계속해서 법관의 권리형식으로 규정하였다.

　이후 이 시기 1961년과 1963년 두 차례에 걸쳐 민사소송법의 개정작업이 이루어졌다. 이 개정작업에 소송의 신속한 진행을 위한 약간의 조치와 상고이유의 제한규정이 도입되었다.

---

68) 1954. 4. 30. 회기 불계속으로 폐기되었고 그 후 1954. 8. 10. 정부가 제안하였고 1957. 5. 3. 회기 불계속으로 폐기되었고, 그 후 1958. 6. 26. 정부가 제안하였고 1958. 12. 31. 회기 불계속으로 폐기되었고, 그 후 1959. 1. 30. 정부가 제안하였고 1959. 2. 10. 회기 불계속으로 폐기되었다. 그 후 정부가 1959. 2. 23. 제안하였고 이 초안이 결국 동년 12. 28. 본회의를 통과하였다.

제118조(구조의 요건) ① 법원은 소송비용을 지출할 자력 없는 자의 신청에 의하여 각 심에서 소송상의 구조를 할 수 있다. 단, 승소의 가망이 없으면 예외로 한다.

② 구조의 사유는 소명하여야 한다.

제119조(구조효력의 물적 범위) 소송과 강제집행에 대한 소송상의 구조는 다음과 같다.

1. 재판비용의 납입유예

2. 집달리의 보수, 법원에서 선임을 명한 변호사의 보수와 체당금의 지급유예

3. 소송비용의 담보면제

제120조(구조효력의 인적 범위) ① 소송상의 구조는 이를 받은 자에 한하여 효력이 있다.

② 법원은 소송승계인에 대하여 유예한 비용의 납입을 명할 수 있다.

제121조(구조의 취소) 소송상 구조를 받은 자가 소송비용을 납입할 자력이 있음이 판명되거나 그 자력이 있게 된 때에는 소송기록 있는 법원은 직권 또는 이해관계인의 신청에 의하여 언제든지 구조를 취소하고 유예한 소송비용의 납입을 명할 수 있다.

제122조(유예비용의 추심) ① 소송상의 구조를 받은 자에게 납입을 유예한 비용은 그 부담의 재판을 받은 상대방으로부터 직접 추심할 수 있다.

② 전항의 경우에는 변호사 또는 집달리는 소송상의 구조를 받은 자의 채무명의에 의하여 보수와 체당금에 관한 비용액의 확정결정 신청과 강제집행을 할 수 있다.

③ 변호사 또는 집달리는 보수와 체당금에 대하여 당사자를 대위하여 제103조 또는 제104조의 결정신청을 할 수 있다.

제123조(불복신청) 본 절에 규정한 재판에 대해서는 즉시항고를 할 수 있다.

제124조(변론의 필요성) ① 당사자는 소송에 관하여 법원에서 변론을 하여야 한다. 단, 결정으로 완결할 사건에 대해서는 법원이 변론의 여부를 정한다.
② 법원은 전항 단행의 규정에 의하여 변론을 열지 아니하는 경우에는 당사자를 심문할 수 있다.
③ 전 2항의 규정은 특별한 규정이 있는 경우에는 적용하지 아니한다.

제126조(석명권, 구문권) ① 재판장은 소송관계를 명료하게 하기 위하여 당사자에게 사실상과 법률상의 사항에 관하여 발문하고 또는 입증을 촉구할 수 있다.
② 합의부원은 재판장에게 고하고 전항의 처치를 할 수 있다.
③ 당사자는 재판장에 대하여 필요한 발문을 요구할 수 있다.

제127조(석명준비명령) 재판장은 전조의 규정에 의하여 당사자에게 석명할 사항을 지시하고 변론기일 전에 준비할 것을 명할 수 있다.

제128조(합의체에 의한 감독) 당사자가 변론의 지휘에 관한 재판장의 명령 또는 전 2조의 규정에 의한 재판장이나 합의부원의 처치에 대하여 이의를 한 때에는 법원은 결정으로 그 이의에 대하여 재판한다.

제130조(법원의 석명처분) ① 법원은 소송관계를 명료하게 하기 위하여 다음의 처분을 할 수 있다.

1. 당사자 본인 또는 법정대리인의 출석을 명하는 일
2. 소송서류 또는 소송에 인용한 문서 기타의 물건으로 당사자가 소지한 것을 제출하게 하는 일
3. 당사자 또는 제삼자가 제출한 문서 기타 물건을 법원에 유치하는 일
4. 검증을 하고 감정을 명하는 일
5. 필요한 조사를 촉탁하는 일

② 전항에 규정한 검증, 감정과 조사의 촉탁에는 증거조사에 관한 규정을 준용한다.

제134조(변론능력을 결하는 자에 대한 처치) ① 법원은 소송관계를 명료하게 하기 위하여 필요한 진술을 할 수 없는 당사자 또는 대리인의 진술을 금하고 변론속행의 신기일을 정할 수 있다.

② 전항의 규정에 의하여 진술을 금한 경우에 필요하다고 인정한 때에는 법원은 변호사의 선임을 명할 수 있다.

③ 대리인에게 진술을 금하고 또는 변호사의 선임을 명하였을 때에는 본인에게 그 취지를 통지하여야 한다.

제135조(화해의 권고) ① 법원은 소송의 정도 여하에 불구하고 화해를 권고하거나 수명법관 또는 수탁판사로 하여금 권고하게 할 수 있다.

② 전항의 경우에 법원, 수명법관 또는 수탁판사는 당사자 본인이나 그 법정대리인의 출석을 명할 수 있다.

제136조(수시제출주의) 공격 또는 방어의 방법은 특별한 규정이 없으
면 변론의 종결까지 제출할 수 있다.

제138조(실기한 공격방어방법의 각하) ① 당사자의 고의 또는 중대
한 과실로 시기에 늦어서 제출한 공격 또는 방어방법은 이로 인하
여 소송의 완결을 지연하게 하는 것으로 인정한 때에는 법원은 직
권 또는 상대방의 신청에 의하여 결정으로 각하할 수 있다.② 공격
또는 방어의 취지가 명료하지 아니한 경우에 당사자가 필요한 석
명을 하지 아니하거나 석명할 기일에 출석하지 아니한 때에도 전
항과 같다.

제139조(의제자백) ① 당사자가 변론에서 상대방이 주장한 사실을
명백히 다투지 아니한 때에는 그 사실을 자백한 것으로 간주한다.
단, 변론의 전 취지에 의하여 그 사실을 다툰 것으로 인정되는 경
우에는 예외로 한다.
② 상대방이 주장한 사실에 대하여 부지라고 진술한 것은 그 사실
을 다툰 것으로 추정한다.
③ 제1항의 규정은 당사자가 변론기일에 출석하지 아니한 경우에
준용한다. 단, 변론기일에 출석하지 아니한 당사자가 공시송달에
의한 소환을 받은 때에는 예외로 한다.

제143조(실질적 기재사항) 조서에는 변론의 요지를 기재하고 특히 다
음 사항을 명확히 하여야 한다.
1. 화해, 인낙, 포기, 취하와 자백
2. 증인, 감정인의 선서와 진술
3. 검증의 결과

4. 재판장이 기재를 명한 사항과 당사자가 기재를 청구한 사항

5. 서면으로 작성하지 아니한 재판

6. 재판의 선고

제188조(처분권주의) 법원은 당사자가 주장하지 아니한 사항에 대해서는 판결하지 못한다.

제189조(직접주의) ① 판결은 그 기본이 되는 변론에 관여한 법관이 하여야 한다.

② 법관의 경질이 있는 경우에는 당사자는 종전의 변론 결과를 진술하여야 한다.

③ 단독사건의 판사의 경질이 있는 경우에 종전 신문한 증인에 대하여 당사자가 다시 신문을 신청한 때에는 법원은 그 신문을 하여야 한다. 합의부의 법관의 과반수가 경질한 경우에도 같다.

제193조(판결서의 기재사항) ② 사실과 쟁점의 기재는 변론에서 한 당사자의 진술에 의하여 그 요지를 적시하여야 한다.

제227조(소장의 기재사항) ① 소장에는 당사자, 법정대리인, 청구의 취지와 원인을 기재하여야 한다.

② 준비서면에 관한 규정은 소장에 준용한다.

제259조(준비절차종결의 효과) ① 조서에 기재되지 아니한 사항은 변론에서 주장하지 못한다. 단, 그 사항이 법원의 직권으로 조사할 것인 때, 현저히 소송을 지연하게 하지 아니하는 때 또는 중대한 과실 없이 준비절차에서 제출하지 못하였음을 소명한 때에는 예외로 한다.

② 전항 단행의 규정은 제251조의 규정의 적용에 영향을 미치지 아니한다.

③ 소장 또는 준비절차 전에 제출한 준비서면에 기재한 사항은 조서에 기재되지 아니하여도 변론에서 주장할 수 있다.

제260조(준비절차에 있어서의 준용규정) 제125조 내지 제128조, 제130조, 제132조 내지 제140조와 제241조의 규정은 준비절차에 준용한다.

제261조(불요증사실) 법원에서 당사자가 자백한 사실과 현저한 사실은 증명을 요하지 아니한다. 단, 진실에 반한 자백은 그 착오에 인한 것임을 증명한 때에는 이를 취소할 수 있다.

제265조(직권 증거조사) 법원은 당사자가 신청한 증거에 의하여 심증을 얻을 수 없거나 기타 필요하다고 인정한 때에는 직권으로 증거조사를 할 수 있다.

제334조(문서성립의 부인에 대한 제재) ① 당사자 또는 그 대리인이 고의나 중대한 과실로 진실에 반하여 문서의 진정을 다툰 때에는 법원은 결정으로 3만환 이하의 과태료에 처한다. 이 결정에 대해서는 즉시항고를 할 수 있다.

② 전항의 경우에 문서의 진정을 다툰 당사자 또는 대리인이 소송의 계속 중 그 진정한 것을 인정하는 때에는 법원은 전항의 결정을 취소할 수 있다.

제342조(허위진술에 대한 제재) ① 선서한 당사자가 허위의 진술을 한 때에는 법원은 결정으로 3만환 이하의 과태료에 처한다. 이 결

정에 대해서는 즉시항고를 할 수 있다.

② 제334조 제2항의 규정은 전항의 결정에 준용한다.

제385조(공소인용 범위) 제1심판결의 변경은 불복신청의 한도에서 할 수 있다. 단, 상계에 관한 주장을 시인한 때에는 예외로 한다.

제393조(상고이유) 상고는 판결이 법령에 위반된 것을 이유로 하는 때에 한하여 할 수 있다.

제401조(조사의 범위) 상고법원은 상고이유에 의하여 불복신청의 한도에서 조사한다.

제404조(직권조사사항에 관한 예외) 전 3조의 규정은 법원의 직권으로 조사할 사항에 대해서는 적용하지 아니한다.

Ⅱ. 文獻의 立場

1. 訴訟資料의 提出에 대한 當事者의 權能과 責任: 辯論主義

(1) 辯論主義의 概念範圍와 그 認定根據

당시에도 민소소송에 있어 여전히 변론주의의 개념범위에 처분권주의를 포함시켜 이해하는 입장이 확인된다. 민사소송에 있어서 소송의 대상은 당사자 간의 사권 또는 사법관계의 존부에 관한 분쟁이며 소송의 목적물인 사권 또는 사법상의 법률관계는 권리자가 자유로이 처분할 수 있음을 원칙으로 하고 있으므로 당사자의 분쟁에 있어서 소송자료의 주장 및 제출을 각 당사자 간에 일임하는 방법이 가장 용이·신속하게 진실을 발견할 수 있는 방법이 될 것이므로 이런 점을 고려하여 소송의 해결 혹은 심리자료의 수집을 당사자의 권능과 책임으로 할 것을 주장하는 주의를 변론주의로 이해하는 입장이[69] 있다. 위 입장은 당사자 간의 다툼이 있을 때 소송의 개시는 반드시 당사자의 재판청구가 있어야 하고 청구의 범위를 넘어서 재판할 수 없다는 것을 변론주의로 이해하면서 그 근거로 민사소송법 제188조를 인용하고 있는 것을 보면 오늘날 처분권주의로 파악하는 개념을 변론주의의 개념범위에 포함시키고 있음을 알 수 있다.[70]

그리하여 이런 입장은 소의 제기가 있어야 비로소 법원의 심리

---

69) 方順元, 「民事訴訟法(上)」, 一韓圖書出版社, 1964, 261면; 李英燮·李石善, 「民事訴訟法(全)」, 博英社, 1967, 172-173.

70) 方順元, 위의 책, 261-262면.

를 받을 상태에 놓이게 되며 소의 제기가 없는 이상 소송은 개시되지 않고, 둘째로 법원의 재판범위나 그 대상은 당사자의 청구에 의하여 한정되고 청구가 없는 사항이나 청구의 범위를 넘어선 사항에 관하여 판결하는 것은 허용되지 않는다. 그리하여 심리의 객체와 범위는 청구취지와 청구원인에 의하여 결정된다(민사소송법 제227조). 셋째로 소송자료[71]와 증거자료에 관한 제출책임은 어디까지나 당사자가 지는 것이어서 법원은 사건의 내용과 쟁점의 소재를 당사자의 변론에 의하여 제출된 바에 따라 밝혀야 되며 이러한 자료를 떠나서 소송 외의 사실을 인정하지 못한다는 것으로 변론주의를 이해한다.[72] 즉 이런 입장은 당사자가 소의 제기나 소의 대상, 그리고 소송자료의 제출에 대해 주동적인 입장을 취하는 민사소송상의 원칙을 변론주의라는 포괄적인 개념으로 이해한다. 물론 이런 광의의 변론주의 입장을 따르면서도 협의의 변론주의, 즉 소송자료의 수집에 관하여 이것을 소송당사자의 책임과 권능으로 하는 제도를 변론주의로 파악하는 입장도 존재한다.[73] 나아가 변론주의를 처분권주의와 명확히 구별하는 입장도 이 시기에 나타난다. 즉 처분권주의 즉 불간섭주의를 소송절차의 개시와 종료를 당사자의 책임으로 돌리는 주의로 파악하여 변론주의와 구별되는 개념으로 이해하는 입장이 그것이다.[74]

　변론주의의 인정근거로는 전 시대와 마찬가지로 사실의 주장이

---

71) 소송자료(Prozessstoff)는 사실자료(Streitstoff)와 증거자료(Beweisstoff)의 상위개념으로 이해하는 것이 타당하다. 이런 관점에서 볼 때 소송자료와 증거자료를 병렬적으로 사용하는 용어법은 문제가 있다.

72) 李英燮·李石善, 위의 책, 172면.

73) 李英燮, "辯論主義와 釋明權", 司法行政 제5권 12호(1964년 11월), 한국사법행정학회, 4면.

74) 金詳源, "釋明權에 關한 小考", 司法論集 제1집(1970. 12.), 법원도서관, 189면. 이 입장은 처분권주의를 "소가 없으면 재판이 없다."라는 법언으로 설명한다.

나 증거의 제출을 당사자의 권능과 책임으로 일임하여 두는 것이 정책적으로 유리한데 소송당사자는 자기가 관계하는 사건에 대하여 가장 친근하게 사실관계를 잘 알고 있을뿐더러 이것을 뒷받침하는 증거에 대해서도 잘 알고 있을 것이므로 섣불리 법원이 주도권을 가지고 탐색하는 것보다 훨씬 더 좋은 성과를 얻을 것이라는 것이다.[75] 사익에 관한 분쟁에 관해서는 법원이 적극적으로 사실을 탐지하는 것보다 당사자로 하여금 변론하게 하여 그 이익추행을 통해 심리에 협력하게 하는 것이 득책이므로 변론주의를 채용하는 것이라고 설명하는 입장도[76] 같은 취지이다. 그리고 현재의 소송제도하에서 민사소송을 충분히 해명할 하등의 시설도 없으므로 법원이 당사자의 변론을 무시하고 섣불리 불철저한 직권탐지를 하게 되면 그로 인하여 당사자에게 불만을 주는 결과밖에 되지 않을 것이라는 것도 제시된다.[77]

한편 이 시기에는 변론주의의 실정법적 근거를 명확히 제시하는 입장도 나타나서 주목을 끈다. 즉 민사소송법은 변론주의의 원리를 동법 제188조에서 시사하고 있으며 그 밖에 변론주의를 간접적으로 선언한 조문으로는 당사자는 소송에 관하여 법원에서 변론을 하여야 하고(동법 제124조 제1항), 공격 또는 방어방법은 변론의 종결 시까지 제출할 수 있으며(동법 제136조), 자백·의제자백이 인정되고(동법 제139조), 변론에 관여한 법관으로 하여금 판결을 하도록 하는 직접주의를 채용하였고(동법 제189조), 직권증거조사를 예외적으로 인정한 점(동법 제265조) 등의 규정을 들어 변론주

---

75) 李英燮, 위의 논문, 4면.
76) 方順元, 위의 책, 261면.
77) 李英燮·李石善, 위의 책, 173면.

의의 실정법적 근거를 제시한다.[78]

(2) 辯論主義의 内容

변론주의의 내용을 사실과 증거의 양 측면에서 파악하는 태도가
일반적이다. 그리하여 (가) 권리의 발생·소멸이라는 법률효과의
판단에 직접 필요한 요건사실은 이것이 변론에 나타나지 않으면
법원은 이를 분쟁해결을 위한 기초사실로서 채용하지 못한다고 본
다(민사소송법 제193조 제2항). 그리고 이런 요건사실이 변론에 나
타나지 않으면 그 사실에 기인한 유리한 판단을 받을 수 없게 되며
요건사실이 변론에 나타나지 않으므로 자기에게 불이익한 지위에
놓이게 됨을 가리켜 주장책임이라고 부른다. 이를 주요사실이라는
표현을 통해 명확히 하는 입장도 확인된다. 이 입장은 주요사실을
당사자가 어떠한 법률효과를 주장하여 권리와 법률관계의 발생, 변
경, 그리고 소멸을 말할 때 그 법률효과를 이끌어 내는 법률요건인
각 인소(因素)에 해당하는 사실을 말하는 것으로 규정한다.[79]

당사자의 변론에 나타나지 않은 사실은 비록 그것이 공지의 사
실이거나 또는 법원이 증거조사의 결과 심증을 얻게 되더라도 이
사실에 기인하여 판결할 수 없다고 본다. 예컨대, 변제의 항변이
제출되지 않았는데 다른 사실에 관한 증인이 변제가 되었다는 증
언을 하여 법원이 이 증언을 신용하더라도 변제에 의한 채권소멸
의 사실을 인정하지 못한다고 본다.[80] 이 경우 피고가 변제한 사실

---

78) 金詳源, 위의 논문, 190면.

79) 李英燮, "辯論主義와 釋明權", 司法行政, 제5권 제12호(1964. 11.), 韓國司法行政學會,
　　4면; 金祥源, 위의 논문, 190면 각주 11) 참조. 여기서 주요사실은 구체적인 법률효과의 판
　　단에 직접적으로 필요한 요건사실이라고 설명한다.

80) 金祥源, 위의 논문, 190면 각주 11); 方順元, 위의 책, 262면. 그런데 이에 대해서는 李大

을 주장하여야 하나 소비대차계약에서 대체물을 건넨 일시와 장소 같은 것은 주요사실이라 할 수 없는 간접사실에 불과하여 법원이 직권으로 인정할 수 있다.[81] 간접사실은 증명의 목표가 아니고 그 수단이라는 점에서 증거자료와 동일한 역할을 함에 불과하기 때문이라고 설명한다.

그러나 주요사실은 당사자의 변론에 나타나면 되고 어느 당사자가 진술하였느냐는 상관없으므로 어느 당사자가 자발적으로 자기에게 불리한 사실을 진술한 경우에 이 사실에 기인하여 그자에게 불리한 판결을 하여도 무방하다. 다만 청구원인이 되는 사실은 원고의 소제기에 의해 주장되어야 하기 때문에 피고가 원고의 청구와 별개의 권리취득원인이 되는 사실을 진술하더라도 법원은 주장하지 아니한 사항에 대해서는 판결할 수 없으므로(민사소송법 제188조) 그 사실을 전제로 판단할 수 없다고 본다.[82]

(나) 법원이 판결의 기초가 되는 사실을 채용함에 있어서 법원 자신이 사실의 존부에 관하여 인정할 필요가 있는 것은 변론에서 당사자 간에 다툼이 있는 사실에 한한다. 다툼이 없는 사실인 자백한 사실과 의제 자백한 사실은 증거에 의하여 이를 인정할 필요가 없을 뿐만 아니라(민사소송법 제261조, 제139조), 다툼이 없는 사실에 위반하는 인정을 할 수 없다고 본다.

(다) 계쟁사실의 인정에 필요한 증거자료는 당사자가 제출한 증거방법에서 획득하여야 한다. 법원은 원칙적으로 신청하지 않은 증

法 判事가 반대하고 있다고 소개하고 있는데 위 저자의 책을 찾을 수 없다. 역시 주요사실은 증거자료에 나타난다고 할지라도 이를 기초로 재판할 수 없다고만 밝히고 있을 뿐이다. 李英燮·張仁洙,「新民事訴訟法(全)」, 博英社, 1962, 133면은 요건사실이 변론에 나타나지 않으면 공지의 사실인 경우에도 부인하는 입장이다.

81) 方順元, 위의 책, 263면; 李英燮, 위의 논문, 4면.
82) 方順元, 위의 책, 263면; 李英燮·李石善, 위의 책, 174면.

거를 직권으로 조사하지 못한다. 직권으로 증거조사를 할 수 있는
경우가 있지만 이는 예외적인 현상이다.[83] 증거는 입증책임이 있는
당사자가 신청하였건 또는 그 반대 당사자가 신청하였건 한 번 증
거로서 채용되어 현출된 증거자료는 법원의 자유심증을 형성하는
데 있어서 중요한 구실을 담당하는 것이므로 그 증거를 신청한 측
의 반대편을 위해서도 유리한 증거로 사용할 수 있고 증거공통의
원칙이라 부른다.[84]

(3) 辯論主義의 適用範圍

변론주의가 지배하는 것은 사건의 구체적인 사실자료와 증거자
료에 관한 영역이다. 법규의 해석이나 그 적용에 의한 법률적 판단
은 법원의 직권사항이며 법원은 당사자의 진술이나 의견에 구속되
지 않는다. 법규는 국가가 제정하는 분쟁해결의 척도이며, 그 척도
에 의하여 판단되는 분쟁의 내용이 아니기 때문이다. 사실판단에
적용될 경험법칙도 구체적인 사실이 아니므로 당사자의 진술을 기다
리거나 또는 그 진술에 구속되지 않고 법원이 이를 이용할 수 있다.[85]

변론주의가 아닌 직권탐지주의가 지배하는 소송으로 인사소송(인
사소송법 제9조), 파산사건(파산법 제101조 제2항), 그리고 공익에
관한 사항 예컨대 치외법권, 전속관할, 법관의 제척원인, 이중소송
(중복소송)의 계속을 소개한다.[86] 그 외에 행정소송(행정소송법 제9
조)과 행정소송법 제9조를 준용하도록 되어 있는 정당해산소송(대

---

83) 金祥源, 위의 논문, 189면; 方順元, 위의 책, 263면; 李英燮·李石善, 위의 책, 175면;
   李英燮·張仁洙, 위의 책, 133면; 李英燮, 위의 논문, 5면.

84) 李英燮, 위의 논문, 5면.

85) 方順元, 위의 책, 264면; 李英燮·李石善, 위의 책, 176면.

86) 方順元, 위의 책, 265면.

통령선거법 제127조; 국회의원선거법 제140조; 정당법 제41조 제1항) 그리고 회사법상 설립무효의 소(상법 제189조)와 결의취소의 소(상법 제379조)의 경우 법원은 역시 직권탐지주의 절차에 의해야 한다고 보는 입장이 나타난다.[87] 그리고 이 범위에서 당사자는 소송물의 처분, 특히 청구의 인락을 할 수 없고 법원은 당사자가 제출하지 아니한 사실이라 하여도 재판의 기초로 하지 않으면 안 되며 당사자의 변론은 다만 직권탐지의 보조수단에 불과한 것이므로 당사자는 청구의 포기 · 인락, 소송상의 화해에 의하여 판결에 의하지 않고 자주적으로 사건을 해결할 수 없게 된다. 그리고 당사자는 자백에 의하여 법원의 사실인정을 좌우할 수 없고 공격 · 방어방법도 당사자의 이익추행을 위하여서가 아니므로 시기에 늦은 것이라 하여 각하되지 아니한다(인사소송법 제12조).[88]

이 시기에 변론주의절차에 의하여야 하는지 아니면 직권탐지주의절차에 의하여야 하는지 문제 된 사건은 농지사건이었다. 종전 대법원은 농지사건을 원칙적으로 직권탐지주의가 지배하는 소송으로 처리하여 오다가 판례를 변경하여 농지사건에서도 원칙적으로 변론주의가 지배하여 자백의 구속력을 인정하였다.[89] 이에 대해서 농지개혁법상 재사(再査)신청을 명시적으로 고등법원이 아닌 관할

---

87) 李時潤, "職權探知主義와 農地事件", 司法行政 제6권 제2호(1965. 2.), 47면. 人事訴訟法 제9조는 다음과 같다. "재판장은 직권으로 사실조사 및 필요한 증거조사를 하여야 한다." 行政訴訟法 제9조, "법원은 필요한 경우 직권으로써 증거조사를 할 수 있고 또 당사자가 주장하지 않는 사실에 관하여서도 판단할 수 있다." 商法 제189조, "설립무효의 소 또는 설립취소의 소가 그 심리 중에 원인이 된 하자가 보완되고 회사의 현황과 제반사정을 참작하여 설립을 무효 또는 취소하는 것이 부당하다고 인정한 때에는 그 청구를 기각할 수 있다." 商法 제379조, "결의취소의 소가 제기된 경우에 결의취소가 부당하다고 인정한 때에는 법원은 그 청구를 기각할 수 있다." 위 회사관계 소송의 경우 적어도 법원은 하자의 보완 여부 및 회사의 현황이나 제반사정에 관한 한 직권탐지가 허용되는 것으로 해석하여야 한다는 입장이다. 李時潤, 위의 논문, 48면 참조.

88) 方順元, 위의 책, 265면; 李時潤, 위의 논문, 47면.

89) 대법원 1963. 10. 31. 선고 판결(미공간 판례로 판례번호를 확인할 수 없음).

지방법원에 제기하도록 규정한 점, 대법원이 농지분배행위를 행정행위로 파악하여 공정력을 인정해 온 점, 그리고 농지개혁법의 입법취지를 고려할 때 행정사건으로 파악하여 직권탐지주의에 의해 절차를 진행하여야 한다는 주장이 제기되었다.[90]

(4) 辯論主義의 限界

변론주의는 당사자에게 소송자료의 수집과 제출을 맡겨 진실을 발견하는 것이 편리하고 소송경제와 공평에 부합할 수 있다는 측면에서 민사소송에 도입되었다고 파악하는 입장이 당시 일반적으로 확인된다. 당시의 문헌은 민사소송 역시 형사소송과 마찬가지로 실체적 진실을 추구하는 것이라는 주장을 전개한다. 민사소송에서 변론주의를 이유로 형식적 진실에만 만족할 것으로 속단해서는 안된다는 입장이 그것이다.[91]

당사자 역시 소송상 허위를 주장할 권리가 없고 차라리 당사자에게는 진실의무가 있다고 보았다. 그 근거로 민사소송법 제334조와 제342조를 제시한다.[92] 이와 관련하여 당시 문제가 되었던 부분은 당사자가 공지의 사실에 반하는 자백을 할 경우 이 자백을 무효로 해석하여 법원을 구속하지 않는다고 할 수 있는지 여부였다. 이에 대해 법원이 당사자의 자백에 기속되는 것은 이해관계 있는 상대방이 다투지 않고 인정한 태도에 의하여 일반적으로 진실한 것으로 보는 것이 상당하다는 데 기인하므로 만일 자백한 사실이 부

---

90) 李時潤, 위의 논문, 49－50면.

91) 方順元, 위의 책, 263면; 李英燮·李石善, 위의 책, 175면; 李英燮·張仁洙, 「新民事訴訟法(全)」, 博英社, 1962, 134.

92) 方順元, 위의 책, 263면.

존재함이 재판상 현저할 때에는 자백한 사실을 인정할 수 없을 것이고 현저한 사실에 의해 판정하는 것이 타당할 것이라고 보았다.[93]

2. 辯論主義의 補完策으로서 法院의 釋明權

(1) 釋明權의 意義

당시에도 석명권을 법원의 소송지휘권 하나로 파악하는 입장이 있지만[94] 석명권의 필요성과 그 기능은 주로 변론주의에 의하는 민사소송절차의 진행과 관련하여 논의된다. 즉 민사소송법은 변론주의를 기조로 하고 있어 사실관계를 명백하게 하여 재판의 기초자료를 해명할 책임을 당사자에게 부담시키고 있지만 당사자가 주장·입증책임에 따라 완전한 소송수행을 하리라는 것을 기대할 수는 없다. 그렇기 때문에 승소할 당사자가 이런 소송경험과 법률적 소양의 부족으로 인해 패소당할 위험을 제거하여 공정한 재판이념에 어긋나지 않고 재판에 대한 국민의 신뢰를 잃지 않게 할 필요가 있다. 이를 위해서 법원이 당사자의 진술에 불비한 점이 있으면 질문을 하거나 또는 어떠한 시사를 함으로써 그 진술의 모순·흠결·부주의를 정정·보충할 기회를 주거나 증거방법의 제출을 독촉하여 변론이 원활하게 진행되도록 하는 권한을 보유할 필요가

---

93) 方順元, 위의 책, 264면; 李英燮·李石善, 위의 책, 176면.

94) 金祥源, "釋明權에 관한 小考", 司法論集, 제1집(1970. 12.), 법원도서관, 199면; 方順元, 위의 책, 256 - 257면; 李英燮·李石善, 위의 책, 187면; 李明燮, "釋明權", 새法政 제2권 제11호(1972. 11.), 韓國司法行政學會, 38면. 현재 민사소송법의 석명권과 관련하여 이를 법원의 소송지휘권 하나로 파악하는 것이 일반적이지만 석명권에 관한 논의를 변론주의의 보완책으로서 논의하는 것이 일반적이다. 그렇지만 신민사소송법이 제정되어 시행된 1960년대는 법원의 소송지휘권에 관한 부분에서 법원의 석명권을 설명하고 있는 것이 일반적이었다.

있어 이를 법원의 석명권으로 파악한다.[95]

이와는 달리 법원의 석명권을 당사자의 이익보호나 진실발견을 위해 필요한 제도로 보지 않고 법원이 재판이라는 직무를 수행하기 위해 그 직책과 권한을 가지고 있으므로 이를 위하여 석명권은 존재한다는 주장도 나타난다.[96] 이에 의하면 진실발견이나 당사자의 능력 보충적 후견기능은 석명권의 제도적 목적이 아니라 그로부터 파생하는 반사적 이익에 불과하다고 보게 된다. 이 견해가 석명권을 법원의 직권으로만 파악하여 그 의무성을 부인하여 석명권 불행사가 위법하게 되어 독자적인 상고이유를 구성할 수 있느냐의 문제와 논리 일관되어 있는지는 확인되지 않는다.

(2) 釋明權과 辯論主義와의 關係

변론주의와 석명권의 관계에 대해서는 이 시기 석명권은 변론주의의 보완책이라는 견해가 일반적으로 수용되고 있음을 확인할 수 있다. 즉 변론주의의 전제는 소송 당사자의 실력이 대등할 것을 전제로 하는 것인데 신민사소송법은 변호사강제주의를 취하지 않고 본인소송주의를 원칙으로 삼고 있어 본인이 대등하지 않는 한 변론주의는 제 기능을 발휘할 수 없으므로 변론주의의 이상을 실현하기 어렵다는 점을 주목하여 변론주의의 결함을 메울 수 있는 다른 제도가 고안되었는데 이들 중 하나를 석명권제도라고 파악한다.

---

95) 方順元, 위의 책, 257 - 258면; 李英燮 · 李石善, 위의 책, 187면.

96) 李英燮 · 李石善, 위의 책, 188면에서 이런 입장을 소개하고 있으나 누구의 주장인지는 확인되지 않는다. 이 주장은 변론주의의 결함을 보충하기 위한 제도라기보다는 재판권을 행사하는 법원이 당연히 가지는 직책수행상의 권한으로 파악한다는 점이 그 특색이라고 할 수 있다. 金祥源, 위의 논문, 197면에서도 유사한 견해를 소개하면서 朴商鎰, 「新民事訴訟法(上)」, 201면을 인용하고 있다.

이런 입장은 법원의 석명권이 불대등한 당사자의 어느 한편에 대한 후견적·보충적 지위에서 작용하는 것으로 파악하여 이런 기능으로 인해 변론주의의 결함이 보충되는 것이라고 이해한다.97)

법원의 석명권이 필요한 상황에 대해 위에서 살펴본 당사자의 실질적인 대등성이 이루어지지 않는 상황에만 한정하지 않고 당사자가 변론을 함에 있어 오해나 경솔에 의하여 부적당하고 불충분한 주장이나 입증을 하는 경우도 일반적으로 존재한다면 이를 지적하는 법원의 권한 역시 석명권이 행사되어야 할 상황으로 전제하는 입장이 있다. 이런 입장에서도 석명권은 변론주의를 약화시키는 변론주의의 적이 아니라 변론주의의 결함을 보충하는 의미에서 우군으로 이해한다는 점에서 위의 견해와 결론을 같이한다.98) 다만 법원의 석명권을 당사자 일방에 대한 후견적·보충적 지위에서 행사되는 권리로만 파악하는 입장과는 달리 석명권은 이런 경우도 포함하지만 일반적으로 변론주의가 내포하고 있는 당사자 변론진행상의 실수나 경솔함을 시정하여 원활한 변론진행을 유도하는 기능까지 석명권의 역할로 포함하는 의미에서 변론주의에 대한 보충적 지위를 논한다는 점에서 차이가 있다. 이런 입장에 선다면 석명권은 본인소송이 아닌 변호사가 당사자를 대리하는 변호사소송에서도 충분히 그 필요성이 인정될 수 있다는 점에서 위의 입장과는 일정한 차이를 보이게 된다.

---

97) 金祥源, 위의 논문, 197면; 方順元, 위의 책, 258면; 李英燮, "辯論主義와 釋明權", 司法行政 제5권 제12호(1964. 11.), 韓國司法行政學會, 5면; 李英燮·李石善, 위의 책, 187면; 李明燮, 위의 논문, 38면.
98) 盧永斌, "釋明權과 辯論主義", 司法行政 제89호(1968. 5.), 韓國司法行政學會, 19면.

(3) 釋明權의 內容

(가) 석명권은 소송관계를 명확히 하기 위하여 행사되는 것으로 원고가 소를 이유 있게 하기 위하여 주장하는 청구취지 및 사실의 주장, 그리고 피고의 이에 대한 진술 및 항변의 주장에 대하여 그 불명료, 불충분, 그리고 모순 등이 있는 경우, 이것을 명확히 하여 사안의 전모와 쟁점을 명백히 하기 위하여 질문하며 입증을 촉구하는 것으로 이해한다. 여기서 소송관계는 사건의 전모를 이루고 있는 사실관계와 쟁점을 말한다고 본다. 이는 강학상의 소송 법률관계와는 무관한 개념으로 여기서 사실이란 다툼이 있는 사건의 윤곽을 말하며, 쟁점이란 확정할 필요가 있는 분쟁의 중심이 되는 사실을 말한다고 이해한다.[99]

(나) 우선 석명은 사실상 및 법률상의 사항에 관해서 행사되어야 한다. 원래 법원은 분쟁의 법적 해결을 위하여 분쟁에 있어 원고의 주장이 법률적으로 시인할 수 있는가의 여부를 심판하는 것이므로 원고의 청구는 법률적 판단에 적합한 구체적 사실을 일정한 권리 주장으로 하여 제출하여야 한다. 따라서 당사자의 주장에 대하여 사실 및 법규적용의 양면으로부터 검토하여야 하며, 그러기 위하여 당사자의 법률상 견해를 물어야 하며, 또 당사자가 일정한 법률효과를 주장하는 한 이에 대하여 법률효과 발생의 요건사실을 지적하여 이에 해당하는 구체적 사실의 존부에 대하여 진술을 촉구할 필요가 있다.[100]

여기서 법률적 판단에 대한 당사자의 답변에 법원은 구속되지

---

99) 方順元, 위의 책, 258면; 金祥源, 위의 논문, 200면.

100) 方順元, 위의 책, 258-259면; 盧永斌, 위의 논문, 20면; 李英燮・張仁洙, 「新民事訴訟法(全)」, 博英社, 1962, 136면; 李英燮・李石善, 위의 책, 189면.

않지만 법원이 직권으로 권리관계를 판단하여 진의파악의 도움을 받기 위해 당사자에게 법률상의 사항에 대해서도 질문을 할 수 있는 것이다. 이런 예로 동일한 요건사실에 대해 채무불이행으로 인한 손해배상과 불법행위로 인한 손해배상이 경합하여 당사자가 내세우는 권리주장의 의미가 무엇인지 애매할 경우 이를 분명히 하기 위하여 석명권을 행사할 수 있을 것이라고 설명한다.[101]

나아가 법원은 이런 경우 당사자가 불법행위로 인한 손해배상을 청구하는 경우에 그 사실을 부당이득으로 판단하여 부당이득금 반환청구로 시인하여도 무방하다는 견해까지 등장한다.[102] 그렇지만 이런 견해는 법원이 당사자의 주장과 별도로 법적 관점 선택의무까지 가지고 있다는 것을 전제로 한 견해여서 우리 판례가 취하고 있는 구 소송물이론과 조화할 수 있는지 의문이 든다. 이에 대해서는 판례의 검토부분에서 다시 다루기로 한다.

(다) 입증책임을 부담하는 당사자가 증거신청을 하지 아니하는 경우에 석명권의 행사로서 당사자에게 입증을 촉구할 수 있다. 그러나 다툼이 있는 사실로서 입증이 없는 데 대하여 법원은 언제나 입증을 촉구하여야 하는 것이 아니고 그 소송의 정도로 보아 당사자의 부주의 또는 오해로 인하여 입증을 하지 아니한 것이 명백한 경우에 한하여 입증을 촉구할 수 있다고 해석한다.[103] 그리하여 당사자가 신청한 증거방법의 조사가 끝난 뒤에 결과가 불충분하다고

---

101) 金祥源, 위의 논문, 201면. 이에 대한 더 구체적인 예로 운송계약에 의해 자동차를 타고 가다가 다친 경우 원고의 손해배상 청구원인으로 민법 제750조의 일반 불법행위책임인지 아니면 상법 제148조의 운송계약에 기한 채무불이행 책임인지를 석명하여 그 손해배상의 적용법규를 석명하여야 한다는 것을 든다. 李永燮, "辯論主義와 釋明權", 司法行政, 제5권 제12호(1964. 11.), 韓國司法行政學會, 6면.

102) 盧永斌, 위의 논문, 20면.

103) 盧永斌, 위의 논문, 20면.

생각하여 다시 증거제출을 촉구한다든지 또는 일방 당사자의 입증이 결과를 얻었다고 생각되는 경우에 상대방에게 그 반증을 촉구하는 것은 한도를 넘은 것으로 허용되지 않는다.

그러나 당사자의 주관적인 상태를 법원이 판단의 기초로 삼는 것보다 법원의 합리적인 판단사고를 기준으로 해야 한다는 반대설도 나타난다.[104] 이 설은 분쟁해결의 주체적 직능을 담당하는 법원의 예리하고 타당성 있는 판단력에 기대하는 것이 조리에 부합할 것이라는 점을 그 근거로 한다.

(4) 釋明權의 行使와 그 行使의 程度

1) 行使의 主體

석명권은 사건을 심판하는 법원에 주어진 권능이므로 심판법원이 합의부인 경우에는 재판장이 법원을 대표하여 이를 행사한다(민사소송법 제126조 제1항). 재판장은 소송지휘권을 가지고 있어서 당사자의 변론을 원만히 진행시켜야 되기 때문에, 그에게 석명권 행사에 관한 주도권을 부여한 것이다. 그러나 합의부원이라 하더라도 재판장에게 고하고 스스로 석명권을 행사할 수 있다(동법 제126조 제2항). 이는 합의부원인 법관도 재판하여야 할 책임이 있기 때문에 주어진 권한이며, 그 행사의 조건으로는 재판장에게 고함으로써 족하고, 나아가서 그 허가를 얻어야 할 필요는 없다고 본다. 다만 재판장은 소송지휘권을 가지고 있는 까닭에 변론의 진행 상태에 따라 그 정리와 질서를 위하여 합의부원의 조치에 대하여 조절이나 제한을 할 수 있다. 이와 같이 재판장이나 합의부원이 법원을

---

104) 金祥源, 위의 논문, 227면.

대표하여 석명권을 행사하는 것이므로, 합의사건에 관하여 준비절차가 개시된 경우에는 수명법관이 그 준비절차에 있어서 법원을 대표하여 이를 행사하는 것이다(동법 제260조). 당사자는 직접 상대방에 대하여 석명을 구할 권한은 없고 석명을 받아야 할 사항에 관하여 재판장에 대한 발문을 요구할 수 있는 구문권이 있을 뿐이다.

2) 行使의 方法

석명권은 보통의 경우 변론에서 석명에 응답하여야 할 당사자가 출석한 경우에 그의 면전에서 시행되는 것으로서 재판장 또는 합의부원이 당사자에게 발문한 사항은 모두 법원의 심리를 소홀히 하지 아니하고, 석명책임을 이행한 증거로 되고, 사건의 주장과 쟁점이 분명하게 되는 사항이기 때문에 필요하면 재판장의 명령에 의하여 그 취지를 변론조서에 기재하여야 한다(동법 제143조 제4호).

그러나 당사자가 변론기일에 계속하여 출석하지 아니할 경우에는 어떠한 방법으로 석명권을 행사할 것인가가 문제 되는데 이 경우 재판장은 변론에서만 석명을 하려고 한다면 헛되게 변론기일의 실시만을 되풀이하게 되므로 변론기일 전에 당사자에게 사실상과 법률상의 주장이 불명료, 모순, 그리고 불비한 점을 구체적으로 지적하여 석명을 준비하도록 명하는 석명준비명령서(동법 제127조)를 송달하는 방법으로 조치함이 적절하다고 본다.[105]

법원은 위와 같은 방법으로 석명권을 행사하는 외에 보충적으로 소송관계를 명료하게 하기 위하여 석명처분으로서 당사자 본인 또는 그 법정대리인의 출석을 명할 수 있다(동법 제130조 제1항 제1호). 이것은 당사자가 변론을 통하여 부족한 점을 보충하려는 데

---

105) 金祥源, 위의 논문, 202-203면.

목적이 있으므로, 증거자료를 수집하기 위한 증거조사와는 그 성질이 다르다고 본다.[106] 예를 들면 소송대리인이 있더라도 직접 본인으로부터 사정을 청취하는 것이 적당하다고 보면 본인이나 법정대리인의 출석을 명할 수 있으며(동조 동항 제1호), 계약내용의 취지를 이해하기 위하여 당사자가 인용하는 계약서 원본의 제출이나 유치를 명할 수 있고(동조 동항 제2호, 제3호), 토지경계의 다툼이나 교통사고에 관한 사건에 있어서 당사자의 설명을 이해하기 위하여 현장을 검증하거나 전문적인 학식경험이 없어 이해하기 곤란한 경우에는 전문가를 감정인으로 입회시켜(동 조 동 항 제4호), 혹은 어느 지방의 거래관행이 명백하지 않을 때 그 지방의 상공회의소에 조회하는 경우(동조 동항 제5호) 등이다.

　이런 법원의 석명처분은 권고적인 것이어서 당사자 본인의 출석이 강제되지 아니한다. 그러나 그 불출석은 변론의 전 취지로서 법관의 심증형성에 영향을 줄 것이며, 이러한 석명처분으로서의 출석명령과 앞서 살펴본 석명준비명령서가 아울러 석명에 응답할 의무자에게 송달되는 경우에는 제138조 제2항에 해당되어 불이익을 입을 수 있다.[107] 석명처분으로서의 출석명령에 의하여 당사자가 변론기일에 출석하였다면 당사자신문에서와 같은 신문조서에 작성할 필요는 없고 변론조서에 당사자가 석명한 사항을 기재하면 된다(동법 제143조 제4호).[108]

---

106) 方順元, 위의 책, 260면; 金祥源, 위의 논문, 203면; 李英燮, 위의 논문, 6면.
107) 金祥源, 위의 논문, 203면; 方順元, 위의 책, 261면; 李英燮, 위의 논문, 6면.
108) 李明燮, 위의 논문, 39면; 金祥源, 위의 논문, 203면.

3) 釋明權 行使에 대한 陳述 및 當事者의 異議

석명권의 행사에 의하여 발문을 받은 당사자가 이에 응하는 여부는 자유이므로, 누구도 이를 강제할 수는 없다. 그러나 이 때문에 석명에 응하지 않거나 불성실하게 응하는 당사자는 자신이 내세우는 주장 또는 입증이 불명료한 것이 되어 스스로 주장 또는 입증책임을 다하지 못한 것과 동일한 불이익을 입을 염려가 있다.[109] 특히 취지가 불명료한 공격 또는 방어방법은 각하될 경우가 있다(동법 제138조 제2항). 재판장 또는 합의부원의 석명권 행사와 석명준비명령에 대하여서는 당사자가 이의할 수 있으므로 그 이의에 대해서는 법원이 결정으로 재판을 한다(동법 제128조).

이와 같이 합의부에 재판권을 준 것은 재판장이나 합의부원의 석명은 합의체의 일원으로서 행한 조치이므로, 그 이의에 대한 재판권은 이들이 속하여 있는 합의체 법원에서 하는 것이 적당하기 때문이다. 준비절차에 있어서도 본 조가 준용되기 때문에(동법 제266조), 준비절차를 실시하는 법관이 소속한 합의체에서 이의에 대한 재판을 한다.

단독법관의 석명조치에 대해서는 이의할 수 없다고 해석되므로 이의에 대한 재판 문제도 생길 수 없다고 본다.[110]

4) 本人訴訟과 辯護士代理訴訟에서 釋明權 行使의 程度

석명권의 기능을 변론수행 능력이 부족한 당사자를 법원이 후견적 차원에서 조력하는 것으로 파악한다면 석명권은 당사자의 변론수행 능력에 따라 차별적으로 행사될 필요가 있다. 이 시기 문헌은 법관의 석명권은 보충적·후견적 요청에서 행사되는 것으로 파악

---

109) 金祥源, 위의 논문, 203면; 方順元, 위의 책, 260 - 261면; 李明燮, 위의 논문, 39면.
110) 金祥源, 위의 논문, 204면.

하여 법관의 적절한 석명권의 행사를 통해 실체적 진실에 부합하는 재판이 가능하게 되어 결국 국민의 재판에 대한 신뢰가 이를 통해 유지할 수 있게 된다고 본다. 이런 관점에서 본다면 변호사가 소송을 대리하는 변호사소송과 당사자 본인이 직접 소송을 수행하는 당사자 본인소송 사이에 석명권의 행사 정도는 차이가 날 수밖에 없고 이는 당연한 현상으로 여겨질 것이다.[111]

(5) 釋明權의 範圍

석명권의 범위를 어디까지 인정하느냐는 석명권의 핵심적 과제라고 할 수 있다. 이 시기 이와 관련한 학설의 전개가 본격적으로 나타난다. 이 논의는 변론주의의 가치를 어떻게 이해하느냐와 관련이 있다. 또한 석명권을 일정하게 유형화하는 작업은 쉽지 않은 것으로 알려져 있다. 그런데 이 시기의 문헌을 보면 석명권의 행사범위에 대한 판례를 통해 일정한 유형화를 시도하는 문헌을 접할 수 있게 된다.

1) 學說의 立場

(가) 釋明權의 範圍에 대한 消極說

이 설은 석명권의 범위를 당사자의 신청, 주장에 있어서 모순, 불분명, 불합리, 그리고 오해 등이 있을 때에 이를 명료하게 시정하는 기회를 주는 것에 한정하는 입장이다.[112] 따라서 이 설에 의하면 법

---

111) 方順元, 위의 책, 258면; 李英燮·李石善, 위의 책, 176면. 司法大學院法窓會編, 「民事訴訟法」, 進明文化史, 1964, 82면. 모두 석명권 행사의 정도에 있어 차이가 발생할 수 있다는 점을 명확히 밝히고 있지는 않지만 본인소송의 경우를 특히 강조하고 재판의 신뢰를 거론하는 것을 보면 이렇게 차별적인 석명권의 행사를 받아들이는 것으로 추론된다.

112) 朴商鎰, 「新民事訴訟法(上)」, 202면.

원이 진실발견을 위하여 당사자로 하여금 종래의 공격·방어방법의 변경을 시사하는 것은 엄격히 금지되며 이는 석명권의 정당한 허용범위를 벗어난 것으로 본다. 또한 이 설은 변론주의의 기능을 엄격히 유지하려는 입장에서 법관은 공평, 중립을 지켜 당사자의 한편에 치우치지 말아야 하며 소송자료의 제출이나 사안의 해명은 오로지 당사자의 책임이라는 사고에서 비롯된 견해이다. 소극설에 의하면 ① 불명료나 모순을 시정하는 것, ② 부당을 제거하거나 쟁점을 정리하는 것, ③ 소송자료의 보완, ④ 소송자료의 새로운 제출을 시사하는 것 중 ③, ④ 두 가지는 석명권의 정당한 범위 밖이라고 보게 된다.

(나) 折衷的인 中間說

소극설과 근본적인 입장을 같이하면서도 그 범위를 좀 더 넓히려는 입장이다. 이 설은 당사자의 주장사실과 관련하여 이미 내세우고 있는 진술에서 미루어 보아 진술의 의도가 있는 것으로 엿보이는 사정이 있다면 비록 그것이 변론에 현출되어 있지 아니한 사항이더라도 이를 지적하여 당사자의 진술을 촉구하는 것은 허용된다고 본다. 그 진술의 의도를 추측할 수 있는 자료로는 증거조사의 결과에 나타난 사실, 답변서나 준비서면 중에 사정으로 기재되어 있는 사실, 그리고 증거신청서에 기재되어 있는 입증취지 등을 든다. 이런 사실에서 추측하여 보아서 이미 제출되어 있는 신청이나 주장이 적합하지 않을 때에는 청구의 변경 여부에 대하여 주의를 환기시키거나 소송관계의 변경에 수반하여 필요로 하는 청구취지 혹은 청구원인의 변경을 지적하는 것 등은 석명의 범위에 포함시킬 수 있다고 한다.[113] 그러나 석명권을 빙자하여 당사자가 전혀 주장하지 아니한

---

113) 李英燮·李石善, 위의 책, 189면; 李英燮, 위의 논문, 6면; 李英燮·張仁洙, 위의 책, 136면; 方順元, 위의 책, 259면. 역시 변론주의에 의한 한계를 설정하면서 분쟁의 실질적

공격·방어방법의 제출을 하나하나 간섭하는 일은 변론주의와 모순되며 석명권의 범위를 넘게 된다. 이 견해에 의하면 위 석명의 태양 중 ①, ②, ③만이 석명권의 정당한 범위에 포함된다. 석명권의 한계로 상대방으로부터 오해를 살 염려를 지적하는 점을 보면 법관의 공정 내지 중립성을 고려하는 태도도 확인된다.[114]

(다) 釋明權 範圍에 대한 積極說

이 설은 진실발견과 재판의 적정을 중시하여 절충적인 중간설보다 석명권의 범위를 더 넓게 파악하는 입장이다. 변론주의를 더 완화시켜 보려는 태도에서 중간설이 말하는 청구의 변경에 대한 시사에서 더 나아가 항변, 재항변 등의 새로운 공격·방어방법의 제출, 신청구의 부가적 병합을 제출할 것을 시사할 수 있는 선까지 석명권을 확장시킨다. 입증촉구에 있어서도 구체적인 증거방법에 관한 제출까지 시사할 수 있다는 태도이다.[115] 이 설은 이처럼 새로운 소송자료의 제출 시사와 구체적 입증방법의 촉구를 포함한다는 점에서 석명권의 범위에 대한 최광의의 견해이며 위에서 제시되었던 석명유형 ①, ②, ③, ④가 모두 그 범위에 포함된다.

이 설 중 종전의 중간설이 주장하는 인정기준이 모호하다고 비판하면서 새로운 기준으로 당사자가 내세우는 기존의 사실자료, 증거자료 등 제 자료에서 엿보아 합리적인 진술의 의도 및 필요성이 추측되는 경우 이를 석명점으로 삼아 모든 유형에 대하여 석명권

해결을 위해 부적당한 청구취지의 변경을 시사할 수 있다고 보는 점에서 중간설로 파악된다. 같은 절충설로 파악되는 입장으로는 李明燮, 위의 논문, 39면.

114) 변론주의를 석명권의 한계로 지적하는 문헌으로는 方順元, 위의 책, 259면, 李英燮·張仁洙, 위의 책, 136면을 들 수 있다. 법관의 공정을 드는 문헌으로는 李英燮, 위의 논문, 6면 제일 하단 그리고 盧永斌, "釋明權과 辯論主義", 司法行政 제89호(1968. 5.), 韓國司法行政學會, 20면.

115) 盧永斌, 위의 논문, 20면.

을 행사할 수 있게 하는 것이 타당하다는 주장이 나타난다. 즉 기존자료와의 합리적인 관련성이 있으면 모든 유형의 석명이 허용된다고 본다.[116] 이 설은 실체적 진실발견을 위해 석명권의 범위를 확대한다고 하더라도 변론주의를 제약하지 않는다고 인식하는 입장으로 변론주의나 석명권 모두 실체적 진실발견이라는 목적에 공동으로 봉사하기 때문에 양자는 우군관계이지 적대관계가 될 수 없다고 파악한다. 이런 점에서는 적극설이 공히 공통적인 인식을 가지고 있다.

2) 具體的인 釋明의 範圍

위와 같은 석명의 범위에 관한 학설의 입장에 따라 석명권이 행사되는 구체적인 경우를 유형화하는 시도를 발견할 수 있다.

먼저 석명권의 유형을 네 가지로 분류하는 입장이 있는데 ① 불명료나 모순을 시정하는 석명, ② 부당을 제거하거나 쟁점을 정리하는 석명, ③ 소송자료(증거자료를 포함)의 보완을 위한 석명, ④ 소송자료(증거자료를 포함)의 새로운 제출을 시사하는 석명으로 나누고 있다.[117] 이 입장은 석명권의 범위에 대해 적극설을 취하고 있다. 적극설을 취하고 있는 다른 견해는 ① 불명료한 점을 명료케 하기 위한 석명, ② 부적당한 신청주장을 제거하기 위한 석명, ③ 적당한 신청주장을 부가하는 석명으로 분류한다. 여기의 세 번째 유형인 적당한 신청주장을 부가하는 석명에 소송자료의 보완과 새로운 증거제출까지 포함한다는 점에서 위의 네 유형과 유사하다.[118]

---

116) 金祥源, "釋明權에 關한 小考", 司法論集 제1집(1970. 12.), 法院圖書館, 207－208면.

117) 金祥源, 위의 논문, 208－227면; 李英燮·李石善, 위의 책, 189면; 李明燮, 위의 논문, 38면.

118) 盧永斌, 위의 논문, 20면; 司法大學院法窓會編, 위의 책, 84면.

(6) 釋明權의 不行使와 上告理由

1) 釋明의 義務性

민사소송법 제126조 제1항은 재판장은 소송관계를 명료하게 하기 위하여 당사자에게 사실상과 법률상의 사항에 관하여 발문하고 또는 입증을 촉구할 수 있다고 규정하여 석명을 재판장의 권한 형식으로 규정하고 있다. 이를 근거로 법원의 석명권 행사를 법관의 재량에 맡겨져 있는 것으로 인식할 가능성은 충분히 있다. 그러나 이런 규정형식에도 불구하고 문헌은 예외 없이 석명의 의무성을 인정한다. 이는 독일법의 연혁적인 이유와 함께 석명을 적정한 재판을 위한 법원의 직책으로 인식하여 그 행사는 재판기관으로서의 당연한 의무라고 본다.[119]

2) 釋明義務違反의 上告 可能性

석명권의 행사가 법원의 재량이 아니라 의무라고 볼 때, 석명권의 불행사가 바로 상고이유를 구성하는지의 문제가 제기된다. 물론 이에 대해 입법으로 명확하게 규정하고 있다면 이에 따라 해결하면 되겠으나 이에 관한 규정은 없는 상황에서 이에 대해서는 학설이 나뉜다.

(가) 消極說

우선 석명권의 규정은 훈시효과를 가지는 것에 불과하여 그 불행사는 상고이유가 될 수 없다고 보는 입장이 있다. 우선 그 근거로 첫째, 석명권 불행사를 상고이유로 하는 것은 상고심으로 하여

---

119) 金祥源, 위의 논문, 197면; 盧永斌, 위의 논문, 19면; 方順元, 위의 책, 258면; 司法大學院法窓會編, 위의 책, 84면; 李英燮, 위의 논문, 5면; 李英燮·李石善, 위의 책, 188면; 李英燮·張仁洙, 위의 책, 135면; 李明燮, 위의 논문, 38면.

금 소송자료의 검토와 보충에 종사하게 하여 본래 상고심을 법률심으로 한 목적에 반하고 상고사건이 증가하여 상소심의 부담을 부당하게 과중시킨다는 것이다. 둘째로는 석명을 상고이유로 하는 경우에 석명을 어떻게 할 것인가의 문제에 있어 그 범위를 협소하게 해석하여 현저한 불행사의 경우에 한한다고 하면 좋으나 제출된 소송자료로부터 고려될 수 있는 모든 방법을 시사하여야 한다고 하면 이것은 법관에게 만능을 요구하는 것이 되며, 변론주의를 너무나 무시하는 것이 된다는 것이다. 셋째로 석명 불행사를 상고이유로 한다면 원심은 석명을 한 형적(形跡) 또는 석명을 하지 않은 이유를 소송기록에 남길 필요가 있으므로 원심은 그 번거로움을 이기지 못할 것이며, 또 석명은 대략 구두로 행하여지므로 이러한 형적을 일일이 남기는 것이 불가능하게 될 것이다. 끝으로 석명의 행사·불행사는 전부 법원의 재량행위라고 하더라도 자의로 행사하여도 가하다는 것이 아님은 물론이며, 변론주의의 결함을 보충하는 중요한 작용이므로 신중하고 타당하게 운용되어야 할 것이며 이런 의미에서 제126조 제1항은 법관에 대하여 석명권능이 있다는 점에 주의를 촉구하여 그 적절한 운용을 요망하는 훈시규정이라고 해석하는 것이 타당하다고 본다.[120]

  (나) 積極說

  법관의 석명권 불행사는 언제나 상고이유를 구성한다고 보는 입장이다. 석명권을 일찍이 의무로 관념하였던 독일에서는 석명의무는 소송자료의 보충에 대하여 가장 중요한 소송지휘의 방법이며 이것은 법원의 의무이므로 그 의무이행에 대하여 최고법원은 항상

---

120) 盧永斌, 위의 논문, 22면.

하급법원에 대하여 촉구하고 있으므로 그 의무위반은 상고이유를 구성한다고 본다. 일본의 대심원(大審院) 역시 종래 법원이 당사자가 주장한 사실이 불명료할 때에 이것을 석명하게 하는 것은 그 권리인 동시에 의무이므로 판결에 영향을 미치는 사실주장이 불명료한 경우에 이것을 석명하게 하지 아니하는 것은 위법이라고 보았다고 지적한다.[121]

  (다) 折衷說

  석명권을 행사할 필요가 있는 것이 명백함에도 불구하고 석명권을 행사하지 아니할 때에 한하여 상고이유가 된다고 하는 입장이다. 석명권은 법원의 직책에서 유출된 적정재판에 이바지한다는 귀중한 사명에 터 잡고 있는 직능이고 동시에 기능 면에서는 주도적인 입장에서 변론주의의 약점을 보완하므로 그 행사에 있어서 의무성을 배제할 수 없다는 점에서 민사소송법 제126조를 석명권능의 존재와 운용에 대한 훈시규정으로 보는 소극설은 형식논리에 치우친 것이라고 비판한다. 그렇지만 적극설과 같이 석명권의 부적정한 행사를 석명의무 위반으로 보고 그 위반의 모든 경우가 상고이유가 된다는 것도 난점이 있다는 것을 지적한다. 즉 이처럼 석명의무의 범위를 넓게 인정한다면 사실심의 법관은 많은 석명점 때문에 심리상 또는 기록처리상의 번거로움을 면하기 어려워 소송지연의 현상과 함께 그 기능의 둔화를 가져올 것이라는 것이다. 두 번째로는 본래의 법률심인 대법원으로 하여금 사실심리에 관계되는 사항에 관하여 과중한 심리상의 부담을 지우는 것이 되어 사건처리의 지연이 발생하고 법률심으로서의 그 기능이 현저히 저하될

---

121) 적극설은 학설로서 소개는 되고 있으나 일본이나 독일과 달리 이를 명시적으로 주장되지는 않은 것으로 소개된다. 金祥源, 위의 논문, 232면.

염려가 있다는 것이다. 또한 법원의 부족한 인적·물적 자원을 고려하면 사실심이 사건의 타당한 결론을 내기 위해서는 그 권능으로서의 범위는 넓게 해석하여 운용하는 것이 타당하다고 본다. 이런 관점에서 볼 때 일정한 기준을 세워야 할 필요가 있는데 그 기준으로 석명권의 현저한 불행사나 부적정한 행사에 의하여 사건의 공평하고 적정한 해결에 영향을 미쳤다고 보이는 경우에 한하여 석명의무 위반이 상고이유가 된다고 본다. 이런 경우 기록상 현저한 심리의 조잡성이 드러나고 있는 경우가 여기에 해당한다고 본다.[122]

3) 具體的인 上告理由의 確定

당시의 학설은 석명의무 위반의 경우 대체로 심리미진으로 표현하면서 해당 법조로는 민사소송법 제393조를 지적한다.[123] 이는 다수설로 그 논거는 제393조의 법령위반을 실체법과 절차법에 관한 것으로 나누어 전자를 의율상의 과오, 후자를 절차상의 과오라고 부르는 한편 후자 중에는 사실인정의 절차(동법 제402조)도 포함되므로, 석명권의 현저한 불행사는 심리미진에 의한 사실확정 절차의 위반으로 되어, 결국 제393조의 법령위반에 해당하는 상고이유를 형성한다는 취지이다.

이에 대하여 상고이유로서 심리미진이라는 개념을 쓸 필요가 없고 이런 용어를 사용한다면 개념의 불명확함을 초래할 수 있음을 지적한다. 즉 심리미진의 의미 자체가 소송법상의 개념으로는 모호하여 법령위반이나 이유불비 또는 이유모순 등의 독립된 상고이유와의 구별이 어렵다는 것이다. 그러면서 석명권 불행사가 상고이유

---

122) 金祥源, 위의 논문, 233-234면; 司法大學院法窓會編, 위의 책, 84면.
123) 方順元, 위의 책, 258면; 李英燮·張仁洙, 위의 책, 135면; 李英燮·李石善, 위의 책, 188면.

가 된다고 한다면 이유불비는 아니므로 독일의 입장과 같이 민사소송법 제393조에 해당하는 소송절차에 관한 법령위배로 해석하는 것이 타당하다는 입장이 그것이다.[124]

3. 그 밖의 辯論主義의 補完手段들

(1) 當事者의 眞實義務

변론주의를 민사소송이 받아들였음에도 문헌은 민사소송의 명제는 실질적인 진실이라고 본다. 변론주의를 채택하였다고 해서 형식적 진실에 만족하는 것으로 속단하여서는 안 된다고 인식한다. 변론주의의 수용은 민사소송의 진실발견이라는 재판의 사명을 이루기 위한 수단이므로 당사자의 태도에 따라 객관적 사실과 불일치하는 사실을 인정하여 이를 재판의 기초로 삼는 것은 변론주의의 왜곡이며 변론주의가 예정한 것이 아니라고 본다.[125] 변론주의는 결코 소송상 허위를 진술할 자유를 준 것이 아니고 도리어 현행 민사소송법에서도 제334조, 제342조의 규정과 공지의 사실에 반하는 자백을 무효로 인정할 여지가 있는 이상, 차라리 당사자의 진실의무를 인정할 수 있다고 본다.

(2) 職權證據調査

새로 제정된 민사소송법은 증거조사의 경우 법원이 이를 보충적으로 직권으로 할 수 있도록 하였다(민사소송법 제265조). 이를 변

---

124) 盧永斌, 위의 논문, 22면; 金祥源, 위의 논문, 240면.
125) 대표적인 문헌으로는 金祥源, 위의 논문, 207－208면 참조.

론주의의 한계를 극복하고 보편타당한 재판을 구현하기 위한 직권주의의 강화 내지 도입의 한 수단으로 이해한다.[126] 이에 반해 일본은 제2차 세계대전 이후 민사소송법을 개정하여 종전 민사소송법 제261조에 규정되어 있었던 직권증거조사규정을 삭제하여 직권에 의한 보충적 증거조사의 길을 차단하였다. 이는 법원의 보충적인 관여에 의한 사실규명 대신 입증책임의 분배원칙에 의한 해결로 방향을 선회한 것으로 이해된다.[127]

(3) 代理人의 選任命令

신민사소송법은 변론능력을 결하는 자에 대한 처치의 하나로 법원은 소송관계를 명료하게 하기 위하여 필요한 진술을 할 수 없는 당사자 또는 대리인의 진술을 금하고 변론속행의 신기일을 정할 수 있는데 이 경우 진술을 금한 경우에 필요하다고 인정한 때에는 법원은 변호사의 선임을 명할 수 있다(동법 제134조 제1항, 제2항).

(4) 訴訟救助制度

신민사소송법은 제118조에서 제124조에 걸쳐 소송구조제도를 규정하고 있다. 소송구조제도는 변론주의의 대전제인 당사자의 변론수행 능력의 평등을 실현할 수 있는 중요한 민사소송법의 제도적 기반이라는 점에서 중요한 의미를 가진다.

---

126) 方順元, 위의 책, 264면; 李英燮·李石善, 위의 책, 176면.
127) 方順元, 위의 책, 265면; 李明燮, 위의 논문, 38면.

Ⅲ. 判例의 立場

1. 請求趣旨에 대한 釋明義務

(1) 請求趣旨가 不明瞭한 경우

청구가 변경된 경우 구청구의 관계가 불명한 때에는 교환적인가, 선택적인가, 예비적인가에 관하여 석명하여야 한다. 판례를 살펴보면, [15] 원고는 소장에서 청구원인으로 "피고들은 본건 토지를 불법점거 중이므로 원고로부터 본건 토지를 매수하든지 또는 원고에게 인도하라."고 하였다가, 그 뒤에 청구원인을 변경하여 피고들이 각서로서 부당이득에 관한 특약을 하였다 하여 이것으로 청구를 변경하였음을 엿볼 수 있는바, 원심은 원고의 청구원인변경의 취지가 과연 무엇인가, 즉 교환적인가 예비적인가 또는 선택적인가의 점에 관하여 더욱 석명을 하여야 함에도 불구하고 원심이 이와 같은 조치를 취하지 아니하였음은 석명권 불행사의 위법이 있다고 보았다(대법원 1967. 7. 4. 선고 67다716 판결).[128]

또한 [16] 불특정한 청구의 특정방법에 관하여 불명료함이 있는 경우 이에 대해 석명하여야 한다. 원고의 토지인도청구에 있어서, 원고가 청구취지에서 지적한 부분에 대한 특정을 인정할 수 없다 하여도, 본건 일부매매인 4무보에 대한 특정방법에 대하여 당사자가 어떠한 의사였는지를 석명하여야 함에도 불구하고, 이런 조치가 없음은 위법이라고 하였다(대법원 1965. 2. 24. 선고 64다892 판결).[129]

---

128) 대법원판결집, 제15권 2집(1967), 법원행정처, 146 - 147면.

129) 판례총람, 248면(19)(金祥源, '釋明權에 關한 小考' 사법논집, 법원도서관, 각주 89에서

또한 [17] 원고가 피고를 상대로 임치백미반환청구를 하면서 그 청구취지로 피고에게 백미 현물 32가마니의 인도와 현물로 인도 못 할 경우의 환산대금 115,072원을 청구하는 것으로 되어 있었고[130] 원고의 청구원인사실은 일관되게 피고가 원고로부터 임치받은 본건 백미 32가마니를 다른 곳에 임의로 매각 횡령한 사실을 전제로 그 손해배상을 청구함에 있고, 더욱이 원심 제5차 변론에서 본소청구는 피고가 위 백미를 횡령하였으므로 위 환산금 동액을 불법행위를 원인으로 하여 손해배상청구를 하는 것이라고 진술하면서 백미현물의 인도청구를 그대로 유지하고 있으므로, 원심은 원고가 본건 보관백미를 특정물로 청구하는 것인지 또는 보관된 백미가 없더라도 대체물로서 동종 동량의 백미를 보관 백미반환으로 청구하든지 그렇지 않으면 백미의 가격상당액만을 손해배상으로 청구하는 것인지를 석명하여 심리하여야 함에도 불구하고 원심이 원고의 백미반환청구권은 그 보관현물의 인도를 이행할 수 없게 되었다는 사유만을 판단하여 원고의 청구내용을 확정하지 않고 재판하였음은 심리미진의 위법이 있어 원판결은 파기될 수밖에 없어 원·피고의 이 점에 대한 상고이유는 이유 있다고 하였다(대법원 1967. 1. 24. 선고 66다1941 판결).[131]

원고가 청구취지에서 특정물의 인도를 구하고 이것이 피고의 귀책사유로 불가능하게 되어 예비적으로 그 손해배상의 청구를 한 경우는 원심과 같이 판단할 수 있을 것이나, 원고는 원심에서 계속 백미인도청구권이 존재함을 전제하면서[132] 손해배상청구를 하고

재인용).

130) 원심은 원고의 백미인도청구부분은 기각하면서 환산대금지급청구는 인용한 것으로 보인다. 이에 대해 원고와 피고 모두 상고를 제기하였다.

131) 대법원판결집, 제15권 1집, 민사, 17 – 19면.

있었던 것이므로 백미인도청구권의 존재를 부인하면서 그 손해배
상청구를 인용할 수는 없는 것이었다.[133] 결국 원심은 원고의 청구
가 특정물인도청구인지 대체물인도청구인지를 석명하지 않아 청구
취지가 예비적 청구인지 선택적 청구인지를 확정하지 않고 모순된
판단을 내려 석명의무에 위반하게 된 것이다.

(2) 請求趣旨가 그 자체 法律上 不當한 경우

당사자가 제시한 청구취지 그 자체가 법률상 부당하지만 당사자
의 의사를 선해할 수 있는 경우에는 법관은 당사자가 그의 진정한
의사에 따른 청구취지로 고칠 수 있도록 석명하여야 한다. [18] 청
구취지에서 매매계약 무효확인이나 과거의 사실관계 확인을 구하
는 경우라도 이를 확인의 이익이 없다고 바로 각하시킬 것이 아니
라, 원고가 매매계약이 실효되었다고 주장함에 대하여 피고는 위
매매계약이 유효히 존속함을 주장하고 있는 경우라면 원고의 이
사건 청구를 매매계약에 기한 현재의 권리관계 부존재를 구하는
것으로 이해할 수 있어 법원은 이 점에 관하여 석명할 필요가 있다
고 한다(대법원 1966. 3. 15. 선고 66다17 판결).[134]

이와 같이 청구취지가 잘못된 경우라도 곧바로 소를 각하하는
것은 원고에게는 예상치 못한 결과가 되므로 법원은 석명권을 행
사하여 원고가 청구취지를 정정하도록 기회를 제공하는 것이 재소

---

132) 원고는 상고이유에서 임치백미는 대체물로서 소위 특정물이 아니므로 원고는 계약의 본지
에 따른 위 백미현품의 반환을 청구하면서 아울러 불법행위를 주장할 수 있다고 하였다. 즉
대체물인도청구에서는 이행불능은 존재할 수 없지만, 불법행위로 인한 손해배상청구는 가
능하다는 주장이다.

133) 이는 처분권주의에 위반하게 되는 것이고 이 경우의 손해배상액은 대체물로 보는 경우의
손해배상액보다 더 많을 것으로 보인다.

134) 대법원판결집, 제14권 1집, 민사, 120−121면.

를 피할 수 있어 원고나 법원에게 유리하고 피고 입장에서도 어차
피 원고의 재소에까지 끌려가는 것보다는 현재의 소에서 방어를
마칠 수 있어 좋다고 할 수 있다.

또 다른 판례를 보면 [19] 원고가 해군참모총장을 상대로 귀속재
산 징발처분의 취소를 구하는[135] 행정소송을 제기하였는데, 원심은
이 사건에서 피고의 처분이 존재하지 않아 행정소송법상 행정처분
부존재확인의 소는 허용되지 않는다고 전제하고 원고의 청구를 행
정소송 제기의 요건을 흠결한 소로 보아 각하하였다. 이에 대해 대
법원은 행정소송법 제1조의 해석상 행정처분 부존재확인의 소도
허용되는 이상[136] 원심은 더 나아가서 그 무효의 뜻이 부존재의 뜻
까지 포함하는지 여부를 석명하여 부존재의 뜻까지 포함하는 것이
라면 그 점에 관하여 심판하여야 한다고 하였다(대법원 1962. 5.
24. 선고 62누4 판결).[137]

원고는 행정처분이 존재한다고 생각하고 그 처분의 무효선언을
구하는 취지의 취소청구를 하였는데 심리과정에서 피고의 행정처
분이 존재하지 않는 것으로 밝혀진 경우 당사자의 의사를 선해하
여 법원은 원고의 행정처분 취소청구가 행정처분의 부존재확인의
청구를 포함하는지에 대해 석명하여야 한다는 취지를 밝힌 판례다.

(3) 當事者의 眞正한 意思를 알 수 있는 경우

[20] 원고의 청구취지만을 볼 때에는 그것이 어느 부동산에 관

---

135) 원고는 무효선언의 뜻이라고 석명하고 있다.

136) 현행 행정소송법 제4조 제2호는 행정청의 처분 등의 존부 여부를 확인하는 소송을 무효 등
　　확인소송으로 명시적으로 인정하고 있다.

137) 대법원판결집, 제10권 2집, 행정, 78－80면.

하여 말소등기를 청구하는 것인지 불분명하지만, 원고가 제출한 증거(등기부등본)의 기재에 의하면 그것이 어느 것임을 쉽게 알 수 있다면, 원심은 불분명한 청구취지를 석명하여야 한다고 하였다(대법원 1964. 5. 26. 선고 63다906 판결).[138] 청구취지는 불분명하지만, 증거자료와의 관계에서 보면 이를 명확히 할 수 있는 사정이 엿보이는 경우여서 청구취지에 대해 석명하여야 할 것이다. 여기서 알 수 있듯이 판례는 당사자의 분명하지 못한 진술의 의도를 증거내용에서 추출하여 참뜻을 알아보는 데까지 석명작용을 확장시키고 있어 사실자료와 증거자료의 엄격한 분리를 내세우는 변론주의의 관점에서 볼 때 의미가 있는 부분이다. 이 판례는 뒤에서 나타나는, 주장과 증거가 불일치할 경우 석명의무가 발생한다는 일련의 판례의 선례가 된 판례로 볼 수 있다.

[21] 원고가 이 사건 토지의 매매를 원인으로 피고를 상대로 소유권이전등기청구의 소를 제기하였는데, 이 사건 토지는 등기부상 피고와 제3자 사이의 공동소유 형식으로 되어 있으나 원고는 실질적으로 피고의 단독소유로 된 본건 토지를 피고로부터 매수하고 대금을 완납한 후 피고만을 상대로 이 사건 소를 제기한 것이었는데 원심은 피고의 지분권에 대한 원고의 청구마저 배척하였고 이에 상고하자, 원고가 피고 한 사람만을 상대로 토지 전부에 대한 소유권이전등기를 청구하고 있으므로 원심은 피고의 지분권에 대해서만 이 사건에서 먼저 청구하고, 제3자의 지분권에 대해서는 소송할 필요 없이 등기를 받을 수 있는 것인지, 그렇지 않고 별도로 소송을 하려는 것인지, 이 점을 모두 생각해 보고, 원고가 이 사건에서 소송하는 참뜻을 석명해 보아야 할 것인데, 피고의 지분권에

---

138) 판례카드 No.6600(金詳源 "釋明權에 關한 小考" 각주 85에서 재인용).

대한 청구마저 배척한 것은, 석명의무를 다하지 아니한 것이라고 하였다(대법원 1965. 11. 30. 선고 65다2502 판결).[139]

원고가 매매목적물의 법적 소유형태를 고려하지 않고 공동소유자의 일부를 제외하고 목적물 전부의 소유권이전등기를 청구한 경우로 원고가 공동소유에 관한 법리의 부지에서 비롯된 것으로 보이므로 이를 지적하여 진의에 맞게 청구취지를 정정하도록 석명하여야 한다.

2. 當事者의 事實陳述에 대한 釋明

(1) 請求趣旨에 비추어 請求原因 事實의 釋明

청구취지와의 관계에서 청구원인이 부합되지 않는 경우 법원은 청구취지에 맞게 청구원인 사실에 대해서 원고가 정정하도록 석명하여야 할 의무를 부담한다.

[22] 원고의 청구취지가 일필의 토지 중 특정된 부분에만 원인무효에 의한 등기말소를 청구하는 것이라면, 그 부분만의 말소를 허용하면 되고, 실체관계에 부합되는 부분까지 합한 동필지에 대한 등기를 모두 말소시킬 수 없으므로, 원심은 마땅히 이 점을 석명시켜 청구원인 사실과 청구취지를 부합되게 하여야 한다고 하였다(대법원 1965. 6. 22. 선고 65다778 판결).[140]

---

139) 판례총람(민소편)252(41)(추일)(金詳源 "釋明權에 關한 小考" 각주 113에서 재인용).

140) 판례카드 No.1775(金詳源, "釋明權에 관한 小考", 사법논집 제1집, 법원도서관, 주 88에서 재인용).

(2) 請求原因事實의 一貫性이 없는 경우

원고가 소송에서 여러 주장을 하지만 부당하고 모순이 있는 경우 실제로 무슨 취지의 주장을 하고자 하는 것인지 불분명해서 소송은 혼돈 속으로 빠져들 수 있다. 이런 경우 법원은 적절하게 개입하여 원고의 청구원인에 대한 주장이 정확히 무엇인지를 밝혀 소위 쟁점정리를 위해 석명권을 행사할 필요가 있다. 이 시기의 문헌에서 이런 유형의 석명권 행사를 석명권의 한 유형으로 소개하는 것을 발견할 수 있다.

판례에 나타난 사안을 보면, [23] 원고가 피고로부터 금원을 차용하고, 그 채권을 담보하기 위하여 본건 부동산을 매도하되 일정 기한까지 환매할 수 있다는 특약을 하고, 피고 명의로 이전등기를 마친 후 환매기간을 다시 연장하였다는 주장을 하는데 이것은 민법 제591조 제2항에서 말하는 이른바 환매기간을 정한 때에는 다시 연장 못한다는 강행법규에 위배되는 것이고, 또한 원고 대리인은 본건 부동산에 질권을 설정한 것이라고 주장하고 있는바, 신민법 시행 후에 설정된 질권 설정행위라면 이것도 무효이므로,[141] 원심은 석명권을 행사하여 원고 주장의 진의가 민법 제590조 이하에서 규정하는 환매특약부 매매인지 또는 그것이 아닌지를 명백히 하여야 한다고 하였다(대법원 1964. 5. 12. 선고 63다771 판결).[142] 여기서 원고의 주장이 여러 갈래로 내세워지고 있으나, 모두 부당 또는 모순이 있어 실질적인 쟁점이 애매하므로 이를 시정하는 것

---

141) 현행 민법은 부동산 질권을 인정하지 않는다. 저당권제도의 존재로 그 효용이 없을 뿐만 아니라, 부동산의 용익에 능력과 흥미를 가지지 않는 금융업자에게는 오히려 신용을 제공하는 데 지장이 된다는 것이 그 이유이다(郭潤直, 「物權法」, 第7版, 博英社, 294면).

142) 판례카드 No.6579(金詳源, "釋明權 小考" 각주 103에서 재인용).

이 필요하여 법원의 석명의무가 발생한다.

또한 [24] 원고의 청구원인 변경신청서에 의하면 본건 수표가 만일 부도로 되는 경우에는 피고들이 동액의 현금으로 배상하겠다고 약정하였는바 그 후 위 수표가 부도되었으므로, 위 약정에 따라 수표금의 배상을 구한다고 함에 있는바, 변론조서의 다른 기재를 보면, 위 청구원인변경신청서의 진술과 아울러 피고들의 보증채무에 기하여 본건 수표금을 대금으로 하여 청구한다고 진술하였다. 그렇다면 원고의 본건 청구는 원인이 무엇인지 분명하지 아니하므로, 원심은 마땅히 석명권을 행사하여 이를 명백히 하여야 했다고 하였다(대법원 1966. 4. 19. 선고 65다2539 판결).[143] 원고의 청구원인이 무엇인지 식별이 안 된 경우이므로 역시 이를 정리하는 법원의 석명이 필요하다.

그리고 [25] 원고가 본건 토지를 피고로부터 매수하였음을 이유로 소유권이전등기를 청구하는 사안에 있어서, 피고가 여러 가지 사정이 얽혀 있는 주장을 하고 있는 경우, 그 주장의 참뜻이 매매계약을 부인하는 것인지, 또는 매매계약이 인정되는 경우에는 강박에 인한 매매의 의사표시를 취소하는 뜻인지, 이를 알아내기 위하여 석명권을 행사하는 한편, 사안의 진상을 구명하기 위하여 여러모로 심리하여야 한다고 하였다(대법원 1964. 5. 26. 선고 63다61 판결).[144] 원고의 청구에 대해 피고가 여러 갈래의 정리되지 않는 주장을 하고 있는 경우 사안의 진상이 규명될 수 없으므로 그 쟁점의 파악을 위해 법원은 석명권을 행사하여야 한다.

---

143) 판례총람, 252 - 12면(추일)(金詳源, "釋明權 小考" 각주 91에서 재인용).

144) 판례카드 No.6616(金祥源, "釋明權에 關한 小考", 사법논집, 제1집, 법원도서관, 각주 104에서 재인용).

(3) 法律要件事實의 補充을 위한 釋明

원고가 청구원인에서 청구의 기초가 되는 법률요건에 해당하는 사실을 누락하거나 피고 역시 항변을 주장하면서 항변의 요건사실 중 어느 하나를 빠뜨리고 주장하지 않는 경우 법원은 이렇게 누락된 요건사실의 보충을 촉구하는 석명을 할 의무를 부담한다.

[26] 원고가 피고를 상대로 대물변제의 예약을 원인으로 한 이 사건 부동산에 관하여 원고 명의로 소유권이전등기 절차를 밟은 후, 가옥명도 및 인도청구의 소를 제기하자, 피고는 위 대물변제예약이 무효라고만 주장할 뿐 구체적으로 무효라고 주장하는 이유가 무엇인지 주장을 하지 않았는데 원심은 불공정한 법률행위로 추정된다는 이유로 원고가 피고의 궁박, 경솔, 무경험으로 인한 것이 아니라는 점에 관한 주장입증을 하지 않아 대물변제예약은 무효라고 판단하였고, 이에 대해 원고가 상고하자, 대법원은 원심이 피고가 구체적으로 주장하지 않은 불공정한 법률행위로 인정한 것은 변론주의에 위반한 것이지만[145] 위 대물변제의 예약은 신민법 시행 이후에 이루어진 것이 확인되는바[146] 석명권을 행사하여 피고가 원고와의 대물변제계약이 무효라고 주장하는 이유가 무엇인지 밝혀야 할 것이며 그 결과 피고에게 불리한 약정으로 무효가 인정되는 경우 대물변제의 예약이 매도담보계약과 함께 되었다면 원고에게 이 사건 목적물의 인도나 명도를 구하는 원인이 목적물을 처분하여 같은 피고에 대한 채권의 변제를 받기 위한 것인지 여부에 대해서도 석명을 하여야 한다고 하였다(대법원 1962.11.8. 선고 62다599 판결).[147]

---

145) 당사자가 주장하지 않은 사실을 기초로 하여 판단한 위법이 있다고 하였다.

146) 민법 제608조의 적용을 받을 수 있음을 지적하는 것이다.

피고가 항변의 효과만 주장할 뿐 구체적인 그 항변의 요건사실을 주장·입증하지 않는 경우 이의 흠결을 지적하여 보완하도록 석명하여야 한다는 취지이다. 구체적으로 민법 제608조에 근거한 항변인지 여부에 대해 석명하여야 한다는 취지인지는 불분명하나 구문(求問)하여 그런 취지로 해석되면 적용할 수 있다는 정도로는 보인다. 원고에 대한 석명은 민법 제608조의 효과에 대한 청산설의 입장을 반영한 결과로 보인다.[148]

또 다른 판례를 보면, [27] 원고와 피고 사이에 이 사건 부동산 매매계약이 적법하게 해제된 사실을 인정하려면 피고의 잔대금 이행지체사실 외에, 매매계약서(갑 제2호증) 제3조에 의하면 위 매매계약은 피고의 잔대금지급의무와 원고의 소유권이전등기이행채무를 동시 이행하기로 특약한 사실을 엿볼 수 있으므로 원고의 위 등기의무 이행의 제공 여부와 상당한 기간을 정한 채무이행의 최고 여부를 석명·심리하여 적법한 계약해제 여부를 판단하여야 한다고 하였다(대법원 1963. 7. 25. 선고 63다289 판결).[149]

(4) 證據만 제출하고 事實을 陳述하지 않는 경우

당사자가 증거만 제출하고 그 입증취지를 주장하지 않는 경우

---

147) 대법원판결집, 제10권 4집, 민사, 209-213면.

148) 대물변제의 예약이 제607조·제608조에 위반하여 무효인 경우에, 그 무효인 대물변제예약을 바탕으로 하여 차주인 채무자의 채무불이행으로 채권자인 대주에게 목적부동산의 소유권이전등기를 하고 있는 때에는, 그 등기는 차주의 원리금채무를 담보하는 범위에서는 그대로 효력이 있으며, 이때의 담보는 소위 弱한 의미의 讓渡擔保라고 판시하였다(대법원 1967. 3. 28. 선고 67다61 판결; 대법원 1967. 10. 4. 선고 67다1956 판결; 대법원 1968. 6. 28. 선고 68다762·763 판결 등). 판례가 말하는 약한 의미의 양도담보는 精算型 내지 淸算型을 뜻한다. 결국 초과분은 채무자에게 반환하여야 한다는 것이 판례의 입장이었다(郭潤直, 「物權法」, 第7版, 博英社, 385면).

149) 대법원판결집, 제11권 2집, 민사, 71-74면.

법원은 이에 대한 석명을 구하고 그 진술을 기초로 심리판단을 하여야 한다. 비교적 초기의 판례이지만 대법원은 이런 경우 법원의 석명의무를 명시적으로 긍정하는 판례를 제시하여 석명권의 취지를 그대로 보여 주고 있다.

즉 [28] 원고가 피고를 상대로 약속어음금 지급청구의 소를 제기하였는데 피고는 여기서 약속어음을 발행하고 원고가 그 어음의 소지인으로서 원고주장 일시에 그 어음을 제시하였다는 사실은 다투지 않고 원심의 변론기일에서 원고 발행의 영수증을 제출하였고 원고 대리인도 그 성립을 인정하고 있는 경우 그 입증취지는 명백히 기재되어 있지 아니하나 본소의 쟁점과 대비하여 보면 위 약속어음금을 지급하였다는 취지로밖에 볼 수 없으므로 이와 같은 경우 원심은 마땅히 그 입증취지에 관하여 석명을 구하고 그 점에 관하여 심리·판단하여야 함에도 불구하고 그 점에 관한 석명은 물론 심리판단도 함이 없이 피고에게 위 약속어음금의 지급을 명하였음은 원판결에는 심리미진의 위법이 있을 뿐만 아니라 판결에 영향을 미칠 증거(영수증)에 대한 판단을 유탈한 위법이 있다고 하였다(대법원 1962. 4. 18. 선고 61다1143 판결).150)

또한 [29] 무권대리의 추인에 해당하는 자료만 제출되고 주장이 없는 경우 그것이 추인주장의 취지인지 여부를 석명하여야 한다고 하였다(대법원 1966. 5. 31. 선고 66다676 판결).151) 그리고 [30] 대법원은 채무를 변제하였다는 뚜렷한 사실주장은 아니 하였으나 금원을 공탁하였다는 취지의 공탁서를 서증으로 제출하고 있는 경

---

150) 대법원판결집, 제10권 2집, 민사, 153면.

151) 康鳳洙, "法院의 法律事項 指摘義務", 竹堂 김상원 선생·公于 윤일영 선생 화갑기념 「민사재판의 제문제」, 제8호, 한국사법행정학회, 1994, 291면에서 재인용(대법원민사판결원본집104-679).

우에는 그 공탁이 채무를 변제하였다는 주장에 대한 입증인지의 여부를 알아보고 이 점에 관하여 심리를 하여야 할 것이라고 판시하였다(대법원 1967. 9. 26. 선고 67다1742 판결).[152]

이 판례는 사실자료와 증거자료가 분리되어 있다는 사실을 모르고 주장을 하지 않은 채 증거만 제출한 당사자에게도 그러한 사실주장을 하려는지에 관해 심리를 해야 한다고 판시하였다. 변론주의의 원칙상 이 경우 변제주장 자체가 있다고 볼 수는 없을 것이나, 원고가 제출한 공탁서에 대해 피고가 그 성립을 인정하고 있으므로 법원이 원고의 공탁서 제출행위로부터 채무변제의 항변을 하는 것인지 석명을 구해 보는 것은 법관의 중립성에 위반되지 않으면서 실체적 진실을 밝히는 일이어서 타당하다.

(5) 當事者의 主張이 證據資料와 前後 矛盾되는 경우

변론주의원칙이 적용되는 소송절차에서 사실자료와 증거자료는 엄격히 분리되지만, 원고의 주장이 증거로 제출된 서증과의 관계에서 모순이 발견된다면 법원은 이에 대하여 석명할 필요가 있다. 이에 관해 이 시기의 판례는 명시적으로 법원의 석명의무를 인정하고 사실자료와 증거자료의 엄격한 분리의 완화를 시사하고 있다.

즉 [31] 원고는 피고의 수분배농지인 본건 토지를 피고로부터 매수하여 그 대금지급과 동시에 인도받고, 피고가 미납한 상환료를 원고가 대납한 사실을 주장하고 있는바, 그 상환료 대납일자는 명백하지 않고 기록에 편철된 상환증서에 의하여 원고주장의 매수일자보다 앞선 날짜로 되어 있으므로, 원심으로서는 원고가 상환료를

---

152) 대법원판결집, 제15권 3집, 민사161 – 162면.

대납한 시기가 언제인가, 또 원고의 토지 매수일시가 그 전후인가를 석명하여야 한다고 판시하였다(대법원 1966. 4. 19. 선고 66다323 판결).153) 원고가 공격방법으로 내세우는 원고의 주장이 서증과의 대조에서 모순이 있는 경우 이에 대해 법원은 석명해야 할 의무가 있다는 취지이다.

또한 [32] 당사자의 변론취지에 의하면, 피고는 본건 약속어음(갑 제1호증)을 소외 甲이 발행하여 피고에게 교부하고 피고가 이를 다시 원고에게 배서·양도한 것이라는 원고의 주장사실을 전부 부인하면서 한편으로는 갑 제1호증(약속어음)을 인정하는 것과 같은 모순된 진술을 하고 있는바, 이것은 무슨 이유인지 원심은 마땅히 석명권을 행사하여, 당사자의 참뜻을 밝힘으로써 소송관계를 명백히 하여야 한다고 하였다(대법원 1966. 5. 17. 선고 66다161 판결).154) 피고의 원고 주장에 대한 부인답변이 피고 자신의 서증 인부취지와 모순되는 경우 법관은 이에 대해 당사자에게 석명을 하여야 한다는 취지이다.

(6) 陳述事實이 不明瞭한 경우

당사자의 사실주장 자체가 불분명하다면 이에 대해 법원은 석명을 구하여 당사자의 주장을 명확히 정리한 후 이에 대해 판단을 해야 하는데도 원심은 이를 하지 않고 섣부르게 원고의 청구를 배척한 것을 지적하였다.

[33] 원고가 이 사건 토지(1,084 대 84.9평)의 환지예정지(마호 토지 67평, 바호 토지 133평)를 소외인 1, 2로부터 각각 매수하였

---

153) 판례총람, 252 - 13면(추일)(50)(金祥源의 釋明權에 關한 小考 각주 92에서 재인용).
154) 판례총람, 252 - 14면(추일)(53)(金祥源의 釋明權에 關한 小考 각주 93에서 재인용).

는데, 나중에 그 환지된 이 사건 토지가 피고들 명의로 등기가 되어[155] 원고는 위 피고들 명의의 소유권이전등기를 말소 청구한 사안이었다. 여기서 원고는 피고들의 등기는 소외인 3이 위 소외인들의 인장과 관계문서를 위조하여 이루어졌다고 주장하였다. 그리고 자신은 소외인 1, 2로부터 매수 시 환지확정 전이므로 자신이 매수한 환지예정지를 종전토지인 527의 8 대 222평으로 인정하고 이 토지에 소유권이전등기를 경료하였다고 주장하였다. 그런데 원심은 원고가 자신의 명의로 등기되었다고 주장하는 527의 8 대 222평이 이 사건 토지로 환지되지 않았다는 사실을 인정하고 바로 원고의 주장은 더 심리할 것도 없이 타당하지 않다고 하였는데, 대법원은 원고의 주장은 자신이 527의 8 대 222평을 매수하였다는 것이 아니라 원고가 매수한 목적물은 환지예정지(마호 토지 67평, 바호 토지 133평)인데 그 등기만을 527의 2 대 222평으로 인정하여 여기에 등기하였다는 것이므로 이 사건 토지가 527의 8 대 222평에 대한 환지가 아니라는 사실만으로 원고가 마호 토지 67평 자체를 매수한 여부 및 원고가 마호 67평의 소유권자로서 피고들을 상대로 이전등기말소청구를 하는지 아니면 대위하여[156] 행사하는지를 명백히 심리·판단함이 없이 본소청구를 배척한 것은 당사자의 주장사실을 석명하지 아니하여 심리미진 및 이유불비의 위법을 범했다고 하였다(대법원 1968. 7. 24. 선고 68다977 판결).[157]

---

155) 피고들은 서류를 위조하여 527의 1 대 40평에 대하여 소유권이전등기를 하였고 이 토지가 환지되어 다시 피고들이 이 사건 토지(1084 대 84평 9홉)의 소유권이전등기가 되었다. 환지예정지였던 마호 토지 67평이 이 사건 토지로 환지되었다는 데는 원·피고 모두 다툼이 없었다.

156) 위 마호 67평의 전 소유자에 대한 매매계약에 기한 소유권이전등기청구권자로서 전 소유자가 가지는 방해배제청구권으로서의 피고들 명의의 소유권이전등기말소청구를 대위 행사한다는 의미로 이해된다.

157) 대법원판결집, 제16권 2집, 민사, 307면.

3. 當事者의 法律上 主張에 대한 釋明

당사자의 법률상 주장 자체가 불명확한 경우와 당사자의 불완전한 법률상 주장에 대해 법원은 이를 석명하여야 한다. 청구원인사실의 주장과 이를 법률적 주장으로 표현한 경우 이 양자는 구별되어야 한다. 특히 판례가 일부 취하고 있는 소송물이론에 관한 舊實體法說 혹은 舊訴訟物理論에 의할 경우[158] 법원은 당사자가 제시한 법적 관점에 구속된다는 점을 고려하면 당사자의 사실 주장과 법률상의 주장은 구별되어야 하고 석명의 유형분류에서도 이는 다르게 구분될 필요가 있기 때문이다. 다만 이 시기 판례가 일관되게 구소송물이론을 따르고 있지는 않은데[159] 이런 측면은 법률적 관점에 대한 법원의 석명을 적극적으로 인정한 판례에서 확인될 수 있다. 다만 이 시기의 법률상 주장에 대한 적극적인 석명은 당시의 소송물이론과 조화를 고려하지 않은 측면이 있다. 이 시기 법률적 관점에 대한 법관의 석명의무를 지적한 대표적인 판례를 살펴보면 다음과 같다.

[34] 원고가 피고를 상대로 매매대금반환청구의 소를 제기한 사안인데 원고는 여기서 피고가 매도한 이 사건 농지의 일부는 하천이고 또 나머지 땅은 농지개혁법 실시 이전부터 경작하는 자들이 따로 있어 그 소유자가 자경하는 농지가 아니라는 사실을, 매수하고 그 대금을 다 지불한 후에 알았다고 하면서 피고는 원고를 속여

---

158) 원고가 혼인예약이행청구권의 침해에 의한 불법행위를 이유로 손해배상청구를 한 경우에 법원이 혼인예약불이행에 의한 손해배상청구권이 성립한다고 보아 청구를 인용한 경우를 처분권주의의 위배라고 하였다. 대법원 1962. 4. 4. 선고 4294민상945 판결 참조.

159) 판례는 환매약관부 매매를 원인으로 한 토지인구청구에 대해 양도담보로 평가하여 그 인도 청구를 인용하여도 위법이 없다고 하였다. 대법원 1966. 2. 22. 선고 65다2604 판결 참조.

서 돈을 편취한 것이므로[160] 사건 매매계약은 해제되었다고 주장하다가(소장) 나중에는 이 사건 매매계약은 위와 같은 사정으로 무효하고 주장하였다. 이에 원심은 원고의 본건 청구원인사실을 사기에 의한 의사표시이므로 취소한다는 취지로 받아들여 피고 측에서 원고를 기망한 사실이 없다고 인정하여 원고의 주장을 배척하였고 이에 원고는 상고하였다. 이에 대법원은 이 사건에서 원고의 주장사실은 보기에 따라서는 본건 법률행위 내용의 중요부분에 착오가 있으니 취소하였다는 취지로도 보지 못할 바 아니라 할 것이고 원심으로서는 마땅히 이런 점을 석명하여 원고주장을 정리하고 심판하였어야 할 것이라고 하였다. 그리고 한편으로 생각하면 원고의 위 일부주장은 매도인의 담보책임을 묻고 있는 것 같은 느낌이 들지 않는 것도 아니므로 사실심은 이런 점도 아울러 밝혀 보는 것이 그 도리라고 판시하였다(대법원 1966. 9. 20. 선고 66다1289 판결).[161]

이 소는 상고심까지 모두 당사자 본인들이 진행한 것으로 보인다. 원고는 법률 이전의 매우 소박한 상식에 근거하여 정리되지 않은 그대로의 사실을 주장하였고 원심은 이를 사기취소의 주장으로만 해석하여 기망사실이 없음을 이유로 가볍게 기각하였다. 이에 대해 대법원은 이와 같은 사실관계라면 법률적으로 가능한 주장들을 상정하고 이런 관점들을 석명하여 쟁점을 정리하고 심판하였어야 한다고 하였다. 보기에 따라서는 다른 소의 기초가 되는 사실들이나 새로운 공격·방어방법을 법원이 석명하게 되는 결론에 이르

---

160) 기록에 의하면 원고가 그 증거로 강봉태의 진술조서(갑 제4호증), 피고가 그 증거로 자신에 대한 피의자신문조서(을 제6호증)를 각각 제출하고 있는 점을 보면 원고는 피고를 상대로 사기로 형사 고소한 것으로 보이고 여기서 피고에게 기망의사가 없었다고 인정돼 혐의 없음의 불기소처분이 내려져 이 결론이 원심의 사기에 의한 의사표시 취소의 판단에 영향을 미친 것으로 추측된다.

161) 대법원판결집, 제14권 3집, 민사, 68-69면.

게 되어 이를 확대 해석하기에는 조심스러운 판례로 보인다. 그렇지만 이 판결에서 대법원은 석명권 취지를 여실히 보여 주고 있다는 점에서 굳이 다른 소의 기초나 새로운 공격·방어방법의 석명 부분에 분류하지 않고 당사자의 법률상 주장에 대한 석명으로 분류한다.

4. 證據와 관련된 釋明

(1) 主張만 있고 立證이 없는 경우 立證促求의 釋明

입증책임을 지는 당사자가 이를 소홀히 하거나 입증 자체를 하지 않는 경우 법원은 이를 지적하며 입증을 촉구하는 석명을 하여야 한다. 당시 민사소송법 제126조의 석명권에 관한 규정에 따르면 재판장은 소송관계를 명료하게 하기 위하여 당사자에게 사실상과 법률상의 사항에 관하여 발문하고 또는 입증을 촉구할 수 있다고 규정하고 있다(동 조 제1항). 증거에 관한 법관의 석명 중 입증촉구에 관한 석명은 기본적인 석명의무가 발생하는 부분이라고 볼 수 있다. 이 시기 이 부분에 적지 않은 판례들이 형성되었다.

먼저, [35] 일정량 양곡의 인도를 청구하면서 그 이행불능의 경우에 시가에 의하여 환산한 금원의 지급을 구하는 경우에 위 인도청구권이 인정되는 이상, 그 시가에 관하여 다툼이 있고 원고가 시가에 대하여 입증을 하지 않을 경우에는, 법원은 의당 석명권을 행사하여 원고 주장의 시가가 어느 일시의 것인지 명백히 한 다음에 그 시가의 입증을 촉구하여야 한다고 하였다(대법원 1960. 2. 25. 선고 1960민상643 판결).162) 이 판결은 청구원인이 인정되는 경우에는 시가에 대해 입증책임을 지는 원고가 입증을 하지 않는 경우 정확한 시가의 기준을 확정한 후 시가에 대해 입증을 하도록 입증을 촉구하라는 취지이다.

또한 [36] 원고가 피고를 상대로 양회와 철근(특정물)의 인도를 청구하였는데 피고는 수중에 현존하지 않는다고 답변하는 경우 이는 원고의 특정물 인도청구에 대하여 피고는 그 특정물의 현존사실을 부인하고 있는 셈이므로 사실심으로서는 당연히 석명권을 행사하여 원고로 하여금 그 물건의 현존사실을 입증하게 하고 그 입증에 의하여 그 현존사실이 드러날 경우에만 특정물의 인도청구를 인용할 수 있다고 하였다(대법원 1963. 6. 20. 선고 63다236 판결).[163] 특정물의 인도청구에서 특정물의 현존사실에 대해 입증책임을 지는 원고가 입증을 하지 않고 있는 경우 법원은 그 입증을 촉구하는 석명을 행사하여야 한다.

한편, [37] 원고가 피고를 상대로 이 사건 대지를 소유의 의사로 20년간 점유함으로써 그 소유권을 시효 취득하였다고 주장하면서 소유권이전등기청구의 소를 제기하였는데 여기서 원고가 검증과 감정신청을 하지 않겠다고 진술하자 원심은 그 외의 점에 대한 판단을 할 것 없이 원고의 청구는 이유 없다는 판단을 내렸는데, 원고가 위의 진술을 하면서도 토지대장등본과 지적도를 제출한 경우에 그 기재내용이 위 원고주장을 엿볼 수 있다면 이를 제출하는 이유와 그것을 증거로 제출하는 것인지의 여부를 석명하여야 한다고 하였다(대법원 1966. 11. 29. 선고 66다1659 판결).[164] 원고가 자신

---

162) 판례총람, 248면(22)(金祥源, "釋明權에 關한 小考" 각주 109에서 재인용).

163) 대법원판결집, 제11권 2집, 민사, 28면.

164) 대법원판결집, 제14권 3집, 민사, 249면.

의 청구원인에 대한 입증을 전혀 하지 않은 것은 아니고 단지 검증과 감정을 하지 않겠다고 했을 뿐이므로 그러면서도 제출한 자료가 서증신청의 취지로 볼 수 있을 때에는 입증취지와 서증신청인지의 여부를 석명하여 판단하여야 한다는 취지이다. 당사자가 소송수행의 무지로 명시적으로 서증신청을 하지 않더라고 그런 취지로 보이면 이를 석명권을 통해 밝혀 분쟁을 실질적으로 해결하라는 것이다.

또 다른 판례를 보면, [38] 원고가 피고 심도수리조합을 상대로 지불보증금[165](공사대금)의 지급청구의 소를 제기하였고 원심이 원고의 청구를 인용하자 피고가 원심은 법령위반사항에 대한 석명을 하지 않았다고 상고하였다. 대법원은 구 수리조합령 제39에 의하면 수리조합이 타인으로부터 일시 돈을 빌리든가 예산 밖의 의무부담을 할 때에는 미리 도지사의 인가가 필요하고 이것이 없을 때에는 수리조합의 채무부담 행위는 무효로 돌아가는 것이므로 수리조합과 어떠한 재산상의 법률행위를 하고 이로 인하여 채권을 취득하였다고 주장하는 사람은 수리조합이 이러한 법률행위를 함에 앞서서 도지사의 인가를 받았다는 점을 주장 입증할 책임이 있다 할 것이요 이러한 주장·입증이 없다 하면 법원은 모름지기 석명권을 행사하여 이 점에 관한 주장과 입증을 촉구하여 사실관계를 명확히 하여야 할 의무가 있다고 하였다(대법원 1962. 12. 6. 선고 62다721 판결).[166] 입증책임이 있는 당사자가 주장 입증을 하지 않는 경우 법원은 그대로 판결을 내려 입증책임을 지는 당사자에게 불

---

165) 원래는 원고가 피고 조합에 양회 800포대를 팔고 그 대금으로 지급채권을 가지고 있었는데 피고 조합이 원고에게 지급보증서를 발행하였는데 당시 구 수리조합령에 따르면 수리조합이 예산 밖의 의무부담을 할 때에는 도지사의 인가를 받아야 했는데 원고는 이에 대해 주장입증을 하지 않았고 원심도 이를 석명하지 않은 사안이다.

166) 대법원판결집, 제10권 4집, 민사, 305－307면.

리하게 판단을 내려야 할 것인데 원심은 반대로 증명책임을 지는 원고에게 유리하게 판단을 내렸다. 이는 석명의무 위반이라고 보기보다는 증명책임위반이라고 판단된다. 그렇지만 구 수리조합령 제39조의 성격이 공익적이어서 이에 대해 법원이 직권조사를 해야 할 측면이 있으므로 바로 입증촉구의 석명을 법원에 부과한 것으로 판단된다.

한편, 당사자가 내세우는 법률요건은 명백하나 그 법률효과에 관한 점이 불분명한 경우 법원의 석명이 필요하다. 계약상 또는 법률상 채권발생 원인사실에 대해서는 충분히 주장·입증을 하였으나, 실제로 그러한 법률요건에 대한 법률효과를 구체적으로 주장하면서 입증하지 않는 경우가 있다. 이는 보통 당사자 본인소송의 경우 많이 나타날 수 있는데, 예를 들면 계약에 따른 금전지급청구권이나 법정채권의 발생에 따른 손해배상청구권 혹은 부당이득반환청구권이 발생한 경우 그런 금전채권의 액수에 대해 구체적으로 법원에 제시하면서 이에 관한 증거를 제출하거나 이의 입증을 위한 감정 등 다양한 증거방법을 신청해야 하는데 이를 하지 않고 있는 경우 법원은 이를 촉구하는 석명을 하여야 한다. 법원이 이에 대해 석명권을 행사해야 하는 이유에 대해 판례는 금전채권의 구체적인 액수가 얼마인가는 법률요건의 해당 사실이 아니고 이런 법률요건이 충족된 경우 발생하는 법률효과에 해당하기 때문에 이에 대해서는 법원이 직권으로 판단해야 할 대상이라는 점을 지적한다. 이런 인식은 소송물이론 중 소송법설의 기초와 연결될 수 있는 태도이다. 이런 유형의 석명권 행사를 요구하는 판례가 등장하였다.

판례에 나타난 사안을 보면, [39] 피고는 그 선대가 이 사건 업체로부터 지분반환채권이 있다고 하면서 상계를 주장하였는데 원심은 피고 선대가 이 사건 업체로부터 탈퇴하여 조합재산의 2분의 1에 해당하는 금원을 원고로부터 반환받을 청구권이 있음을 인정했으면서도 피고 선대 탈퇴 당시의 조합재산 시가를 평가할 수 있는 증거가 없다 하여 본건 지분반환청구채권이 상계적상에 있다고 할 수 없다고 판단한 데 대하여 대법원은 원심이 피고 선대가 원고로부터 그 조합재산의 2분의 1에 해당하는 금원을 반환받을 청구권이 있다고 인정한 이상, 그 금액이 구체적으로 얼마이냐는 법률사실에 관한 것이 아니고, 법률효과에 관한 것이므로 이는 직권조사사항에 속한다 할 것이므로 원심으로서는 그 수액을 명백히 하기 위하여서는 석명권을 행사하여 그 입증을 촉구하거나 민사소송법 제265조에 의한 직권증거조사를 하여야 할 것이어서 원심의 이런 판단은 위법하다고 하였다(대법원 1963. 9. 5. 선고 63다378 판결).[167]

또한 판례에 나타난 사안을 보면, [40] 원고가 피고를 상대로 이 사건 건물을 정당한 권원 없이 점유 사용함으로써 손해를 입었다고 주장하면서 가옥명도와 부당이득반환 또는 손해배상청구의 소를 제기하였는데 원심은 원고가 입은 손해액에 관한 하등의 입증이 없으므로 원고의 위 청구는 이를 인용할 수 없음이 명백하니 동 청구는 원용할 수 없다고 판시하자 원고가 상고하였는데 대법원은 채권발생의 원인이 인정된 이상에는 특별한 사유가 없는 한 그것에 알맞은 손해금액이 산정될 수 있어야 할 것은 우리의 경험법칙에 비추어 당연한 법리라 할 것이므로 사실심으로서는 마땅히 그러한 손해액의 구체적인 산정에 노력하여야 할 것이다. 이 경우에 당사자의 입증이 없을 경우에는 가능한 범위까지 석명권을 행사하여서라도 그 목적을 달성하는 것이 마땅하다 할 것이라고 보았다

---

167) 宋相現, 「判例敎材 民事訴訟法」, 第2全訂版, 法文社, [1127], 642면.

(대법원 1961. 12. 7. 선고 4293(1960)민상853 판결).[168] 이런 판례
의 태도가 손해배상청구권이 인정된다면 그 손해액의 입증이 없더
라도 입증을 촉구하고 그렇지 않으면 법원이 직권으로 판단해야
한다는 판례를 형성하게 한 기초가 되었다고 판단된다.

그렇지만, [41] 법원은 증명을 요하는 계쟁사실에 대하여 입증책
임을 진 당사자가 전연 입증을 하지 않을 경우에 주의를 환기시켜
입증을 촉구할 책임은 있다 할 것이나 그렇다고 구체적으로 입증
방법까지 제시하여 증거신청을 종용할 수는 없다 할 것이라고 하
였다(대법원 1964. 11. 10. 선고 64다325 판결).[169] 입증방법의 선
택 역시 당사자가 자신의 의사에 따라 선택해야 하는 것이고 법원
이 이를 모두 지시하는 방식은 변론주의원칙에 부합하지 않는다는
점에서 이런 법원의 입장은 타당하다. 그렇지만 사실관계에 따라서
는 구체적인 방법까지 지적하면서 입증촉구를 석명할 경우도 있을
수 있다.

그런데 판례에 나타난 또 다른 사안을 보면, [42] 원고가 피고
학교법인을 상대로 수표금지급청구의 소를 제기하였는데 피고법인
은 수표발행 당시 이사 갑이 피고법인을 대표할 권한이 없었고 이
사 병에게만 그런 권한이 있었다고 주장하면서 이를 위해 증인을
신청하였고 채택되어 증언이 이루어졌고 다른 입증방법은 제출되
지 않았다. 이에 대해 대법원은 사립학교 이사 대표권의 제한은 등
기해야 제3자에게 대항할 수 있으므로 피고 법인의 등기부 기재에
의하여 이사의 대표권을 제한하는 등기가 없다면 위의 이사 갑도
피고법인을 대표할 권한이 있다고 보아야 할 것이므로, 사실심 법

---

168) 대법원판결집, 제9권(1961), 민사, 102 - 104면.
169) 宋相現, 「判例敎材 民事訴訟法」, 第2全訂版, 法文社, 판례번호[603], 349면.

원으로서는 증인의 증언만에 의하여 이사 갑이 피고법인을 대표할
권한이 있었느냐의 여부를 가릴 것이 아니라, 당사자로 하여금 피
고 법인의 등기부등초본을 제출시키는 등 입증촉구에 있어 적절한
석명권을 행사하여 그것을 가렸어야 할 것이라고 하였는데(대법원
1966. 9. 27. 선고 66다1369 판결),[170] 상황에 따라서는 법원이 구
체적인 입증방법을 지적할 수도 있다는 취지로 이해된다.

(2) 證據의 矛盾이나 不明瞭에 대한 釋明

당사자가 입증의 방법으로 제출한 증거 자체에 모순이나 불명료
함이 있는 경우 법원은 이 점에 대해 석명을 하여야 한다. 증거가
입증대상과 부합하지 않는 경우, 입증할 사실에 비추어 볼 때 우량
증거가 있다고 보이는데 주저하지 않고 증거력이 낮은 증거를 제
출하는 경우, 제출된 증거의 입증취지가 밝혀지지 않거나 불명료할
경우 등에 법원은 석명할 필요가 있다. 또한 상대방이 제출한 증거
의 성립 여부에 대해 의견을 표시할 때 전후 사정으로 살펴보면 그
당사자가 착오에 빠져 있다고 여겨질 경우 법원은 이 점을 석명하
여야 한다. 성립인부에 관한 의사표시는 주요사실에 대한 자백취소
와 같이 취급하고 있는 판례의 태도에 비추어 볼 때[171] 문서의 성
립 여부에 대한 의견은 소송의 성패에 중요한 갈림길이 될 수 있다
는 점을 고려하면 법관의 석명의무가 발생한다고 보아야 한다. 아
래에서 보듯이 판례 역시 서증의 성립인부 착오가 있는 경우에도
석명의무가 있다고 판시하였다.

---

170) 宋相現, 「判例教材 民事訴訟法」, 第2全訂版, 法文社, 판례번호[601], 348면.
171) 대법원 1988. 12. 10. 선고 88다카3083 판결; 대법원 2001. 4. 24. 선고 2001다
    5654 판결 등 참조.

[43] 피고의 주장과 발송날짜로 보아 피고가 양도통지서의 성립을 인정한다는 것은 동 서증의 공문서 부분만의 성립을 인정한다는 취지의 착오가 아닌가 하는 의심이 간다면[172] 이에 대하여 석명권을 행사하여 사실관계를 명백히 하여야 한다고 하였다(대법원 1966. 11. 29. 선고 66다1500 판결).[173]

한편, 당사자가 증거를 제출하고도 그 입증취지를 밝히지 않고 있는 경우 법원은 이를 밝히는 석명을 당사자에게 요구할 필요가 있다. 판례에 나타난 사안을 보면, [44] 원고의 약속어음청구에 있어서 피고가 그 약속어음 발행사실을 인정하고 乙호증으로 원고가 발행한 영수증을 제출한 때에는, 기록상 피고가 서증으로 입증하고자 하는 사실이 명료하지 않다고 하더라도, 그 서증의 입증취지는 위 약속어음을 지급하였다는 취지로 볼 수 있으므로, 이 경우 법원으로서는 위 서증을 제출한 입증취지에 관하여 석명을 구하고 그 점에 관하여 심리·판단하여야 했다고 하였다(대법원 1962. 4. 18. 선고 4294민상1143 판결).[174]

---

172) 원고가 피고를 상대로 채권양도 확인의 소를 제기한 소인데 원고가 여기서 그 증거로 피고가 국가에 가지는 징발물에 대한 보상청구권을 63. 6. 18. 원고에게 양도했다는 사실을 국가에 통보하는 채권양도통지의 내용증명(갑 제2호증)을 제출하였고 피고는 이의 성립을 인정한다고 하여 원심은 피고가 원고에게 위 보상청구권을 양도했다는 사실을 인정하였다.이에 대해 피고는 상고하였고 대법원은 기록에 의하면 피고가 본건 채권양도사실을 부인할 뿐 아니라 위 양도통지의 기본이 된 양도증(갑 제1호증)과 양도계약서(갑 제4호증)의 성립을 부인하고 내용증명(갑 제2호증)과 양도계약서(갑 제4호증)의 피고이름 아래의 인장은 위조된 것이라고 진술하고 있고 원고가 피고명의로 국가에 대하여 제기한 보상금청구의 소를 피고가 원고의 동의 없이 64. 8. 4. 취하하고 이 사건 채권양도사실을 부인하고 있으므로 그리고 양도통지의 내용증명 발송날짜가 64. 9. 28.이므로 피고가 갑 제2호증(내용증명)의 성립을 인정한다는 것은 피고의 위 각 주장과 모순되고 그 성립을 인정한다는 것은 동 서증의 공문서 부분만의 성립을 인정한다는 취지의 착오로 보이므로 원심은 이에 대하여 석명권을 행사하여 심리했어야 한다고 하였다.

173) 대법원판결집, 제14권 3집, 민사, 239.

174) 대법원판결집, 제10권 2집(1962), 민사, 153 - 154면.

5. 訴訟要件에 대한 釋明義務

소송요건에 대해 소송법에 통일적인 규정은 없지만, 보통 법원에 관한 것, 당사자에 관한 것, 소송물에 관한 것, 특수소송에 관한 것으로 구분하는 것이 보통이다. 그리하여 법원에 관한 것은 재판권과 관할권이 주로 문제 되고, 당사자의 경우 당사자 능력, 당사자 적격, 소송능력, 그리고 소송대리권 등이 거론된다. 법관의 석명 대상이 되는 부분 역시 주로 법원과 당사자에 관한 부분이다.

당사자의 표시가 불명확한 경우 법원은 이에 대해 석명하여야 한다. 판례에 나타난 사안을 보면, [45] 소유권이전등기말소청구의 소에서 그 상대자를 甲 고등학교장 乙이라고 표시한 경우 상대방이 甲 학교법인인지 乙 개인인지 밝혀야 한다고 보았다(대법원 1965. 3. 23. 선고 64다1450 판결).[175]

당사자에 의해 제출된 증거자료로부터 당사자표시의 불명확성을 보완할 수 있다면 이런 점을 석명하고 이에 대한 당사자의 의견을 들어 본 후 당사자표시의 하자에 대해 판단하여야 하는 경우도 있다. 이와 관련하여 당사자를 대표할 권한의 유무가 애매하나 서증에 의하여 보완될 수 있는 사정이 엿보이는 경우 이를 석명하여 본 후 당사자 표시에 대해 판단해야 한다는 판례가 있다. [46] 대법원은, 원고가 증거(갑 제16호증)를 제출하여 원고대표자로서 甲, 乙을 선출하는 결의가 있었다는 것을 입증하려는 취의로 해석되므로, 석명권을 행사하여 이 점에 관한 주장내용을 명백히 하고, 위 갑호증을 판단하여 위 甲, 乙을 신도총회의 결의에 의한 원고교회의 대표자로서 선출된 사실의 유무를 판단하여야 하는데, 그러하지 아니한

---

175) 이교림, 상게논문(석명권의 대상과 범위), 347면에서 재인용.

채 본건 소송은 원고 교회를 대표할 권한이 없는 사람에 의하여 제
기된 것이라는 이유로, 원심이 소를 각하한 제1심 판결을 정당하다
고 하였음은 잘못이라고 하였다(대법원 1964. 6. 9. 선고 63다800
판결).[176) 원고가 교회를 대표할 권한이 있는지의 유무는 당사자
적격의 문제로 소송요건에 해당하므로 법원의 직권조사사항인데
원고가 서증으로 이에 관해 증거를 제출하였다면 이에 대해 석명
해 본 후 판단하여야 한다.

한편, 당사자의 주장만을 듣고 그 자체 독단하에 사실관계에 대
한 치밀한 검토나 심리를 거치지 않고 당사자 적격에 대해 판단하
는 경우 석명권 불행사 내지 심리미진의 재판이 될 가능성이 있다.
판례에 나타난 사안을 보면, [47] 원고들은 이 사건 토지가 종중의
위토임을 주장하면서 원고들이 위 토지의 공동 소유자임을 전제로
피고를 상대로 소유권이전등기말소청구의 소를 제기하였는데 원심
은 이 사건 토지가 종중의 위토라면 이 사건 청구를 할 수 있는 사
람은 원고들이 속한 종중이지 원고들일 수는 없는 것이어서 원고
의 청구는 부당하다고 하였는데, 설사 위 토지가 종중의 위토라고
하더라도 종중이 그 소유자 명의를 종중원인 원고들에게 신탁하였
다면 명의수탁자로서의 원고들은 대외적인 관계에서는 모든 권리
를 소유권자나 다름없이 행사할 수 있다고 보아야 하므로 원심으
로서는 의당 원고들과 종중의 사이에 이러한 법률관계가 있는 것
인지의 여부와 어떤 연유로서 위 토지가 원고들 명의로 소유권 취
득등기가 경유된 것인지를 밝혀 보는 것이 마땅하다고 하였다(대법
원 1969. 3. 4. 선고 69다31 판결).[177) 명의신탁의 경우 수탁자가

---

176) 판례카드 No.6527(金詳源, "釋明權에 關한 小考" 사법논집 제1집, 법원도서관, 각주 86
　　에서 재인용).
177) 대법원판결집, 제17권, 1집, 민사, 287－288면.

대외적으로 소유권자로서 그 권리를 행사할 수 있는 것이므로 이
사건 토지가 과연 종중이 원고들에게 신탁한 것인지를 석명하여
당사자 적격에 관한 의문을 해결하여야 한다.

끝으로 법원이 직권으로 조사해야 할 사항에서도 법원은 석명의
대상으로 할 수 있다. 원래 직권조사사항은 공익에 관한 것이기 때
문에 법원이 직권으로 쟁점화한다는 취지이지 그 판단의 기초사실
에 대해서는 변론주의의 적용대상으로 삼을 수 있다. 이런 한도에
서는 법원의 석명 대상으로 포함될 수 있는 것이고, 위에서 살펴본
소송요건 역시 일반적으로 직권조사사항이지만 판례는 석명의 대
상으로 보았다. 판례에 나타난 소송요건 외의 직권조사사항에 대한
석명의무를 인정한 판례도 이 시기 확인된다.

즉 [48] 원고가 이전등기를 청구하고 있는 본건 농지가 자경농
지인지 아닌지, 상환을 완료한 분배농지인지 아닌지는 증명되었다
할 수 없으므로, 직권조사사항인 이 점에 대한 소재지 관서의 증명
이 있는 이상, 본건 매매가 완전히 효력을 발생하게 될 것인지 분
명하지 아니하므로 이 점에 관하여 석명권을 행사하여 매매에 대
한 효력발생 요건의 구비 여부에 관하여 심리하여야 한다고 하였
다(대법원 1964. 6. 2. 63다1073 판결).[178] 이는 직권조사사항인 사
실에 대하여, 그 효력발생요건의 구비 여부를 석명에 의하여 보완
하라는 취지이다.

---

178) 판례카드 No.6551(金祥源, "釋明權에 關한 小考", 각주 111에서 재인용).

6. 다른 請求權의 基礎에 대한 釋明

소송물이론과 관련하여 대법원은 앞서 보았듯이 일관된 태도는 아니지만 원고의 법적 관점을 존중하여 법원이 여기에 구속되어야 한다는 입장(구 소송물이론)을 따르고 있다. 이럴 경우 소송심리의 신속성은 확보될 수 있으나 원고는 법적 관점의 수립과 그 입증에 있어 상당한 부담을 가지게 된다. 물론 판결의 효력과 관련하여 기판력의 객관적 범위를 좁힐 수 있어 별소(別訴)로 다툴 수 있는 가능성이 생길 수 있지만 그러한 이론적인 가능성은 별론으로 하고[179] 원고는 현재 제기한 소에서 자신의 권리를 보호받지 못하게 되어 민사소송절차에 대한 불만을 가질 수밖에 없게 된다. 물론 이런 원고의 법적 관점 확정에 대한 위험부담은 법률전문가의 조력을 통해 경감될 수 있다. 그렇지만 법률전문가에게도 사실관계의 특성상 자신에게 가장 적합한 법적 관점을 찾아 그 청구권의 발생원인사실을 주장·입증한다는 일은 소송의 자기발전성을 고려할 때 용이한 일은 아니다.

대법원은 이와 같은 구 소송물이론의 채택에 따른 원고의 부담 특히 원고가 변호사에 의해 대리되지 못하는 본인소송의 경우 당해 법원으로 하여금 원고의 진정한 의사를 소송자료를 통해 파악하여 가능한 모든 법률적 주장을 도출하여 분쟁을 해결하도록 법원에 주어진 석명권을 적극적으로 행사하도록 하는 일련의 판례를 이 시기에 형성시켰다. 이는 보통 이후 '主張의 包含 與否'에 대한 석명 판례군을 형성하게 된다.

---

[179] 본인소송에서 당사자가 이런 이론적인 가능성을 인식하고 실제로 별소를 제기하는 현실적인 가능성은 더욱 희박하다. 물론 법률전문가의 도움을 통해 별소의 가능성을 알게 되더라도 이는 또 다른 시간적·경제적인 부담으로 다가올 것이다.

판례에 나타난 사안을 보면, [49] 원고가 본건 토지의 소유권이 자기에게 있다고 주장하면서, 전보배상으로 토지의 시가에 해당하는 금원을 청구함은 부당하나 원고가 전보배상이라고 주장하는 것은 법률적 주장으로 법원이 이에 구속받을 필요가 없고, 원고는 시종일관 본건 토지의 소유권이 아직 자기에게 있다고 주장하는 터이니, 원심의 주장은 피고의 불법점거로 인한 손해배상청구를 하는 취지도 아울러 있는 것이 아닌가 의심이 가므로, 원심은 마땅히 이 점을 석명하여 원고의 주장하는 취지를 명확히 하여야 한다고 하였다(대법원 1966. 6. 9. 선고 66다615 판결).[180] 당사자의 주장이 법률적으로 모호한 경우 법원은 이를 명백하게 하기 위하여 여러 가지로 가능한 법률적 관점을 석명을 통하여 질문하여야 한다는 취지인데 이렇게 되면 신소송물이론의 입장에 서서 스스로 가능한 모든 법률상의 관점을 당사자에게 지적하는 것이나 거의 같게 되는 것이다.[181] 이 판례는 현행 민사소송법 제136조 제4항의 법률상 사항에 대한 지적의무가 신설되기 전에 법원이 이미 당사자의 법률적 주장에 구애되지 않는다고 하면서 법률적 관점에 대해 지적하여 석명을 할 수 있다고 판시한 것이어서 주목할 가치가 있다.

또 다른 판례 사안을 살펴보면, [50] 원고가 피고들(여객자동차주식회사)을 상대로 합동정류소 계약불이행으로 인해 원고에게 발생한 월평균 승차권 판매액의 일정액(100분의 4) 손해배상청구의 소를 제기한 사안인데, 원심은 원고와 피고가 체결한 계약(갑 제1호증: 합동정류소계약)은 일종의 고용 내지 위임 계약인데 원고가

---

180) 판례총람, 252-15면(追一)(金祥源, "釋明權에 關한 小考", 사법논집 제1집, 법원도서관, 각주 106에서 재인용).

181) 康鳳洙, "法院의 法律事項 指摘義務", 竹堂 金祥源 先生華甲記念論文集, 民事裁判의 諸問題, 第7券, 韓國司法行政學會(1993), 292면.

주장하는 금원은 피고들이 원고의 정류소를 이용하지 않는 행위로
위 계약상의 채무를 이행하지 않음으로써 발생한 원고의 위 계약
에 기한 보수금에 해당하는데 원고는 불법행위 또는 채무불이행에
대하여 인정되는 손해배상청구를 하고 있으므로 계약관계가 존속
함을 전제로 하는 보수금청구와는 그 성질을 달리하므로 원고의
이 사건 손해배상청구는 받아들일 수 없다고 하였다. 원고가 원심
판결에 대해 상고를 하였고 대법원은 특단의 사정이 없는 한 원고
는 피고들이 원고 경영의 정류소를 이용하지 않는 채무불이행으로
인하여 위 비율의 보수금을 각 지급받지 못한 사실을 인정할 수 있
으므로, 원고는 결국 피고들의 책임에 의한 사유로 그 채무를 이행
할 수 없게 되었으므로 민법 제538조 제1항에 의해 피고들에 대하
여 위 계약에 정해진 보수금을 청구할 수 있다 할 것인데 원고가
본건 청구원인을 피고들의 채무불이행으로 인한 손해배상청구라고
주장한다 할지라도 이는 결국 법률적 견해의 착오에 기인한 것이
라 할 것이니, 원심으로서는 원고의 의사가 위 합동정류소 계약에
의한 보수를 청구하는 취지인가의 점을 석명하여 원고의 주장을
명백히 하였어야 했다고 하였다(대법원 1966. 7. 19. 선고 66다509
판결).182) 계약상의 보수금청구와 채무불이행이나 불법행위에 의한
손해배상청구는 대법원이 소송물결정의 경우에 따르는 실체법설에
의할 때 그 소송물을 달리하므로 법원이 이런 법률적인 사항에 대
해 석명을 할 수 있는지 의문이 들 수 있는데 대법원은 이미 다른
법률적 관점에 대해 석명해야 한다는 입장을 밝혔다. 즉 법원은 당
사자가 내세우는 법률적 견해에 구애되지 않고 그 사실을 바탕으
로 진의를 탐색할 수 있음을 보여 준다.183)

---

182) 대법원판결집, 제14권 2집, 민사, 165 – 167면.

다른 판례에 나타난 사안을 살펴보면, [51] 원고가 피고를 상대로 그 인도된 목재의 반환을 청구하는 소를 제기하면서 청구원인으로 임치계약에 기한 반환청구라고 기재하였는데 원심은 본건 목재가 피고에게 인도된 사실을 인정하면서도 그 인도된 원인이 되는 법률관계가 임치계약임을 인정할 자료가 없다고 하여 원고청구를 기각하였고 원고가 상고를 하자, 대법원은 기록에 의하면 원고는 피고에게 인도된 본건 목재가 원고의 소유인 것이라고 주장하는 취지임이 엿보이니 만일 본건 목재가 원고의 소유라면 원심이 그 목재가 피고에게 인도된 사실을 인정하는 이상 특단의 사정이 없는 한 그 인도의 원인이 되는 임치계약이 인정되지 아니한다 하더라도 피고는 법률상 원인 없이 위의 목재를 점유하고 있는 것이 되므로 원고가 그 소유권에 기인하여 그 인도를 구함은 소유물반환청구권으로서 이를 인용 못 할 바 아니므로 원심으로서는 원고의 주장이 그러한 것인지를 좀 더 명확히 석명하여 그 점에까지 심리·판단하여야 한다고 하였다. 또한 원고의 본건 목재인도청구는 특정물인도청구로 보이므로 피고주장과 같이 본건 목재가 이미 처분되어 반환불능이 되었다면 현물인도채무는 이행불능상태에 있다 할 것이므로 원고의 본건 대상청구가 위와 같은 경우의 손해배상청구를 포함하는 주장인지 여부도 석명·심리함을 요한다고 하였다(대법원 1967. 10. 31. 선고 67다1469 판결).[184] 원고의 임치계약에 기한 반환청구와 소유권에 기한 반환청구는 그 소송물이 다르므로(실체법설) 임치계약의 존재가 인정되지 않을 경우 법원이 기

---

183) 이 판례를 들어 김상원 변호사는 증거자료와 청구원인이 모순된 경우 석명의무가 있다는 취지로 소개하고 있다. 金祥源, "釋明權에 關한 小考", 사법논집, 법원도서관, 17면(각주 94 판례). 그러므로 1990년 법적 관점 지적의무가 신설되지 않았다 하더라도 이런 식의 석명의무가 인정되어 왔음을 알 수 있다.

184) 대법원판결집, 제15권 3집, 민사, 256－257면.

록에 현출된 소유자임을 지적하여 소유권에 기한 반환청구도 包含하고 있는지를 석명하는 것은 새로운 청구의 기초를 시사하는 것이어서 적극적 석명의 인정 여부 문제로 논의되고 있는데 대법원은 소유권에 기한 반환청구와 인도가 불능일 경우 손해배상청구도 포함하는 주장인지를 석명하여야 한다고 하였다. 일반적으로 원고의 청구에 특정 주장이 포함되어 있다고 보는 경우 예를 들면 원고의 단순이행청구에 대해 피고가 동시이행의 항변이나 유치권항변을 하고 그 항변이 이유가 있는 경우 원고가 반대 의사표시를 하지 않는 한 판례는 원고의 청구를 전부 기각하는 것이 아니라, 원고의 채무이행과 동시에 피고의 채무이행을 명하는 상환이행의 판결을 할 수 있다.185) 그런데 위 판결의 경우 원고의 청구취지에 그런 특정 주장이 포함되어 있는 경우가 아니라, 원고가 제시한 청구원인 사실에 이런 주장이 포함되어 있다는 취지이고 포함되어 있는 법률적 관점이 소송물이론상 원래의 원고 청구와 이질적이지만 청구취지의 변경이 필요하지 않은 사안으로 볼 수 있다. 그러므로 판례는 여기서 한 걸음 나아가 청구취지의 변경에 대해 석명하여야 한다고 할 필요가 없는 사안이었고 실제로 그렇게 하지도 않았다.

7. 새로운 攻擊·防禦方法의 釋明

법원이 당사자가 주장하지도 않은 사실에 대해 석명을 할 경우 새로운 공격·방어방법의 시사가 되어 법관의 중립성 원칙에 위반함은 물론 변론주의 원칙에도 위배하게 된다. 또한 변론주의하에서

---

185) 예컨대 유치권항변에 대해서 대법원 1969. 11. 25. 선고 69다1592 판결 등 참조.

증거자료와 사실자료는 준별되는 것이므로 증인신문사항에서 현출된 사실을 근거로 당사자의 주장을 바로 인정하는 것은 허용될 수 없는 것이 원칙이다. 이런 원칙을 항상 유지하면 실체진실에 따른 판결을 기대하고 있는 당사자에게 가혹한 결과가 나타날 수 있다. 이런 결과를 방지하기 위해 법원이 제출된 증거자료에서 드러난 객관적인 사실로부터 당연히 예상되는 주장을 당사자가 하지 않고 있는 경우 이를 지적하는 석명이 필요하다는 주장이 가능하다. 물론 이 경우 관련된 항변이나 이의와 같은 새로운 공격·방어방법을 직접 언급하면서 이의 제출을 요구하는 정도의 석명권 행사는 석명의 한계를 벗어날 수 있다. 새로운 공격·방어방법에 관한 석명은 민사소송의 변론주의 원칙, 법관의 중립성 원칙 아래서 신중하게 행사되어야 하는 구체적 한계를 가진다.

판례에 나타난 사안을 보면, [52] 원고가 피고 삼남여객 자동차 주식회사를 상대로 손해배상청구의 소를 제기하였고 원심의 일부인용186) 손해배상 판결에 대해 피고는 민법 제765조의 감액청구에 대한 판단을 유탈하였다고187) 하면서 상고하였다. 이에 대해 대법원은 민법 제765조는 민법의 불법행위에 의한 배상의무자는 그 손해가 고의 또는 중대한 과실에 의한 것이 아니고 그 배상으로 인하여 배상자가 생계에 중대한 영향을 미치게 될 경우에는 법원에 그 배상액의 경감을 청구할 수 있다고 규정하고 있으므로 배상의무자가 그와 같은 배상액의 감액을 받으려면 민법 제765조에 규정된

---

186) 도로교통의 질서유지를 위하여 명시된 횡단보도 아닌 지점을 횡단하려다가 본건 사고가 일어났다면 피해자에게도 과실이 있다 아니 할 수 없다.

187) 상고이유를 보면 민법 제765조 배상자의 생계에 중대한 영향을 이 사건의 경우 피고 회사의 사업유지에 미치는 영향으로 확장 해석할 수 있으며 이 사건의 경우 변론의 전 취지를 보면 이런 피고회사의 사정이 반영되어 있고 이를 주장 입증하지 않은 것은 아니라고 주장하였다.

사실을 주장·입증하여 그 감액을 청구하여야 하며 그 청구의 여부에 관해서는 법원은 아무런 석명의무가 없는 것인바 본건 기록에는 피고가 같은 법 제765조에 규정된 사실을 주장하여 배상액의 감액을 청구한 흔적을 발견할 수 없으므로 원심이 그 점에 관하여 석명도 하지 않고 또 판단을 하지 아니한 것에는 아무런 위법이 없다고 하였다(대법원 1962. 9. 20. 선고 62다428 판결).[188] 이 판결을 통해 대법원은 새로운 공격·방어방법의 제출을 유도하는 석명은 변론주의에 위반하기 때문에 허용되지 않는다는 입장을 보여준다. 배상액감액청구의 요건에 해당하는 사실들을 주장하고 이에 대한 입증이 없다면 입증촉구의 석명을 할 수 있지만, 이 사안의 경우에는 감액청구의 주장이 있었다는 점이 기록상 확인되지 않은 사안이어서 이에 대한 주장제출의 석명의무는 없는 것이다. 피고 변호인은 변론의 전취지상 이런 주장이 되었다고 주장하였으나 이를 받아들이지 않은 것이다. 대법원은 구 수리조합령 제39조와 달리 민법 제765조를 법원이 직권으로 조사하여야 할 사항으로 보지 않은 것으로 판단된다.

이 시기에 나타난 다른 판례의 사안을 살펴보면, [53] 본건 주류판매대금 채권 25,000원의 청구에 있어서 피고가 제출한 증인신문사항과 동 증인의 증언에 의하면 주류제조업자와 주류소매업자 사이에는 주류판매고의 일할을 할당금으로 주류소매업자에게 준다는 관습이 있다는 취지의 부분이 있고, 피고가 변론에서 위 증거조사의 결과를 원용한 것이 분명하므로, 피고는 관습상 원고로부터 주류판매고의 일할의 할당금으로 금 60,000원을 받을 권리가 있고, 이를 원고의 본건 대금채권에서 상계한다는 항변으로 보지 못할

---

188) 대법원판결집, 제10권 3집, 민사, 253-254면.

바 아니니, 원심은 모름지기 이 점을 석명하고 심리·판단하여야 한다고 하였다(대법원 1966. 4. 6. 선고 66다266 판결).[189] 위 판례는 증인신문사항에서 확인된 사실을 근거로 당사자의 주장이 상계하고자 하는 항변인지를 석명하여 당사자의 진술을 통해 항변의 제출을 이끌어야 한다는 취지여서 타당하다고 보인다. 그리고 상계항변의 석명은 이런 정도의 사실관계가 소송에 현출된 경우라면 석명권의 한계를 넘지 않았다고 판단된다.

또한 [54] 원고가 이 사건 대지의 소유자임을 들어 대지 위 건물의 소유자인 피고를 상대로 건물철거의 소를 제기하고 이에 대해 원고와 피고는 이 사건 대지와 건물이 모두 귀속재산인데 이 사건 건물은 피고가 1953. 5. 30.에 불하계약을 하고 1957. 6. 18.에 대금전액을 납부하여 피고명의로 소유권취득등기를 마쳤는데 원고가 이 사건 대지를 1954. 1. 31. 불하를 받아 그 명의로 소유권취득등기를 마쳤다고 일치하게 진술하고 피고는 이 사건 건물에 대한 원고의 철거청구에 응할 수 없다고 일관되게 주장하고 있는 경우[190] 대법원은 피고의 이와 같은 변론취지가 관습법상의 법정지상권을 주장하는 취지가 包含된 것이라고 못 볼 바 아니므로 원심으로서는 피고에게 이와 같은 법정지상권을 주장하는 것인지를 석명하여 심리·판단하여야 한다고 하였다(대법원 1968. 7. 23. 선고 68다968 판결).[191] 원고의 철거청구에 대해 피고의 법정지상권 주

---

189) 판례총람, 252−11면(추일)(48)(金祥源, "釋明權에 關한 小考", 사법논집, 제1집, 법원도서관, 각주 115에서 재인용).

190) 원심에서 피고는 이를 극력 다투기 위해 변론재개신청을 하였는데도 원심은 이를 간과하였다고 하면서 피고의 주장취지가 불분명하더라도 피고의 전체적인 주장에는 이런 취지가 나타나 있으므로 이것이 불분명하다면 원심은 이를 지적하여 그 점에 관하여 석명을 한 다음 쟁점을 명확히 하여 증거제출의 기회를 주었어야 한다고 상고이유 제5점으로 주장하였다.

191) 대법원판결집, 제16권 2집, 민사, 268면. 유사한 사실관계의 판례로 1965. 5. 31. 선고 65다125 판결이 보이는데 판례는 "원고주장에 대한 피고의 답변은 본건 문제가 된 토지

장은 독립된 항변에 해당하므로 법원은 당사자가 이를 주장하지 않으면 판단할 수 없는 것이 변론주의 원칙상 당연한 것인데 이 사건의 경우 모두 귀속재산을 불하받은 경우여서 대지사용에 대한 합의가 당연히 기대될 수 없는 경우이어서 성질상 법정지상권이 성립될 수 있는 상황이므로 당사자의 변론과정에 이런 사실관계가 나타나 있다면 법원은 이를 법률적으로 정리하여 그런 취지인지를 석명해야 한다고 하겠다. 이것이 법정지상권을 인정한 취지에 부합하는 것이기도 하다.192)

피고의 항변사유로 자주 등장하는 시효의 항변에 대해 법관이 석명할 수 있느냐가 실제 소송에서는 종종 문제 된다. 이에 관한 판례를 보면, [55] 피고가 "원고는 어찌하여 지금까지 30여 년간 방치하였다가 이 토지가 제3자에게 정당히 양도된 지금에 이르러 그 권리를 주장하려 하는지 時效적인 면에서도 이는 부당하다."라고 주장하고 있음이 명백한바, 당사자의 애매한 주장에 대하여 석명권을 행사하여 법률적으로 정리하여야 할 의무가 있는 원심으로서는, 피고가 위 주장에 의하여 시효에 관하여 어떠한 주장을 하려는 것인지, 석명권을 행사할 의무가 있다 할 것이요, 그 결과 피고가 取得時效를 주장하는 취지가 밝혀지면 이에 대하여 판단하여야 한다고 하였다(대법원 1966. 10. 4. 선고 66다1457 판결).193) 피고

와 건물이 해방 전에는 일인 소유였는데, 해방 후에 대지와 건물이 각각 같은 귀속재산으로 적법하게 불하되었다는 점을 강조하고, 특히 본건 대지가 피고에게 소유권이 전득되지 못하였다 하더라도, 본건 건물을 철거할 수 없다고 극력 주장하는 바이므로, 원심은 피고의 이러한 변론취지가 관습에 의한 법정지상권을 주장하는 취지인가를 석명하여야 한다."고 하였다(金祥源, "釋明權에 關한 小考", 사법논집, 제1집, 법원도서관, 각주 112와 113 사이 판례에서 재인용).

192) 물론 대법원은 소멸시효에 관해서는 새로운 공격방어방법으로서 법관이 석명을 할 수 없다는 입장을 견지하고 있어 법정지상권에 관해 석명을 긍정하는 판례들과 조화를 이룰 수 있는지 의문이 있다.

193) 대법원판결집, 제14권 3집, 민사, 133 - 134면.

의 주장에서 시효라는 주장은 있었으나 그 주장 자체가 불명확하게 표현되었으므로 이를 정확하게 진술하도록 석명하여야 한다. 이 경우 새로운 항변이나 공격·방어방법의 시사로 볼 수 있을지 의문이 있으나 당사자의 사실상 주장이 하나의 事情陳述에 불과한 것으로 평가한다면 그 진의를 알아보기 위하여 이를 항변사실로서 주장하는 여부에 관하여 석명한다는 취지로 이해할 수 있겠다.

법원이 일방 당사자에게 석명권을 행사한 후 그 석명의 결과 불이익을 받을 수 있는 相對方이 자신의 법률적 상황에 대해 적절히 방어하지 못하고 있음이 소송기록상 명백히 밝혀지면 법원은 이 점에 대해서도 당사자에게 석명을 해야 하는 경우도 발생할 수 있다. 이런 경우는 주로 법원의 1차 석명권의 행사가 일방 당사자의 새로운 공격·방어방법을 시사하는 경우 주로 발생할 수 있다. 이와 관련한 판례의 사실관계를 살펴보면 다음과 같다. [56] 원고가 피고를 상대로 광업권 이전등록말소를 청구하면서 자신은 이 사건 광업권을 소외 완산 흑연무연탄 주식회사로부터 양도계약을 통해 양수하였다고 주장하였는데, 원심법원이 원고에 대하여 양도회사의 주주총회 특별결의를 거친 적이 있느냐는[194] 석명을 하고 이에 대해 원고가 주주총회의 특별결의를 거친 적이 없다고 석명에 따른 진술을 하자 원심이 바로 광업권양도의 효력이 발생할 수 없다고 판단하여 원고의 청구를 기각하였다. 이에 원고가 상고하였고, 대법원은 원심이 이 사건 광업권양도가 소외 회사의 주주총회 특별결의를 거치지 않고 이루어졌다는 사실은 피고의 항변에 의해 제기된 것이 아니고 법원의 원고에 대한 석명에 대하여 원고의 석명

---

194) 본건 광업권 양도계약은 영업양도에 준하는 영업용재산의 양도 행위로서 구 상법 제245조 제1항에 의해 주주총회의 특별결의를 요하게 된다.

에 따른 진술에 의해 인정된 것이 기록상 명백하다고 보고, 그런데 원고는 위와 같은 특별결의가 없음을 진술하였음에도 불구하고 여전히 위 광업권 양도계약이 유효함을 주장하며 본소청구를 유지하고 있음이 변론의 취지로 보아 명백한 이상[195] 원심은 모름지기 원고에 대하여 위 특별결의가 없음에도 불구하고 광업권양도계약이 유효하다고 주장을 유지하는 이유도 아울러 석명하여[196] 이 점에 대하여 심리판단을 하여야 할 것이다. 만일 원심과 같이 법원이 당사자의 일방에 대하여 어느 사실의 유무만을 석명하고 그 석명진술의 법률적 효과가 석명한 당사자에게 불이익함을 간과하고 그 불이익을 배제할 주장을 할 기회를 주지 않고 그 당사자에게 예기하지 않은 불이익한 판단으로 판결한다면 이와 같은 석명권의 행사는 석명권행사의 정당한 한계를 일탈한 것이라는 비난을 면하지 못할 것이라고 하였다(대법원 1964. 4. 28. 선고 63다735 판결).[197]

이 판례는 지금까지의 판례와는 달리 석명권을 행사하였는데 그 이후 추가적인 석명의무가 발생하게 되는 경우여서 특이한 유형이다. 이 사건의 경우 양도계약이 주주총회의 특별결의를 얻지 못했다는 사실은 피고의 항변사실로서 주장될 부분이었는데, 법원이 이를 대신하여 석명을 통해 물었다는 데 문제가 있다. 그러면서도 석명에 의해 불이익한 판단을 받게 될 원고 즉 석명진술자에게 그 방어의 기회를 주지 않은 채 예상하지 못한 불이익한 판결을 받게 한 법원의 조치는 석명권행사의 정당한 한계를 일탈하였다고 본 것이다. 그런데 이 사건의 경우 원심이 처음 석명권을 행사한 내용이

---

195) 사실 광업권 양도 당시 소외 회사의 전 주권을 대표이사가 소유하고 있어서 주주총회의 특별결의를 열 여지조차 없는 것이었다.

196) 구체적으로 소외 회사의 주주는 양도 당시 몇 사람이었느냐 등이다.

197) 대법원판결집 제12권 1집, 민사, 55면.

석명권의 한계를 일**탈**한 것이 아닌지 의문이 든다. 이는 피고의 새로운 공격·방어방법으로 당사자의 주장을 통해 변론에 현출되어야 할 부분이지 법원이 석명권을 행사하여 밝힐 부분이 원래 아니었다고 보인다. 피고가 항변을 통해 이를 주장하고 이에 대한 원고의 방어를 기다려 보는 것이 변론주의에 충실한 소송 진행이 될 것이다. 아무튼 판례가 석명권을 적극적으로 행사한 경우에 다시 석명의무가 발생하게 되는 경우를 지적한 부분은 의미 있는 부분이다.

Ⅳ. 제2기(1960년부터 1970년 초까지) 辯論主義와 釋明權의 評價

1. 法律規定의 評價

새로이 독립국가가 되어 이에 걸맞게 새로이 독자적인 민사소송법을 제정하였으나 새로 제정된 민사소송법은 제정 전까지 의용되었던 일본국 민사소송법의 내용을 거의 수용하였고 변론주의와 석명권에 관한 규정 역시 종전 규정을 거의 그대로 받아들였다. 다만 일본식의 표현과 형식만을 부분적으로 고치는 정도의 수정이 이루어졌을 정도이다. 법원의 석명권에 관한 규정형식은 계속해서 법관의 권리형식으로 규정되었다.

새 민사소송법 역시 변론주의의 중심적 내용을 수용하였다. 즉 당사자가 법원에서 자백한 사실과 현저한 사실은 증명을 요하지 아니하였고(동법 제261조) 법원은 당사자의 신청한 증거에 의하여 심증을 얻을 수 없거나 기타 필요하다고 인정한 때에 직권으로 증거조사를 할 수 있도록 규정하였다(동법 제265조). 이로써 직권증거조사는 보충적으로 이루어지고 당사자의 증거신청을 통한 소송자료의 수집을 원칙적인 형태로 받아들였다. 석명권에 관한 규정 역시 종전과 마찬가지로 재판장은 소송관계를 명료하게 하기 위하여 당사자에게 사실상과 법률상의 사항에 관하여 발문하고 또는 입증을 촉구할 수 있다고 규정하였다(동법 제126조). 그리고 변호사제도와 소송구조제도(동법 제118조 내지 제123조) 등을 규정하여 변론주의의 보완책을 마련하였다. 소송의 집중도 중요한 가치였지

만 아직까지는 수시제출주의(제136조)가 규정되어 실기한 공격·방
어방법인 아닌 한(동법 제138조) 자유롭게 허용되었다.

2. 文獻에 대한 評價

이 시기 역시 변론주의와 처분권주의를 구별하지 않는 입장도
여전히 존재하지만 이를 이제 구별하려는 입장도 나타난다. 또한
변론주의의 인정근거에 있어서도 아직은 수단설적인 입장이 우세
하지만 당사자의 소송주도권 시각으로 이를 설명하려는 입장도 확
인된다. 나아가 변론주의의 실정법적 근거를 구체적으로 제시하는
입장도 나타난다.

그리고 이 시기의 문헌 역시 민사소송에서 실체적 진실관이 지
배적이었고 오히려 강화되었다고 볼 수 있다. 민사소송 역시 형사
소송과 마찬가지로 실체적 진실을 발견하는 것이라는 사고가 충만
하여 민사소송에서 변론주의를 이유로 형식적 진실에만 만족할 것
으로 속단해서는 안 된다는 주장이 자주 발견된다. 이에 대한 구체
적인 논쟁소재로 공지의 사실에 반하는 당사자의 자백에 법원이
구속되어야 하느냐를 두고 진지한 논쟁이 진행되었다.

그리고 변론주의와 석명권의 관계에 대해서 석명권은 변론주의의
보완책이라는 견해가 이 시기 일반적으로 수용되고 있음을 확인할
수 있다. 그렇지만 변론주의를 어떻게 보완하느냐에 대해서 논자에
따라서 입장의 차이가 확인된다. 즉 석명권은 구체적으로 당사자의
소송수행 능력을 보충하는 제도라는 입장과 여기에 한정하지 않고
소송관계의 불명확함이 있는 경우에 일반적으로 이를 지적하는 법
원의 권한으로 이해하는 입장이 그것이다. 전자의 입장은 법원의 석

명권을 당사자의 소송수행 능력을 보충하는 소송법상 법원의 권한이자 의무로 법원의 석명을 이해하게 되는데 이는 실체적 진실관과 결합하여 법관의 적극적인 석명권 행사가 요구되고 그 행사수준에 있어서도 본인소송의 경우 변호사 대리소송보다 보다 더 적극적이고 구체적인 석명이 요구된다고 본다. 후자의 입장에 따를 경우 오히려 소송관계의 불명확함이 존재할 때 이를 지적하여 소송관계를 분명하게 하는 데 석명의 본질이 있다고 봐서 이런 취지에서 변론주의의 보완수단으로 이해한다. 이 입장에 따를 경우 적극적 석명의 인정에 있어 변론주의와의 관계에서 신중하게 되고 본인소송의 경우 변호사 대리소송보다는 구체적일 수 있지만 변호사 대리소송이라고 해서 법원의 석명권이 행사되지 못한다는 주장에는 동조하지 않게 된다. 이 시기에 제1기(1950년대)보다는 법원의 석명권 본질에 대한 한층 뚜렷한 논의의 전개가 이루어진 것을 확인할 수 있다.

한편 석명권의 행사범위에 관해서도 이 시기 구체적인 학설대립이 나타난다. 종래 석명권의 행사범위에 대해서 소극설, 중간설, 그리고 적극설이라는 기본적인 학설대립이 이 시기 구체적으로 전개된다. 석명권의 한계로서 변론주의를 들어 최소한의 석명에 머무르려는 소극설, 실체적 진실발견을 위해 석명권의 범위를 확대한다고 하더라도 변론주의를 제약하지 않는다고 인식하면서 법원의 적극적인 행사를 인정하는 적극설, 그리고 양설의 중간에서 절충적인 입장을 견지하는 중간설이 그것이다. 특히 적극설은 민사소송에서 실체적 진실관을 주장하는 입장과 관련되는데 종전의 중간설이 내세우는 인정기준이 모호하다고 비판하면서 기존자료와의 합리적인 관련성이 있으면 모든 유형의 석명이 허용된다고 주장한다. 이 입장은 법원 실무와 다음 시기에 상당한 영향을 주게 되는 것을 확인할 수 있다.

그런데 당시 석명은 법률의 규정상 재판장의 권한 형식으로 규정하고 있었는데 이를 근거로 법원의 석명권 행사를 법관의 재량에 맡겨져 있는 것으로 인식할 가능성은 충분히 있었다. 그럼에도 이 시기 문헌은 이런 규정형식에도 불구하고 예외 없이 석명의 의무성을 인정한다. 그렇지만 석명의무의 위반이 상고이유가 되느냐에 대해서는 입장의 대립을 선명하게 보여 주었다.

이 시기를 보면 학계에서도 변론주의의 보완책으로서의 석명권 의의와 그 행사범위, 그리고 상고이유에 대해서 심도 있는 논의가 본격적으로 이루어졌음을 확인할 수 있다. 이런 석명권에 대한 활발한 논의는 이 시기 전 시기보다 월등히 풍부한 석명의무 위반의 판례들을 나타나게 한 배경이 될 수 있었다.

3. 判例에 대한 評價

이 시기 석명의무 위반을 판시한 판례들은 상당히 풍부하게 접할 수 있게 된다. 대법원은 사실심법원의 심리미진을 통제하기 위한 기준으로 석명의무 위반을 사용하여 법원이 분쟁 당사자의 입장에서 실질적인 사권의 보장에 노력하여야 한다는 취지를 여러 유형의 석명판례에서 인상적으로 보여 준다.

먼저, 법원이 청구원인사실(대법원 1967. 1. 24. 선고 66다1941 판결)과 증거자료와의 관계에서(대법원 1964. 5. 26. 선고 63다906 판결) 청구취지의 불명확한 점을 석명하도록 한 판례는 석명권의 취지상 타당하고 소송요건 등 직권조사사항에 해당하는 사실에 대해서도 법원이 당사자에게 석명을 할 수 있다는 취지의 판례 역시 변론주의의 적용범위를 고려하면 타당한 태도라고 볼 수 있다(대법원 1964.

6. 9. 선고 63다800 판결; 대법원 1964. 6. 2. 63다1073 판결).

또한 대법원은 당사자가 증거를 제출하기만 하고 그 증거가 입증하고자 하는 주요사실을 변론에서 주장하지 않는 경우 사실자료와 증거자료가 분리되는 변론주의하에서 법원이 증거를 제출한 당사자에게 그 취지를 석명하도록 하여 주장책임을 다하도록 하였다(대법원 1967. 9. 26. 선고 67다1742 판결). 이는 변론주의의 원칙을 유지하면서도 개개의 사건에서 구체적인 정의를 실현할 수 있도록 석명권의 행사를 유도한 것이어서 변론주의와의 관계에서 볼 때 바람직한 석명권의 기능정립이다.

특히 원고가 주장하는 청구권의 발생요건, 즉 법률요건에 해당하는 사실의 주장이 누락된 경우 바로 법률요건이 충족되지 않았다고 원고의 청구를 기각하지 말고 누락된 법률요건사실의 보충을 촉구하는 석명이 필요하다는 판례의 태도는(대법원 1963. 7. 25. 선고 63다289 판결) 석명권의 취지상 매우 타당하다. 이런 판례의 태도는 이미 제1기(1950년대)에 나타났는데 이런 태도가 더 명확하고 구체화된 것으로 볼 수 있다. 이는 원고로 하여금 불의의 패소를 당하지 않게 하고 결과적으로 제1심의 심리집중을 통해 신속한 권리구제에 기여하고 피고에게도 불리하지 않다는 점에서 판례가 석명권을 바라보는 시각을 보여 주고 이는 향후 석명권의 발전과정에서 의미 있는 출발점으로 평가할 수 있다.

한편, 대법원은 당사자가 내세우는 법률요건은 명백하나 그 법률효과에 관한 점이 불분명한 경우 그 법률효과에 대해 법원이 석명하여야 한다고 보았다.[198] 당사자가 계약상 또는 법률상 채권발생

---

198) 앞 시기(1950년대)에는 당사자가 법률효과를 주장하면서 그 효과의 발생요건 즉 법률요건에 해당하는 사실을 법원에 제시하지 않는 경우 이에 대해 석명해야 한다는 취지의 판례가 이미 형성되었다. 대법원판결집 제7권(1959), 59 – 61면 참조.

원인사실에 대해서는 충분히 주장·입증을 하였으나, 실제로 그러한 법률요건에 대한 법률효과를 구체적으로 주장하면서 입증하지 않는 경우가 종종 발생하였는데 이에 대해 법원의 석명의무가 인정된 것이다. 법원이 이에 대해 석명권을 행사해야 하는 이유에 대해 판례는 약정 혹은 법정 채권발생요건에 따라 구체적인 금전채권이 발생한 경우 그 금전채권의 구체적인 액수가 얼마인가는 법률요건의 해당 사실이 아니고 이런 법률요건이 충족된 경우 발생하는 법률효과에 해당하기 때문에 이에 대해서는 법원이 직권으로 판단해야 할 대상이라는 점을 지적한다(대법원 1963. 9. 5. 선고 63다378 판결; 대법원 1961. 12. 7. 선고 4293[1960]민상853 판결). 이런 인식은 분쟁의 종국적인 해결을 이루려는 법원의 적극적인 자세를 보여 주는 것이고 향후 소송물이론 중 소송법설의 기초와 연결될 수 있는 최고법원의 태도여서 주목할 만하다.

그런데 문제가 되는 판례군은 법률적 사항 또는 관점에 대한 법원의 석명을 인정한 판례(대법원 1966. 9. 20. 선고 66다1289 판결)와 청구의 변경을 야기하게 되는 다른 청구권의 기초에 대한 법원의 석명을 인정한 판례(대표적으로 대법원 1967. 10. 31. 선고 67다1469 판결)이다. 대법원은 당해 법원이 원고의 진정한 의사를 소송자료를 통해 파악하여 가능한 모든 법률적 주장을 도출하여 분쟁을 해결하기 위해 법원에 주어진 석명권을 적극적으로 행사하도록 하는 일련의 판례를 이 시기에 형성시켰는데 이는 보통 이후 '주장의 포함 여부'에 대한 표현으로 나타나는 석명 판례군을 형성하게 된다. 이렇게 다양한 모든 법률적 관점에 대해 법원이 석명을 하게 되는 경우 법관의 중립성 의무 또는 처분권주의와의 갈등이 나타날 수 있게 된다. 그래서 법원의 석명권은 그 한계를 설정해야 하는데 위에서 언급한 판례들은 일관되게 소송에서 당사자에 의해 현출된 사실관계를 기초로 법률적으로 구성 가능한 법적 관점에 한정하고 있는 것으로 여겨진다. 이렇게 당사자의 사실진술에 근거해서 이를 법률적으로 구성한 법률적 주장이 당해 사실관계에서 가능하고 당사자의 진의 역시 이런 관점을 지향하고 있다는 것을 확인할 수 있다면 법관의 중립성이나 처분권주의에 의해 설정되는 한계를 일응 준수하였다고 볼 수 있겠다. 이 경우 나아가 당사자에게 청구의 변경에 대해 석명하여야 한다는 취지로까지 확대한 판례는 확인되지 않는다는 점을 유의할 필요가 있다.

 이렇듯 법원의 석명권이 민사소송의 다른 원칙과의 충돌을 일으키지 않는 수준에서 행사되었다는 점은 타당한 것으로 이해할 수 있지만, 당시 판례가 따르고 있는 원고의 소송물 확정책임론과 조화를 이룰 수 있는 것인지는 검토될 필요가 있다. 당시 법원이 소송물확정의 책임을 원고에게 지우고 원고가 법원에 제시한 법적 관점에 법원이 구속되어야 한다고 보았다면 이는 소송물이론 중 구 소송물이론 즉 구 실체법설을 따른 것으로 이해할 수 있다. 위의 판례군을 통해서 이와 같은 구 소송물이론의 채택에 따른 원고의 소송물 확정책임이라는 부담의 일부를 법원이 석명권의 행사를 통해 덜어 주고자 한 측면이 있다는 점을 여기서 지적할 수 있다. 특히 원고가 변호사에 의해 대리되지 못하는 본인소송의 경우 소송물 확정책임은 상당한 부담으로 작용할 수 있다. 원고의 잘못된 법적 관점의 채택은 패소로 이어질 수 있고 기판력의 객관적 범위의 대응적 조정에 의해 비록 후소의 제기가 가능하다고 할지라도 이는 원고의 입장에서 볼 때 시간과 노력의 낭비가 될 것이다. 이런 상황에서 법원이 적정한 석명권의 행사를 통해 그 사실관계에 부합하는 법적 관점을 찾게 도와주는 태도는 원고의 입장에서 볼 때 큰 도움이 아닐 수 없다. 문제는 이런 법원의 태도가 사실상 소송물이론에 관한 소송법설의 태도를 보여 준 것이 아니냐 하는 의문이다. 구 실체법설에 의하면 이런 소송물확정의 책임은 원고가 부담하고 이를 도와주는 자는 원고의 소송대리인인 변호사여야 한다. 그럼에도 불구하고 당시의 판례는 법관이 그 석명권 행사를 통해 원고의 부담을 덜어 주는 역할을 하도록 하고 법원의 이런 친절한 태도를 지지하고 있는 것이다. 법적 관점의 포함 여부를 적극적으로 조사하여 석명하라는 판례의 태도는 소송물확정에 대한 원고의 책임과 조화하기 어려운 측면이 있다. 다만 법적 관점의 변경, 즉 소의 변경에 대한 석명의무를 인정한 판례가 확인되지 않는다는 점에서 볼 때[199] 당시 대법원은 소송물 확정책임이 원고에게 있음을 의식한 것으로 여겨진다.

그렇지만 당시 판례가 원고의 법적 관점에 대응하는 피고의 항변과 관련하여 법원이 적극적으로 석명을 할 수 있다고 본 것은 균형이 맞는 태도이다. 대법원은 취득시효의 항변(대법원 1966. 10. 4. 선고 66다1457 판결), 상계의 항변(대법원 1966. 4. 6. 선고 66다266 판결)에서 소송에 드러난 사실관계를 기초로 석명할 수 있다는 태도를 보여 준다. 이는 위에서 살펴본 원고의 다른 청구권 기초의 포함 여부에 대한 석명과의 균형도 이루면서 석명권의 범위를 확장하는 태도로 볼 수 있겠다.

---

199) 이런 취지의 판례는 제4기(1990년대)에 비로소 나타나게 된다. 대법원 1995. 7. 11. 선고 94다34265 판결에서 대법원은 토지임차인의 매수청구권 행사의 결과 변경된 소의 기초를 조정하기 위해 원고의 원래 청구(건물철거 및 점유대지인도청구)를 건물매수대금지급과 동시에 건물명도를 구하는 청구로 변경할 것을 석명하여야 한다는 결정을 내렸다.

제 **3** 장

1970년대와 1980년대의
辯論主義와 釋明權

Ⅰ. 法令의 規定

이 시기에는 소액사건심판법에 의해 일반 소송절차와 간이한 소액사건 심판절차로 민사소송이 이분화되어 후자의 경우 소송물의 가액이 일정액을 초과하지 않는 사건에서는 일률적으로 법관의 직권이 강화되어 당사자 변론주의는 약화되고 법관의 직권주의가 강한 제1심 민사소송절차가 형성되었다는 점에서 이전의 시기와는 구별할 필요가 있다. 시행 당시 소액사건의 범위가 20만 원이었다가 1976년 30만 원으로 인상되었는데 당시 개인의 소득수준을 고려한다면 상당한 범위의[200] 민사사건이 이제는 통상의 민사소송절차가 아닌 소액사건 심판절차에 의해 처리되게 된 것이었다.

소액사건 심판절차는 변론주의가 지배하는 통상의 민사소송과 달리 법관의 직권주의가 강화된 통상의 민사소송절차와는 이질적인 특징을 많이 가진 절차이다. 우선 소액사건 심판절차는 직권증거조사를 원칙적인[201] 증거조사절차로 채택하였다(동법 제10조). 이는 변론주의절차가 보장하는 당사자에 의한 증거신청원칙을 받아들이지 않은 것으로 이는 통상의 민사소송절차에서 크게 벗어난 변형이다. 또한 증인신문에서도 당사자에 의한 교호신문제도가 아닌 판사의 직권신문제도를 채택하였다(동법 제10조). 그리고 1990. 1. 13. 일부개정으로 당사자 신문이 증거방법으로 도입되었는데 여기서는 통상의 민사소송과 달리 당사자 신문의 보충성이 폐지되었

---

200) 소액사건의 금액은 1987년 500만 원, 1993년에 1,000만 원, 1997년에 2,000만 원으로 각 증액되었는데 1998년 사법연감에 의하면 전체 민사본안사건 중 합의사건(3천만 원 초과)이 8.0%(51,744건), 단독사건(1천만 원 초과 – 3,000만 원까지) 27.2%(175,928건), 소액사건(1천만 원까지)이 64.8%(418,599건)이었다. 사법연감(1998), 424, 430면.

201) 金祥源, "少額事件審判制度의 理念과 앞으로의 方向", 法曹 제28권 2호(1979. 2.), 9면.

다. 그리하여 당사자는 언제든지 선서를 한 후 판사가 신문을 하여 이를 증거로 할 수 있도록 하였다. 당사자가 증거조사의 대상이 될 수 있도록 한 것이어서 변론주의 민사소송절차와는 조화하기 어려운 제도이다. 둘째로 변호사의 자격이 없는 자도 소송대리인이 될 수 있도록 규정하여 변호사대리원칙을 받아들이지 않은 점이다. 즉 소액사건의 경우 당사자의 배우자·직계혈족·형제자매 또는 호주는 법원의 허가 없이 소송대리인이 될 있도록 하였다(동법 제8조 제1항). 이는 변론주의에 의해 지배되는 통상 민사소송의 경우 당사자의 법률적 후견인으로서 변호사만이 당사자를 대리하여 민사소송을 진행하여 변론주의의 실현을 조력한다는 구상이 소액사건에는 적용되지 않음을 밝힌 것이다. 이는 변호사대리원칙이 변호사 선임에 경제적인 부담을 느끼는 소액사건의 당사자에게 신속하고 자유로운 재판청구권을 행사할 수 있도록 한 조치라고 설명된다.[202] 셋째로 법원의 조정회부권과 조정에 갈음하는 결정권(동법 제12조, 제13조)을 규정하여 법원의 직권에 의한 분쟁해결권한을 강화하였다. 비록 조정에 갈음하는 재판에 대해 당사자에게 1주일의 이의신청권을 규정하였지만 당사자의 소송주도권은 상당한 제약을 받게 되었다. 넷째로, 판결문의 기재에서도 민사소송법 제193조 제2항의 규정에 위배되지 않는 범위 내에서 간결하게 작성하도록 하였다(소액사건심판법 규칙 제4조). 이후 1981. 3. 1. 소송촉진 등에 관한 특례법이 시행되어 판결서의 이유 기재는 생략될 수 있다는 법률 차원의 근거가 마련되었다(동법 제20조 제3항). 판결문의 기재에 따라 당사자는 자신의 변론에서의 주장과 입증이 법원에 의해 어느 정도 고려되어 판결에 이르게 되었는지를 확인할 수

---

202) 金祥源, 상게 논문, 3면.

있고 이의 검토가 있은 후 항소 여부를 결정할 수 있다는 점에서 주문만 선고되는 판결문의 경우에는 당사자의 소송주도권이 소송절차에서 성립되기 어렵다. 소액사건 여부는 소송물의 가액에 의해 결정되기 때문에 소송물의 일부청구화를 막기 위해서 일부청구의 제한규정도 도입되었다(1990. 1. 13. 개정으로 동법 제5조의 2 신설).

또한 이 시기 소송촉진 등에 관한 특례법이 제정되어 일부청구의 제한(동법 제18조)과 당사자신문의 보충성의 폐지(동법 제19조 제1항), 그리고 공정증서방식에 의한 증인진술서 제출(동법 동 조 제2항)로 증인신문을 대체할 수 있도록 하는 등 당사자의 변론주의에 일정한 제한이 가해지게 되었다. 그 밖에 허가상고제의 채택(동법 제12조), 변호사보수의 소송비용의 산입(동법 제16조), 원심 재판장의 상소장 심사권(동법 제8조) 등이 규정되었다. 이는 종전의 자유주의적 입장의 민사소송법에 의한 일반 민사소송절차와는 다른 형태의 소송 진행방식의 출현이라는 점에서 1960년대와는 구별할 필요가 있다.

1983년 9월 1일부터 제정·시행하게 된 민사소송규칙에서도 주목할 만한 제도들이 많이 신설되었는데 특히 당사자의 사전 조사 정리 의무와 쟁점명확화 의무, 준비절차를 거친 사건에 대한 계속 심리의무, 기일 전의 증거조사 등이 그것이다.

소액사건심판법[시행 1973. 9. 1.] [법률 제2547호, 1973. 2. 24. 제정]

제1조(목적) 이 법은 지방법원 및 지방법원지원에서 소액의 민사사건을 간이한 절차에 따라 신속히 처리하기 위하여 민사소송법에 대한 특례를 규정함을 목적으로 한다.

제2조(적용범위 등) ① 이 법은 지방법원 및 지방법원지원의 관할사건 중 소송물의 가액이 20만 원을 초과하지 아니하는 민사사건(이하 "소액사건"이라 한다.)에 적용한다.

② 제1항의 사건에 대해서는 이 법에 특별한 규정이 있는 경우를 제외하고는 민사소송법의 규정을 적용한다.

제3조(상고 및 재항고) 소액사건에 대한 지방법원 본원 합의부의 제2심판결이나 결정·명령에 대해서는 다음 각 호의 1에 해당하는 경우에 한하여 대법원에 상고 또는 재항고를 할 수 있다.

1. 법률·명령·규칙 또는 처분의 헌법위반 여부와 명령·규칙 또는 처분의 법률위반 여부에 대한 판단이 부당한 때

2. 대법원의 판례에 상반되는 판단을 한 때

제4조(구술에 의한 소의 제기) ① 소는 구술로써 이를 제기할 수 있다.

② 구술로써 소를 제기하는 때에는 법원서기관·법원사무관·법원주사 또는 법원주사보의 면전에서 진술하여야 한다.

③ 제2항의 경우에 법원서기관·법원사무관·법원주사 또는 법원주사보는 제소조서를 작성하고 이에 서명 날인하여야 한다.

제5조(임의출석에 의한 소의 제기) ① 당사자 쌍방은 임의로 법원에 출석하여 소송에 관하여 변론할 수 있다.

② 제1항의 경우에 소의 제기는 구술에 의한 진술로써 행한다.

제6조(소장의 송달과 준비명령) ① 소장이나 제소조서는 지체 없이 피고에게 송달하여야 한다.

② 판사는 제1항의 송달을 함에 있어서는 피고에 대하여 그 송달

을 받은 날로부터 10일 이내에 원고의 주장에 대한 답변·증거방법 및 그 입증취지를 명시한 답변서를 제출할 것을 명하여야 한다.

제7조(기일지정 등) ① 소의 제기가 있는 경우에 판사는 지체 없이 변론기일을 정하여야 하며 되도록 1회의 변론기일로 심리를 종결하도록 하여야 한다.

② 전항 후단의 목적을 달성하기 위하여 판사는 변론기일 이전이라도 당사자로 하여금 증거신청을 하게 하는 등 필요한 조치를 취할 수 있다.

제8조(소송대리에 관한 특칙) ① 당사자의 배우자·직계혈족·형제자매 또는 호주는 법원의 허가 없이 소송대리인이 될 수 있다.

② 제1항의 소송대리인은 당사자와의 신분관계 및 수권관계를 서면으로 증명하여야 한다. 그러나 수권관계에 대해서는 당사자가 판사의 면전에서 구술로 제1항의 소송대리인을 선임하고 법원서기관·법원사무관·법원주사 또는 법원주사보가 조서에 이를 기재한 때에는 그러하지 아니하다.

제9조(심리절차상의 특칙) ① 법원은 소장·준비서면 기타 소송기록에 의하여 청구가 이유 없음이 명백한 때에는 변론 없이 청구를 기각할 수 있다.

② 판사의 경질이 있는 경우라도 변론의 갱신 없이 판결할 수 있다.

제10조(증거조사에 관한 특칙) ① 판사는 필요하다고 인정한 때에는 직권으로 증거조사를 할 수 있다. 그러나 그 증거조사의 결과에 관해서는 당사자의 의견을 들어야 한다.

② 증인은 판사가 신문한다. 그러나 당사자는 판사에게 고하고 신

문할 수 있다.

③ 판사는 상당하다고 인정한 때에는 증인 또는 감정인의 신문에
갈음하여 서면을 제출하게 할 수 있다.

제11조(조서의 기재 생략) ① 조서는 당사자의 이의가 있는 경우를
제외하고 판사의 허가가 있는 때에는 이에 기재할 사항을 생략할
수 있다.

② 제1항의 규정은 변론의 방식에 관한 규정의 준수와 화해·인
낙·포기·취하 및 자백에 대해서는 이를 적용하지 아니한다.

제12조(조정회부) ① 법원은 필요하다고 인정한 때에는 언제든지 사
건을 조정에 회부할 수 있다.

② 제1항의 규정에 의한 조정에는 차지차가조정법의 규정을 준용
한다.

③ 제2항의 규정에도 불구하고 판사는 상당하다고 인정한 때에는
스스로 조정을 할 수 있다.

제13조(조정에 갈음한 재판) ① 법원은 제12조의 규정에 의한 조정이
성립되지 아니한 사건에 관해서 상당하다고 인정한 때에는 직권으
로 당사자의 이익 기타 모든 사정을 참작하여 사건의 공평한 해결
을 위한 결정을 할 수 있다.

② 제1항의 결정을 함에 있어서는 금전의 지급, 물건의 인도 기타
재산상의 급여를 명할 수 있다.

제14조(이의신청) ① 제13조의 결정에 대해서는 당사자가 결정의 고
지를 받은 날로부터 1주일 이내에 이의를 신청할 수 있다.

② 제1항의 기간 내에 이의신청이 있는 때에는 제13조의 결정은

그 효력을 상실한다.

③ 제1항의 기간 내에 이의신청이 없는 때에는 제13조의 결정은
재판상의 화해와 동일한 효력이 있다.

제15조(순회재판) 지방법원장은 관할판사로 하여금 이 법에 의한 심
판을 하게 하기 위하여 필요한 지역을 순회하게 한다.

제16조(시행규칙) 이 법 시행에 관하여 필요한 사항은 대법원규칙으
로 정한다.

소송촉진 등에 관한 특례법([시행 1981. 3. 1.] [법률 제3361호,
1981. 1. 29. 제정])

제11조(상고이유의 제한) ① 민사소송법 제393조 및 제394조의 규정
에도 불구하고 상고는 판결에 영향을 미친 다음 각 호의 1에 해당
하는 사유가 있음을 이유로 하는 때에 한하여 이를 할 수 있다.

1. 헌법에 위반하거나 헌법의 해석이 부당한 때
2. 명령·규칙 또는 처분의 법률위반 여부에 대한 판단이 부당한 때
3. 법률·명령·규칙 또는 처분에 대한 해석이 대법원판례와 상반
   된 때

② 제1항 제3호에 규정된 사유가 있는 경우에 대법원이 종전의 대
법원 판례를 변경하여 원심판결을 유지함이 상당하다고 인정할 때
에는 상고를 기각하여야 한다.

제12조(허가에 의한 상고) ① 대법원은 제11조에 규정된 상고이유가
없는 경우에도 법령의 해석에 관한 중요한 사항을 포함하는 것으
로 인정되는 사건에 관해서는 그 판결확정 전에 당사자의 신청이

있는 때에 한하여 대법원규칙이 정하는 바에 따라 상고를 허가할
수 있다.

② 제1항의 규정에 의하여 상고가 허가된 경우에 대법원은 원심판
결을 파기하지 아니하면 현저히 정의와 형평에 반한다고 인정할
만한 중대한 법령위반이 있을 때에는 원심판결을 파기하여야 한다.

제16조(변호사 보수와 소송비용) ① 소송대리를 한 변호사에게 당사
자가 지급한 또는 지급할 보수는 대법원규칙으로 정하는 금액의
범위 안에서 이를 소송비용으로 한다.

② 제1항의 소송비용을 산정함에 있어서는 수인의 변호사가 소송
대리를 한 경우라도 1인의 변호사가 소송대리를 한 것으로 본다.

제18조(일부청구의 제한) ① 금전 기타 대체물이나 유가증권의 일정
한 수량의 지급을 목적으로 하는 청구에 있어서 채권자는 소액사
건심판법의 적용을 받을 목적으로 청구를 분할하여 그 일부만을
청구할 수 없다.

② 제1항의 규정에 위반한 소는 판결로 이를 각하하여야 한다.

제4장 제1심 소액사건심판에 관한 특례(제17조 내지 제20조)

제19조(증거조사에 관한 특례) ① 민사소송법 제339조의 규정에도 불
구하고 판사는 언제든지 당사자 본인을 신문하여 이를 증거로 할 수
있다. 이 경우 판사는 당사자에게 선서를 하게 하여야 한다.

② 당사자가 증인신청에 갈음하여 증인이 될 자의 진술을 기록한 공
정증서 정본을 제출하거나 증인이 증언에 갈음하여 그 진술을 기록
한 공정증서 정본을 제출한 때에는 판사는 이를 증거로 할 수 있다.

제20조(판결에 관한 특례) ① 판결의 선고는 변론 종결 후 즉시 할 수 있다.

② 판결을 선고함에는 주문을 낭독하고 주문이 정당함을 인정할 수 있는 범위 안에서 그 이유의 요지를 구술로 설명하여야 한다.

③ 판결서에는 이유를 기재하지 아니한다. 다만, 특히 필요하다고 인정할 때에는 이유를 기재할 수 있다.

Ⅱ. 文獻의 立場

1. 訴訟資料의 提出에 대한 當事者의 權能과 責任: 辯論主義

(1) 辯論主義의 槪念範圍와 그 認定根據

이 시기에는 일본 식민지시대에 교육을 받지 않은 세대가 법학 교육과 실무를 거쳐 민사소송법 학계에 본격적으로 등장하여 그동안의 이론적·실무적 경험을 바탕으로 폭넓은 민사소송법학의 발전을 이루는 시기이다. 독일법학의 영향은 이 시기에도 지속되지만 종전과 달리 일본을 거치지 않고 직접 독일서를 인용하는 방식으로 이루어진다. 독일에서 직접 독일법학을 연구한 학자들이 학계의 중심으로 등장하게 된다.

이 시기 변론주의(Verhandlungsmaxime)를 처분권주의와 구분하여 파악하는 입장이 보편화된다. 그리하여 변론주의를 재판의 기초가 되는 소송자료(사실과 증거자료)의 수집과 제출의 책임을 당사자에게 일임하고, 당사자가 수집·제출한 소송자료만을 재판의 기초로 삼는 입장으로 소송자료의 수집·제출책임을 당사자가 아닌 법원이 지게 되어 있는 직권탐지주의(Untersungsmaxime)와는 구별되는 민사소송의 원칙으로 파악한다.[203] 그리하여 심판대상을 당사자가 확정한다는 처분권주의는 심판자료의 수집과 제출에 관한 원칙인 변론주의와는 구별되어야 한다고 본다.[204] 직권탐지주의가 원칙적

---

203) 李時潤, 「民事訴訟法」, 初版, 博英社, 1982, 443면; 金洪奎, 「民事訴訟法(上)」, 初版, 三英社, 1975, 316면; 宋相現, 「民事訴訟法」, 初版, 博英社 1990, 353면; 胡文赫, "民事訴訟에 있어서의 理念과 辯論主義에 관한 硏究", 서울대학교 法學 제30권 3·4호(1989), 221-222면.

으로 적용되는 인사소송이나 행정소송에서도 처분권주의가 완전히 부정되지는 않는다. 그렇지만 여전히 변론주의를 넓게 이해하여 당사자는 소송물인 사법적 권리관계를 자유 처분할 수 있고, 그러한 사적자치의 원칙이 민사소송법에 반영되어 있으므로 당사자 처분권주의를 포함하는 뜻으로 해석하는 입장도 유지된다.[205]

　변론주의는 또한 구술주의와도 구별된다. 민사소송법은 구술주의를 취하고 필요적 변론의 방식을 취하기 때문에 변론주의는 구술변론에서 주장된 자료가 아니면 안 되지만, 변론주의와 구술주의는 불가분의 관계를 형성하지는 않는다. 서면주의를 취하면서 변론주의를 채택하는 것도 불가능한 방식은 아니기 때문이다. 구술주의와 서면주의는 심리방식에 관한 원칙이고 변론주의는 소송자료의 수집에 관한 원칙이기 때문이다.[206]

　변론주의를 인정하는 근거로는 본질설과 수단설이 먼저 소개되고 있다. 본질설은 민사소송의 대상인 재산관계에 있어서는 형사소송의 대상과는 달리 사법의 기본원칙인 사적자치가 지배하는 영역이므로 그에 관한 소송자료의 수집에 있어서도 국가의 개입보다는 당사자의 책임에 일임하는 것이 합당하다는 점을 근거로 한다. 수단설은 당사자가 소송의 결과에 대하여 직접적이고 현실적인 이해관계를 가지므로 자신에게 유리한 소송자료의 제출에 최선을 다하게 되어 이를 통해 객관적으로 충분한 자료의 수집을 기대할 수 있

---

204) 李時潤, 위의 책, 443면; 金洪奎, 위의 책, 316-317면; 宋相現, 위의 책, 353면; 姜現中, 「民事訴訟法」, 初版, 博英社, 1988, 433면; 鄭東潤, 「民事訴訟法」, 初版, 法文社, 1988, 274면; 胡文赫, 위의 논문, 222면; 吳相休, "辯論主義(上)", 司法行政 187호(1976. 7.), 韓國司法行政學會, 27면.

205) 方順元, 「民事訴訟法(上)」, 全訂版, 普成文化史, 1974, 256면; 方順元, 「民事訴訟法(上)」, 全訂改版, 韓國司法行政學會, 1987, 391면.

206) 金洪奎, 위의 책, 317면.

어 법원으로서는 적은 노력으로 실체적 진실을 발견하기 쉽다는 점을 근거로 한다.[207] 그 밖에 다원설은 변론주의를 하나의 견해로는 설명하기 불가능하다고 보면서 본질설이나 수단설 이외에 불의타(不意打)의 방지, 공평한 재판에 대한 신뢰의 확보 등도 그 근거로 제시하는 입장이다.[208] 이와 같이 변론주의를 다원적으로 파악하여야 자유주의 국가관의 소산인 변론주의의 근간을 살리면서 진실의무와 모순도 생기지 않고 또 법원의 후견적 역할을 뜻하는 석명권의 한계 획정도 용이해질 수 있음을 들고 있다.[209]

변론주의의 근거에 대한 학설의 대립에는 논자들의 이념적 차이와 소송관의 차이가 반영되어 있다. 즉 본질설은 자유주의적·개인주의적 사상의 기초에 서 있고, 야경국가시대의 스포츠적 소송관의 반영인 반면 수단설은 사회정책적·복지국가적 사상에 기초하고 있고, 국가에 의한 적극적 개입수단(예컨대 석명권의 행사)을 폭넓게 인정한다.[210] 이 시기 소액사건심판법의 제정(1973. 2. 24. 제정 법률 제2547호)은 소액사건의 경우 특별히 변론주의에 대한 수단설에 입각한 이해가 반영된 것으로 볼 수 있다. 동 법률에 의하면 앞서 보았듯이 법관의 직권강화를 통한 후견적 역할이 강조되었고 이런 태도는 변론주의에 대한 수단설적인 입장을 보여 준다. 실제로 이와 같은 변론주의의 근거에 관한 학설대립은 개별적인 문제

---

207) 金洪奎, 위의 책, 317면; 李時潤, 위의 책, 444면; 姜現中, 위의 책, 434면. 수단설의 명시적인 주장자는 찾기 힘든 상황이나 본질설에 대한 강한 비판을 한다는 점에서 수단설로 분류할 수 있다는 견해도 있다. 예컨대, 吳大性, "辯論主義에 관한 研究 : 古典的 辯論主義에 대한 反省", 전남대대학원 박사학위논문, 1989, 140면 내지 142면 참조. 본질설은 우리 민사소송법학계의 다수설이라고 파악된다. 대표적으로, 胡文赫, 위의 논문, 221－223면 참조.

208) 李時潤, 위의 책, 444면; 鄭東潤, 위의 책, 274면.

209) 李時潤, 위의 책, 444면.

210) 鄭東潤, 위의 책, 274면.

들에서도 차이를 일정하게 보여 준다. 예컨대 공지의 사실에 반하는 자백이 법원을 구속하느냐의 문제, 진실의무의 평가문제, 석명권 행사의 구체적 한계설정의 문제들이 그것이다.211)

(2) 辯論主義의 內容

변론주의의 내용은 보통 세 가지 명제로 요약될 수 있다. 첫째로, 법원은 당사자가 주장하지 않은 사실을 판결의 기초로 삼아서는 안 되고, 둘째로 당사자 간에 다툼이 없는 사실은 그대로 판결의 기초로 삼아야 하고, 셋째로 당사자 간에 다툼이 있는 사실 역시 당사자가 제출한 증거방법에 의해서 이를 밝혀야 한다는 점이다.

1) 事實의 主張責任

(가) 意義 및 機能

변론주의하에서 법원은 당사자가 주장하지 않은 사실을 판결의 기초로 삼아서는 안 된다. 이로 인해 당사자는 주요사실에 관하여 이를 주장할 책임, 즉 주장책임을 부담하게 된다. 이에 따라 당사자는 자기에게 유리한 주요사실을 변론에서 진술하지 아니하면 그 사실이 존재하지 않는 것으로 취급되어 불이익한 재판을 받게 되는데 이런 불이익을 주장책임이라고 부른다. 이와 같은 주장책임은 변론주의의 특유한 현상이며 직권탐지주의에서는 문제되지 않는다.

주장책임은 민사소송에서 일정한 기능을 하게 된다. 첫째, 판결에 의하여 해결하여야 할 분쟁의 쟁점형성을 양 당사자에게 맡기고, 둘째, 그로 인해 어느 당사자도 상대방이 변론한 사실에 대해서만 공격·방어를 다하면 족하기 때문에 당사자에게 공격·방어

---

211) 金洪奎, 위의 책, 317-318면.

의 목표를 분명히 함으로써 예측하지 않은 판결을 받을 위험을 감소시켜 주는 역할을 한다.[212]

(나) 事實資料와 證據資料의 峻別

주장책임의 결과 당사자가 변론에서 주장하지 않은 주요사실은 비록 법원이 증거조사로 심증을 얻더라도 이를 판단자료로 사용할 수 없다. 즉 증거자료에 의해 사실자료를 보완할 수 없다. 따라서 사실자료와 증거자료는 변론주의하에서 준별된다.

그런데 법원이 증거조사를 하는 기회에 현출된 자료를 근거로 이에 대해 당사자가 주장하지 않고 있음에도 불구하고 판결의 기초로 삼을 수 있을까? 예컨대 피고가 원고의 대여금청구에 대해 변제사실을 주장하고 있지 않으나, 증인의 증언을 통해 변제사실이 진술되고 법원이 이를 믿을 수 있다고 여길 경우 법원은 변제사실을 인정하여 채무의 소멸로 판단하여 원고청구를 기각할 수 있는가의 문제이다. 이에 대해 종래 불가하다는 반대설이 주장되었고 판례 역시 이를 따른 것이 있었다.[213]

그러나 변론주의의 본질을 진실발견을 위한 합목적적인 수단으로 보고 당사자는 진실발견을 위하여 법원에 협력하는 것이라고

---

212) 姜現中, 위의 책, 435 – 436면.

213) 方順元, 「民事訴訟法(上)」, 全訂改版, 韓國司法行政學會, 1987, 392면; 鄭東潤, 위의 책, 276면. 한편 宋相現, 위의 책, 356면은 법관의 석명권 발동이 필요하고 이를 통해 변론에서 당사자로부터 이런 주장이 나왔을 때 이를 판결의 기초로 삼는 것이 순리라고 기술하고 있다는 점에서 부정설로 분류한다. 이런 입장에 서 있는 판례로는 대법원 1962. 11. 29. 선고 62다678 판결("법원이 주요사실에 대하여 증거조사의 결과를 알게 되었다 하더라도 당사자의 주장이 없으면 심판할 수 없다."). 대법원 1965. 3. 2. 선고 64다1761 판결("법원에 현저한 사실이 있다 하더라도 당사자가 그 사실에 대한 진술을 하지 않는 한 법원은 그것을 사실인정의 자료로 삼을 수 없다."). 대법원 1963. 2. 14. 선고 62다1760 판결("피고가 상계한 사실이 없는데 상계를 인정한 것은 변론주의에 위반한 것이다."). 대법원 1966. 9. 20. 선고 66다1032 판결("소멸시효의 항변을 하지 아니하였는데 시효 소멸되었다고 판단한 것은 변론주의에 위반한 것이다."). 대법원 1987. 12. 8. 선고 87다카663 판결("증여를 주장하였을 뿐인데 공동상속을 인정한 것은 변론주의에 위반한 것이다.").

본다면 이를 부정해야 할 이유를 찾을 수 없다거나[214] 석명권의 적절한 행사를 통해 증거자료에 부합하는 당사자의 주장을 유도하며, 공격·방어목표가 뚜렷하고 불의타의 위험이 없다면 심지어 변론에서 당사자의 명시적 주장이 없어도 증거자료를 통하여 묵시적 주장이 있다고 볼 수 있다는 입장도 있다.[215] 이 시기 대법원은 실제로 당사자에 의해 명시적으로 주장되지는 않았지만 해석에 의해 그 주장이 있었던 것으로 의제하는 일련의 결정을 내놓았다. 즉 자기가 신청한 증인신문사항에 기재된 사실, 이익으로 원용한 감정서나 서증에 기재한 사실, 어음금 청구소송에서 제권판결을 제출한 경우에 어음의 무효를 주장한 것으로 인정하는 것 따위를 들고 있다.[216]

이와 유사한 문제로 법원에 현저한 사실에 관해서도 주장책임이 있는가에 대해서 학설과 판례는 대립한다. 변론주의는 당사자의 사적자치 내지 자기책임이 소송에 발현된 것이므로 민사소송의 본질에서 나온 것이고 이는 결코 타파할 수 없는 것으로 여기는 입장(본질성설)은 법원에 현저한 사실이나 공지의 사실이더라도 당사자가 주장하지 않는다면 이를 판결의 기초로 삼아서는 안 된다는 결

---

214) 金洪奎, 위의 책, 318면; 李英燮, 「新民事訴訟法(上)」, 第7全訂版, 博英社, 1973, 138면.

215) 姜現中, 위의 책, 436면. 대법원 역시 이런 취지에 서 있는 것으로 볼 수 있는 판례가 있다. 예컨대 대법원 1980. 12. 9. 선고 80다2432 판결("어음금청구소송에서 피고가 원고의 주장사실을 전부 부인하면서 증거로써 제권판결정본을 제출하였다면 피고가 그 판결의 효력에 관하여 아무런 주장을 하지 아니하였다고 하더라도 법원은 제권판결을 기초로 어음금청구를 배척할 수 있다."), 또한 대법원 1987. 9. 8. 선고 87다카982 판결("甲이 소장에서 토지를 乙로부터 매수하였다고 주장하고 있으나 갑이 위 매매 당시 불과 10세 남짓한 미성년이었고 증인신문을 신청하여 갑의 조부인 丙이 갑을 대리하여 위 토지를 매수한 사실을 입증하고 있다면 갑이 그 변론에서 위 대리행위에 관한 명백한 진술을 한 흔적이 없다 하더라도 위 증인신청으로써 위 대리행위에 관한 간접적인 진술은 있었다고 보아야 할 것이므로 원심이 위 토지를 갑의 대리인이 매수한 것으로 인정하였다 하여도 이를 변론주의에 반하는 것이라고 할 수 없다.").

216) 대법원 1969. 9. 30. 선고 69다1326 판결; 대법원 1969. 6. 30. 선고 69다360 판결; 대법원 1980. 12. 9. 선고 80다2432 판결(鄭東潤, 위의 책, 277면 참조).

론에 이른다.[217] 이에 반해 변론주의를 진실발견을 위한 수단으로 인식하는 입장(수단설)에서는 진실발견이 최고의 목적이기 때문에 당사자의 주장 여부와 관계없이 객관적인 진실을 따라야 한다는 결론에 이른다.[218]

끝으로 소액사건심판법은 소액사건의 경우에는 당사자신문의 보충성을 폐지하였는데(1990. 9. 1. 동법 일부개정) 이로써 당사자는 선서를 한 후 법관에 의한 신문의 대상이 되어 여기서 진술한 내용은 증거자료로 사용될 수 있게 되었다. 이런 한도에서 변론주의가 요구하는 증거자료와 사실자료의 준별은 약화될 가능성이 생겼다.

(다) 主要事實과 間接事實의 區別

소송에서 문제 되는 사실은 主要事實, 間接事實 및 補助事實로 나눌 수 있다. 주장책임은 주요사실에 대해서만 적용되고 간접사실이나 보조사실은 당사자가 변론에서 주장하지 않아도 증거자료에 의하여 변론에 나타나기만 하면 법원이 이를 기초로 삼을 수 있기 때문에 그 구별이 중요하다.

主要事實은 권리의 발생·변경·소멸이라는 구체적 법적 효과의 판단에 직접 필요한 사실 또는 판결 중에서 판단되는 법률요건에 해당하는 사실을 가리킨다. 다시 말해 법률효과를 정하고 있는 법규의 구성요건에 해당하는 사실을 가리킨다(法規基準說). 직접사실 또는 요건사실이라고도 한다.[219] 이런 입장에 대해 要件事實과

---

217) 方順元, 위의 책, 392면; 宋相現, 위의 책, 356면; 李時潤, 위의 책, 446면. 이시윤은 변론주의의 본질에 대해 다원설을 피력하지만 여기서는 소극적인 입장을 따르는 것으로 여겨진다.

218) 李英燮, 위의 책, 138면. 판례 역시 동요하고 있다. 적극설에 서 있는 것으로는 대법원 1963. 11. 28. 선고 63다493 판결이 있고 소극설에 동조한 것으로는 대법원 1965. 3. 2. 선고 65다1761 판결을 들 수 있다(李時潤, 위의 책, 446면 참조).

219) 宋相現, 위의 책, 356면; 李時潤, 위의 책, 447면; 鄭東潤, 위의 책, 277면; 金洪奎,

主要事實을 구별하는 입장도 확인된다. 즉 要件事實은 추상적인 법규의 요건을 가리키는 것으로서 법적 개념인 데 대하여, 그 요건 사실에 해당하는 구체적 사실인 主要事實은 현실의 생활관계에서 일어나는 사건 또는 용태로서 사실적·경험적 개념인데 다만 구체 적 사실이 요건사실에 해당하는가의 판단은 법률판단으로서 그 판 단과정에서 양자가 포섭되어 요건사실이 주요사실과 동의어로 오 해하게 되었을 뿐이라고 설명한다.[220] 주요사실은 당사자의 주장에 나타나면 족하고 반드시 주장책임을 지는 당사자가 진술하여야 하 는 것은 아니다.[221]

　이와 같은 법규기준설에 대해 비판하는 입장이 이 시기 나타난 다. 주로 일본에서 주장된 견해인데 다음과 같다. 요건사실 중 '과 실', '정당한 이유', '권리남용'과 같은 법적 평가를 수반하는 추상 적인 不特定 槪念의 경우 이와 같은 법적 평가에 이르게 된 具體 的 事實이 소송상 중요한 기능을 하고 이를 중심으로 당사자가 주 장·입증을 하게 되므로 오히려 종래 간접사실로 파악되던 이와 같은 사실을 이제는 主要事實로 취급하여야 한다는 입장이다. 그 리하여 이 입장에 따르면 주요사실이란 당사자에게는 공격·방어 의 목표가 되고 법원에는 그 심리활동의 지침이 되는 사실이라고 한다. 결국 주요사실의 기준과 범위를 주요사실이 본래 가지는 기 능에 착안하여 결정하여야 한다고 주장한다.[222] 이 시기까지 민사

　　위의 책, 318면; 대법원 1983. 12. 13. 선고 83다카1489 판결(전원합의체); 대법원
　　1987. 2. 24. 선고 86다카1625 판결.

220) 姜現中, 위의 책, 437면.

221) 金洪奎, 위의 책, 319면; 李時潤, 위의 책, 445면; 宋相現, 위의 책, 357면; 鄭東潤,
　　위의 책, 276면; 吳相洙, "辯論主義(上)", 司法行政 제187호(1976. 7.), 韓國司法行政
　　學會, 33면.

222) 이와 같은 입장을 소개하는 문헌으로는 李時潤, 위의 책, 447면과 姜現中, 위의 책, 437
　　면 이하. 그리고 鄭東潤, 위의 책, 279면을 참조 바람.

소송법학계에 많은 영향을 준 일본 민사소송법학계에서도 불특정 개념에 관한 한 위와 같이 법적 평가를 통해 불특정 개념에 이르게 하는 구체적인 사실을 주요사실과 마찬가지로 파악하는 입장이 종래의 전통적인 입장을 수정하게 되었다고 소개되고 있다.

종래 통설과 판례의 입장이었던 법규기준설에 대한 위와 같은 비판적인 입장은 당시 민사소송법학계에 수용되지 않았다. 법규기준설을 대체할 새로운 기준의 미흡으로 인해 해석자의 자의에 흐르기 쉬워 전통적인 입장을 대체할 새로운 입장으로 수용되기에는 부족하다는 지적을 받았다. 단지 예측하지 못한 판결결과를 방지하기 위해 법관의 적절한 석명권 행사를 통한 소송절차에의 관여가 필요하다는 인식에는 이르게 하였다.[223]

2) 自白의 拘束力

변론주의가 지배하는 민사소송에서 당사자 간에 다툼이 없는 사실은 증거조사를 할 필요 없이 그대로 판결의 기초로 삼아야 하고 그와 다른 증거에 의하여 이와 다른 사실을 인정할 수 없다. 변론주의에 의하는 소송절차에 있어서 자백이 있으면 그 사실에 관해서는 법원의 사실인정권이 배제되기 때문이다.[224] 여기서 다툼이 없는 사실이란 상대방이 자백한 사실(민사소송법 제261조)과 자백한 것으로 간주되는 사실(동법 제139조)이다.

법원이 자백에 구속되는 것은 그 목적인 사실로부터 발생한 권리가 당사자의 자유처분 가능성에 맡겨져 있다는 점과 이해관계에 있는 상대방이 이를 다투지 않고 인정한 것으로부터 진실 가능성이 높다는 점에 근거한다.[225] 다만 현저한 사실에 반하는 자백에까지 구속력을

---

223) 李時潤, 위의 책, 447면; 姜現中, 위의 책, 439–441면; 鄭東潤, 위의 책, 279면.
224) 대법원 1976. 5. 11. 선고 75다1427 판결; 대법원 1983. 2. 8. 선고 82다카1528 판결.

인정해야 하느냐에 대해서는 부정하는 입장이 지배적이다.[226]

3) 證據의 申請

변론주의가 지배하는 소송절차에서 증거방법의 결정 역시 당사자가 하게 된다. 그러므로 당사자는 다툼이 있는 사실의 인정에 사용될 증거방법을 법원에 신청한다. 이를 직권증거조사금지의 원칙으로 부르기도 한다.[227]

그러나 법원은 당사자가 신청한 증거에 의하여 심증을 얻을 수 없거나 기타 필요하다고 인정한 때에는 직권으로 증거조사를 할 수 있으므로(민사소송법 제265조) 이 한도에서는 당사자의 역할은 제한을 받을 수 있다. 다만 소액사건 심판에서는 법원이 필요하다고 인정할 때에는 언제든지 법원이 직권증거조사를 할 수 있도록 해(소액사건심판법 제10조) 일반 민사소송절차와는 다른 직권탐지주의적 경향을 보여 준다. 이 시기 민사소송이 이렇게 상이한 두 절차로 구분되었다는 사실이 이 시기를 전 시기와 특징짓는 중요한 한 요소를 이룬다.

(3) 辯論主義의 適用範圍

변론주의는 소송자료(사실자료와 증거자료)의 수집에 관한 원칙이므로 변론주의가 지배하는 것은 사실관계에 한정된다. 당사자가

---

225) 宋相現, 위의 책, 360면.

226) 方順元, 위의 책, 394면. 저자는 공지의 사실이라도 당사자가 주장하지 않는 한 판결의 기초로 삼을 수 없다고 보지만, 현저한 사실에 반하는 자백에 대해서는 그 구속력을 인정할 수 없다는 입장에 선다. 같은 견해로는 李時潤, 위의 책, 448면; 宋相現, 위의 책, 360면; 鄭東潤, 위의 책, 280면. 이미 대법원 역시 1959. 7. 30. 선고 58민상551 판결에서 부정적인 입장을 피력하였다.

227) 姜現中, 위의 책, 441면.

주장하는 사실관계에 대한 법률의 적용과 수집된 증거의 평가문제
는 변론주의의 범위에 속하지 않는다. 법률의 적용과 증거의 평가
는 법관의 고유한 직책에 속하므로 당사자의 이에 대한 주장은 법
원을 구속하지 못한다. 사실인정의 전제가 되는 경험법칙도 법규와
마찬가지로 변론주의의 적용영역이 아니다.[228]

또한 職權探知主義가 지배하는 소송절차 역시 변론주의의 적용
영역이 아니다. 소송물의 성질상 가사심판사항인 인사소송(인사소
송법 제9조, 제12조)과 행정소송(행정소송법 제9조)이 있고 비록 소
송절차는 아니나 비송사건(비소송사건심판법 제11조)과 특허심판사
건(특허법 제119조)에서도 직권탐지주의가 적용된다.

다만 회사관계소송(상법 제190조, 제376조, 제380조, 제381조)은
원고 승소판결의 경우에 제3자효가 있음을 근거로 명문의 규정은
없지만 직권탐지주의를 준용할 것이라는 입장도 있지만[229] 회사관
계소송이 제기된 경우 공고하도록 되어 있어(상법 제187조, 제240
조, 제328조) 판결의 효력을 받을 제3자가 공동소송적 당사자참가
(민사소송법 제76조)를 할 수 있고, 또 원고 패소판결의 경우 제3자
효가 부여되지 않으므로 인사소송과 같을 정도로 직권탐지주의에
대한 요청이 강한 것이 아니므로 일반 민사소송원칙인 변론주의에
따라 진행하는 것이 타당하다고 본다. 다만 청구가 이유 있다 하여
도 원인이 된 하자의 보완이나 회사의 현황과 제반사정을 참작하
여 승소판결을 하는 것이 부적당할 때에는 청구기각의 판결을 하
도록 되어 있는바(상법 제189조) 이런 경우 하자의 보완이나 회사
의 현황과 제반사정에 관한 사항에 대해서는 당사자의 변론 여하

---

228) 鄭東潤, 위의 책, 280면.
229) 李英燮 대법관의 입장이기도 하다.

를 불문하고 직권탐지를 하여야 한다.[230]

(4) 辯論主義의 限界

변론주의는 원래 자유주의의 산물이었고 그것은 소송 당사자 사이의 소송수행 능력의 평등을 전제로 하였다. 그러나 19세기 후반에 이르러 불평등의 심화현상은 형식적 평등주의에 대해 회의를 품게 하였다. 민사소송에서도 소송 당사자 소송수행 능력의 전반적인 차이는 민사소송 개혁운동의 중요한 근거가 되었다. 변론주의에 대한 회의는 사회적 민사소송의 구상으로 이어졌고 이는 다시 민사소송법의 영역에서 고전적인 변론주의에 대한 수정과 보완으로 이어졌다. 민사소송에서 국가 역시 진실발견과 분쟁해결에 대한 일정한 임무를 수행하여야 한다는 요청은 변론주의의 실질적 수정의 길을 열었다.

그리하여 변론주의의 내부에서 변론주의에 대한 개념수정이 이루어졌다. 과거의 엄격한 자기책임원칙은 수정되기에 이르렀다. 예컨대 주장책임을 부담하는 당사자가 주장한 사실이 아니면 안 된다는 원칙을 완화하여 상대방이 주장한 경우도 이를 인정하게 된 것, 변론주의의 적용범위를 주요사실에만 한정하도록 하여 이를 완화한 것, 직권증거조사의 가능성을 확장시켜 놓은 것을 들 수 있다.[231] 다른 한편 변론주의의 테두리 밖에서 변론주의의 한계를 보완하려는 움직임도 활발히 수용되었다.

---

230) 宋相現, 위의 책, 370면; 李時潤, 위의 책, 451면.
231) 宋相現, 위의 책, 362면.

2. 辯論主義의 限界에 대한 補完策으로서 當事者의 眞實義務와 法院의 釋明權

(1) 當事者의 眞實義務의 一般化

1) 眞實義務의 意義

이 시기에 변론주의의 남용에 대한 대응책으로 진실의무의 도입이 활발히 논의된다. 여기에는 1933년 독일 민사소송법이 개정을 통해 진실의무를 도입한 것이 줄곧 영향을 준 것으로 여겨진다. 당시 독일은 나치시대로 시대적 분위기가 소송절차에서도 실체법과 같이 신의칙 내지 윤리성이 제고되어야 한다는 요청이 강하여 이런 사회적 분위기가 학문적 논의를 거쳐 급기야 입법화되었다. 이리하여 1896년 오스트리아 민사소송법을 비롯하여 독일, 이탈리아, 스위스 각 주의 민사소송법 등이 진실의무에 관한 명문의 규정을 두기에 이르렀다.[232] 그런데 이와 같은 변론주의 내지 자유주의적 소송관에 대한 반발이 유독 이 시기에 진실의무를 둘러싸고 강하게 표출되는 것은 역시 이 시기의 사회분위기와도 관련이 있을 것으로 보인다.

일단 진실의무는 소송에 참여하는 당사자가 소송에 있어서 진실에 반하는 진술을 하여서는 안 되는 의무로 규정된다. 여기의 진실은 主觀的 眞實을 의미한다.[233] 구체적으로 당사자는 스스로 진실

---

232) 金洪奎, 위의 책, 322면; 金洪奎, "辯論主義의 具體的 適用과 그 問題點", 司法行政 (1973. 11.), 55면; 吳容鎬, "辯論主義에 관한 考察(Ⅱ)", 法曹 335호(1984. 5.), 18면; 吳相洙, 위의 논문, 32면 이하 참조; 吳大性, "辯論主義에 관한 硏究 : 古典的 辯論主義에 대한 反省", 전남대대학원 박사학위논문, 1989, 150면.

233) 金洪奎, 위의 책, 322면; 鄭東潤, 위의 책, 281면; 吳容鎬, 위의 논문, 19면; 吳大性, 위의 논문, 150면.

에 반하는 것을 알면서 허위의 사실을 주장하거나 증거를 신청할 수 없으며, 또 진실에 반하는 것을 알면서 상대방의 주장사실을 다투거나 반증을 제출할 수 없다.

문제는 변론주의를 민사소송의 원칙으로 받아들이고 있는 상태에서 당사자에게 眞實義務 나아가 완전진술의무를 부과한다면 당사자가 진실발견의 수단으로 전락하고 민사소송은 국가의 주도에 의해 진행되는 소송절차로 변화되어 사적자치원칙의 소송법상 실현인 변론주의는 그 존재의의를 다하고 만다는 것이다. 이에 관해서는 이론적·이념적 대립이 독일에서 진실의무를 둘러싸고 아직도 진행되고 있으나 민사소송법학계에서는 그 대립이 독일만큼은 심각하지 않았다. 그렇지만 이 문제는 중요한 민사소송의 쟁점이 되었던 것만은 분명해 보인다. 이 논의는 1991년 민사소송법의 개정에서 신의칙규정의 도입과 관련되어 다시 부각된다.

2) 認定與否 : 辯論主義와의 調和 可能性

변론주의가 지배하는 민사소송에서 당사자에게 윤리적 의무를 넘어 법적인 의무로서 진실의무를 인정하는 것은 변론주의에 치명적일 수 있다는 지적이 일찍이 독일에서 진술의무의 도입 이전에 제기되었다. 즉 당사자에게 진실의무를 부과한다면 진실의무는 상대방 당사자와의 관계에서만이 아니라 심판자인 법원과의 관계에서도 인정되어야 당연한바, 그렇게 되면 당사자는 진실발견을 위한 수단으로 전락할 수 있어 이는 변론주의의 관점에서 보면 심각한 파괴로 여겨질 것이라는 점이다.[234] 특히 국내에서는 변론주의의

___
234) A. Wach의 견해로 吳相休, 위의 논문, 32면 참조 바람.

인정근거로 수단설보다는 본질성설이 더 설득력을 얻고 있는 상황에서 이런 변론주의관은 진실의무와 상용하기 어렵다는 지적이 나타났다.[235] 특히 고전적 변론주의의 원형을 고수할 경우 이런 모순은 성립할 수 있다. 그런데 특이하게도 국내에서는 변론주의와 진실의무가 이념적 모순관계여서 진실의무를 수용할 수 없다는 입장은 발견되지 않는다.

변론주의의 가치를 실체법상 사적자치의 소송법상 수용이라는 본질성설을 수용하면서도 분쟁의 해결절차에서도 실체법상의 거래행위와 같이 상호 간 信義誠實의 原則을 존중해서 교섭하고 권리를 위한 투쟁 역시 fair play에 시종해야 하고 소송경기상의 반칙행위는 금지되어야 한다는 점에서,[236] 혹은 변론주의는 하나의 기술적 내지 합목적적 고려의 산물에 불과하고 민사소송에 있어서도 진실에 합치한 재판을 하는 이상이 추구되고 있으므로 변론주의와 진실의무는 모순되지 않고 오히려 변론주의를 보완하는 것으로 파악될 수 있다는 점[237]을 들어 이념적 모순성을 받아들이지 않는다.

진실의무를 민사소송법에서도 인정할 경우 실정법적 인정근거로

---

235) 이를 명확하게 지적하는 견해로는 金洪奎, "辯論主義의 具體的 適用과 그 問題點", 司法行政(1973. 11.), 55 - 56면 참조. 이를 분명히 인식하고 있는 또 다른 입장으로는 宋相現, 위의 책, 362면. 그 밖의 진실의무 부정론의 논거로는 自白取消를 제한하고 있는 민사소송법 제261조를 근거로 제시한다. 즉 자백의 취소는 그 자백의 비진실성과 착오를 모두 입증해야만 가능하므로 착오가 아닌 비진실의 자백은 취소될 수 없다는 것이 민사소송법의 태도이므로 진실의무를 인정할 수 없다는 주장이다. 그렇지만 자백은 진실성을 담보할 필요가 있고 진실하지 않은 자백을 의도적으로 한 사람은 그 의사표시에 대해 신뢰한 사람(특히 소송절차)에게는 그 효과를 취소할 수 없다고 보는 것이 타당하다는 점을 고려한 규정이므로 민사소송법 제261조는 진실의무와는 무관하다고 본다. 비슷한 취지로 金洪奎, 위의 책, 327 - 328면, 또한 吳大性, 위의 논문, 153면 참조.

236) 대표적으로 方順元의 견해이다. 方順元, 위의 책, 26면 참조. 辯論主義의 脫線可能性을 견제하여 적정한 재판을 구하기 위해 생겨난 것이 진실의무이므로 辯論主義와 조화될 수 있고 信義誠實의 原則상 당연한 규정이라고 보는 입장도 있다. 예컨대, 李時潤, 위의 책, 449면. 같은 입장으로 鄭東潤, 위의 책, 281면.

237) 宋相現, 위의 책, 362면.

는 당사자 또는 그 대리인이 고의나 중대한 과실로 진실에 반하여 문서의 진정을 다툰 때에는 법원은 결정으로 3만원 이하의 과태료에 처한다고 규정한 민사소송법 제334조와 선서한 당사자가 허위의 진술을 할 때에는 법원은 결정으로 3만 원 이하의 과태료에 처한다고 규정한 동법 제342조를 진실의무의 실정법상의 근거로 제시한다.[238] 변호사에 대한 진실의무의 근거규정으로는 변호사법 제17조 제2항(진실은폐와 허위진술 금지의무)을 제시한다. 그 외 변호사법 제1조 제2항(사회질서의 유지와 법률제도의 개선의무)을 부가하기도 한다.[239]

3) 眞實義務의 內容

진실의무는 주관적 진실을 전제로 한 의무이므로 당사자가 어떤 사실이 진실이 아님을 인식하거나 확신하면서 그 사실을 주장해서는 안 되고, 상대방의 주장이 진실임을 인식하거나 믿으면서 이를 다투어서는 안 되는 의무이다. 그러나 이는 당사자가 진실한 것으로 알고 있는 주장만이 적법하거나 상대방의 주장을 당사자가 진실이 아니라고 알고 있는 경우에만 다툴 수 있다는 의미는 아니다.[240] 그러므로 상대방이 자신이 잘 기억하지 못하는 사실을 주장하는 경우 그 당사자는 이에 대해 다투어야 한다. 그렇지 않으면 의제자백(민사소송법 제139조)이 성립되어 그 당사자는 불리한 판단을 받게 되기 때문이다. 즉 당사자가 주장할 수 없는 한계는 스스로 진실이 아님을 확신하고 있는 경우이기 때문에 그런 정도에

---

238) 吳相洙, 위의 논문, 32면; 金洪奎, 위의 책, 326면; 金洪奎, 위의 논문, 55면; 姜現中, 위의 책, 443면; 李時潤, 위의 책, 450면.

239) 李時潤, 위의 책, 450면; 姜現中, 위의 책, 444면.

240) 吳大性, 위의 논문, 152면.

이르지 않은 사실이라면 적극적으로 주장하고 상대방의 주장에 대해서도 다투어야 한다.

위와 같은 진실의무에 관한 일반적 설명에서 나아가 完全(陳述)義務를 설명하기도 한다. 완전의무란 청구나 항변 또는 재항변의 기초가 되는 사실을 설명함에 있어 진술자에게 유리한 사실만을 추구하고 그 밖의 사실에 대해서는 침묵하여서는 안 되고 사실 그 자체를 완전하게 진술해야 하는 의무를 말한다.[241] 이 의무의 체계적 지위와 관련 독일의 통설은 진실의무의 내용으로 협의의 진실의무와 완전의무를 설명하여 완전의무를 광의의 진실의무 한 내용으로 보고 있으며 이를 찬성하는 입장도 있다.[242] 그렇지만 완전의무를 진실의무와는 관련이 없고 엄격히 구별하여 파악하는 입장도 존재한다.[243] 진실의무가 주관적 진실의무를 전제로 한 적극적인 소송방해의 국면이라면 완전의무는 침묵이나 불완전한 진술을 통한 소극적인 소송방해의 측면이라는 점에서 모두 진실의무의 범위에 포함될 수 있을 것이다.

진실의무는 소송 당사자와 그 대리인이 법원 및 상대방 당사자에 대해 부담하는 의무이고 진실의무가 적용되는 절차는 구두변론절차뿐만 아니라, 서면진술이나 서면주의가 지배하는 절차에서도 적용되고 판결절차뿐만 아니라 독촉절차, 소송구조절차, 강제집행절차 등에서도 적용된다.[244]

---

241) 吳容鎬, 위의 논문, 18 - 19면; 吳大性, 위의 논문, 154면; 金洪奎, 위의 책, 323면.

242) 吳大性, 위의 논문, 151 - 152면; 宋相現, 위의 책, 362면.

243) 金洪奎, 위의 책, 323면. 진실의무는 주관적 진실의 확보가 문제의 핵심이므로 진술을 빠짐없이 완전히 하라는 완전의무는 원래 이와 관련이 없다고 기술하고 있다(같은 면). 吳容鎬, 위의 논문, 18면은 구별하고 있으나 진실의무의 범위에 포함하는 입장으로 이해된다.

244) 吳大性, 위의 논문, 152면.

4) 眞實義務違反의 效果

진실의무위반의 효과에 대해서는 그 위반의 법적 효과가 극히 미흡하다는 지적도 있지만,[245] 진실의무 위반의 효과로는 일반적으로 ① 진실에 반한다는 것을 알면서 공격 또는 방어의 방법을 제출한 당사자에 대하여 이로 인하여 발생한 소송비용의 부과(민사소송법 제90조), ② 당사자 또는 그 대리인이 고의나 중대한 과실로 진실에 반하여 문서의 진정을 다툴 때 과태료의 부과(민사소송법 제334조 제1항), ③ 소송상의 진실의무의 위반으로 민법상의 불법행위를 구성하면 손해배상의무의 부담(민법 제750조), ④ 소송당사자가 허위의 주장이나 항변을 하여 법원을 기망하여 위법하게 재산상의 이익을 취득한 경우에 형법상 소송사기죄가 성립(형법 제347조), ⑤ 사실인정에 있어서 변론의 전 취지(민사소송법 제187조)로서 당해 당사자에게 불리한 영향의 부과 등을 들 수 있다.[246]

(2) 法院의 釋明權 行使

1) 釋明權의 意義

釋明權이란 소송관계를 명료하게 하기 위하여 법관(재판장) 당사자에게 사실상과 법률상의 사항에 관하여 그 진술의 모순이나 불완전함을 지적하여 정정, 보충을 구하거나 입증을 촉구하는 권능을

---

245) 姜現中, 위의 책, 443면 참조. 이에 따르면 당사자가 주관적으로 진실에 반한다고 생각하더라도 그 진술이 객관적 진실에 합치하면 법원은 그 진술을 고려하지 않으면 안 되며 또 당사자의 진술이 객관적 진실에 합치하지 않으면 법원이 그 진술을 받아들이지 않는 것이 당연하기 때문에 특별히 진술의무 위반의 문제를 고려할 필요가 없다는 것이다(같은 면). 즉 이 의무에 위반한 진실 아닌 사실주장을 법원이 무시하고 고려하지 않는 것은 진실의무 위반의 효과는 아니고 객관적으로 법원이 부진실(不眞實)을 인식한 결과에 지나지 않기 때문이라는 지적도 마찬가지다. 吳大性, 위의 논문, 156면 참조.

246) 金洪奎, 위의 책, 328면; 李時潤, 위의 책, 450면; 姜現中, 위의 책, 443면; 吳容鎬, 위의 논문, 20면.

말한다(민사소송법 제126조). 당사자의 입증활동에 있어서 애매모호하거나 불비한 것을 명확하게 하거나 당사자의 소송활동에 부족한 점을 보충·정정하거나 또는 불필요한 것을 제거하여 변론의 충실화와 사건의 진상파악을 도모하는 法院의 訴訟指揮的 任務이다. 이를 법원의 권한으로 보면 석명권이라고 할 수 있으나, 석명권 행사를 적정하고 공평한 재판을 위한 법원의 의무라고 보면 釋明義務라고도 할 수 있으므로 석명권은 권리와 의무의 양면성을 가진다.[247]

그런데 이 시기 석명권의 행사를 통해 법관이 적정한 재판에서 나아가 당사자 간의 실질적 평등까지 실현할 수 있는가 하는 문제가 사회적 민사소송관의 소개와 함께 제기되었다. 법관은 석명권의 적극적 행사를 통해 社會的 法治國家의 달성에 협력해야 하고 소송 당사자 역시 법원과 기능적인 작업공동체를 형성하여 진실발견에 협조하여야 한다는 '社會的 訴訟觀'은 변론주의에 대한 근본적인 재음미의 기회를 주었다.

2) 釋明權과 辯論主義와의 관계

이 시기 사회적 소송관의 영향을 받아 법관의 적극적인 석명권 행사를 강조하는 입장은 기존의 변론주의와의 필연적인 충돌을 불러올 수밖에 없는 상황이었다. 사회문제의 해결자로서 법관의 권능 강조는 변론주의의 불가피한 수정 또는 변론주의 자체의 개념변화를 초래하든지 아니면 변론주의 자체의 소극적인 항복만이 가능할 것이었다.

---

247) 宋相現, 위의 책, 363면; 鄭東潤, 위의 책, 282면; 姜現中, 위의 책, 445면; 李時潤, 위의 책, 454면; 金洪奎, 위의 책, 320면. 이시윤 교수와 김홍규 교수는 석명권의 기능으로 適正裁判 외에 迅速한 裁判의 가능성을 지적한다.

(가) 辯論主義에 대한 制限 내지 例外라는 立場

법원의 석명의무는 변론주의와 전혀 다른 차원에서 그 존재근거가 있으며 양자가 서로 상반되는 내용이라는 입장이다. 즉 법원의 석명의무도 변론주의와 같이 민사소송을 지배하는 하나의 독립된 소송원리로서 양자는 서로 모순되며, 변론주의를 무제한 인정하면 폐해가 많으므로 이를 제한하거나 그 예외로서 작용하는 것이 법관의 석명의무이며 어느 하나를 강조하면 상대적으로 다른 하나는 위축된다는 것이다. 따라서 양자는 어느 선에서 적절하게 조화를 이루어야 한다고 보고 있다.[248]

(나) 辯論主義의 補完手段으로 보는 立場

법관의 석명의무가 변론주의라는 소송원리와는 그 성질에 있어 다르다는 것은 인정하지만, 법관의 석명의무는 변론주의에 저촉되거나 이를 제한하는 것이 아니고 변론주의의 결함을 보완하는 것이라는 입장이다. 즉 이 견해에 의하면 변론주의라는 소송원리는 그 본질이나 내용에서 종래의 변론주의와 전혀 변함이 없고 단지 그의 단점을 법관이 석명의무를 다함으로써 보완한다는 것이다. 따라서 법관의 석명권은 어디까지나 변론주의에 보충적으로만 행사되어야 한다는 것으로 당시 다수설의 입장이라고 볼 수 있다.[249]

이 입장은 석명권을 변론주의를 보충하는 보완적인 원리로 본다는 점에서 석명권을 사회적 법치국가의 소송관을 적극적으로 실현하면서 변론주의를 보완 내지 보충한다는 입장과는 그 전제나 출

---

248) 方順元, 위의 책, 387면.

249) 宋相現, 위의 책, 364면; 金洪奎, 위의 책, 329면. 변론주의를 수정으로 표현하나 전체적으로 볼 때 변론주의에 대한 보완적인 입장으로 이해된다. 다만 그는 소위 적극적 석명을 긍정하는 입장에 서 있다. 변론주의의 보완으로 보는 같은 입장으로 李時潤, 위의 책, 454면; 姜現中, 위의 책, 445면.

발점이 다르다.

(다) 協同主義 내지 社會的 法治國家의 民事訴訟 實現에
寄與하는 制度라는 立場

석명권 내지 석명의무를 사회적 법치국가를 이루는 수단으로 보는 입장이다.[250] 현재 법원도 당사자와 함께 사안해명을 위해 노력해야 하는 협동체를 구성하게 되어 이제 종래 의미의 변론주의를 대신하여 민사소송은 自由主義的 民事訴訟에서 社會的 民事訴訟으로 이행하게 되었다고 보고 있다.

이 입장은 社會的 訴訟觀으로 소개되고 있는데[251] 국내의 지지자들도 이 입장을 근거로 석명권을 사회적 법치국가의 실현수단으로 보고 있으므로 이를 살펴보기로 하자.

사회적 소송관은 제2차 세계대전이 종료된 후 처분권주의와 변론주의에 대한 회의가 사라진 1960년대 중반부터 독일에서 소송의 촉진과 변론의 집중을 골자로 하는 민사소송제도 개혁의 필요성이 강조되어 나타나기 시작하였다. 먼저 Rolf Bender 판사가 자신의 실험을 통해 사회적 소송관을 표방하고 그 후 Wassermann 판사가 "社會的 民事訴訟(Der soziale Zivilprozeß)"이라는 단행본을 출간하여 수립되었다.

먼저 Bender 판사의 주장을 요약하면 다음과 같다.[252] 종래 법원이 법적 평화를 유지하고 평등하게 취급되는 당사자들 사이의 법

---

250) 吳容鎬, "辯論主義에 관한 考察(Ⅱ)", 法曹, 1984/4, 25－26면; 吳容鎬, "獨逸民事訴訟에 있어서의 法官의 釋明義務", 裁判資料 제15집, 271－272면; 吳大性, 위의 논문, 149면.

251) 상세히는 胡文赫, "民事訴訟에 있어서의 理念과 辯論主義에 관한 硏究", 서울대학교 法學, 제30권 3·4호(1989), 231 내지 234면 참조.

252) 胡文赫, 위의 논문, 233면 이하 참조.

적 분쟁을 해결한다는 기능을 가졌었지만, 점차 이 기능이 사라져 간다. 다수의 지지에 힘입은 입법권과 행정권이 결합하여 점차 비대해져서 사법부를 위협하여 '힘의 균형'을 깨뜨릴 위험이 있는데, 民主主義란 다수의 의사를 관철시키는 것뿐만 아니라 소수의 보호와 개인의 자유도 추구하는 것이므로 독립적 지위를 가진 법원이 강한 힘을 가지고 이 역할을 맡지 않으면 따로 맡을 자가 없다.

그러므로 법원의 장래 임무는 소수자와 약자를 보호하고 개인의 자유를 우월한 힘을 가진 조직체로부터 보호하는 데에서 찾아야 한다. 구체적 분쟁관계에서 약자의 보호가 법원의 새로운 기능이라면, 법원과 법관은 완전히 새로운 입장에 서야 한다. 평균적 정의에 기한 形式的 平等을 떠나서 이제는 實質的 平等을 추구하며 모든 정당한 이익이 실현될 실질적 가능성을 평등하게 가지도록 해야 한다고 본다.

이러한 새로운 법원의 기능을 법관의 장래 중심적 임무로 받아들이려면 민사소송의 당사자주의(Parteimaxime)도 제고되어야 한다. 이 당사자주의는 각 당사자는 그가 승소하는 데에 가장 도움이 되는 사실, 증거방법 등을 수집·제출할 동등한 능력이 있다는 허구에서 출발한 것이다. 이 자기규율장치가 허구로 밝혀진 이상, 법원의 석명의무가 전혀 새로운 의미를 가지게 된다.

아직도 법원의 실무와 법학은 우리 민사소송법이 이른바 '當事者支配'를 원칙으로 하고(1879년에는 실제로 그러하였다.) 그에 대한 몇 개의 예외가 있을 뿐이라는 관념에 젖어 있다. 그러나 사실의 확정에 관하여 오늘날은 실제로 정반대이다. 현재의 소송법은 釋明主義(Aufklärungsmaxime)를 원칙으로 하고, 다음 세 개의 예외를 인정하고 있을 뿐이다. 즉 (1) 법원은 당사자가 신청한 증인만을 신문할 수 있다. (2) 법원은 명백히 다투어지지 않은 사실에 관한 증거는 조사할 수 없다. (3) 법원은 어느 사실을 소송에 끌어넣을 것을 당사자가 명시적으로 거부할 경우는 이를 강요할 수 없다. 그 외에는 법관은 올바른 재판을 하기 위하여 필요한 권리보호요구와 직접 관련이 있는 것들에 관하여 석명을 하여야 한다. 종래의 관념으로는 당사자에게 선택의 자유가 주어졌다지만, 선택할 대상이 있는지조차 모르는 사람에게는 그 자유가 아무 의미가 없다. 그러므로 당사자가 예를 들어 소멸시효에 관하여 모르고 있을 때 이를 가르쳐 주는 것이 법관의 의무이다. 법관이 소송에서 적극적으로 행동하지 않으면 하위계층에 법원으로의 길을 더 확대한다는 것이 아무 의미가 없다.

다음으로 Wassermann은 다음과 같이 주장하였다.[253] 법관의 임무는 당사자들과의 '의사소통'에만 있는 것이 아니고 '보충', 즉 당사자들의 불평등으로부터 나오는 결손을 메워 주는 것에도 있다고 하면서, 양 당사자 중에서 경제적 강자는 이미 경제력에 의하여 소송에서도 유리한 지위를 차지하고 있으므로 법관은 경제적인 약자의 편을 들어서 그가 소송을 제대로 수행할 수 있도록 적극적으로 도와주어야 하며, 석명의무의 내용도 이러한 것으로 새겨야 한다고 주장하면서 변론주의를 배척하였다. 그렇다고 하여 바로 직권탐지주의를 주장한 것은 아니고, 소위 '協同主義(Kooperationsmaxime)'를 표방하여, 법원과 원고, 피고는 실체적 진실을 발견하기 위한 하나의 '作業共同體(Arbeitsgemeinschaft)'를 구성하고, 이들은 서로 협력하여 무엇이 진실인가를 찾아내는 것이라고 하였다.

법원의 석명이 변론주의의 일 요소를 이루고 있다는 입장[254]도

---

253) 胡文赫, 위의 논문, 234면.

사회적 소송관에 포함시킬 수 있다. 법원의 석명을 변론주의에 포함시킨다고 하면서 여기의 변론주의는 종래의 변론주의가 아니고 발전되고 성숙된 형태로 변화된 변론주의로 파악하고 있는데, 이는 사회적 소송관이 반영된 것으로 보이기 때문이다.

(라) 論議의 歸結

독일에서 형성되었던 '사회적 소송관'의 영향을 받아 법관의 석명권을 강조하는 학설의 등장은 국내 민사소송법학의 고유한 발전에 기인한 것이라기보다는 외국법의 영향을 그대로 받아들인 결과라고 볼 수 있다. 이런 논의는 종래 민사소송법의 제정과정에서 진지한 이념적 성찰이 부족했던 역사적 사실이 반복되는 감이 있다. 사회적 소송관을 주장한 실무가나 학자들은 모두 독일문헌의 압도적 영향하에 있었고 여기에 민사소송의 현실이 가미되어 이런 소송관이 강하게 제기된 것으로 보인다.

아무튼 사회적 소송관의 결론은 법관의 직권을 강화하여 종래 사실확정 과정에서 보여 주었던 소극적인 법관의 역할은 재정립되어야 한다는 것이었다. 이런 결론은 법원 실무가들과 실무가 출신 학자들의 지지를 얻어 곧 이어지는 1991년 민사소송법 개정작업에서 그 나름의 결과를 볼 수 있게 된다. 물론 여기에 대한 자유주의적 민사소송관을 가진 학자들의 반격 역시 이 시기에 이루어진다. 즉 사회적 소송관을 주장하는 견해는 사실자료 수집에 관한 법원의 협력을 과대평가한 것이고 사익을 둘러싼 민사분쟁에서 변론주의의 기본골격은 오늘날도 여전히 타당하다고 본다.[255]

---

254) 吳大性, 위의 논문, 146면 이하 참조. 그는 변론주의의 재구성을 논하면서 첫째, 法院의 協力義務, 둘째, 當事者의 眞實義務, 셋째, 主要事實과 間接事實의 구분론에 再檢討를 제시한다(같은 논문 146면 내지 158면).

255) 대표적으로 胡文赫, "民事訴訟에 있어서의 理念과 辯論主義에 관한 研究", 서울대학교

3) 釋明權의 行使

석명권은 법원에 부여된 권능이므로 합의부의 경우 裁判長이 행사하고 독임정의 경우 單獨判事가 각 행사한다. 합의부원인 법관도 재판장에게 고하고 스스로 석명권을 행사할 수 있다(민사소송법 제126조 제2항). 합의사건에 관하여 준비절차가 개시된 때에는 受命法官이 법원을 대표하여 이를 행사한다(동법 제253조, 제260조). 당사자도 상대방에 대하여 석명을 구할 수 있으나 직접할 수는 없고, 사실상 및 법률상의 사항에 관하여 재판장에게 필요한 석명을 요구할 수 있는데 이를 求問權이라 한다(동법 제126조 제3항).

문제는 법원이 석명권을 행사할 때 당사자의 소송수행 능력을 고려하여 그 행사의 정도를 달리할 수 있느냐이다. 이는 앞서 살펴본 석명권의 기능과도 관련이 있다. 석명권을 적정재판을 이루고 변론주의를 보완하는 수준에서 이해한다면 반드시 본인소송과 변호사 대리소송의 경우 석명권 행사의 수준을 달리해야 할 필연적인 이유는 없다. 석명권은 소송관계의 불명료를 제거하여 적정하고 신속한 소송수행을 이루기 위한 제도로 파악되기 때문이다. 그렇지만 법관의 석명권을 여기서 나아가 사회적 법치국가의 민사소송을 구현하기 위한 법관의 중요한 수단으로 인식한다면 사회 문제의 적극적 해결자로서의 법관은 자신에게 주어진 석명이라는 권한을 최대한 활용하여 분쟁관계에 깊숙이 개입하여 적극적으로 사실관계의 진위를 밝혀 사회적 약자를 도와 그가 승소할 수 있도록 조력해야 한다. 그렇다면 양 당사자의 힘 균형의 상실을 보상하는 보상적 기능이 석명의 기능으로 포함되게 된다. 그리하여 법관은 사회

法學 제30권 3·4호(1989)와 胡文赫, "民事訴訟에 있어서의 眞實義務", 考試界, 1988. 5.를 들 수 있다. 특히, 鄭東潤, 위의 책, 288－289면 참조.

적 강자라고 볼 수 있는, 변호사가 소송대리인으로 나서는 당사자보다는 본인이 직접 소송을 수행하는 경우 이런 자를 특히 조력하기 위해 석명권을 구체적으로 더 상세하게 행사해서 소송수행 능력의 차이를 보상해 주어야 한다.[256] 이 시기 도입된 소액사건 심판절차에서는 법관의 후견적 기능에 따라 그 석명권의 적극적 행사가 요구되는 상황이 발생하였다. 소액사건 심판절차의 경우 구술에 의한 제소(동법 제4조), 직권증거조사 원칙(동법 제10조), 제1회 변론기일 심리종결원칙(동법 제7조) 등으로 사건 쟁점의 정리와 증거신청 등 소송수행 전반에 대해 법관이 적절히 석명권을 행사하여 신속하고 적정하게 분쟁을 해결할 것이 요구되었다.

그러나 이런 사회적 소송관에 입각한 석명권의 기능적 과잉은 法官의 中立性(richterliche Unparteilichkeit)이라는 민사소송의 또 다른 원칙에 의해 제약을 받는다. 법관이 어느 한 당사자를 의식적으로 돕는다는 인상을 풍기게 되면 당해 법관은 당사자에 의해 기피신청을 당할 수 있게 된다(민사소송법 제39조).[257]

4) 釋明權의 行使範圍

석명권의 행사가 구체적으로 어느 범위에서 이루어져야 하느냐는 매우 어려운 문제이다. 법원이 석명권의 행사를 소홀히 하면 불친절하고 권위적인 법원이라는 비난을 듣게 되고 반면 법원이 적

---

256) 吳大性, 위의 논문, 148면; 李時潤, "釋明權(1)", 새法政, 제4권 제7호(1974. 7.), 한국사법행정학회, 32면. 석명권이 법률지식을 모르는 일반인인 당사자의 보호수단인 점, 변호사가 업계의 자유경쟁 유도필요성을 들고 있다. 같은 사회적 소송관을 취하면서도 본인소송이나 변호사대리 소송에서 당사자 보호필요성의 동일함을 들어 석명권 행사의 (질적) 차이를 부정하는 입장도 있다. 吳容鎬, "獨逸民事訴訟에 있어서의 法官의 釋明義務", 裁判資料 제15집, 260－261면 참조.

257) 李時潤, 위의 책, 459－460면 참조. 이 시기 분명히 법관의 석명권 제한사유로서 辯論主義 외에 法官의 中立性原則도 문헌에서 상당히 비중 있게 다뤄졌다. 예컨대, 吳容鎬, "獨逸民事訴訟에 있어서의 法官의 釋明義務", 裁判資料 제15집, 266－268면 이하 참조.

극적으로 석명권을 행사하여 사실관계 확정에 개입하는 경우 당사자들 중 일방은 편파적인 재판을 한다는 인상을 가질 수 있다. 이렇게 당사자 입장에서 볼 때도 다르게 평가를 받을 수 있는 면이 있고 실제 이를 행사하는 법관 역시 자신의 소송관, 당사자나 대리인의 역량, 사건의 종류 및 난이도, 소송의 진행 정도 등에 따라 상이하게 석명권을 인식할 수 있으므로 일률적인 행사기준을 정한다는 것은 불가능하다는 주장도 있다.[258]

(가) 釋明權行使의 分類方法

이 시기 석명권 행사의 분류방법이 다양하게 제시되었다. 먼저 석명을 資料補充的 釋明과 統制的 釋明으로 나누는 입장이 있다. 자료보충적 석명이란 당사자의 주장을 법규의 면에서 검토하여 법률효과 발생에 필요한 요건사실의 존부가 애매모호한 때에는 이를 명료하게 하기 위하여 진술 또는 입증을 촉구하는 석명을 말하고 통제적 석명이란 당사자가 주장하는 바가 무의미하거나 간교한 경우 불요부당한 점을 지적하면서 쟁점을 정리하는 석명을 말한다.[259]

다음으로 이 시기부터 보편화된 석명의 분류방법은 消極的 釋明과 積極的 釋明이다. 이는 다분히 석명권행사의 한계와 관련된 평가적 분류법이지만 논의구조를 간단히 명확화한다는 점에서 다수에 의해 채택되었다. 消極的 釋明이란 당사자가 사건에 관하여 필요한 신청과 주장을 하고 있지만, 거기에 불명료한 점, 불완전한 점, 전후 모순되는 점 등이 있는 경우에 이를 지적하여 정정·보완하는 기회를 주거나 다툼이 있는 사실에 대한 증거의 제출을 촉구하는 것을 말한다. 이에 반해 積極的 釋明은 당사자가 사건에 관

---

258) 鄭東潤, 위의 책, 283면; 姜現中, 위의 책, 447면.
259) 宋相現, 위의 책, 365－366면.

하여 필요한 신청이나 주장을 하지 않고 있는 경우 또는 부당하거나 부적당한 신청이나 주장을 하고 있는 경우에 새로운 신청이나 주장을 추가하도록 시사하는 석명을 말한다고 개념 지운다.[260]

이와 같은 분류법에 석명의 양태를 추가하여 다양한 석명권 행사의 국면을 보여 주는 견해도 있다. 즉 석명권의 행사범위에 대한 논의에서는 소극적·적극적 석명의 분류법을 사용하고 석명의 양태를 소개하면서는 석명을 넷으로 나누어 ① 불명료를 바로잡는 석명, ② 부당을 제거하는 석명, ③ 소송자료를 보완하는 석명, ④ 신소송자료 제출의 석명으로 구분한다.[261] 이런 분류법이 석명권이 행사되는 대상에 대한 의식적인 분류라는 점에서 적극적·소극적 석명분류법보다 더 우수하다. 그렇지만 이 양자를 동시에 사용하는 분류법 역시 가능하다고 본다.

그 밖의 분류법으로는 소송의 진행과정에 따른 분류법이라고 볼 수 있는 방법이다. 전통적으로 사항적 분류법에 연원하는 것으로 첫째, 청구취지에 대한 석명, 주장사실에 대한 석명, 입증촉구로 나누고 주장사실에 대한 석명에 다시 불명료를 바로잡기 위한 석명, 소송자료보충을 위한 석명, 신소송자료의 제출을 위한 석명(積極的 석명)으로 세분화한다. 일반적인 적극적·소극적 석명분류법을 사항적 분류법에 혼합한 것으로 적극적인 석명분류법으로 새롭게 제시되었다.[262] 그렇지만 청구취지의 변경과 같이 청구취지에 대한 석명 역시 적극적 석명이 발생할 수 있다는 점에서 문제가 있는 분

---

260) 鄭東潤, 위의 책, 284－285면; 姜現中, 위의 책, 447－448면.

261) 姜現中, 위의 책, 446－447면. 그런데 이런 분류법은 선구적인 사용자가 있었다. 金祥源, "釋明權에 관한 小考", 司法論集, 제1집, 법원도서관, 210－227면. 여기서 이미 ① 불명료의 제거(모순도 포함), ② 쟁점의 정리(부당의 제거도 포함), ③ 소송자료의 보완(증거자료도 포함), ④ 소송자료의 신제출(증거자료도 포함).

262) 李時潤, 위의 책, 455－458면.

류법이다. 즉 신소송자료의 제출이 다른 분류영역에서도 해당할 수 있어 사항적 분류법과 행사 정도에 따른 분류법이 흠결 없이 매끄럽게 조합될 수는 없다는 것이다.

(나) 釋明權 行使의 限界 : 積極的 釋明의 許容 與否

消極的 釋明이라 함은 당사자의 신청이나 주장에 불명확하거나 불명료 또는 모순되는 점이 있을 경우에 이를 명확히 하는 석명을 말한다. 석명권의 핵심적 부분이라 할 수 있으며 이러한 소극적 석명이 허용된다는 데에 현재 반대가 없다. 이에 반해 積極的 釋明이란 당사자가 사건에 관하여 필요한 신청이나 주장, 공격방어방법을 제출하지 않는 경우에 새로운 신청, 주장이나 공격·방어방법을 추가하도록 시사하는 석명을 말한다. 이의 허용 여부에 대해서는 학설이 대립되었다.

가) 否定說

소극적인 입장은 제한적으로 적극적 석명을 허용하는 경우에는 그 허용되는 석명권의 범위가 어디까지인지가 불명하고, 無制限 積極的 釋明이 가능하다는 견해는 변론주의의 원칙을 무시하는 것이 되어 부당하다고 한다.263) 또는 석명권의 행사는 당사자가 밝힌 소송관계의 테두리를 벗어날 수 없으며, 이 한도 내에서 사실상의 면과 법률상의 면에서 불명료, 불완전, 모순 있는 점을 제거하는 방향으로 행사하여야 하고 법관이 변호사 고객을 상대로 광범위한 법률상담을 하듯이 사안해결의 모든 가능성을 제시할 필요가 없음을 들어 일정한 한계를 설정하려는 입장도 있다. 이런 입장은 당사자가 전혀 주장하지 않은 공격·방어방법 특히 독립된 항변사실(시

---

263) 鄭東潤, 위의 책, 286면.

효의 원용, 상계, 취소 등)을 당사자에게 교시하여 그 제출을 권유
함과 같은 일은 변론주의에 정면으로 모순된다고 본다.[264]

나) 制限的 肯定說

학설은 일반적으로 당사자의 주장이 명료한데 당사자가 주장하
지 않는 법률효과에 대한 요건사실이나 공격·방어방법을 시사하
여 그 제출을 권유하는 행동은 석명권의 범위를 일탈하는 것이고
변론주의에 위배되어 허용될 수 없다고 보면서도 제한적인 요건하
에서 예외적으로 적극적 석명도 가능하다고 보고 있다.[265]

또한 석명권과 변론주의는 모두 진실발견이라는 공통의 목적을
가진다고 보아 석명권의 범위를 넓힌다 하더라도 변론주의를 파괴
하지 않으므로 현실에 작용하는 변론주의의 기능을 고려하여 석명
권의 범위를 넓혀 운용할 만한 필요성이 긍정되는 한 이를 제지할
뚜렷한 논리는 없으므로 사실심의 법관으로서는 그 확장운용에 주
저할 이유가 없다고 보는 견해도 있다.[266]

제한적 긍정설이 제시하는 구체적인 인정기준을 제시하는 입장
이 있다. 즉 적극적 석명은 원칙적으로 변론주의의 한계를 넘기 때
문에 허용되지 않지만, 주장이 불충분하거나 증거자료가 부족한 청
구 및 청구원인이 종전에 제출되어 있는 訴訟資料와의 合理的 聯
關性, 즉 법률상 또는 논리상 예기되는 범위 내에 있는 경우에만
적극적 석명은 허용된다는 것이다.[267]

---

264) 李時潤, 위의 책, 455면; 方順元, 위의 책, 387면.

265) 宋相現, 위의 책, 366면; 姜現中, 위의 책, 448면. 다만 강현중 교수의 경우 적극적 석명
　　을 행사할 경우 신중을 다할 필요가 있다고 보면서 일본의 행사기준을 소개하는 것을 보면
　　제한적 적극설을 지지하는 것으로 여겨진다(같은 면 각주 1 참조).

266) 金祥源, 위의 논문, 207 - 208면.

267) 宋相現, 위의 책, 366면.

한편 적극적 석명의 허용 여부에 대해 복수의 인정기준을 제시하는 견해가 있는데 이 견해는 (1) 승소전환의 개연성, (2) 당사자의 신청·주장 등에 있어서 법적 구성의 불비, (3) 석명권의 행사 없이는 적절한 신청·주장 등을 하는 것을 당사자에게 기대할 수 있는가, (4) 석명을 하게 하는 것이 당사자 간의 공평을 현저하게 해치는가, (5) 적극적 석명에 의하여 보다 근본적인 분쟁해결을 가져오고 재소를 방지할 수 있다고 하는 사정을 그 인정기준으로 제시하고 있다.[268]

다) 肯定說

그런데 일정한 경우 제한 없이 적극적 석명을 긍정하는 주장들도 나타나고 있다. 진실발견과 재판의 적정을 중시하여 석명권의 범위를 넓게 보아, 중간적인 입장이 말하는 청구의 변경에 대한 시사에서 더 나아가 항변, 재항변 등의 새로운 공격·방어방법의 제출, 신청구의 병합을 제출할 것을 시사하는 범위까지 확장된다고 보는 입장이다. 입증촉구에 있어서도 구체적인 증거방법에 관한 제출까지도 시사할 수 있다는 태도이다. 석명권은 고전적인 변론주의의 수정이라는 면이 있는 것이고 민사소송법에서도 입증을 촉구하는 것까지 명문으로 인정하고 있는 점을 볼 때 새로운 주장이나 공격방어방법을 지적하는 암시를 주거나 나아가 명백히 그 제출을 촉구하는 것도 변론주의로부터의 일탈이라고 볼 수 없으므로 법원은 모든 법률상·사실상의 문제점이 빠짐없이 제출되도록 배려하여야 한다고 본다.[269]

---

268) 姜玹中, 위의 책, 448면.

269) 金洪奎, 위의 책, 329면; 方順元, 『民事訴訟法(上)』, 全訂版, 普成文化史, 1974, 253면. 여기서 저자는 법원은 되도록 당사자의 진술 취지를 善解하여 그것을 의미 있는 것으로 취급할 것이며, 청구취지가 분쟁의 실질적 해결을 위하여 부적당한 때에는 그 변경을 示唆

석명의무와 변론주의와의 관계에서 보았듯이, 석명의무의 가치를 강조하여 사회적 소송관을 바탕으로 석명권이 사회적 법치국가 민사소송구조의 중요원리라고 보는 입장에서도 일부 이런 입장들[270]이 나타나고 있다.

라) 判例의 立場

판례는 예외가 있다고 하지만 원칙적으로 적극적 석명은 인정하지 않는 것으로 이해된다. 즉 대법원은 법원의 석명권 행사는 당사자의 진술에 모순 또는 흠이 있거나 애매하여 그 진술의 취지를 알 수 없을 때 이를 보완하여 명료하게 하거나 입증책임이 있는 당사자에게 증명을 촉구하는 것을 그 내용으로 하는 것이지, 당사자가 주장하지도 않은 법률효과에 관한 요건사실이나 공격방어의 방법을 시사하여 그 제출을 권유함과 같은 행위는 변론주의의 원칙에 위배되어 허용되지 않는다고 본다.[271] 이를 이유로 판례는 적극적 석명을 인정하지 않는 것으로 이해된다.

그러나 판례가 이러한 적극적 석명을 전혀 인정하지 않은 것은 아니고, 적극적 석명을 제한적으로 인정하는 취지로 해석할 수 있는 판례도 있다. 즉 법원은 석명권의 행사로써 사안을 밝히기 위하여 당사자의 주장 가운데 모순이나 불명료한 점 따위를 지적하여 그 정정보완의 기회를 주고 그 주장 자체에 의하여 法律上 또는

하여도 좋은 것이라고 기술한다(같은 면). 李英燮, 위의 책, 144면 역시 경우에 따라서는 請求의 變更(민사소송법 제235조)을 示唆하여 합리적인 사건의 해결을 꾀할 수도 있다고 기술한다. 두 전직 대법관 모두 이 예로 1960. 4. 21. 선고 판결을 부기하고 있으나 대법원 판결집에 수록되지 않은 판례로 보이고 더구나 판례번호가 없어 어떤 판결을 말하는 것인지 불분명하다. 그렇지만, 청구의 변경에 대해 示唆하는 석명을 긍정하는 입장이어서 주목할 만하다.

270) 예를 들면, 吳大性, 위의 논문, 146면, 163면.

271) 대법원 1971. 7. 6. 선고 71다259 판결; 대법원 1981. 7. 14. 선고 80다2360 판결.

論理上 豫期되는 主張을 촉구할 수는 있어도 그 정도를 넘어 당사자가 주장하지도 않은 전혀 새로운 공격방어방법이나 사실에 관한 주장을 권유할 수는 없다고 밝혀[272] 판례는 "법률상 또는 논리상 예기되는 주장"을 촉구할 수 있다는 취지를 보여 주어 여기에 해당하면 예외적으로 적극적 석명을 인정할 수 있다는 태도를 보여 주었다.

마) 論議의 發展

積極的 釋明에 대한 부정적인 입장이 이 시기 변화할 수 있는 근거들이 학설과 판례를 통해 점차 구체적으로 형성되어 가고 있음을 알 수 있다. 이는 변론주의에 대한 새로운 이해와 社會的 訴訟觀의 영향, 전통적인 분쟁해결기관으로서 법원의 실체적 진실발견의 努力, 당사자로부터의 신속한 분쟁해결의 요구 등이 결부되어 나타난 결과라고 볼 수 있다.

5) 釋明義務違反과 上告理由

석명권을 석명의무의 측면에서 고찰할 수 있다고 한다면 이런 측면이 가지는 실질적인 의의는 법원의 석명권 불행사가 석명의무 위반에 해당해서 상급심 특히 원판결을 파기할 수 있는 상고심이 사실심의 재판을 통제할 경우 나타난다. 이전 시기에는 법원의 석명의무 위반이 상고이유가 될 수 없다는 消極說이 제기되었지만,[273] 이 시기에는 법원의 석명의무 위반이 최소한 일정한 경우에

---

272) 대법원 1987. 7. 7. 선고 86다카2521 판결(공보 1987, 1303). 이 사건의 경우 소유권지분에 기한 물상청구권의 행사만을 그 請求原因으로 제시하였음이 기록상 명백하므로 法官은 원고에게 본소의 제기를 위에서 임대차 해지통고로 주장할 것을 권유할 석명의무는 없다고 하였다.

273) 대표적인 학설로는 盧永斌, "釋明權과 辯論主義", 司法行政, 1968. 5. 20면 이하 참조.

상고이유가 되고 상고심은 이를 이유로 사실심의 판단을 취소할 수 있다는 데에 대해서는 견해가 일치한다. 다만 상고이유가 될 수 있는 일반적·추상적인 기준을 확정할 수 있는지의 여부와 이 기준이 확정될 수 있다고 할 때 그 기준이 문제 된다.

(가) 積極說

먼저 법원의 석명권 행사범위와 석명의무의 범위가 일치한다고 보고 석명의무의 위반은 모두 상고이유가 된다면 위와 같은 번거로운 기준을 설정할 필요가 없을 것이다. 사실 종래 지배적인 학설은 석명권과 석명의무의 범위를 동일한 것으로 보고 석명권의 불행사는 모두 상고이유가 된다고 본다.[274] 법원의 석명권은 법원의 권능이라기보다는 실체적 진실을 규명해야 하는 법원의 任務라고 보는 전제에 서 있기 때문이다.

(나) 折衷說

종래 위와 같은 消極說과 積極說에 대해 이 시기 다수의 학설이 지지한 입장은 折衷的인 입장이었다. 즉 법원의 석명권과 석명의무는 서로 다르고 특히 후자의 범위가 더 좁다고 해석하였다. 그리하여 석명권의 불행사가 석명의무의 위반이 되어 법상 상고이유가 되기 위해서는 석명의무의 위반으로 인정하기 위한 일반적인 기준의 설정이 요구되었고 학설은 여기에 노력을 집중하였다.

여기에 대해 석명권의 불행사를 석명의무의 위반으로 간주할 수 있는 일반적인 기준을 모색하는 것은 불가능하다는 입장이 제기되었다. 즉 법원의 석명권 불행사가 석명의무 위반이 되는 경우란 사

---

274) 方順元, 「民事訴訟法(上)」, 全訂改版, 韓國司法行政學會, 1987, 386면; 李英燮, 위의
　　책, 143면.

실심의 사안해명에 대해 상고심이 불충분하다고 인정하고 그런 불충분한 사안해명의 결과를 오로지 당사자의 책임으로 돌릴 수 없을 때에 상고심이 원심판결을 파기하는 사유로 석명권 불행사의 위법을 들 수밖에 없는 경우를 말한다고 전제하고 결국 석명의무의 위반이란 상고심이 사실심을 통제하는 기준이므로 개개사건의 구체적인 소송상태의 발전에 맞추어 구체적으로 결정될 문제일 뿐 그 소송 상태를 떠난 일반적인 통제의 기준을 제시한다는 것은 불가능하다는 것이다.[275]

이런 일반적 기준모색을 포기하는 입장에 대해 적극적으로 그 기준을 제시하는 입장이 다수설의 태도라고 할 수 있다. 먼저 석명의무의 인정범위에 대해 추상적 기준제시의 어려움을 인정하면서도 일응의 기준으로 '석명권의 불행사나 부적정한 행사가 부당한 결론을 도출하여 사건의 공평하고 적정한 해결에 실질적 영향을 미치는 경우에만 상고이유가 된다.'는 입장이 제시되었다.[276] 비슷한 기준으로 '석명권의 불행사에 의해 심리가 현저하게 조잡하게 되었다고 인정되는 경우'가 있다.[277] 이렇게 제한적으로 인정해야 하는 실정법적인 근거가 제시되기도 하였는데 그것은 소송촉진 등에 관한 특례법 제12조 제2항이었다.[278] 실질적인 이유로는 만약 적극설과 같이 석명권의 불행사가 판결결과에 영향이 있으면 모두 상고이유가 된다면 상고심이 사실심의 전권사항인 사실인정에 지

---

275) 姜現中, 위의 책, 449 - 450면.

276) 宋相現, 위의 책, 367면.

277) 金洪奎, 위의 책, 330면; 鄭東潤, 위의 책, 287면; 李時潤, 위의 책, 454면.

278) 鄭東潤, 위의 책, 287면; 李時潤, 위의 책, 454면. 소송촉진 등에 관한 법률 제12조 제2항: "제1항의 규정에 의하여 상고가 허가된 경우에 대법원은 원심판결을 파기하지 아니하면 현저히 정의와 형평에 반한다고 인정할 만한 중대한 법령위반이 있을 때에는 원심판결을 파기하여야 한다."

나치게 간섭하는 결과가 되어 법률심으로서의 순수성이 몰각될 수 있고, 반면 소극설처럼 전혀 상소의 대상이 되지 않는다고 한다면 석명권은 법원의 권한인 동시에 의무임을 도외시하는 결과가 되거나 또는 석명권이 가지는 변론주의에 대한 보완기능 소멸의 결과가 되기 때문이라고 본다.[279)

3. 그 밖의 辯論主義의 補完手段들

(1) 訴訟救助制度의 發展

변론주의의 보완책으로서 소송구조제도는 이 시기에 더욱 활성화되는 계기를 갖게 되었다. 이 시기 법무부주관하에 재단법인 대한법률구조협회가 국가보조금에 의존하여 변호사비용을 포함한 법률구조활동을 경제적으로 빈곤한 계층을 대상으로 벌여 소가 500만 원 이하의 민사사건에서 상당한 법률부조활동 실적을 올렸다. 또한 대한변호사협회는 자신의 주관하에 자체기금을 마련하여 법률구조활동을 시작하였다. 이에 정부는 더욱 효율적인 법률구조사업을 추진하기 위하여 법률구조법안을 1987년 7월 1일부터 실시하였다. 이 법에 의해 민간주도의 법률구조법인은 등록을 통해 특수법인으로 설립된 후 정부의 보조금을 지급받으며 세제상의 혜택을 받을 수 있게 되었다. 민사소송법(제118조 내지 제123조)상 소송구조제도를 간략히 살펴본다.

소송구조는 '소송비용을 지출할 자력이 없는 자'가 '승소의 가망이 없는 것이 아닐 때'에 신청할 수 있다(동법 제118조). 소송비용

---

279) 李時潤, 위의 책, 454면; 鄭東潤, 위의 책, 287면.

을 지출할 자력이 없는 자란 자기와 그 가족의 필요한 생활을 해하지 않으면 소송비용을 낼 수 없는 경우를 말하며(독일 민사소송법 제114조 제2항) 반드시 절대적 무능력자를 의미하지는 않는다. 승소의 가망성이 없는 경우란 승소가망이 확실히 없다는 뜻이 아니고 주장 자체에 이유가 없는 경우 또는 주장사실에 대하여 전혀 증거자료가 없는 경우를 말한다.[280] 법무부 민사소송법 개정안은 '패소할 것이 명백한 경우'로 하여 소송구조의 범위를 확장하였다.

소송구조는 각 심급마다 당사자의 신청에 의하여 부여하며 구조사유를 소명하게 하여 법원의 결정으로 재판한다(동법 제118조, 제119조). 소명방법에는 특별한 제한이 없으며 구조신청을 각하한 결정에 대해서는 신청인은 즉시항고를 할 수 있다(동법 제123조). 구조결정이 있은 후에 수구조자가 소송비용을 납입할 자력이 있음이 판명되거나 그 자력이 회복된 때에는 구조결정을 취소하고 유예한 비용의 납입을 명할 수 있다(동법 제121조).

소송구조결정은 당해 심급에 한정되므로(동법 제118조 제1항) 하급심에서 받은 구조결정은 상급심에서는 효력이 없고 상급심에서 결정한 구조는 환송 후의 하급심에 효력이 없다. 본안에 관한 구조결정은 가압류·가처분절차에는 효력이 없고 그 반대의 경우도 마찬가지다. 그렇지만 어떤 심급에 있어서의 구조결정은 그 심급의 판결에 기한 강제집행에 대해서는 효력이 있다. 그렇지만 강제집행만의 단계에서도 구조는 가능하다.[281]

---

280) 方順元, 위의 책, 590면.
281) 方順元, 위의 책, 591면.

(2) 그 밖의 制度들

대리인선임 명령제도(민사소송법 제134조)와 직권에 의한 법원의
증거조사제도(동법 제265조) 역시 변론주의의 한계를 극복하기 위
한 보완책이라고 할 수 있다. 이에 대해서는 앞 시기의 기술을 참
고할 필요가 있다.

4. 少額事件 審判節次의 形成과 辯論主義의 修正

1973. 9. 1. 소액사건심판법이 시행에 들어가 이 시기부터 민사
소송은 종래의 전통적인 민사소송방식과 소액사건 심판절차로 양
분화되었다. 즉 소송물의 가액에 의해 일정액을 초과하지 않으면
일반 통상 민사소송절차가 아닌 소액사건 심판절차에 의해 진행되
고 통상 민사소송절차로의 이송청구권은 보장되지 않았는데 항소
심 이후에는 일반 소송절차에 따르고 특별한 취급은 없었지만, 상고
가 크게 제한되어(동법 제3조) 사실상 2심구조로 진행되게 되었다.

이런 특별한 소송절차의 마련은 통상 민사소송절차의 기본적 전
제였던 변론주의 역시 특별한 소송절차에서는 많은 변용을 가져올
수 있다는 점을 보여 주었다. 구술에 의한 소제기(제4조), 변호사가
아닌 자에 의한 소송대리의 허용(제8조), 무변론기각판결(제9조), 직
권증거조사원칙(제10조), 판결 이외의 분쟁해결방안의 적극적 권유
(제12조, 제13조) 등과 같은 규정들은 변론주의가 지배하는 엄격한
형식하에서 당사자권의 충분한 보장을 원칙으로 하는 기존의 통상
민사소송과는 매우 다른 절차적 특징을 이룬다. 이를 통해 서민들
의 민사분쟁에서 심리적·경제적 부담 없이 손쉽게 법원으로의 접

근을 보장하고자 한 취지를 읽을 수 있다. 이런 기능을 주로 법관의 후견적 권한의 강화를 통해 이루고자 하였다.

이는 통상 민사소송이 취하였던 변론주의와 변론주의의 보완으로서의 변호사제도에 대한 구상과는 다른 변론주의에 대한 이해를 기초로 한 것으로 볼 수 있다. 통상의 민사소송에서는 당사자의 능력을 보충하기 위해서 변호사제도를 처음부터 마련하였고 특정한 자격을 갖추고 이를 국가가 공인한 자만이 타인의 소송을 대리할 수 있도록 하였고 변호사를 선임할 능력이 부족한 자는 국가가 소송구조제도를 마련하여 소송대리인의 선임부담을 낮추어 주는 방식을 취하였다. 그런데 이런 통상의 민사소송제도의 보완책을 통해 서민 일반의 경제적 가치가 낮은 분쟁을 해결하는 것은 비효율적이라는 반성이 나타났고 이런 관점에서 당사자의 소송능력 부족을 심판자로서 법관의 권한 확대를 통해 보충하고 통상의 민사소송절차와는 다른 절차형성을 통해 분쟁을 신속하고 적정하게 해결하겠다는 구상이 소액사건 심판절차라는 특별한 소송절차의 형성으로 나타났다. 이런 구상은 변론주의에 대한 새로운 이해라고 평가할 수 있다. 변론주의 역시 소송의 또 다른 이상인 신속과 경제라는 목적과 조화를 이루는 한에서 추구될 수 있는 이상이지 그 자체 독립적이고 자기 목적적인 가치가 이상이 아니라는 변론주의에 대한 이해가 소액사건 심판절차의 수립으로 나타났다. 이런 변론주의에 대한 이해는 제1기(1950년대)에서 살펴보았듯이 법원 실무에서는 이미 나타났었다.

소액사건 심판절차를 형성한 사상적 기초는 이후 통상 민사소송절차에도 일정한 영향을 주었다. 법관의 직권이 강화될수록 당사자의 자율적인 소송 진행보다는 법관의 후견적인 사건관여가 요구되고 정당화되는데 이런 결과는 법관의 석명 강화, 구체적으로는 적극적인 석명의 인정요구로 나타난다. 소액사건절차에서 인정되었던 당사자신문의 보충성의 폐지, 공정증서에 의한 증언제도, 조정이나 화해를 통한 분쟁해결권한의 확대, 무변론기각판결, 상고제한 등은 이후 통상 민사소송절차에도 영향을 주어 제도적 변화가 일어났던 부분들이다. 그리고 변론주의에 대한 새로운 이해는 1990년 민사소송법 개정과 2002년의 민사소송법 개정에 영향을 미쳤다고 볼 수 있다. 특히 소액사건 심판절차법의 제1회 변론기일의 심리에 의한 사건종결의 정신은 소액사건 심판절차에서 등장하여 이를 통상 민사소송에서도 구현하기 위한 제도적 변화가 2002년 민사소송법이라고 볼 수 있다. 즉 변론준비기일을 통한 주장과 쟁점정리 그리고 증거신청을 거친 후 집중심리제도를 통한 변론기일의 조기종결구상은 소액사건 심판절차에서 구상되었던 사건의 신속하고 적정한 심리라는 정신이 통상 민사소송제도에서 발전적으로 승계된 것으로 이해할 수 있다.[282]

종래 통상적인 민사소송절차와 다른 민사소송의 일반절차가 마련되었다는 점은 이 시기를 다른 시기와 구분하게 하는 중요한 특징이고 이런 특징이 바로 이 시기의 법원을 둘러싼 시대상황을 반영한 것으로 이해할 수 있다. 민사분쟁의 당사자들이 접근할 수 있는 합리적이고 적정한 변호사 수의 절대적 부족 상황하에서 대부분의 소액 민사분쟁이 당사자 본인에 의해 해결될 수밖에 없는 구조 속에서 법원이 적정하고 신속한 분쟁해결을 위해 특별한 민사

---

[282] 이는 물론 독일과 일본의 민사소송법 관련법의 개정에 영향을 받을 것을 부인할 수는 없다. 그렇지만, 변론주의에 대한 새로운 이해는 법원 실무계에서도 계속적으로 형성·발전되었다는 사실을 여기서 지적하는 것이고 이런 내·외부적 흐름과 영향이 2002년 민사소송법 개정의 기초가 되었다는 의미이다.

소송절차를 마련할 외부적·내부적 필요가 강하였고 강력한 정부에 의한 통치권이 행사되는 시기에 이런 법원 내부의 요구와 일반 서민의 필요는 입법화로 어렵지 않게 이어질 수 있었다.

이런 소액사건 심판절차에 대해서는 일정한 비판도 제기되었는데 특히 상고제한의 문제, 소액사건의 범위확대의 문제, 이행권고 결정제도 등에 대해서 법원의 사건처리 효율만을 강조하고 국민의 권익보장에는 소홀하였다는 비판이 있었다.[283] 특히 사건의 경중에 관계없이 소송물의 경제적 가치에만 의해 소액사건에 해당하면 일률적으로 통상의 민사소송절차와는 다른 소액사건 심판절차에 의하도록 한 법률이 통상의 민사소송절차로의 이행신청권을 보장하지 않는 한 법치국가의 원리와 부합하지 않는다는 비판도 제기되었다.[284]

---

283) 金尙永, "少額事件의 範圍擴大에 대한 批判的 考察", 釜山法曹16(1998. 12.), 釜山地方辯護士會, 146 - 167면.

284) 金尙永, "少額事件審判法의 諸問題", 民事訴訟 제7권 제1호(2003. 2.), 韓國民事訴訟法學會誌, 177 - 200면.

Ⅲ. 判例의 立場

1. 請求趣旨에 대한 釋明義務

일반적으로 청구가 병합된 경우, 병합의 형태가 불분명한 경우 법원의 판단 순서나 판단 여부가 문제 될 수 있으므로 이를 사전에 석명하여 명확히 하는 석명권을 행사하여야 한다. 판례에 나타난 사안을 보면 다음과 같다.

[57] 원고가 피고 학교법인을 상대로 계약보증금 반환청구의 소를 제기하면서 피고 법인의 교장이 이 사건 염전관리계약을 체결하였다고 주장하고 예비적으로 피고법인의 교장이 법인체의 결의 없이 위 계약을 하였다 하더라도 위 교장은 피고법인의 피용자이므로 피고는 책임을 면하지 못한다는 주장을 하고 있다면 위와 같은 주장은 원고와 피고 사이의 본건 염전관리계약이 법률상 유효히 성립하지 못할 경우 예비적 청구로서 위 피고의 교장이 피고법인의 피용자로서 그 사업진행에 즈음하여 원고에게 불법행위로 손해를 가했으므로 그 손해배상을 청구한다는 취지로 여겨지므로 원심은 원고에게 위 주장이 위와 같은 예비적 청구인지를 석명하여 이 점에 대한 판단을 하였어야 옳았다고 하였다(대법원 1970. 3. 10. 선고 69다2257 판결).[285] 청구원인에서 예비적 주장을 하고 청구취지에서는 이를 명확히 밝히지 않은 경우 원고가 예비적 청구로 청구원인에서와 같은 주장을 구하는지를 석명하여 이에 대한 판단을 하여야 판단유탈의 위법이 되지 않는다는 취지의 판례이다.

---

285) 집18(1)민. 『대법원판결집 제18집 제1권, 민사』를 여기부터는 '집18(1)민'으로 약칭한다.

소 변경의 형태가 불분명한 경우에도 법원은 이를 지적하는 석명권을 행사하여야 한다. [58] 소의 변경이 교환적인가 선택적인가의 여부는 기본적으로 당사자의 의사해석에 의할 것이므로[286] 당사자가 구청구를 취하한다는 명백한 표시 없이 새로운 청구취지를 항소장에 기재하는 등으로 그 변경형태가 불명한 경우에는 사실심법원으로서는 과연 청구변경의 취지가 교환적인가 추가적인가 또는 선택적인가의 점에 관하여 석명으로 이를 밝혀 볼 의무가 있다고 하였다(대법원 1987. 6. 9. 선고 86다카2600 판결).[287] 이후 같은 취지의 판결이 계속되고 있다.[288]

---

286) 사안은 원고가 제1심에서 가등기에 기한 소유권이전의 본등기절차의 이행을 청구하였다가 원고패소판결을 받은 후 항소를 제기하면서 항소장에 제1심 판결을 취소하고 가등기담보의 원인채권인 금전지급청구로 항소취지를 적은 후 이 항소장이 원심의 제2차 변론기일에 진술되었는데 그 후 원고의 소송대리인이 선임되어 그 대리인에 의해 항소취지가 다시 "가등기에 기한 소유권이전의 본등기절차를 이행하라."로 바로잡은 항소취지정정서가 제출되어 원심 제4차 변론기일에 진술되고 바로 변론이 종결되었다. 원심은 항소장의 항소취지 기재를 청구의 교환적 변경으로 보고 그 후 다시 항소취지정정서를 통해 다시 교환적으로 변경한 것으로 보아 이는 본안에 관한 종국판결이 있은 후 소를 취하한 후 다시 동일한 소를 제기한 경우로 보아 제소금지에 위반한 부적법한 소로 보았다.

287) 공보 1987, 1139. '법원공보'를 이하 '공보'로 약칭한다.

288) 1994. 10. 14. 선고 94다10153 판결(공보 1994, 2973) 사안은 원고가 항소심에서 당초의 청구를 취하한다는 명백한 표시 없이 제1차 청구변경을 하였다가 당초의 청구와 동일하게 제2차 청구변경을 한 사안인데 원심은 그 청구변경의 형태에 대해 석명권을 행사하는 등의 조치를 전혀 취함이 없이 원고가 제1심 판결을 선고받은 후 당초의 청구를 제1차 변경청구로 교환적으로 변경함으로써 이를 취하한 것으로 여겨 당초의 청구와 동일한 제2차 변경청구에 관한 소는 제1심 종국판결 후 소를 취하한 것으로 여겨 제2차 변경청구에 관한 소는 재소금지에 해당하여 허용될 수 없다고 판단해 소를 각하하였고 이에 대해 원고는 상고하였고 대법원은 원심판결이 소 변경에 관한 법리오해 및 석명권의 불행사로 인한 심리미진의 위법을 저질렀다는 이유로 원심판결을 파기하였다. 대법원 1995. 5. 12. 선고 94다6802 판결(공보 1995, 2097) 사안은 원고들이 제1심에서는 부당이득금 반환청구를 하다가 원심에서 양수금청구로 변경했는데 원심은 석명 없이 교환적 변경으로 단정하고 양수금 청구에 대해서만 판단하였는데 이에 대해 대법원은 소 변경 형태에 대한 석명의무 위반을 이유로 원심을 파기하고 환송하였다.

2. 當事者의 事實陳述에 대한 釋明

(1) 事實陳述의 不明確·矛盾·不一致가 있는 경우

전통적으로 [59] 당사자의 사실진술에 불명확함, 모순된 점, 불일치한 점이 드러난 경우 법원은 당사자 진술의 이런 측면을 지적하며 이를 석명하여야 한다(대법원 1982. 11. 23. 선고 81다39 판결).[289) 가장 전통적인 석명의 영역이라고 할 수 있다. 판례에 나타난 사안을 살펴보면 다음과 같다.

[60] 대여금 채권에 대하여 법원이 확정한 사실에 의한 소멸시효 완성일보다 채무자가 후일의 일자를 주장하는 경우에는 변론주의의 원칙상 채무자(피고)가 주장하는 일자를 기준으로 할 것이나,[290) 채무자의 주장이 대여금 전부에 대한 것이라기보다 일부에 대한 것을 착오로[291) 위와 같이 진술한 것으로 볼 여지가 있다면

---

289) 공보 1983, 189; 집30(4)민, 016. 석명권은 당사자의 진술이 모순, 흠결이 있거나 애매하여 그 진술취지를 알 수 없을 때 이를 명백히 하기 위하여 하는 것이지, 피고들 중 갑, 을이 소송형태상 피고이나 실질상으로는 다른 입장을 취하고 있다 하여(원고가 피고들을 상대로 소유권이전등기 말소청구의 소를 제기한 사안인데 여기서 피고 김용환과 피고 김영식만이 진정한 피고이고 다른 피고들[위 갑과 을]은 원고의 청구를 위해서 말소청구의 상대방이 된 것이지 사실상 원고와 이해관계를 같이하고 있었다.) 재판장이 당사자에게 그에 대한 발문을 하고 진상을 규명하여야 할 의무는 없다고 하였다.

290) 대법원 1971. 4. 30. 선고 71다409 판결; 대법원 1995. 8. 25. 선고 94다35886 판결 등.

291) 원고가 피고에게 보증금 및 대여금의 반환을 구한 데 대해 피고는 소멸시효의 항변을 제출하였고 여기서 원심이 정리한 사실관계에 의하면 그중 대여금으로 1976. 2. 27.에 6,780,000원, 그해 3. 4.에 3,000,000원, 그해 3. 7.에 3,400,000원, 그해 3. 9.에 9,000,000원, 도합 22,180,000원을 원고가 피고에게 지급하였음을 확정하였는데, 피고는 위 대여금 채권의 소멸시효 기산점을(기한을 정하지 않은 채권으로 주장하면서) 1976. 2. 27.부터 그해 3. 29. 사이에 반환청구를 할 수 있었던 것이므로(이를 기산점으로 하여) 위 채권은 상사채무로 5년 후인 1981. 3. 29.에 모두 시효 소멸되었다고 주장하였고 실제 시효중단일은 1981. 3. 20.로 확정되었다. 즉 대법원의 지적처럼 피고는 대여금 채권의 일부인 최종대여금의 일자를 착오로 1976. 3. 29.로 알고 대여금 채권의 시효완성시기를 주장했음이 명백하므로 원심은 이에 대해 석명하여 심리했어야 했다고 지적한 것이다.

법원이 이 점에 대하여 심리 판단하지 아니함은 석명권 불행사와 심리미진의 위법이 있다고 하였다(대법원 1983. 7. 12. 선고 83다카437 판결).292)

또한 [61] 피고가 제출한 준비서면의 기재에 의하면 전부일은 1957년 이미 사망했다고 주장하면서 그 증거로 전부일의 대리인과 작성된 임대차계약서(을 제7호증)를 증거로 제출하였는데, 위 서증의 기재에 의하면 그 작성일자가 1961. 3. 11.로 되어 있어 피고의 주장대로라면 이미 사망한 후의 날짜이므로 원심은 피고의 주장과 그 제출증거 내용과의 모순을 지적하여 그 시정을 촉구할 석명의무가 있다고 하였다(대법원 1971. 11. 15. 선고 71다1934 판결).293)

(2) 法律要件事實의 補充을 위한 釋明

법률효과를 주장하면서 이런 법률효과를 발생시키는 법률요건사실에 대한 주장과 입증이 없는 경우 법원은 이를 지적하여 주장·입증이 이루어지도록 석명하여야 한다. 이런 판례는 이미 제2기(1960년대)에 확립된 판례의 태도이기도 하다. 판례에 나타난 사안을 보면 다음과 같다.

[62] 원고 중소기업은행이 소외 갑회사의 원고에 대한 대여금채무 연대보증을 한 피고를 상대로 대여금지급청구의 소를 제기하면서 청구원인으로 경매대금으로294) 변제 충당한 금액과 위 소외 갑회사로부터 변제받은 금액을 공제한 잔액을 청구하는 것이라고 하

---

292) 공보 1983, 1256.

293) 집19(3)민, 098.

294) 소외 갑 회사는 위 대여금채무를 담보하기 위해 원고를 위해 그 부동산에 1, 2번의 근저당권설정등기를 하였고 원고가 그 담보권을 실행하여 1985. 12. 12. 경매대금 136,997,900원을 수령하였다.

면서 증인을 신청하여 다투었으나 원심은 이 사건 대여금채권은 경매대금 136,997,900원을 원고가 수령함으로써 모두 변제되어 소멸하였다고 판단하였다. 이에 원고가 상고를 하자 대법원은 원고 은행이 소외 갑회사와의 거래로 인한 채권을 담보하기 위해 소외 갑회사의 같은 부동산에 순위 3, 4, 5번의 근저당권을 설정하고 금융거래를 계속하여 위 부동산에 대한 경매절차에서 각 근저당권(총 5개)설정계약에 따른 채권총액으로 금 173,084,350원을 신고한 사실을 지적하면서 위 경매대금은 이 사건 대여금채권에 우선 변제충당되는 것이 아니라 경매절차에서 원고가 신고한 채권총액 금 173,084,350원 전액이 변제충당의 관계에 있다고 판단하고[295] 위와 같이 원고가 위 경매대금에 관하여 변제충당의 법률효과를 주장하고 있고 경매대금이 피담보채무 전액을 만족시키기에 부족한 것이라면 원심은 비록 원고가 그 변제충당의 내용과 방법에 관하여 구체적으로 주장·입증하지 아니하고 있더라도 석명권을 행사하여 소송관계를 명확히 한 다음 그 당부를 판단했어야 했다고 원심을 파기하였다(대법원 1987. 5. 26. 선고 86다카2950 판결).[296]

원고가 변제충당의 요건사실에 대해 더 구체적으로 주장을 하고 이에 대한 입증을 제시하도록 석명을 해야 한다는 취지다. 지정충당에 의한 변제효과를 주장한다면 충당지정권자의 지정이 있었다는 사실, 또는 변제수령자의 지정에 대해 변제자가 아무런 이의를

---

[295] 동일한 당사자가 동일 목적물에 관하여 동일거래관계로 인하여 발생되는 채무를 담보하기 위하여 순위가 다른 여러 개의 근저당권을 설정한 경우에 있어서도 그 각 근저당권은 모두 그 설정계약에서 정한 거래관계로 인하여 발생된 여러 개의 채무 전액을 각 그 한도 범위 내에서 담보하는 것이라 할 것이어서 그 담보물의 경매대금이 채무전액을 만족시키지 못할 때에는 변제충당의 방법으로 그 경매대금 수령으로 인하여 소멸할 채무를 정할 것이지 위 경매대금을 선순위 근저당권설정 시에 발생된 채무에 우선적으로 변제 충당할 것은 아니다.

[296] 공보 1987, 1071.

제기하지 않았다는 사실, 혹은 충당에 관한 묵시적·명시적 합의가 성립되었다는 사실을 주장하는 자가 입증하여야 할 것이고 주장만 하고 이를 입증하지 않는 경우 그 요건사실에 대해서 법원은 석명하여야 한다는 취지다.

(3) 證據만 제출하고 事實을 陳述하지 않는 경우의 釋明義務

당사자가 증거자료만 제출하고 변론에서 이에 대해 아무런 주장을 하지 않는 경우가 본인소송에서 흔히 발견된다. 변론주의가 지배하는 소송에서 증거자료와 사실자료(소송자료)는 구별되어 법원이 증거자료에서 어떤 주요사실을 간취하였다고 하여도 이를 기초로 재판을 할 수 없는 것이 원칙이다. 그런데 이런 재판진행은 당사자 본인에게 받아들이기 힘든 결과를 제시하는 경우가 많게 된다. 이런 경우 법원은 만연히 증거자료만을 제출하고 있을 뿐인 당사자에게 그런 증거를 제출하는 취지가 무엇인지 무엇을 생각하고 이런 행위를 하는지를 확인하여 당사자로 하여금 입증취지와 관련된 주요사실을 변론에서 진술할 수 있도록 하는 석명권 행사가 필요하다. 증거제출행위로부터 주요사실에 대한 간접적인 주장이 있었다고 처리하는 태도는 변론주의가 지배하는 민사소송에서 정확한 소송 진행이 아니다. 그렇지만 이 시기 판례는 이에 관해 매우 편의적인 태도를 보여 주고 있는데 이는 타당하지 않은 자세이다. 이런 판례를 소개하면 다음과 같다.

[63] 원고가 소장에서 토지를 갑으로부터 매수하였다고 주장하고 있으나 원고가 위 매매 당시 불과 10세 남짓한 미성년이었고 증인신문을 신청하여 원고의 조부인 을이 원고를 대리하여 위 토

지를 매수한 사실을 입증하고 있다면 원고가 그 변론에서 위 대리
행위에 관한 명백한 진술을 한 흔적이 없다 하더라도 위 증인신청
으로서 위 대리행위에 관한 간접적인 진술은 있었다고 보아야 할
것이므로 원심이 위 토지를 원고의 대리인이 매수한 것으로 인정
하였다 하여 이를 변론주의에 위반하는 것이라고는 할 수 없다고
하였다(대법원 1987. 9. 8. 선고 87다카982 판결).[297] 그러나 이 경
우에도 위에서 지적하였듯이 법원은 증인신문의 결과를 토대로 원
고에게 석명을 하여 원고의 진술을 통해 사실관계를 정리하는 것
이 타당하다.

　유사한 판결이지만 다르게 볼 여지가 있는 판례를 살펴보면,
[64] 원고가 피고를 상대로 수표금등지급청구의 소를 제기하였는
데 피고는 원고의 주장사실을 전부 부인만 하고 그 증거로 제권판
결정본을 제출하고 그 효력[298]에 대해서는 주장하지 않았으나 원심
은 원고의 청구를 기각하자 원고가 상고하였는데 대법원은 원심이
제권판결에 기초하여 원고의 이 사건 어음금청구를 배척한 조치는
정당하고 석명권 불행사의 허물이 있지 않다고 하였다(대법원
1980. 12. 9. 선고 80다2432 판결).[299] 그러나 이 경우도 법원은 피
고의 증거제출에 따른 주장취지를 석명을 통해 진술하게 하여야
할 것인데 이 사건의 경우 피고의 진술이란 제권판결의 법적 효과
의 진술이 될 것이므로 이에 대한 판단은 법원이 독자적으로 판단
할 수 있을 것이다.

---

297) 공보 1987, 1565.

298) 상실된 증권은 제권판결 시부터 장래에 향하여 무효가 되고(민사소송법 제496조), 정당한
　　소지인이라 하더라도 그 어음상의 권리를 행사할 수 없는 소극적 효력이 발생한다(대법원
　　1976. 6. 22. 선고 75다1010 판결; 1993. 11. 9. 선고 93다32934 판결 참조).

299) 공보 1981, 13512.

3. 當事者의 法律上 主張에 대한 釋明

(1) 證據와 관련된 釋明

1) 主張만 있고 立證이 없을 때 釋明義務

당사자가 법률효과만을 주장하고 이런 법률효과가 발생하기 위한 과정에 대한 주장·입증을 하지 않은 채 법원의 판결만을 만연히 기다리는 경우가 있다. 주로 법정채권 발생요건인 불법행위나 부당이득과 같은 채권발생요건에 해당하는 사실에 대해서는 열심히 주장·입증을 한 후 법률효과인 예컨대 금전지급청구권에 기해 발생한 구체적인 손해나 부당이득의 액수에 관한 주장·입증을 만연히 하지 않은 채 법원이 알아서 해 주기를 바라는 경우도 종종 있다. 이런 경우 법원은 당사자가 구체적인 손해액을 주장하고 입증하지 않는다는 점을 들어 청구를 기각하지 말고 석명권을 통해 당사자로 하여금 자신이 주장·입증을 하도록 하여 채권발생요건을 성취시킨 당사자의 기대에 부응해야 한다. 이런 석명은 이미 전시기(1960년대)에 대법원에 의해 성립되었던 것을 확인할 수 있었다. 이런 태도가 이 시기에도 계속되고 있음을 확인할 수 있다. 판례에 나타난 사안을 살펴보면 다음과 같다.

[65] 이 사건 시설대여계약은[300] 피고 중외상사의 알선으로 이

---

300) 원고가 1980. 4. 26. 피고 개발리스와 보증금 금 1,615,000원을 매월 대여료로 지급하기로 초음파단층기의 시설대여계약을 체결하고 시설대여를 알선한 피고 중외상사와는 1년간 품질보증계약을 체결하였는데, 원고가 제품을 얼마 사용하지 못하고 고장이 났고 그 고장은 위 회사의 기술미숙으로 고치지 못하자 다른 제품으로의 교환을 요구했으나 이를 거부하자 원고는 1981. 1. 초순경 피고들에게 시설대여계약을 해지하면서 보증금을 반환하고 이 사건 물건을 인수해 갈 것을 통지했다. 그 후 원고는 피고 개발리스를 상대로 보증금반환청구를, 피고 중외상사를 상대로 이 사건 물건을 사용하지 못한 기간 동안 이를 사용함으로써 얻을 수 있었던 월수익금의 손해배상을 구하는 청구를 각각 하였다. 이에 피고 개발리스는 1981. 4. 25. 이후의 미지급시설대여료의 지급을 구하는 반소를 제기하였다. 원심은 제조

루어졌으며, 위 피고가 이 사건 물건(초음파 단층기)의 품질을 보증하고 그 수리책임을 부담하였는데 이 사건 물건의 제조상 결함으로 인하여 원고가 시설대여계약의 목적을 이룰 수 없게 되었다면 피고 중외상사로서는 이 사건 물건을 사용하지 못함으로써 원고가 입은 손해를 배상할 책임이 있으므로 원심으로서는 손해액에 관한 당사자의 주장과 입증이 미흡하더라도 적극적으로 석명권을 행사하여 입증을 촉구하여야 하며 경우에 따라서는 직권으로 손해액을 심리·판단하여야 한다고 하였다(대법원 1986. 8. 19. 선고 84다카 503, 504 판결).[301]

또한 [66] 토지를 징발 사용하고 있는 사실이 인정되는 이상 토지 소유자인 원고에게 징발보상채권이 발생하는 것이고 특별한 사정이 없는 한 얼마인가의 징발보상액이 있을 것이므로 원심은 석명권을 행사하고 당사자에게 입증을 촉구하여 그 징발보상금액을 알아보아야 할 것임에도 이에 이르지 아니하고 징발보상금 산정의 기준이 되는 징발대상 토지에 대한 과세표준을 제출하지 아니하였다고 하여 원고의 청구를 쉽사리 배척하였음은 석명권을 행사하지 아니하는 등 심리미진의 위법이 있다고 하였다(대법원 1980. 7. 22. 선고 80다449 판결).[302]

2) 提出된 證據의 成立 등에 관한 釋明

당사자가 제출한 증거의 성립, 작성경위, 입증취지, 그리고 증거

상의 결함으로 국내기술로는 수리가 불가능하다고 인정하고 원고의 시설대여계약 해지를 정당하다고 인정하여 원고의 피고 개발리스에 대한 청구를 이 사건 물건의 수령과 상환으로 인용하였으나 피고 중외상사에 대한 청구는 이를 인정할 증거가 없다고 하여 이를 기각하였다. 대법원은 시설대여계약의 성질을 임대차와는 다른 무명계약으로 보아 민법의 임대차에 관한 규정(제652조, 제627조)을 준용한 원심의 판단을 배척하고 환송하였다.

301) 집 34(2)민, 88.
302) 공보 1980, 13077.

의 내용 등에 관해 의문이나 불명확한 점이 있으면 법원은 문서를 제출한 자에게, 즉 입증책임을 지는 자에게 이런 점에 대해 석명을 하여 그 자의 답변을 들어 보고 증거력에 대해 자유롭게 판단을 하여 최종적인 판결에 이르러야 한다. 그런데 이런 석명을 하지 않고 증거의 성립이나 증거력의 부정을 통해 입증실패로 결론을 내린다면 입증책임을 지는 당사자에게 불의의 결론이 될 수 있다. 이런 경우 법원은 증거와 관련된 의문을 지적하고 이를 보완할 기회를 증거제출자에게 부여할 필요가 있다. 실제 판례는 이를 인정하였는데 그 사안은 다음과 같다.

[67] 원고가 피고를 상대로 속초시 도문동 1208 임야 11,746㎡와 속초시 조양동 산 359의 5 임야 12,198㎡에 대하여 피고명의의 등기가 원인무효의 등기임을 이유로 말소등기절차의 이행과 소유권확인의 소를 제기하였는데, 여기서 원고는 보증서(갑 제9호증)와 야초대장(갑 제10호증)을 제출하였는데 원심은 야초대장은 그 진정성립을 인정할 증거가 없음을 이유로, 보증서의 기재와 증인의 증언만으로는 이런 사실을 인정하기에 부족하며 달리 인정할 증거가 없다고 하여 원고의 주장을 배척하였는데, 이에 대해 대법원은 야초대장(갑 제10호증)의 성립은 제1심 증인의 증언으로 인정된다고 할 것이고 다만 그 내용에 이 사건 토지들이 소외 망인(원고의 증조부)의 소유로 기재되어 있기는 하나 그 원본의 존재가 기록상 명백하지 않고 또 이 문서형식이 필사본이고 초본형식이며 사본작성자도 밝혀져 있지 않기 때문에 그 내용이 원본과 일치하는지를 알 수 없는바, 이와 같은 경우 원심으로서는 석명권을 행사하여 위 야초대장의 작성자, 작성경위 및 내용 등을 밝혀 보고 필요하다면 원고에게 입증을 촉구하여 사실관계를 보다 분명히 하였어야 할 것

임에도 불구하고 그와 같은 조치를 취하지 아니한 채 이 사건 토지
들이 원래 위 망인의 소유였다는 점에 관한 입증이 없다고 판단하
였으니 원심은 석명권의 행사를 게을리함으로써 말미암아 심리를
제대로 하지 않았거나 채증법칙에 위배하여 사실을 오인한 위법이
있다고 하였다(대법원 1989. 11. 28. 선고 89다카13285 판결).303)

4. 訴訟要件에 대한 釋明義務

소송요건은 법원의 직권조사사항이지만 법원의 직권으로 조사의
계기를 만든다는 점에서 의미가 있고 실제 조사사항에 대해서는
변론주의의 적용을 통해 당사자의 조력을 요구하게 된다. 이 경우
당사자에게 소송요건에 해당하는 사실에 대해 석명을 함으로써 조
사를 진행한다. 당사자는 소송요건의 불비로 불이익한 재판을 받지
않기 위해서 적극적으로 법원의 석명에 응하여 주장과 입증을 할
것이고 이런 과정에서 객관적인 진실이 밝혀질 수 있게 된다. 이
시기 판례에 나타난 사안을 살펴보면 다음과 같다.

[68] 원고가 피고 전라남도 지방 토지수용위원회를 상대로 토지
수용 행정처분의 취소를 구하는 소를 제기하면서 중앙 토지수용위
원회의 재결을 거쳤으면서도 그 피고를 중앙 토지수용위원회로 하
지 않고 지방 토지수용위원회로 하자 원심은 토지수용법 관련규정
의 취지들을 보면 토지수용에 관한 행정소송은 그 재결을 한 중앙
토지수용위원회를 피고로 하여 위 위원회의 이의신청에 대한 재결
이 행정소송의 대상이 되므로 이 사건에서와 같이 중앙 토지수용

---

303) 공보 1990, 139.

위원회가 아닌 지방 토지수용위원회를 피고로 하고 그 지방 토지
수용위원회의 재결에 대하여 행정소송을 제기하였음은 부적법하다
고 판단하였다. 이에 대해 원고는 석명의무 위반을 이유로 상고하
였는데 대법원은 이 사건 소는 피고의 지정이 그릇된 경우가 아니
라 행정소송의 대상이 잘못된 것이므로 원심이 원고에게 피고경정
의 기회를 주지 않았다 하여 반드시 석명권 불행사의 위법이 있다고
단정할 수 없다고 하였다(대법원 1978. 2. 14. 선고 77누107 판결).[304]

5. 새로운 攻擊·防禦方法의 釋明

새로운 공격·방어방법에 대한 석명은 법관의 공정한 재판과의
관계에서 문제 될 소지가 많다. 새로운 공격·방어방법에 의해 이
익을 받는 당사자에게는 법원의 조력이 더없이 고맙겠지만, 그 상
대방에게는 소송의 결과를 뒤집을 수 있는 치명적인 피해를 줄 수
있다. 이럴 경우 그는 법원의 재판에 대해 승복하려 들지 않을 것
이다. 그러므로 법원은 새로운 공격·방어방법에 대한 석명에 대해
서는 매우 신중할 필요가 있다. 이 시기 이 부분에 대한 판례는 많
지도 않지만 모두 신중한 태도를 보여 주는 판례들뿐이다. 판례에
나타난 사안을 살펴보면 다음과 같다.

[69] 원고 대지지분 소유자가 위 대지 위의 건물소유자인 피고
를 상대로 건물철거와 대지인도청구의 소를 제기하였는데 심리결
과 원고가 그 지분소유권 이전등기가 마쳐지기 전에 임차인인[305]

피고 명의의 이 사건 건물에 대한 소유권보존등기가 마쳐진 사실
이 확정되어 원심은 원고의 전자와 피고 간의 임대차는 원고에게
도 효력이 있는306) 것이어서 이 사건 대지를 점유할 적법한 권원이
없는 것을 전제로 하는 이 사건 원고의 청구는 이유 없다고 하였
다. 이에 대해 원고는 상고를 하면서 이 사건 임대차는 기간의 정
함이 없는 임대차이므로 당사자가 언제든지 계약해지의 통고를 할
수 있고 토지, 건물 기타 공작물에 대해서는 임대인이 해지를 통고
한 경우에는 6개월이 지나면 해지의 효력이 생기므로 본소제기를
임대차의 해지로 보는지 여부를 석명하였어야 했다고 상고이유로
제시하였다.

　이에 대해 대법원은 법원은 석명권의 행사로써 사안을 밝히기
위하여 당사자의 주장 가운데 모순이나 불명료한 점 따위를 지적
하여 그 정정보완의 기회를 주고 그 주장 자체에 의하여 法律上
또는 論理上 豫期되는 主張을 촉구할 수는 있어도 그 정도를 넘
어 당사자가 주장도 하지 않은 전혀 새로운 공격·방어방법이나
사실에 관한 주장을 권유할 수는 없는 것(대법원 1977. 3. 8. 선고
76다2461 판결 참조)이므로 이 사건의 경우 소유권지분에 기한 물
상청구권의 행사만을 그 청구원인으로 제시하였음이 기록상 명백
하므로 원심이 원고에게 본소의 제기를 위에서 본 해지통고로 주
장할 것을 권유하지 않았다 해서 잘못이라고 할 수는 없는 것이라
고 하였다(대법원 1987. 7. 7. 선고 86다카2521 판결).307) 여기서
판례는 주장제출의 권유 요건으로 법률상 또는 논리상 예기되는
주장이어야 한다고 하여 그 가능성을 제시하였으나 이 사건의 경

---

306) 민법 제622조 제1항 참조.
307) 공보 1987, 1303.

우 소유권지분에 기한 물상청구권의 행사만을 그 청구원인으로 제시하였음이 기록상 명백하므로 본소제기를 임대차계약의 해지통고로 보는 주장은 법률상 또는 논리상 예기되는 것이 아니므로 이에 대한 법원의 석명의무는 발생하지 않는다고 보았다.

또 다른 판례를 소개하면, [70] 원고가 소외 甲과 이 사건 부동산을 1940. 2. 28. 매수하였음을 이유로 피고 乙308)에 대하여 매매를 원인으로 하는 소유권이전등기청구를, 이 사건 기재부동산 1에 관하여309) 피고 丙에 대해서는 그 소유권보존등기와 피고 丁에 대해서는 그 소유권이전등기의, 이 사건 기재부동산 2에 관하여 피고 戊에 대해서는 그 소유권보존등기의 말소등기청구를 각 요구하는 소를 1977. 11. 3. 제기하였다. 이에 대해 피고들은 이 사건 부동산 1, 2를 현행 민법 시행 전에 매수하였고 신민법 부칙 제10조 제1항의 규정에 따라 그 시행일인 1960. 1. 1.부터 6년 이내에 동 매매에 따른 소유권이전등기를 하지 아니한 이상, 그 소유권을 상실하였다는 항변만을 하였는데 원심은 원고는 이 사건 부동산의 소유권을 1965. 12. 31. 상실하였고 다시 나아가 1966. 1. 1.부터 기산하여 1976.1.1. 10년의 소멸시효기간이 도과함으로써 그 채권적인 등기청구권마저 시효에 의하여 소멸된 것이라고 설시하여 원고의 청구를 배척하였고 이에 원고가 상고하였다.

이에 대법원은 피고는 단지 원고가 민법부칙 제10조 제1항에 의한 소유권이전등기를 현행민법 시행일로부터 6년 내에 경료하지 않았으므로 원고가 이 사건 부동산에 관하여 취득하였던 소유권을

---

308) 매매를 원인으로 인한 이전등기청구권의 피고들은 모두 네 명이었다. 소외 망 甲의 상속인들이다.

309) 이 사건 부동산 1, 2에 대하여 피고 丙과 피고 戊가 권원 없이 소유권보존등기를 경료한 것으로 보인다.

상실하였다는 항변만을 하였을 뿐이고 원고 주장의 채권적인 소유
권이전등기청구권에 관하여 소멸시효완성의 항변을 하지 않았는데
원심은 이 사건 부동산에 관한 원고의 소유권이전등기청구권이 소
멸시효기간의 만료로 인하여 소멸되었다고 판단한 부분은 변론주
의 원칙 위배 내지는 소멸시효에 관한 법리오해의 위법을 범한 것
이라고 하여 원심판결을 파기 환송하였다(대법원 1980. 1. 29. 선고
79다1863 판결).310)

____

310) 공보 1980, 12593.

Ⅳ. 제3기(1970년부터 1980년 말까지) 辯論主義와 釋明權의 評價

1. 法令에 대한 評價

이 시기는 변론주의가 지배하는 통상의 민사소송과 달리 소액사건 심판절차가 마련되었는데 소액사건 심판절차는 법관의 직권주의가 강화된 심판절차로 통상의 민사소송절차와는 이질적인 특징을 많이 보여 주었다. 특히 직권증거조사의 원칙적인 채택(동법 제10조)과 이후 도입된 보충성이 폐지된 당사자 신문제도는 직권주의 강화를 상징적으로 보여 준다. 이와 같은 특별한 소송절차의 형성은 통상의 민사소송에도 적잖은 영향을 주게 되었다.

한편, 통상 민사소송절차에서 변론주의와 석명권 규정은 전 시기와 별다른 변화가 없었다. 그렇지만, 1983년 9월 1일부터 제정·시행하게 된 민사소송규칙에서는 주목할 만한 제도들이 많이 신설되었는데 특히 당사자의 사전 조사정리 의무와 쟁점명확화 의무, 준비절차를 거친 사건에 대한 계속 심리의무, 기일 전의 증거조사 등이 그것이다. 이와 같은 집중심리주의를 위한 제도적 기초의 형성은 이 시대의 소송관을 반영한 것이었고 장차 이어진 민사소송법의 개정에 상당한 기반이 된다.

2. 文獻에 대한 評價

이 시기 변론주의(Verhandlungsmaxime)를 처분권주의와 구분하여 파악하는 입장이 보편화된다. 그리하여 심판대상을 당사자가 확정한다는 처분권주의는 심판자료의 수집과 제출에 관한 원칙인 변론주의와는 구별되어야 한다고 본다. 또한 변론주의는 소송자료의 수집ㆍ제출책임을 당사자가 아닌 법원이 지게 되어 있는 직권탐지주의(Untersungsmaxime)와는 대비되는 민사소송의 원칙으로 파악한다.

또한 이 시기 변론주의의 인정근거와 관련하여 본질설이 내용적 완결성을 가지고 유력하게 제기된다. 본질설은 민사소송에서도 사법과 마찬가지로 사적자치의 소송법적 실현을 위해 변론주의가 요구되는 것으로 그 연원상 형사소송과는 다르다는 것을 강조한다. 그 밖에 변론주의의 인정근거를 다원적으로 설명하는 입장은 위와 같은 본질설을 수단설과 병립적으로 결합한 학설이었다.

이와 관련 당사자가 증거만 제출하고 이에 관한 사실을 주장하지 않는 경우 증거자료에서 법원이 인식한 사실을 인정할 수 있느냐의 문제가 있었는데 수단설은 묵시적 주장이 있었다고 보아 그대로 사실인정을 할 수 있다는 입장이었지만, 본질설에서는 변론에서 당사자의 주장이 있어야 하므로 법원이 이를 석명하여야 한다는 입장을 보였다. 현저한 사실에 대해서도 주장책임이 있느냐를 둘러싸고 유사한 논쟁이 있었다. 이와 같이 상반된 변론주의의 이해는 논의의 다양화를 불러왔지만 이 시기 그만큼 소송관의 대립역시 심화되었음을 보여 준다.

변론주의의 적용대상을 확정하기 위한 주요사실과 간접사실의 구별에 대해서도 종래 전통적으로 지배적인 입장이었던 법규기준설에 대해 비판하는 입장이 이 시기 나타난다. 그리하여 이 입장에 따르면 주요사실이란 당사자에게는 공격·방어의 목표가 되고 법원에는 그 심리활동의 지침이 되는 사실이라고 하면서 주요사실의 기준과 범위를 주요사실이 본래 가지는 기능에 착안하여 결정하여야 한다고 주장한다. 이는 상당히 설득력이 있었지만 종래의 법규기준설을 대체할 새로운 기준을 세우지 못한 채 해석자의 자의에 흐르기 쉬워 전통적인 입장을 대체할 새로운 입장으로 수용되지는 못했다.

이 시기의 커다란 특징 중 하나는 독일에서 전개되었던 사회적 민사소송관의 영향이었다. 이는 이 시기 주로 독일 민사소송법의 영향을 직접 받게 된 것이 그 원인이었다고 여겨진다. 사회적 소송관은 변론주의에 대한 회의로부터 시작하여 사회적 민사소송의 구상으로 이어졌는데 이를 실현하기 위한 중요한 수단은 법관의 석명권 강화를 통한 후견적 개입이었다. 종래의 변론주의는 실질적인 수정 내지 폐기될 상황이라는 주장을 이끌었는데 그 영향은 석명권의 영역에서 강하게 나타났다.

이 시기 또 다른 특징은 변론주의의 남용에 대한 대응책으로 진실의무의 도입이 활발히 논의되었다는 점이다. 이전 시기 문헌에서도 간단하게 독일의 진실의무가 소개되었는데 이 시기 진실의무에 대한 논의가 구체적으로 전개된다. 그런데 이와 같은 변론주의 내지 자유주의적 소송관에 대한 반발이 유독 이 시기에 진실의무를 둘러싸고 강하게 표출되는 것은 역시 이 시기 소개되었던 사회적 소송관의 영향과도 무관하지 않은 것으로 보인다. 종래 진실의무의 개념적 소개와 인정근거의 탐색에서 나아가 진실의무의 내용적 한계를 분석하는 논의가 전개되어 진실의무는 일단 소송에 참여하는 당사자가 소송에 있어서 진실에 반하는 진술을 하여서는 안 되는 주관적 진실의무로 한정되고 완전진술의무의 단계까지 요구될 수는 없다는 주장이 설득력을 얻었다. 당시 사회적 소송관의 영향이 강하였지만 완전진술의무는 변론주의와 조화하기 어렵고 이를 부과할 경우 당사자는 진실발견의 수단으로 전락할 가능성이 있다는 논거가 지지를 받았다. 그렇지만 진실의무의 도입필요성은 강하여 이 시기 당사자신문의 보충성이 소액사건 심판절차에서는 폐지되기도 하였다.

한편 법관은 석명권의 적극적 행사를 통해 社會的 法治國家의 달성에 협력해야 하고 소송 당사자 역시 법원과 기능적인 작업공동체를 형성하여 진실발견에 협조하여야 한다는 '社會的 訴訟觀'은 변론주의에 대한 근본적인 재음미의 기회를 주어 양자의 관계에 대한 구체적인 논의가 전개되었다. 그리하여 석명권은 변론주의에 대한 제한 내지 예외라는 입장, 변론주의의 보완수단으로 보는 입장, 그리고 사회적 법치국가의 민사소송 실현에 기여하는 제도라는 입장이 전개되었다. 그중 세 번째 입장이 사회적 소송관의 입장인데 당사자주의가 전제하는 소송자료 수집과 제출에 있어서 동등한 능력존재라는 전제는 허구인 이상 법원이 당사자와 작업공동체를 형성하여 주도적으로 진실발견에 나서야 하고 이를 위해서 종래 사실확정 과정에서 보여 주었던 소극적인 법관의 역할은 재정립되어야 한다는 것이었다. 이런 결론은 상당한 지지를 얻어 곧 이어지는 1991년 민사소송법 개정작업에 일정한 영향을 주게 된다.

법관의 적극적인 석명권 행사요구는 이 시기 사회적 소송관의 영향도 있었지만, 제1기(1950년대)와 제2기(1960년대)에도 꾸준히 법원 실무와 학계에서 실체적 진실관에 기초해서 전개된 바 있었다. 즉 법관은 석명권의 적극적인 행사를 통해 실체적 진실을 규명해야 하고 이것이 법원의 임무라는 것이다. 이런 흐름들 속에서 이 시기 적극적 석명의 허용 여부를 놓고 석명권의 한계가 구체적으로 전개된다. 그리하여 적극적 석명의 허용 여부에 관해 부정설, 제한적인 요건하에서 예외적으로 가능하다는 설과 일반적으로 긍정하는 설이 그것이다. 대체적으로 이 시기 적극적 석명에 대해 일정한 요건하에서 긍정적으로 인정할 수 있다는 입장이 점차 유력해진다. 이는 변론주의에 대한 새로운 이해와 사회적 소송관의 영향, 전통적인 분쟁해결기관으로서 법원의 실체적 진실발견의 노력, 당사자로부터의 신속한 분쟁해결의 요구 등이 결부되어 나타난 결과라고 볼 수 있다.

3. 判例에 대한 評價

이 시기 석명의무를 인정한 판례는 문헌에서 활발히 나타난 적극적인 석명권 행사의 필요성에 비추어 보면 다소 소극적이라는 평가가 가능한 것이 사실이다. 실제로 이전 시기보다 석명의무의 위반을 인정해서 원심을 파기한 판례의 숫자가 줄었는데 이는 큰 판례 변화 없이 석명권에 대한 대법원의 입장이 안정적으로 유지되었고 하급심 역시 이런 입장을 받아들였다는 것을 보여 준다.

당사자의 진술이 증거자료와 모순되는 경우 이를 지적하는 석명이 필요하다는 판례(대법원 1971. 11. 15. 선고 71다1934 판결)는 전 시기 같은 취지의 판례가 있었는데 이를 이어받은 것으로 볼 수 있다. 또한 변제충당의 법률효과를 당사자가 주장하면서 이에 대한 입증이 없는 경우 이를 석명하여야 한다는 판례(대법원 1987. 5. 26. 선고 86다카2950 판결) 역시 타당하고 전 시기(1960년대)의 판례의 전통을 승계한 것으로 볼 수 있다.

문제 되는 것은 당사자가 증거만 제출하고 이에 관한 주장을 하지 않는 경우이다. 이 경우 원칙적으로 법원의 석명권 행사를 통해 당사자가 주요사실을 변론에서 진술하도록 하여야 한다는 것이 전 시기의 판례의 태도였다(대표적으로 대법원 1966. 5. 31. 선고 66다676 판결). 그런데 이 시기 이런 판례의 태도를 벗어나는 판례가 등장한다. 즉 당사자의 증거신청을 법원에 대한 간접적인 진술로 보아 바로 사실인정을 할 수 있다는 판례가 그것이다(대법원 1987. 9. 8. 선고 87다카982 판결). 이런 태도는 변론주의가 지배하는 민사소송에서 주요사실의 주장과 확정책임은 당사자에게 있음을 간과하거나 경시한 태도로 타당하지 않은 판례의 변화라고 여겨진다. 이렇게 주요사실의 인정을 법원이 증거자료로부터 비교적 자유롭게 할 수 있게 되면 소송절차의 신속은 기할 수 있을지 몰라도 주요사실의 인정을 통해 불이익을 받을 수 있는 상대방의 방어 기회를 상실시키게 되고 예측하지 못한 재판으로 이어져 판결 승인의 문제까지 일으킬 수 있다. 변론주의원칙에 충실한 소송 진행이 필요하다.

한편, 당사자가 법정채권 발생요건에 대해서는 주장입증을 하였으나 그 효과로 발생한 금전채권의 구체적인 액수와 그 입증을 하지 않는 경우 법원이 이를 석명하여야 한다는 판례(대법원 1986. 8. 19. 선고 84다카503, 504 판결 등)는 전 시기의 판례를 승계한 것으로 타당한 태도이다. 또한 제출된 증거의 성립과 작성경위, 그리고 내용에 대해 불명확, 의문이 있을 경우 이를 석명하여 답변할 기회를 준 뒤 그 증거에 대해 판단을 하여 결론을 내려야 한다는 취지의 판결(대법원 1989. 11. 28. 선고 89다카13285 판결) 역시 입증책임을 지는 당사자의 기대를 보호하고 상대방 역시 이에 대한 공격기회를 줄 수 있다는 점에서 볼 때 적정한 소송지휘권의 행사라고 볼 수 있겠다.

또한 새로운 공격·방어방법과 관련하여 대법원은 법률상 또는 논리상 예기되는 주장을 촉구할 수는 있어도 그 정도를 넘어 당사자가 주장하지도 않은 전혀 새로운 공격·방어방법이나 사실에 관한 주장을 권유할 수는 없는 것(대법원 1977. 3. 8. 선고 76다2461 판결 참조)이라는 취지의 판결을 내렸는데 원칙적으로 찬성하지만 너무 경직된 적용을 보였다는 점에서 비판의 여지는 있다. 다만 새로운 공격·방어방법에 대한 석명에 있어 일응의 기준을 제시하였다는 점에 의의가 있다.

끝으로 눈에 띄는 변화는 이 시기 법률적 사항이나 새로운 법률적 관점에 대한 석명을 인정하는 판례군이 사라졌다는 사실이다. 이 시기에 확인된 판례들에서는 찾을 수가 없다는 사실은 이 시기 법원이 한편으로는 실무에서 정착된 구 소송물이론에 충실하게 소송물 확정책임을 원고에게 맡기고 이에 대한 법원의 조력은 당사자의 책임영역을 제한하게 된다는 점을 고려한 결과일 수도 있다. 그렇지만, 이 시기 전반적으로 석명의무를 인정한 판례 자체가 그 숫자 면에서 갑자기 전 시기에 비해 크게 줄어드는 현상을 보면 법원이 이 시기 법관의 석명권을 소극적으로 운영한 것이 반영되지 않았나 하는 생각이 든다. 아무튼 전 시기와 같은 소송물이론과 법원의 적극적인 석명권 운영 사이에 갈등이 발생하지는 않았지만 갑작스런 석명권의 축소는 법원을 둘러싼 시대 분위기와도 관련되지 않았나 하는 추측을 가능하게 한다.

제 **4** 장

1990년 이후 2002년까지

辯論主義와 釋明權

Ⅰ. 法令의 規定

1990년 9월 1일부터 개정 민사소송법(법률 제4201호, 1990. 1. 13. 일부개정)이 시행되었다. 개정안은 1984년부터 약 4년간 법무부 자문위원회가 심의 끝에 마련한 개정안이었다. 1960년 민사소송법 제정 이래 양적으로나 질적으로 가장 광범위한 개정작업이었다. 개정 민사소송법의 주요 개정내용 중 변론주의와 석명권에 관련된 내용을 살펴보면, 우선 민사소송에 당사자와 관계인의 신의성실 원칙을 규정하였고(동법 제1조), 소송구조의 요건을 완화하고 구조의 범위를 확대하였다. 개정 법률에서 구조요건을 '패소할 것이 명백하지 아니한 경우'로 고치고(동법 제118조 제1항 단서), 당사자가 스스로 선임을 한 변호사까지로 보수의 지급유예를 확대시켰고(동법 제119조 제1항 제2호), 변호사나 집행관이 지급 유예된 보수를 받지 못할 때는 국고에서 상당한 금액을 지급하도록 하였다(동법 제119조 제2항). 또한 법률적 관점에 대한 석명의무를 규정한 조항을 신설하여 당사자가 명백히 간과한 법률적 관점에 관한 지적의무 내지 시사의무를 규정하였다(동법 제126조 제4항). 그 밖에 변호사 선임명령 불응 시에 소 또는 상소의 각하제도(동법 제134조 제4항), 변론의 집중을 위한 선언적 규정의 신설(동법 제245조) 등을 들 수 있다.

제1조(신의성실의 원칙) 법원은 소송절차가 공정·신속하고 경제적으로 진행되도록 노력하여야 하며, 당사자와 관계인은 신의에 좇아 성실하게 이에 협력하여야 한다. [본조신설 1990. 1. 13.]

제118조(구조의 요건) ① 법원은 소송비용을 지출할 자력이 부족한 자

의 신청에 의하여 각 심에서 소송상의 구조를 할 수 있다. 다만, 패소
할 것이 명백한 경우에는 그러하지 아니한다. <개정 1990. 1. 13.>
② 구조의 사유는 소명하여야 한다.

제119조(구조의 객관적 범위 <개정 1990. 1. 13.>) ① 소송과 강제
집행에 대한 소송상의 구조는 다음과 같다. <개정 1990. 1. 13.>
1. 재판비용의 납입유예
2. 변호사 및 집달관의 보수와 체당금의 지급유예
3. 소송비용의 담보면제
② 제1항 제2호의 경우에 변호사나 집달관이 보수를 받지 못하는
때에는 국고에서 상당한 금액을 지급한다. <신설 1990. 1. 13.>

제120조(구조효력의 주관적 범위) ① 소송상의 구조는 이를 받은 자
에 한하여 효력이 있다.
② 법원은 소송승계인에 대하여 유예한 비용의 납입을 명할 수 있다.

제121조(구조의 취소) 소송상 구조를 받은 자가 소송비용을 납입할
자력이 있음이 판명되거나 그 자력이 있게 된 때에는 소송기록이
있는 법원은 직권 또는 이해관계인의 신청에 의하여 언제든지 구
조를 취소하고 유예한 소송비용의 납입을 명할 수 있다.

제122조(유예비용의 추심) ① 소송상의 구조를 받은 자에게 납입을
유예한 비용은 그 부담의 재판을 받은 상대방으로부터 직접 추심
할 수 있다.
② 제1항의 경우에는 변호사 또는 집달관은 소송상의 구조를 받은
자의 채무명의에 의하여 보수와 체당금에 관한 비용액의 확정결정
신청과 강제집행을 할 수 있다. <개정 1990. 1. 13.>

③ 변호사 또는 집달관은 보수와 체당금에 대하여 당사자를 대위하여 제103조 또는 제104조의 결정신청을 할 수 있다. <개정 1990. 1. 13.>

제123조(불복신청) 이 절에 규정한 재판에 대해서는 즉시항고를 할 수 있다. <개정 1990. 1. 13.>

제126조(석명권, 구문권) ① 재판장은 소송관계를 명료하게 하기 위하여 당사자에게 사실상과 법률상의 사항에 관하여 질문하거나 입증을 촉구할 수 있다. <개정 1990. 1. 13.>
② 합의부원은 재판장에게 고하고 제1항의 행위를 할 수 있다. <개정 1990. 1. 13.>
③ 당사자는 재판장에 대하여 필요한 석명을 요구할 수 있다. <개정 1990. 1. 13.>
④ 법원은 당사자가 명백히 간과한 것으로 인정되는 법률상의 사항에 관하여 당사자에게 의견진술의 기회를 주어야 한다. <신설 1990. 1. 13.>

제127조(석명준비명령) 재판장은 제126조의 규정에 의하여 당사자에게 석명할 사항을 지시하고 변론기일 전에 준비할 것을 명할 수 있다. <개정 1990. 1. 13.>

제130조(법원의 석명처분) ① 법원은 소송관계를 명료하게 하기 위하여 다음의 처분을 할 수 있다.
1. 당사자 본인 또는 법정대리인의 출석을 명하는 일
2. 소송서류 또는 소송에 인용한 문서 기타의 물건으로 당사자가 소지한 것을 제출하게 하는 일

3. 당사자 또는 제삼자가 제출한 문서 기타 물건을 법원에 유치하는 일

4. 검증을 하고 감정을 명하는 일

5. 필요한 조사를 촉탁하는 일

② 제1항에 규정한 검증, 감정과 조사의 촉탁에는 증거조사에 관한 규정을 준용한다. <개정 1990. 1. 13.>

제134조(변론능력이 없는 자에 대한 처리) ① 법원은 소송관계를 명료하게 하기 위하여 필요한 진술을 할 수 없는 당사자 또는 대리인의 진술을 금하고 변론속행의 신기일을 정할 수 있다.

② 제1항의 규정에 의하여 진술을 금한 경우에 필요하다고 인정한 때에는 법원은 변호사의 선임을 명할 수 있다. <개정 1990. 1. 13.>

③ 대리인에게 진술을 금하고 또는 변호사의 선임을 명하였을 때에는 본인에게 그 취지를 통지하여야 한다.

④ 소 또는 상소를 제기한 자가 제2항의 규정에 의한 명령을 받고도 제1항의 신기일까지 변호사를 선임하지 아니한 때에는 법원은 결정으로 소 또는 상소를 각하할 수 있다. <신설 1990. 1. 13.>

⑤ 제4항의 결정에 대해서는 즉시항고를 할 수 있다. <신설 1990. 1. 13.>

제135조(화해의 권고) ① 법원은 소송의 정도 여하에 불구하고 화해를 권고하거나 수명법관 또는 수탁판사로 하여금 권고하게 할 수 있다.

② 제1항의 경우에 법원, 수명법관 또는 수탁판사는 당사자 본인이나 그 법정대리인의 출석을 명할 수 있다. <개정 1990. 1. 13.>

제136조(수시제출주의) 공격 또는 방어의 방법은 특별한 규정이 없으면 변론의 종결까지 제출할 수 있다.

제138조(실기한 공격방어방법의 각하) ① 당사자의 고의 또는 중

대한 과실로 시기에 늦어서 제출한 공격 또는 방어방법은 이로 인
하여 소송의 완결을 지연하게 하는 것으로 인정한 때에는 법원은
직권 또는 상대방의 신청에 의하여 결정으로 각하할 수 있다.② 공
격 또는 방어의 취지가 명료하지 아니한 경우에 당사자가 필요한
석명을 하지 아니하거나 석명할 기일에 출석하지 아니한 때에도
제1항과 같다. <개정 1990. 1. 13.>

제139조(의제자백) ① 당사자가 변론에서 상대방이 주장한 사실을
명백히 다투지 아니한 때에는 그 사실을 자백한 것으로 본다. 다
만, 변론의 전 취지에 의하여 그 사실을 다툰 것으로 인정되는 경
우에는 그러하지 아니하다. <개정 1990. 1. 13.>
② 상대방이 주장한 사실에 대하여 부지라고 진술한 것은 그 사실
을 다툰 것으로 추정한다.
③ 제1항의 규정은 당사자가 변론기일에 출석하지 아니한 경우에
준용한다. 다만, 변론기일에 출석하지 아니한 당사자가 공시송달에
의한 소환을 받은 때에는 그러하지 아니하다. <개정 1990. 1. 13.>

제245조(변론의 집중과 준비) 변론은 집중되어야 하며, 당사자는 변
론을 서면으로 준비하여야 한다. [전문개정 1990. 1. 13.]

제265조(직권 증거조사) 법원은 당사자의 신청한 증거에 의하여 심증
을 얻을 수 없거나 기타 필요하다고 인정한 때에는 직권으로 증거
조사를 할 수 있다.

제339조(당사자신문의 보충성) 법원은 증거조사에 의하여 심증을 얻
지 못한 때에는 직권 또는 당사자의 신청에 의하여 당사자 본인을
신문할 수 있다. 이 경우에는 당사자에게 선서를 하게 할 수 있다.

Ⅱ. 文獻의 立場

1. 民事訴訟을 支配하는 審理의 一般原則으로서의 辯論主義

(1) 辯論主義의 意義 및 根據

변론주의(Verhandlungsmaxime)라 함은 소송자료(사실자료와 증거자료)의 수집 및 제출은 당사자에게 맡기고 법원은 당사자가 제출한 자료만을 기초로 재판을 하도록 하는 원칙을 말한다. 이 시기 변론주의와 처분권주의는 완전히 구별되는 개념으로 사용하는 입장이 일반화된다.[311] 변론주의는 직권탐지주의(Untersuchungsmaxime)와 반대되는 개념으로 사용된다. 변론주의는 제출주의(Beibringungsmaxime)로도 불린다. 이 시기 역시 전 시기와 마찬가지로 독일의 社會的 民事訴訟의 법원실무에 대한 영향은 지속되었지만 학계에서는 이에 대해 비판적인 입장이 제기되기도 하였다. 변론주의에 대신하여 법관과 당사자가 협동하여 사안해명을 해야 한다는 협동주의에 대해서는 소송에 있어서 당사자의 자기책임원칙을 포기한 것이라는 지적[312] 또는 사실자료의 수집에 관한 법원의 협력을 과대평가한 것이라는 지적이[313] 있었다.

---

311) 鄭東潤, 「民事訴訟法」, 第四全訂版, 法文社, 2001, 311면; 李時潤, 「民事訴訟法」, 新訂3版, 博英社, 2000, 425면; 姜玹中, 「民事訴訟法」, 新三全訂版, 博英社, 2001, 413면; 宋相現, 「民事訴訟法」, 新訂版, 博英社, 1997, 392면; 胡文赫, 「民事訴訟法」, 제2판, 法文社, 2002, 298면; 田炳西, 「民事訴訟法講義」, 新版, 法文社, 1998, 367면. 다만 田炳西 교수는 변론주의와 처분권주의의 동질성 여부를 변론주의의 근거와 관련되어 설명한다(같은 면).

312) 李時潤, 위의 책, 427면.

313) 鄭東潤, 위의 책, 337면.

이 시기 변론주의의 근거에 대한 학설의 논의가 보다 더 풍부해
진다. 전통적인 本質說과 手段說 그리고 多元說에 節次保障說이
추가된다. 절차보장설은 당사자에 의하여 변론에 나타난 사실과 증
거만을 재판의 기초로 하는 것이 쌍방 당사자에게 예상 밖의 판결
을 방지하고 나아가 절차권을 보장하게 되기 때문이라고 한다.[314]
수단설에 대해서는 직권탐지주의와의 차이를 충분히 설명하지 못
한다는 비판이 제기되고 다원설 역시 내세우는 사적자치·진실발
견·기습공격의 방지·재판의 공정성 등을 내세우지만 변론주의의
기본적인 이념을 지적하지 못하는 약점이 있다는 점에서 끝으로
절차보장설은 변론주의의 근거와 그 기능을 오해하였다는 점에서
본질설이 타당하다는 학설이 다수설의 입장이었다.[315]

(2) 辯論主義의 內容

변론주의는 구체적으로 사실자료에 있어서 당사자의 주장책임과
자백의 구속력, 그리고 증거자료에 있어 당사자의 증거신청을 그
내용으로 한다. 이 가운데 당사자의 주장책임이 문제 되는 주요사
실과 간접사실 구별의 문제와 증거제출에 의한 간접적인 주장이
문제 된다.

1) 主要事實과 間接事實 區別의 問題

주장책임은 주요사실에 대해서만 인정되고 간접사실이나 보조사

---

314) 鄭東潤, 위의 책, 312면. 저자는 이 설을 소개만 하고 있지 이를 따르고 있지는 않다(같은
　　책, 313면).

315) 鄭東潤, 위의 책, 312면; 姜玹中, 위의 책, 414면; 田炳西, 위의 책, 370면; 宋相現,
　　위의 책, 392면; 胡文赫, 위의 책, 299면. 다만 宋相現 교수와 胡文赫 교수는 사적자치
　　외에 진실발견까지 그 근거로 고려한다는 것을 보면 다원설에 분류할 수도 있지만 사적자
　　치를 더 강조한다는 점을 고려하여 본질설로 분류하였다.

실에는 적용되지 않는다. 그러므로 법원은 간접사실을 당사자가 변론에서 주장하지 않았다 하더라도 다른 증거에 의하여 이를 인정할 수 있다. 이는 법관의 자유심증주의의 보장과 소송의 촉진을 고려한 것이다. 이렇게 주장책임이 인정되느냐의 차이로 인해 주요사실과 간접사실을 구별하는 것은 실제 소송에서 중요하게 다루어진다. 이 시기 종전의 法規基準說에 대한 비판이 다시 강하게 나타났다.

주요사실과 간접사실의 구별이 중요하게 취급된 것은 실제 소송에서 간접사실에 의해 소송의 승패가 결정되는 경우가 많아지는 것과 관련이 있다. 특히 현대형 소송이라고 분류되는 공해소송, 제조물책임소송 등에서 주요사실인 인과관계의 입증이 주로 간접사실에 의존할 수밖에 없다는 사실이다. 이런 소송에서 당사자가 주장하지도 않은 간접사실에 의해 법원이 인과관계를 인정해 버리면 당사자에게는 예상 밖의 재판이 되어 부당하게 된다는 점이 강조된다. 예컨대 종래 통설에 의하면 불법행위책임을 인정할 경우 요건사실 중 하나인 과실과 인과관계를 바로 주요사실로 보아 과실에 해당하는 규범적 판단을 내리게 하는 여러 사실들을 간접사실(속도위반사실, 전방주시의무위반사실, 추월방법위반, 신호위반 등)로 인정하여 드러난 사실관계에서 이런 사실이 확인되면 과실이 존재한다고 인정할 수 있었다. 이렇게 과실인정에 판단자료가 되는 사실을 간접사실로 보게 되면 당사자는 어떤 사실이 과실판단자료로 사용될지 모르기 때문에 드러난 모든 사실관계로부터 변론에서 쟁점이 되지 않았다 하더라도 이를 예상하여 방어해야 하기 때문에 실질적인 방어 가능성이 없어지고 만다.

종래 통설과 판례의 입장인 法規基準說은 주요사실과 간접사실의 구별은 법규의 구조 속에서 찾아야 한다는 것으로 법률이 규정하는 구성요건에 해당하는 구체적 사실을 주요사실이라 하고 그 이외의 사실은 간접사실이라고 보았다. 이에 대해 구성요건이 '정당한 이유', 또는 '과실' 등 일반조항 내지 추상적 개념의 경우에는 음주운전 또는 과실 등 구체적인 사실을 準主要事實로 보아 이것은 당사자의 주장이 없으면 판결의 기초로 삼을 수 없다는 견해가 주장된다.316) 또한 법규의 구성요건이 법적 평가나 권리 등인 경우에는 이런 요건사실은 변론주의가 적용되는 사항인 주요사실이라고 할 수 없다고 보면서 추상적 요건사실의 판단에 이르게 하는 행위, 예를 들면 음주운전, 과속운전 등이 主要事實이 된다고 보게된다. 그리고 그 근거로 변론주의는 원래 사실에만 관계되는 것이고 법적 평가와는 관련이 없기 때문이라고 한다.317) 나아가 법규기준설에 따른 주요사실과 간접사실의 구별을 포기하고 소송의 승패에 영향을 미치는 중요사실에 관해서는 주요사실인지 여부를 묻지 않고 당사자의 주장이 필요하다는 견해와 이익형량이라는 독자적인 기준에 의해 주요사실과 간접사실을 재구성해야 한다는 견해까지 나타났다.318)

이런 비판적인 견해에 대해 다수설 역시 그 취지는 이해하지만 전통적인 법규기준설 자체에 대한 비판에 대해서는 부정적이다. 주요사실의 기준과 범위를 법규의 구조를 떠나서 그 본래적 기능에 따라서 재정립하자는 견해는 너무 막연한 발상이라는 비판이319) 이런 입장이다. 예상외 재판의 방지라는 취지에서 제기된 주요사실과

---

316) 李時潤, 위의 책, 430면; 鄭東潤, 위의 책, 320면; 田炳西, 위의 책, 380면.
317) 胡文赫, 위의 책, 306면.
318) 姜玹中, 위의 책, 418 - 419면 참조.
319) 宋相現, 위의 책, 398면.

간접사실의 비판적 재검토 논의는 논의에 비해 나타난 결론은 대동소이하다. 이런 예상외 재판의 금지는 법관의 적정한 석명권 행사를 통해 방지되어야 한다. 즉 법관의 당사자와의 쟁점정리 과정에서 소송의 쟁점으로 부각시켜야 하고 이런 간접사실을 당사자가 제시하지 못하면 법관은 이 점을 석명권의 행사를 통해 지적하여 해결하여야 한다.

2) 間接的인 主張의 許容 與좀

사실자료와 증거자료가 준별되는 변론주의에서 법원이 증거조사를 하는 기회에 나타난 주요사실을 판결의 기초로 삼을 수 있을 것인가가 문제 된다. 예컨대 원고의 대여금청구에 대해 피고가 변제하였다는 사실을 항변을 통해 주장한 바 없지만 증인의 증언에서 피고의 변제사실이 진술되고 이 증언이 신빙성이 있다면 법원은 이 사실을 인정하여 원고의 채권은 소멸되었다고 판단할 수 있느냐이다.

이에 대해 종래 일부 학설과 판례는 간접적인 진술은 있다고 보는 입장이었다.320) 즉 당사자가 변론에서 명시적으로 주요사실에 대한 주장을 하지는 않았지만, 일정한 증거자료의 제출행위 및 증거조사결과의 원용행위를 들어 간접적으로 이를 주장한 것으로 볼 수 있다는 점을 들고 있다. 이에 대해 변론주의의 엄격성을 완화할 필요가 있다는 견지에서 당사자의 일정한 소송행위에 비추어 보아 당연히 주요사실의 주장이 예상되는 경우에는 상대방의 방어권 행사에 지장을 주지 않는 범위 내에서 변론의 전 취지로 보아 간접적

---

320) 李英燮, 위의 책, 138면; 대법원 1995. 4. 28. 선고 94다16083 판결; 대법원 1996. 2. 9. 선고 95다27998 판결; 대법원 1993. 3. 9. 선고 92다54517 판결; 대법원 1993. 2. 12. 선고 91다33384·33391 판결.

인 주장을 인정할 수 있다는 입장[321]도 있다.

좀 더 변론주의에 충실한 입장도 있다. 즉 법관은 이 경우 석명권을 행사하여 당사자의 진술을 받아 내거나 진술할 의사가 없음을 확인하는 것이 원칙이고 이렇게 해야만 상대방에게 방어의 기회를 주게 된다는 점을 강조한다. 그렇지만 이런 석명 역시 변론의 전 취지나 입증활동 등으로 봐서 당사자가 그러한 진술을 할 의사가 있으리라는 것이 충분히 짐작되는 경우에 한정된다고 본다. 단순히 증거자료에 나타났다고 하여 바로 석명을 하는 것은 석명권의 한계를 벗어날 수 있다는 것이다.[322]

(3) 辯論主義의 適用範圍

변론주의는 사실과 증거의 수집에 관해 당사자에게 주도권을 주는 원칙이므로, 변론주의가 지배하는 영역은 구체적인 분쟁 사실관계이다. 그러므로 주장된 분쟁 사실관계를 기초로 하여 법률의 적용과 수집된 증거의 평가는 변론주의와 관계가 없는 법관의 고유한 판단영역이다.[323] 따라서 법관은 이에 관한 당사자의 주장에 구속되지 않는다. 사실인정의 전제가 되는 경험법칙에도 변론주의가 적용되지 않는다.

---

321) 宋相現, 위의 책, 395면; 鄭東潤, 위의 책, 316면. 姜玹中, 위의 책, 416면은 주장과 증명은 당사자의 책임과 권능임을 강조하고 있지만 재판실무의 태도를 소개하는 것을 보면 현실적으로 이를 받아들이는 입장으로 이해된다.

322) 胡文赫, 위의 책, 309면; 같은 취지로 李時潤, 위의 책, 429면; 田炳西, 위의 책, 374－376면.

323) 대법원 1994. 11. 25. 선고 94므826 판결; 대법원 1997. 11. 28. 선고 95다29230 판결 등.

2. 辯論主義의 補完策으로서 法官의 釋明

(1) 釋明權의 意義

재판장은 소송관계를 명료하게 하기 위하여 당사자에게 사실상과 법률상의 사항에 관하여 질문하거나 입증을 촉구할 수 있다. 이로써 석명권은 법관의 사실상과 법률상의 사항에 대한 질문권과 증명촉구권으로 부를 수 있다.

이런 석명권이 재판의 적정과 실질적 공평을 이루기 위한 민사소송의 마그나카르타 혹은 사회적 법치국가의 민사소송 실현수단이라는 견해가 종래 다수설의 입장이었지만[324] 여기에 대해 변론주의와의 관련에서 석명권에 재판의 공평을 이루기 위한 기능을 부여할 수는 없고 법관의 중립성 한계 내에서 적정한 재판을 가능하도록 하여 변론주의를 보완한다는 비판적인 입장이[325] 이 시기 등장한다.

(2) 法的 觀點 示唆義務의 性格

이 시기 가장 큰 변화는 석명권에 관한 규정(민사소송법 제126조)에 제4항을 신설하였다는 사실이다(1990년 1월 13일 민사소송법의 개정). 그리하여 "법원은 당사자가 명백히 간과한 것으로 인정되는 법률상의 사항에 관하여 당사자에게 의견진술의 기회를 주어야 한다."고 새로이 규정하였다. 이런 법원의 의무를 시사의무 혹

---

324) 李時潤, 위의 책, 437면; 宋相現, 위의 책, 400면; 姜玹中, 위의 책, 424면; 鄭東潤, 위의 책, 324면; 田炳西, 위의 책, 386면.
325) 胡文赫, 위의 책, 310면.

은 법적 관점 지적의무 등으로 부르고 있다.326) 이 규정은 독일의 이른바 간소화개정법에 의하여 신설된 §278Ⅲ ZPO를 모델로 삼아 만들었다.327) 이를 통해 법률적 측면에서 석명권을 강화하기 위한 것이 이 규정의 신설취지였다고 소개된다. 특히 이 규정을 근거로 적극적 석명을 인정하려는 입장이 있으므로 이제 이 시사의무의 성격 내지 본질을 살펴볼 필요가 있다. 동 규정은 2002년 개정 시에 표현을 "법원은 당사자가 간과하였음이 분명하다고 인정되는 법률상 사항에 관하여 당사자에게 의견을 진술할 기회를 주어야 한다."로 바꾸었다(동법 제126조 제4항).

이 조문의 법적 성격에 관하여 두 가지로 견해가 나누어진다. 그 하나는 이를 법관의 석명의무에 속하는 것으로 보는 견해이고, 다른 하나는 석명의무와는 별개의 목적과 의미를 가진다고 보는 견해이다. 석명의무로 보는 견해는 이 규정의 신설로 법관은 이제 당사자가 간과한 법률상의 사항에 대해 적극적 석명을 할 수 있게 되었다고 하여 제126조 제1항의 석명과 다르지 않은 것으로 본다(同質說).328) 그리고 이 규정으로 석명권이 법률적 측면에서 강화되었

---

326) 이를 법적 관점 指摘義務라고 부르는 사람도 있으나 여기서는 示唆義務로 부르기로 한다. Hinweispflicht를 지적하는 의무라는 강한 의미보다는 시사한다는 정도로 번역하는 것이 더 적합하다고 보인다. 胡文赫(b), "民事訴訟에 있어서의 法律的 事項에 관한 法官의 示唆義務", 민법학논총, 제2집, 박영사, 1995, 752면. 이를 表明義務라 부르는 사람도 있다. 張哲朝(a), 法院의 法的 觀點 表明義務, 김홍규 박사 화갑기념Ⅰ, 民事訴訟의 諸問題, 三英社, 1992, 103면.

327) 종전의 § 278Ⅲ ZPO의 내용은 "당사자가 명백히 간과하였거나 중요하지 않다고 여긴 법률적 관점에 관해서는 그것이 부수적 청구에 관한 것이 아닌 한 그에 관한 의견진술의 기회를 준 경우에만 법원은 재판에서 그 관점에 입각할 수 있다."는 것이었다. 그 뒤 2002년 1월부터 시행되는 개정 민사소송법에서 종전의 § 278Ⅲ을 § 139Ⅱ로 옮기면서 "당사자가 명백히 간과하였거나 중요하지 않다고 여긴 법률적 관점에 관해서는 그것이 부수적 청구에 관한 것이 아닌 한 그에 관하여 시사하고 의견진술의 기회를 준 경우에만 법원은 재판에서 그 관점에 입각할 수 있다. 법원이 양 당사자와 달리 판단하는 관점에 관해서도 같다."라고 수정하였다.

328) 姜玹中, 「民事訴訟法」, 제6판, 박영사, 2004, 426면; 李時潤, 「新民事訴訟法」, 제3판,

다고 보기도 한다.329) 석명의무와는 별개의 의무라는 견해(區別說)는 양자가 그 목적하는 바가 서로 다르다고 한다. 즉 석명은 소송관계를 명백히 하는 것을 목적으로 하는 데 대하여, 법률상 사항에 관한 시사의무는 당사자가 간과한 중요한 법률적 사항을 법원이 지적하여 당사자의 주의를 환기시키고 그에 대한 의견진술의 기회를 주는 것을 목적으로 하는 것이라고 한다.330)

구별설에 따르면 법적 관점에 관한 시사의무를 인정하는 근본취지는 당사자에게 법적 측면에서 뜻밖의 재판을 하지 않도록 하자는 것이고, 이는 독일에서 흔히 말하듯이 법적 심문청구권331)을 보장하기 위한 한 방법이라는 것이다. 그러므로 법적 관점에 관하여 당사자에게 새로운 진술을 하도록 시사하는 것은 석명권 내지 석명의무와는 비록 그 행사방법이 시사라는 점에서는 공통되지만 그 근거를 달리하는 것으로 본다. 그러므로 종래의 석명의무에 새로운 내용을 추가하였다거나 그 의무를 법적 측면에서 확대하였다고 보는 것은 타당하지 않고 이 규정의 신설로 새로운 내용의 적극적 의무를 인정하였다고 볼 것은 아니라고 한다. 본래 법적 관점은 법원

博英社, 2007, 301면.

329) 李時潤, 위의 책, 442면.

330) 康鳳洙, "法院의 法律事項 指摘義務 - 民事訴訟法 第126條 第4項 -", 竹堂 金祥源 先生. 公于 尹一泳 先生 華甲記念 民事裁判의 諸問題 제7권, 1993, 287면, 295면; 張晳朝(a), 法院의 法的 觀點 表明義務, 金洪奎 博士 華甲記念 I, 民事訴訟의 諸問題, 三英社, 1992, 103면.

331) 독일 기본법 제103조 제1항은 "모든 사람은 법원(Gericht)에서 법적인 聽聞(rechtliches Gehör)에 대한 청구권을 가진다."고 규정하고 있다. Gehör를 聽聞으로 번역하는 입장도 있다(장석조, "민사소송에 있어서의 법적청문 청구권" 고려대학교 법학석사학위논문 1990. 12. 19면 각주 46). 위 번역은 Anhörung이 민사소송법상 審問으로 번역되고 Gehör는 당사자 및 이해관계인에게 절차상의 권리를 보장하는 점에 중점이 있는 점을 근거로 하고 있으나 통상 민사소송법에서 法的 審問請求權으로 소개되고 있고 민사소송에서 聽聞이란 개념은 행정절차에서 청문과 혼동의 우려가 있어 그대로 審問으로 하는 번역을 따르기로 한다.

이 직권으로 판단할 사항이기 때문에 '적극적'이란 말이 의미가 없고, 어차피 헌법상의 원칙인 법적 심문청구권에서 이 의무가 도출되기 때문이라고 본다.[332] 이에 따르면 민사소송법이 새로이 이 규정을 둔 것은 이를 새삼 강조하였다는 의미를 가질 뿐이다.[333]

그래서 구별설에 따르면 민사소송법 제126조 제1항과 제4항의 법률적 사항은 같은 개념이 아니라고 보게 된다. 만일 이들이 같은 개념이라고 보면 두 가지 가능성이 생기는데, 먼저 둘 다 당사자의 단순한 사실주장을 뒷받침하는 정도의 의미를 가지는 경우이고, 다른 하나는 모두 원고의 소송상 청구의 법적 성격을 규정짓거나 근거가 되는 법적 관점이나 피고의 항변의 법적 성격을 규정짓는 법적 관점을 말하게 된다. 전자의 경우라면 제126조 제4항이 무의미해진다고 본다. 제126조 제1항의 해석상 소극적 석명권 내지 석명의무가 강조되었던 것은 변론주의로 인한 것인데, 법률상의 사항에 관해서는 본래부터 변론주의가 적용되지 않기 때문에 적극적 석명이 오히려 당연한 것으로 볼 수 있기 때문이라는 것이다. 후자의 경우에는 제1항의 법률적 사항은 원고 청구의 법률적 근거 내지 관점이 되고 제4항에 의하여 법원은 당사자가 생각하지도 않은 법적 관점을 시사함으로써 소송관계에 적극적으로 개입할 수 있게 된다. 말하자면, 제4항이 제1항을 보충하는 기능을 하는 것이나 이러한 해석에 의하면 석명의무의 내용에 소송물의 범위를 넘어서는 시사까지도 포함하게 되어 이는 제126조 제1항이 예상하지 않은 내용으로 보인다고 본다. 본래 석명권 내지 석명의무는 변론주의의

---

332) 우리 헌법은 독일 헌법과 같이 법적 심문청구권을 직접 인정하는 명문의 규정은 없으나 일반적인 法治國家의 原則에서 당연히 파생되는 내용으로 볼 수 있을 것이고(Schmidt Aßmann, in: Maunz/Dürig, Komm. z. GG, Lfg. 30, 1988, Abs. Ⅰ Art. 103 Rdnr. 5), 헌법상 열거되지 않은 기본권으로 볼 수도 있을 것이다(헌법 제37조 제1항).

333) 호문혁, 위의 책, 322면.

결함을 보충하려는 것이므로 어디까지나 사실주장에 중점이 있고 법률상의 사항이란 사실주장을 뒷받침하는 경우를 상정하고 있으므로 제126조 제1항의 '법률상의 사항'은 당사자 사실주장의 법률적 근거에 관한 것이고, 제4항의 '법률상의 사항'은 원고의 소송상 청구와 피고의 항변 자체의 근거가 되는 법적 관점에 관한 것이라고 보는 것이 타당하게 된다.334) 즉 제126조 제1항의 '법률상의 사항'은 '소유자'라는 주장이나 '권리의 소멸'과 같이 당사자의 사실주장의 법률적 근거나 효과, 즉 개개의 법률요건에 관한 것이고, 제4항의 '법률상의 사항'은 원고의 소송상 청구와 피고의 항변 자체의 근거가 되는 법적 관점, 즉 그 사건에 적용한 법규범에 관한 것이라고 보는 것이 타당하다고 본다.335) 그렇게 보면 제4항에 의하여 당사자가 예상치 못한 법 적용으로 인한 뜻밖의 재판이 금지되며 그로써 소송물이론 중 소송법설의 실정법적 근거가 마련된다고 볼 수 있게 된다.336)

그런데 여기에는 이 시사의무가 어느 소송물이론에 의하더라도 인정된다는 것을 전제로 하여 소송물이론에 따라 그 범위가 달라진다고 하는 견해가 나타났다.337) 그러나 뜻밖의 재판을 방지하기 위한 취지의 시사의무는, 당사자가 주장한 법적 관점은 소송물을 정하는 기준이 되지 않고 따라서 법원이 그에 따라 심판의 범위를 정할 필요가 없다는 소송법설로서만 제대로 설명된다는 주장이 유력하였다.338) 예컨대 원고가 손해배상청구를 하면서 불법행위를 주

---

334) 胡文赫(b), 752－753면.

335) 호문혁, 위의 책, 338면; 이를 광의로 보는 입장도 존재하는데 이는 本案 및 紛爭關係의 法的 側面에 대한 法院의 모든 평가를 포괄한다고 보고 있다. 張晳朝(a), 110면.

336) 호문혁, 위의 책, 338면; 張晳朝(a), 117면.

337) 康鳳洙, 위의 논문, 292면.

338) 胡文赫(b), 750－751면.

장하여 당사자들이 불법행위의 성립 여부만 다투고 있을 경우 구실체법설에 의하면 법원이 피고의 행위가 불법행위는 아니고 계약불이행이라고 판단하더라도 만일 법원이 당사자들에게 이를 시사하면 완전히 다른 소송물을 주장하라고 시사하는 것이어서 석명권의 범위를 넘는다고 보는 것이 일반적이다. 그리고 이에 의하면 민사소송법 제126조 제4항이 없더라도 법원이 계약불이행으로 판단하려면 원고에게 청구의 변경을 종용하고 원고가 그에 따라 청구를 변경하여야 법원이 그와 같이 판단할 수 있는 것이므로 어차피당사자들에게 뜻밖의 재판이란 있을 수가 없다. 소송법설에 의할때 법원의 심판범위가 넓게 되어 당연히 당사자에게는 뜻밖의 재판을 받을 위험성이 높아져 법원의 시사의무가 필요하게 되는데,이런 취지에서 법원의 시사의무 도입이 신소송물이론을 도입하는경우 보완되어야 할 부분을 미리 보완하는 의미가 될 수 있다는 것이다.[339]

(3) 釋明權의 範圍: 積極的 釋明의 可能性

이 시기에도 여전히 소극적 석명이 허용된다는 데에 반대가 없지만, 이에 반해 민사소송법 제126조 제4항의 신설로 이제는 적극적 석명이 가능하게 되었다는 입장이 상당한 지지를 받았는데 판례 또한 적극적 석명의 허용 여부에 대해 적극설을 따르는 듯한 판결을 내놓아 논란은 가중되었다.

1) 否定說

소극적인 입장은 제한적으로 적극적 석명을 허용하는 경우에는

---

339) 康鳳洙, 위의 논문, 292면.

그 허용되는 석명권의 범위가 어디까지인지가 불명하고, 무제한 적극적 석명이 가능하다는 견해는 변론주의의 원칙을 무시하는 것이 되어 부당하다고 한다.[340] 특히 당사자 처분의 자유가 관련되는 영역에서는 법관의 석명권이 소극적으로 행사되어야 한다고 본다. 이 입장은 구체적으로 석명권이 행사되는 모습은 변론주의의 영역과 처분권주의의 영역에서 서로 다르다고 보면서 변론주의는 특정한 소송물에 관하여 당사자에 의하여 소가 제기된 뒤에 그 소송절차 안에서 소송자료를 수집하는 과정의 문제인데, 법원은 이에 기하여 적정한 판결을 하지 않으면 안 되므로, 재판자료의 수집을 당사자에게만 내맡길 수 없고, 따라서 비교적 강도 높은 석명권의 행사가 요구된다. 이에 반해 처분권주의는 당사자가 소를 제기할 것인가, 심판의 대상은 무엇으로 할까, 일단 제기한 소를 그만둘 것인가 등 당사자의 자기결정에 관한 문제이고 실체법상의 사적자치 원칙의 소송상 반영이므로, 여기에서 석명권을 행사할 경우에는 법원이 소극적 자세를 가지게 된다고 설명한다. 그리하여 소의 변경에 대한 1995. 7. 11. 대법원의 판결[341]은 그 경우에 한하여 예외적으로 적극적 석명을 인정하고 있는 판결로 이해하고 있다.[342]

2) 制限的 肯定說

학설은 일반적으로 당사자의 주장이 명료한데 당사자가 주장하

---

340) 鄭東潤·庾炳賢, 「民事訴訟法」, 제2판, 法文社, 2007, 328면.

341) 대법원 1995. 7. 11. 94다34265(전원합의체) 판결. 바로 뒤에 오는 판례의 태도를 참조 바람.

342) 鄭東潤·庾炳賢, 위의 책, 323면, 328면. 그렇지만, 當事者가 가지고 있는 訴訟物에 대한 처분의 자유도 訴訟資料에 대한 처분의 자유가 인정되지 않으면 그 효과를 거둘 수가 없기 때문에 兩者는 밀접한 관계에 있고 소송자료 특히 事實資料 영역에서의 當事者 陳述에 법원은 구속되므로 法院 역시 이 부분의 釋明에 대해 자제해야 한다는 점에서 일률적으로 이렇게 고찰하기에는 문제가 있다.

지 않는 법률효과에 대한 요건사실이나 공격·방어방법을 시사하여 그 제출을 권유하는 행동은 석명권의 범위를 일탈하는 것이고 변론주의에 위배되어 허용될 수 없다고 보면서도 제한적인 요건하에서 예외적으로 적극적 석명도 가능하다고 보고 있다.[343]

먼저 석명권과 변론주의를 모두 진실발견이라는 공통의 목적을 가진다고 보아 석명권의 범위를 넓힌다 하더라도 변론주의를 파괴하지 않으므로 현실에 작용하는 변론주의의 기능을 고려하여 석명권의 범위를 넓혀 운용할 만한 필요성이 긍정되는 한 이를 제지할 뚜렷한 논리는 없으므로 사실심의 법관으로서는 그 확장운용에 주저할 이유가 없다고 보는 견해가 나타났다.[344]

또 다른 견해는 석명을 消極的 釋明, 積極的 釋明 및 制限附 積極的 釋明으로 분류하면서, 사안의 적절한 해결을 위하여 필요한 신청이나 주장이 없는 경우 또는 종전의 신청이나 주장을 그대로 유지하면 그 패소가 필연적으로 예상되어서 승패가 바뀌게 되는 경우에는 새로운 신청이나 주장을 하도록 암시를 주거나 그 신청이나 주장의 변경을 촉구하는 것과 당사자가 입증책임을 부담하는 사항에 관하여 입증을 하지 아니하는 경우에 입증을 촉구하는 것 등은 모두 법원의 정당한 석명에 포함되지만, 그 정도를 초월하여 전혀 새로운 법률효과에 관한 요건사실에 대한 주장을 유도하거나 당사자에게 독립한 항변사유를 시사하여 그 제출을 권유함과 같은 것은 석명권의 한계를 벗어난 것으로서 변론주의 원칙에 위배하는 것이라고 본다.[345] 이 견해는 사안의 적절한 해결을 기준으

---

343) 李時潤, 「新民事訴訟法」, 제3판, 博英社, 2007, 297면; 崔恩嬉, 위의 논문, 39면.

344) 金祥源(a), 207 - 208면.

345) 金洪奎, 「民事訴訟法」, 三英社, 제3판, 516면 이하; 李訓熙 역시 制限府 積極的 釋明을 허용하는 경우에는 그 허용되는 석명권의 범위가 어디까지인가가 불분명하다는 비판이

로 내세운다는 점에서 좀 더 적극적인 입장으로 이해되지만 사안의 적절한 해결을 위한 석명의 구체적인 행사기준이 무엇인지는 더 구체화되지 않았다.

제한적으로 적극적 석명을 인정할 수 있다고 보면서 그 인정기준을 어느 정도 구체화시키고 있는 견해가 있는데 이 견해에 따르면 적극적 석명에는 제한이 필요하지만, 적극적 석명은 안 된다고 획일화하는 것은 곤란하고, 즉 법률상 또는 논리상 예기되는 것이면 청구취지와 원인의 변경도 시사하고 그러한 주장을 촉구하는 것은 무방하나, 지금까지의 소송자료에 비추어 예기하기 어려운 새로운 신청이나 주장의 변경을 시사하는 석명은 그로 인해 소송의 승패가 바뀔 수 있는 경우이면 상대방 당사자 눈에 편파적인 재판이라고 평가될 수 있기 때문에 허용되지 않는다고 한다.346) 적극적 석명은 원칙적으로 변론주의의 한계를 넘기 때문에 허용되지 않지만, 주장이 불충분하거나 증거자료가 부족한 청구 및 청구원인이 종전에 제출되어 있는 소송자료와의 합리적 연관성, 즉 법률상 또는 논리상 예기되는 범위 내에 있는 경우에만 적극적 석명은 허용된다고 보는 견해도347) 유사한 입장으로 파악된다.

한편 적극적 석명의 허용 여부에 대해 복수의 인정기준을 제시하는 견해가 있는데 이 견해는 (1) 승소전환의 개연성, (2) 당사자의 신청·주장 등에 있어서 법적 구성의 불비, (3) 석명권의 행사 없이 적절한 신청·주장 등을 하는 것을 당사자에게 기대할 수 있

있으나 辯論主義와 法官의 釋明을 彈力的으로 적용할 수 있으므로 구체적으로 從前의 訴訟資料와의 合理的 聯關性, 즉 법률상 또는 논리상 예기되는 것이면 청구취지와 원인의 변경도 시사하고 그러한 주장을 촉구하는 것은 무방하다고 보고 있다(李訓熙, 釋明權의 範圍, 湖南大學校 論文集 제13집, 1992/12, 137-139면).

346) 李時潤, 위의 책, 297면 이하.

347) 宋相現, 「民事訴訟法」, 全訂4版, 博英社, 2004, 450-451면.

는가, (4) 석명을 하게 하는 것이 당사자 간의 공평을 현저하게 해치는가, (5) 적극적 석명에 의하여 보다 근본적인 분쟁해결을 가져오고 재소를 방지할 수 있다고 하는 사정을 그 인정기준으로 제시하였다.[348]

3) 肯定說

그런데 일정한 경우 제한 없이 적극적 석명을 긍정하는 주장들도 나타난다. 진실발견과 재판의 적정을 중시하여 석명권의 범위를 넓게 보아, 중간적인 입장이 말하는 청구의 변경에 대한 시사에서 더 나아가 항변, 재항변 등의 새로운 공격·방어방법의 제출, 신청구의 병합을 제출할 것을 시사하는 범위까지 확장된다고 보는 입장이다. 입증촉구에 있어서도 구체적인 증거방법에 관한 제출까지도 시사할 수 있다는 태도이다. 석명의무와 변론주의와의 관계에서 보았듯이, 석명의무의 가치를 강조하여 사회적 소송관을 바탕으로 석명권이 사회적 법치국가의 민사소송에서 중요원리라고 보는 입장에서도 일부 이런 입장들[349]이 나타난다. 법관의 석명과 변론주의를 실체적 진실발견을 위한 수단으로 보거나 법관의 석명을 변론주의보다 더 강조하면서 법률적 사항에 관한 시사의무가 민사소송법에 규정된 점(동법 제126조 제4항)을 들어 적극적 석명이 이제는 가능해졌다는 주장도 나타난다.[350]

---

348) 姜玹中,「民事訴訟法」, 第6版, 博英社, 2004, 427면 주 1 참조. 그는 이상의 기준들은 석명의무를 긍정하기 위하여 참작될 수 있는 요소로 될 수 있고, 석명에 의하여 소송의 완결이 현저하게 지체된다고 하는 경우에는 이러한 사정은 부정적인 요소로 작용한다고 본다.

349) 예를 들면, 吳大性(a), 146면. 163면.

350) 徐廷友, "辯論再開申請 却下와 審理未盡", 民事判例研究 제14권, 民事判例研究會, 博英社, 334면; 吳大性(b), 177면.

3. 그 밖의 辯論主義의 補完策

(1) 當事者의 眞實義務

이 시기 민사소송법의 개정으로 제1조에 신의칙규정이 신설되었는데 이로 인해 진실의무의 인정근거가 더욱 강화되었다는 주장이 나타났다. 종래 진실의무의 근거로 민사소송법의 문서에 관한 규정과 변호사법의 규정 외에 당사자의 일반적인 의무로 신의칙이 규정되어 당사자의 진실의무가 보다 더 직접적인 근거조문을 가지게 되었다는 것이다.[351] 민사소송의 변론주의의 보완책으로서 진실의무는 전 시기와 달리 별다른 논의를 새롭게 일으키지는 못했다.

(2) 辯護士制度

새롭게 법원의 변론능력 없는 자에 대한 변호인선임명령을 따르지 않는 경우 소를 각하할 수 있도록 규정한(민사소송법 제134조 제4항) 것은 민사소송에서 변호사대리원칙을 다시금 강조한 것으로 볼 수 있다. 변론능력이 없는 자를 상대로 법관이 변론주의를 관철한다는 것은 의미가 없고 모든 소송행위에 대해 법원이 후견적으로 관여하여 도와주는 것 역시 법관의 중립성원칙과 관련하여 문제가 될 수 있으므로 변호사를 당사자가 선임할 수 있도록 하고 그럴 능력이 되지 못하면 소송구조제도를 이용하도록 하는 것이 변론주의의 올바른 구현책이라는 점에서 이 규정의 신설은 대체로 환영을 받았다.

---

351) 胡文赫, "民事訴訟에 있어서의 信義誠實의 原則", 人權과 正義 제166호(1990. 6.), 32면.

(3) 職權證據調查

　변론주의가 지배하는 통상의 민사소송절차에서는 직권증거조사는 보충적이고 예외적일 수밖에 없는데 이 시기도 직권증거조사는 당사자가 신청한 증거조사를 가지고 심증을 형성할 수 없거나 그 밖에 필요한 경우 보충적으로 할 수 있도록 규정하였다(동법 제265조). 다만 소액사건 심판절차에서는 그 보충성을 지양하여 필요하다고 인정할 경우 직권으로 증거조사를 할 수 있도록 하였다(소액사건심판법 제10조).

Ⅲ. 判例의 立場

1. 請求趣旨에 대한 釋明

(1) 請求趣旨가 不明瞭한 경우

청구취지는 원고가 소로써 달성하고자 하는 목적이 결론적으로
표현되는 부분이므로 간결하면서도 정확해야 한다. 그런데 청구취
지가 명확하지 않으면 전체적인 원고의 소송 목적이 불분명해질
수 있다. 판례에서 청구취지와 관련하여 주로 문제 되었던 부분은
청구의 병합이다. 청구병합의 형태는 법원의 심판 순서와 심판의
필요성에 관계되기 때문에 명확하게 표시되어야 하지만, 사안의 성
격에 따라 그렇지 못한 경우가 종종 있게 되는데 이 경우 법원은
이를 석명하여 정리할 필요가 있다. 판례의 입장을 보면 다음과 같다.
원고의 각 청구 사이의 관계가 명확하지 않으면 이를 명확히 밝
힌 후 판단의 순서를 살펴야 한다는 것이 판례의 입장이다. 그리하
여 주위적 청구가 인정되지 않는 경우 이와 관련된 예비적 청구에
대하여 판단을 하여야 한다. 이와 관련된 판례의 사실관계를 살펴
보면, [71] 원고가 피고 고선오에 대하여352) (1) 주위적으로 ① 이

---

352) 이 사건의 사실관계를 요약하면, 피고 고선오가 이 사건 임야를 소외 이성재로부터 매수하
고 잔금이 남아 있는 상태에서 소외 1과 박봉남에게 이를 미등기 전매하고 그 무렵 소외
1은 이 사건 임야 중 일부를 다시 원고들에게 미등기 전매하였는데, 박봉남이 피고 고선오
에게 매매계약의 이행확보를 위하여 박봉남과 원고들의 명의로 근저당권을 설정하여 달라
고 요구하여 피고 고선오가 소외 이성재로부터 근저당권설정에 필요한 서류(백지위임장, 설
정계약서, 인감증명서)를 받아 박봉남에게 건네주어 박봉남이 근저당권자를 원고들과 박봉
남으로 하고 채무자를 이성재로 하는 근저당권설정등기를 하였는데 이 근저당등기가 사후
소외 1에 의해 불법하게 말소되고 이 사건 임야가 피고 학교법인 용문학원으로 이전되었다.

사건 근저당권설정등기가 위법하게 말소되었음을 이유로 그 회복 등기절차의 이행을 구하고, ② 소외 1을 대위하여 이 사건 임야 중 원고들 매수부분에 관하여 소외 1과 사이의 1991. 4. 12.자 매매계 약에 대한 토지거래 허가신청 절차의 이행을 구하고, (2) 예비적으 로 ① 이중매도에 가담한 불법행위를 원인으로 한 손해의 배상을, ② 근저당권이 말소됨으로 인한 부당이득의 반환을, ③ 매매계약 의 이행불능 등으로 인한 매매대금의 반환을 구하였는데, 제1심은 주위적 청구 중 근저당권설정등기의 회복등기청구 중 원고들 지분 2/3 부분을 인용하고 그 나머지 청구와 토지거래허가신청청구 및 예비적 청구를 모두 기각하였으며, 이에 대하여 피고 고선오는 그 패소부분에 대하여 항소하면서 그 부분 청구의 기각을 구하고, 원 고들은 그 패소부분에 대하여 항소하면서 위 주위적 청구를 다시 구하였고, 원심은 원고들의 위 주위적 청구 중 근저당권설정등기의 회복등기 청구를 기각하고 토지거래 허가신청 청구의 소를 각하하 면서도 위 예비적 청구에 대해서는 제1심에서 청구기각이 되었음 에도 불구하고 원고들이 이에 대하여 항소를 하지 아니하였으므로 따로 심리하지 아니한다고 하면서 아무런 판단을 하지 않은 데 대 하여, 원고가 상고하자, 주위적 청구를 인용하는 판결은 전부판결 로서 이러한 판결에 대하여 피고가 항소하면 제1심에서 심판을 받 지 않은 다음 순위의 예비적 청구도 모두 이심되고 항소심이 제1 심에서 인용되었던 주위적 청구를 배척할 때에는 다음 순위의 예 비적 청구에 관하여 심판을 하여야 한다고[353] 전제한 후, 주위적

---

[353] 원고들이 제1심에서 이 사건 주위적 청구 일부에 대하여 승소하였다면 적어도 그 승소부분 과 관련된 예비적 청구 부분은 특별한 사정이 없는 한 제1심의 심판대상이 될 수 없는 것 이고, 이와 같이 심판대상이 될 수 없는 청구에 대하여 제1심이 판단하였다 하더라도 그 효 력이 없다 할 것이고(대법원 1995. 1. 24. 선고 94다29065 판결; 대법원 1995. 7. 25. 선고 94다62017 판결 등 참조), 원고들이 제1심에서 기각된 예비적 청구에 대하여 항소

청구를 배척하면서 예비적 청구에 대하여 판단하지 아니하는 판결을 한 경우에는 그 판결에 대한 상소가 제기되면 판단이 누락된 예비적 청구부분도 상소심으로 이심이 되고 그 부분이 재판의 탈루에 해당하여 원심에 계속 중이라고 볼 것은 아니므로354) 원심은 이와 관련된 예비적 청구에 대하여 심판을 하여야 하는 것인데, 원고들은 이 사건 예비적 청구가 주위적 청구 전체에 대한 예비적 청구인지 아니면 주위적 청구 중 일부에 대한 예비적 청구인지 등에 관하여 그 의사를 명확히 밝히지 아니하고 있으므로355) 석명권을 행사하여 이 사건 각 청구 사이의 관계를 명확히 밝힌 후 배척된 주위적 청구와 관련된 예비적 청구에 대하여 판단을 하여야 한다고 하였다(대법원 2000. 11. 16. 선고 98다22253 전합체판결).356)

(2) 請求趣旨가 그 자체 法律上 不當한 경우

청구취지 자체가 법률적으로 부당하거나 그 청구원인과 서로 부합하지 아니함이 명백한 경우, 법원으로서는 원고가 소로써 달성하려는 진정한 목적이 무엇인가를 석명하여 청구취지를 바로잡아야 한다. 청구취지가 원고의 법률상 무지로 인해 잘못 표시되었으나 청구원인을 살펴보면 그 진정한 취지를 알 수 있는 경우가 대표적

를 하지 아니하였다는 사유만으로 이 사건 예비적 청구가 원심의 심판대상으로 될 수 없는 것은 아니라고 본 것이다.

354) 이와 달리 원심이 주위적 청구를 배척하였음에도 예비적 청구에 대한 판단을 누락하였다면 누락된 예비적 청구부분은 아직 원심에 소송이 계속 중이라 할 것이므로 이 부분에 대한 상고는 그 대상이 없어 부적법하다는 취지의 종전 판례를 이 전원합의체판례로 변경하기로 한 것이다.

355) 제1심은 기각한 예비적 청구는 이 사건 주위적 청구 중 토지거래허가신청청구에 관한 것으로 본 듯하다.

356) 법원공보 2001. 34.

인 경우이다. 이런 경우는 보통 변호사의 조력 없이 당사자 본인이 소송을 직접 수행하는 경우인데 법관의 적절한 석명권 행사가 요청된다.

판례에 나타난 사실관계를 보면, [72] 원고가 소장에서 청구취지를 현행 행정소송법상 허용되지 않는 구체적인 금전지급의무의 이행을 구하고 있으나,357) 청구원인에서 피고의 환급 불처분은 취소되어야 한다고 기재하고 있고 변론에서도 환급을 거부한 조치에 대한 실체적 위법 여부를 다툰 점 등에 비추어 보면, 원고가 소제기에 이른 진정한 취지는 피고인 과세관청이 원고신청의 환급세액 중 아직 지급받지 못한 금원의 환급을 거부하고 있는 것은 부당하다는 이유로 그 환급거부처분의 취소를 구하고 있는 것임을 충분히 알 수 있으므로, 원심으로서는 소를 각하하기에 앞서 원고에게 불복하는 취지와 그 대상이 무엇인지를 석명하여 소송관계를 명료하게 하였어야 할 터인데도 이에 이르지 아니한 채 변호사의 조력을 받지 않는 당사자가 작성한 청구취지의 형식적 문언에 집착하여 직권으로 행정청에 대하여 직접 구체적인 의무를 이행할 것을 구하는 소송은 인정되지 않는다는 이유로 소가 부적법하다고 판단하여 이를 각하하였다면, 이는 행정소송에 있어서의 석명의무를 다하지 아니한 경우에 해당한다고 보았다(대법원 1997. 4. 25. 선고 96

---

357) 사안은 원고가 공사도급금액 금 315,000,000원을 계약금(1994. 6. 14.), 중도금(동년 9. 20.), 잔금(동년 12. 16.)으로 지급하고 1994. 12. 16. 공급가액 금 315,000,000원, 세액 금 31,500,000원으로 된 세금계산서 1매를 교부받은 후, 그 매입세액 금 31,500,000원을 환급세액으로 1994년 제2기 부가가치세 신고를 하였는데 피고는 1995. 2. 10. 계약금과 중도금은 작성일자와 거래시기가 다르다는 이유로 그 부분을 제외한 부분에 대한 환급경정결정을 하고 1995. 4. 1. 중도금에 대한 부분은 세금계산서작성일자가 실체의 거래시기와 다르지만 동일한 과세기간에 속한다는 이유로 중도금에 대한 매입세액도 환급해 주는 것으로 재경정결정을 하였는데 원고는 계약금까지 환급해 주어야 한다고 주장하면서 이 사건 소를 제기하였다.

누17868 판결).358) 이 사건의 경우 1995. 4. 1.자에 피고의 환급거부처분이 존재하고 이를 취소하는 취지임을 알 수 있으므로 이런 내용을 표시하는 청구취지로 정정하도록 석명하여야 한다는 것이다.

원고의 잘못된 청구취지를 소의 목적에 맞게 변경하게 되면 이는 소 변경에 해당하는바, 원고가 청구원인사실을 그대로 유지하면서 청구취지만을 변경하였다면 동일한 청구원인사실을 기초로 청구취지만을 변경한 것에 불과하므로 이를 가리켜 청구의 기초에 변경이 있다고 할 수는 없다. 이와 관련된 판례의 사안을 보면 다음과 같다.

[73] 원고가 거부처분 취소판결의 집행력 배제를 주위적으로 청구한 후 예비적으로 위 거부처분 취소판결의 간접강제 결정에 기한 강제집행의 불허를 구하는 소를 추가하는 소 변경 신청을 한 것에 대하여, 대법원은 거부처분 취소판결은 행정청에 대해 기속력을 가지지만 그 판결을 집행권원으로 하여 행정청의 재처분 의무를 민사소송법상의 강제집행절차를 통하여 실현할 수 있는 집행력을 가지지 못하므로 위 주위적 청구는 그 청구취지 그 자체로 부적법한 소임이 명백하나, 한편으로 원고들은 그 청구원인에서 거부처분 취소판결의 취지에 따른 처분을 하였다고 주장하면서 이 사건 간접강제 결정의 집행력 배제를 구하고 있어 그 청구원인과 청구취지가 서로 들어맞지 아니함이 명백하므로, 원심으로서는 우선 원고들의 진정한 소제기 목적이 무엇인가를 석명하여 청구취지를 바로잡았어야 할 것이고, 만약 이런 조치를 취하지 아니하여 원고들 스스로가 종전의 청구원인을 그대로 유지하면서 청구취지만을 예비적 청구와 같이 소 변경을 하였다면 이런 소 변경은 청구의 기초에

---

358) 법원공보 1997, 1669.

변경이 없는 경우에 해당하므로 이를 허용해야 한다고 하였다(대법원 2001. 11. 13. 선고 99두2017 판결).359)

(3) 當事者의 眞正한 意思를 알 수 있는 경우

원고가 청구원인에 비추어 볼 때 청구취지를 잘못 적었으나 원고의 청구원인을 검토하면 원고의 진정한 의사를 알 수 있는 경우 법관은 그 진의에 따라 소송관계를 명료하게 한 후 이에 따라 청구의 당부를 검토하여야 하고 이를 석명하지 않고 바로 각하해서는 안 된다.

[74] 판례에 나타난 사실관계를 보면, 원고 회사가 피고 세무서장을 상대로 법인세 등 부과처분취소의 소를 제기하면서 피고의 증액 경정결정을 과세처분(이 사건 과세처분)으로 보고 이의 취소를 구하였는데 전심절차였던 국제심판절차가 진행 중에 피고는 원고에 대하여 재증액 경정결정을 하였는데 원고는 그 청구취지를 종전대로 그대로 유지하자 원심은 피고의 재증액 경정처분에 의해 당초에 한 이 사건 과세처분은 소멸되었다고 보아 원고의 청구를 그 대상이 없는 것으로360) 부적법하다고 하여 각하하였고 원고는 상고하였다. 이에 대해 대법원은 기록에 의하면 원고는 처음부터 이 사건 과세처분의 취소를 구하고 있고 피고도 이 사건 과세처분에 대해 변론을 하다가 나중에야 비로소 위 재증액 경정처분이 있

---

359) 법원공보 2002, 63.

360) 법인세의 과세표준과 세액을 경정하는 경우에 재증액 경정처분은 앞서의 경정처분에 의하여 결정된 과세표준과 세액을 그대로 둔 채 재증액되는 부분만을 추가하는 것이 아니라 재증액되는 부분을 포함하여 전체로서 하나의 과세표준과 세액을 다시 결정하는 것이므로, 당초에 한 증액 경정결정은 재증액 경정결정에 흡수됨으로써 독립된 존재가치를 잃고 그 효력이 소멸되어 납세의무자는 그 재증액 경정결정만을 쟁송의 대상으로 삼아 당초 결정된 과세표준과 세액까지 함께 취소를 청구할 수 있다.

었다고 진술하고 원고가 그 후에도 이 사건 과세처분에 대해서만 변론을 하였고 마지막 변론기일에 재증액 경정결정에 따른 추가고지서를 수령한 사실을 인정하면서도 재증액처분에 대해서는 전혀 변론을 한 바 없었고 피고의 재증액 경정처분이 이 사건 국세심판절차가 진행 중에 내려졌고 국세심판소 역시 이 사건 과세처분의 당부에 대해서만 판단하여 원고로서는 이 사건 과세처분이 재증액 경정처분에 의해 소멸한 것으로 생각하지 못한 것으로 짐작이 가는 경우 원심은 원고가 위 재증액 경정처분이 있었음에도 불구하고 청구취지를 변경하지 아니하고 이 사건 과세처분에 대해서만 변론하고 있는 진의가 무엇인지 석명을 구하여 소송관계를 명확히 하고 그에 대하여 변론을 하게 함으로써 당사자가 변론을 하지 않았던 문제로 뜻밖의 판결을 받는 일이 없도록 조처하였어야 했다고 하였다(대법원 1993. 12. 21. 선고 92누14441 판결).[361]

또 다른 사안을 보면, [75] 원고가 1989. 1. 17. 증여를 원인으로 한 소유권이전등기를 청구하였으나 원심이 그 증여사실을 인정할 수 없고 오히려 이 사건 토지의 소유권이전과 대가로 농로를 개설할 수 있는 토지를 교환하기로 하는 토지교환계약이 체결된 사실 및 이 계약에서 농로개설의무를 원고가 부담한다는 사실을 인정하고 원고가 농로개설의무를 이행하지 않아 그 계약상의 권리를 상실하였으므로 원고의 청구를 기각한 데 대하여, 원고가 농로개설의무를 이행하지 않았다는 피고의 주장이 받아들여지지 않는 한[362] 이 사건 토지에 대한 1989. 1. 17.자 토지교환계약 또는 환지약정을 원인으로 한 소유권이전등기 절차를 청구할 수 있다고 볼 수 있

---

361) 법원공보 1994, 556.

362) 이 판결에서 대법원은 처분문서인 환지계약각서(갑 제2호증)의 효력에 기해 원심과 달리 농로개설의무를 부담하는 자는 원고가 아니라 인수참가인이 부담한다고 보았다.

으므로, 원고가 사실심에서 위 일자 환지약정을 원인으로 한 소유권이전등기청구권에 대하여 분명하게 주장한 흔적은 보이지 않으나, 원고가 1989. 1. 17.자 환지약정에 관한 환지계약 각서(갑 제2호증)를 제출하고 있고, 또한 증인들에 대하여 증인신문을 구하고 있는 점에 비추어 보면, 원고로서는 피고에 대하여 1989. 1. 17.자 토지교환계약을 원인으로 한 소유권이전등기 절차이행을 구하려는 취지도 엿보이고, 비록 원고가 이 사건 주위적 청구취지 및 청구원인을 1989. 1. 17.자 증여를 원인으로 한 소유권이전등기 절차 이행청구라고 주장한다 할지라도, 이는 원고의 법률적 견해의 착오에 기인한 것이라고 볼 여지도 있으므로, 이런 경우 원심으로서는 마땅히 석명권을 행사하여 원고의 의사가 그 청구의 동일성이 인정되는 한도 내인 1989. 1. 17.자 환지약정을 원인으로 한 소유권이전등기 절차 이행청구를 주장하려는 취지인지를 명백히 하였어야 한다고 하였다(대법원 1995. 2. 10. 선고, 94다16601 판결).[363]

또한 [76] 항소심에서 당사자가 청구취지 및 원인을 변경하면서 계산착오로 청구금액을 감축 기재하였음이 기록상 명백한 경우,[364] 법원이 석명권을 행사하여 위 금액이 착오로 인한 것인지 아니면 일부만 청구한다는 취지인지를 밝혀 청구의 범위를 명확히 한 다음, 그 청구의 당부를 판단하여야 한다고 하였다(대법원 1997. 7. 8. 선고 97다16084 판결).[365]

---

363) 공보 1995, 1290.

364) 제1심판결에서 매월 22일씩 도시일용노동에 종사함을 전제로 하여 88,500,371원 {598,796×(298.2991 − 167,5993) + 598,796×(323,9452 − 298,2991)×2/3}을 인정받았는데, 항소심에 이르러 인상된 도시일용노임을 기준으로 산정한 월 701,052원을 적용하여야 한다고 청구원인을 변경하면서 {701,052×(298,2991 − 167,5993) + 701,052×(323,9452 − 298,2991)×2/3=73,071,070원이라고 설시하였다.

365) 법원공보 1997, 2463.

　　행정소송에서도 이런 유형의 판례는 반복하여 나타난다. 판례에 나타난 사실관계를 계속 살펴보면, [77] 원고 현대정공 노동조합이 피고 창원 지방노동사무소장을 상대로 업무조사에 따른 자료제출 요구366) 처분취소를 구하는 행정소송을 제기한 사안인데 원래 피고는 원고에게 1992. 10. 26. 1차 관련서류 제출을 명령하고 원고가 거부하자 1992. 12. 1. 다시 같은 명령을 내리고 원고가 또 응하지 않자 1992. 12. 7.에 제3차로 자료제출 명령을 내렸는데 원고가 거부하여 피고가 원고를 노동조합법 위반으로 입건하자 이 사건 행정심판과 제소에 이르게 되었는데 원고는 청구취지에서 마지막 자료제출 명령일시인 1992. 12. 7.자 피고의 자료제출 처분취소를 구하였고 원심은 피고의 제1차 명령으로 자료제출 의무가 발생하고 제2차, 제3차 명령은 각 제출일시의 연기의 통지에 불과하다는 것을 이유로 제3차 처분의 처분성을 부인하여 부적법하다고 각하하였고 원고는 상고하였다. 이에 대해 대법원은 원고가 소장의 청구원인에서 위 1차 요구처분이 위법하다는 주장만을 하고 있고 제3차 제출요구에 대해서는 별도의 언급을 하지 않고 있는 점, 원고의 자료제출 목적은 자료제출 의무를 부과한 피고의 행정처분의 취소에 있는 점, 원고가 명백히 제1차 자료제출 요구처분의 취소를 구하지 않고 행정처분이 아닌 제3차 자료제출 요구만의 취소를 구하는 것이 아니라고 보이는 점을 들어 비록 소장에는 제3차 자료제출 요구처분의 취소를 구하고 있지만 거기에는 행정처분인 1차 처분의 취소를 구하는 취지까지 포함되어 있다고 보는 것이 합리적일 수 있으므로 원심으로서는 이 관계가 분명하지 않다면 석명권

---

366) 구 노동조합법 제30조 같은 법 시행령 제9조의 2에 따라 조합규약이나 노동조합의 회계장부 제출요구권이 규정되어 있었으나 현재는 폐지되었다.

을 행사하여 이를 명백히 했어야 했다고 하였다(대법원 1994. 2. 22. 선고 93누21156 판결).[367][368]

또 다른 사안을 보면, [78] 원고가 청구취지에 양도소득세 환급 수정신고 거부처분을 취소한다고 기재하여 환급거부나 수정신고에 대한 경정거부처분의 취소를 구하는 것으로 되어 있으나, 변론에서 피고의 부과처분이 부당하다고 주장하고 전심절차에서도 부과처분이 있음을 전제로 판단하고 있음을 감안하면 이 사건 청구취지의 표현만으로는 오해의 소지가 있다고 할지라도, 원고가 이 사건 청구에 이른 본래의 취지는 피고의 양도소득세 부과처분이 있음을 전제로 그 부당성을 주장하여 그 취소를 구하는 것이라는 점을 충분히 알 수 있으므로, 원심은 원고에게 불복하는 취지와 그 대상이 무엇인지를 석명하고 그에 따른 변론의 기회를 주어 소송관계를 명료하게 한 후 본안에 들어가 심리하였어야 할 것인데도 청구취지의 문언에 얽매어 직권으로 이 사건 처분이 행정소송의 대상이 아니라고[369] 함으로써 행정소송법 제8조와 민사소송법 제126조에

---

367) 법원공보 1994. 1116.

368) 대법원은 그 밖에 행정처분의 존재 여부는 법원의 직권조사사항이므로 설사 당사자들이 그 존재를 다투지 아니한다 하더라도 그 존부에 관하여 의심이 있는 경우에는 이를 직권으로 밝혀 보아야 한다고 하였다(대법원 1986. 7. 8. 선고 84누653 판결).

369) 원심은 원고의 양도소득세 수정신고에 대한 피고의 1994. 10. 4.자 통지를 소득세법의 절차에 따라서 한 항고소송의 대상이 되는 과세처분이라고 볼 수 없으며, 설사 이 통지를 원고의 수정신고를 거부함과 동시에 환급을 거부한 행위로 본다 하더라도, 부과결정에 의하여 조세채무가 확정되는 양도소득세에서는 그 수정신고에 대하여 별다른 결과통지의무나 경정의무가 규정되어 있지 않으므로 과세관청이 수정신고에 대하여 이를 거부하는 통지를 하였다 하더라도 이를 행정소송의 대상이 되는 독립된 행정처분으로 볼 수 없다고 하여 이 사건 소를 각하하였다. 대법원은 이에 대해 피고의 1994. 10. 4.자 통지는 비록 그 통지가 소득세법시행령 제183조 제1항이 정하는 납세고지서의 방식에 의하지 아니한 채 이루어졌다고 하더라도, 통지서에 첨부된 양도소득세결정결의서 사본의 내용에 의하면 소득세 부과절차를 규정한 소득세법 제128조에서 규정한 과세표준과세액 등이 기재되어 있고 그 사본이 원고의 수정신고에 대한 응답형식으로 통지되었다면 1994. 10. 4.자 통지를 양도소득세 부과처분으로 볼 수 있다고 하였다(대법원 1984. 3. 27. 선고 82누383 판결, 1990. 11. 13. 선고 90누3379 판결 참조).

따른 석명의무나 법률사항 지적의무를 다하지 아니하였다고 하였
다(대법원 1997. 8. 22. 선고 96누5285 판결).370)

2. 當事者의 事實陳述에 대한 釋明

(1) 事實陳述의 不明確·矛盾·不一致가 있는 경우

당사자가 주장하는 사실이 불명확하거나 모순된 경우 이를 지적
하는 석명이 필요하다. 당사자의 진술에 대해 질문을 할 필요성은
특별히 특정한 법률요건을 전제로 할 경우에만 발생한다고 할 수
없고 여러 법적인 가능성이 존재하는 경우에 이를 적용하기 위한
전제로서 정확한 사실관계의 파악을 위해서 필요한 경우도 많다.
이런 유형의 석명은 당사자의 사실 진술능력의 부족에서 연유하는
것으로 법적인 훈련을 받지 않은 사람의 진술인 경우 자연적인 사
실전개에 대한 서술에 그치고 마는 경우가 많아 필요하게 된다. 이
경우 석명의 필요성은 법적으로 의미 있는 사실들을 추려 내고자
하는 법관의 관점으로부터 나타난다. 이런 점에서 이 단계의 석명
은 당사자의 사실진술을 두고 여기에 대한 법적인 평가나 판단을
바로 지적하는 법률상의 사항에 대한 석명과는 시간적인 단계가
상이하고 석명의 의도에서 차이가 난다. 판례에 나타난 사안들을
살펴보면 다음과 같다.

[79] 분배농지를 상환 완료하여 소유권을 취득한 소외인으로부
터 이 사건 토지를 매수하였다는 원고가 위 소외인과 그 전 소유자
인 국가를 상대로 순차로 대위하여 피고 명의의 소유권보존등기가

---

370) 법원공보 1997, 2939.

원인무효이므로 그 말소등기를 구한다고 주장하고 있는 경우에 있어서, 원고 주장과 같이 피고 명의의 위 소유권 보존등기가 원인무효의 등기라면 원고는 소유권자인 소외인(수분배자)의 소유권을 대위 행사함으로써 족할 것이고, 위 소외인과 농지분배를 한 국가를 순차로 대위할 필요는 없을 것이고, 원고의 주장도 순차로 대위하여 말소청구를 한 것으로 이해되지도 않으므로, 원심은 원고가 대위 행사하는 피고에 대한 소유권 보존등기의 말소등기청구권이 누구의 권리인지, 또 국가가 피고에 대하여 말소등기청구를 할 수 있는 권원은 무엇인지에 대하여 석명권을 행사하여 이를 명확히 한 뒤에 그 당부를 심리 판단하였어야 할 것임에도 불구하고 이에 이르지 않고 원고가 위 소외인과 국가를 순차 대위하여 청구하는 것을 전제로 하여 원고의 청구를 배척한 것은[371] 석명권을 행사하지 아니하여 심리를 다하지 아니한 잘못을 저지른 것이라고 하였다(대법원 1990. 6. 22. 선고 90다카7033 판결).[372] 원고의 주장이 불명확하고 그 불분명한 부분이 소송의 성패에 중요하게 작용할 수 있다면 법원은 이에 대해 석명을 구하여 명백히 한 후 판단해야 하고 그 불분명한 부분을 원고에게 불리하게 확정하여 패소시키면 역시 석명의무를 다하지 않은 것이 된다는 취지이다.

그리고 [80] 원고가 피고를 상대로 토지사용 승낙을 구하는 소

---

371) 피고는 농지개혁법 시행 당시 이 사건 토지의 소유자였는데 농지개혁법의 시행으로 이 사건 토지가 국가에 매수되어 실 경작자인 소외 장장순에게 분배되었다. 그 후 이 사건 토지가 6·25전쟁으로 부동산에 대한 등기부 등 관계서류가 모두 소실되어 미등기상태로 있다가 국가명의로 소유권보존등기가 되자, 피고는 국가를 상대로 위 소유권보존등기의 말소등기절차이행 및 피고소유 확인을 구하는 소를 제기하여 승소 확정되었다. 원심은 원고가 소외 장주현(상환 완료자)과 국가를 순차 대위하여 피고의 소유권보존등기말소를 청구한 경우 국가의 피고에 대한 말소등기청구는 피고가 이미 국가를 상대로 제기했던 소의 확정판결에 기한 기판력에 의해 이유 없다고 배척하였다.

372) 공보 1990, 1549.

를 제기하면서 원고는 피고가 분필한 토지(청주시 흥덕동 사직동 633의 7, 633의 8)를 전전 매수하면서 그 통로를 확보하기 위해서 피고 소유인 같은 동 633의 5의 43/135 지분을 역시 전전 매수하였는데 원래 중간 매도인(위 633의 7, 633의 8, 633의 5의 43/135 지분의 매수인)과 피고 사이에는 통로를 확보하기 위하여 633의 5 토지의 전부를 통행할 수 있다는 특약을 맺었고 그 중간 매도인은 그에 따른 토지사용권을 역시 원고에게 양도하였으므로 위 633의 7, 633의 8 지상에 건축허가를 신청함에 있어 필요하여 이 사건 청구에 이르렀다고 주장하였는데, 원심은 원고가 청주시에 건축허가 신청을 함에 있어서 피고가 원고에게 그 소유의 지분에 관한 토지 사용 승낙의 의사표시를 이행할 의무가 있다고 할 수는 없어 원고의 주장은 더 나아갈 필요 없이 이유 없고, 또한 민법 제263조에 의하면 공유자는 공유물 전부를 그 지분의 비율로 사용·수익할 수 있으므로 자신 지분의 나머지 부분에 관하여 그 사용승낙의 의사표시를 구할 필요가 없다고 판단하였는데, 이에 대해 대법원은 원고의 이 사건 청구취지는[373] 건축허가에 필요한 도로를 개설하기 위한 범위 내에서 이해관계자의 동의를 구하는 취지로[374] 보아야 하므로, 그렇다면 원심으로서는 원고가 청구취지로 주장하는 토지 사용 승낙의 정확한 의미가 무엇인지를 밝히고, 원고 주장의 사실

---

[373] "원고는 청주시에 대하여 633의 7, 633의 8 대지상에 건축허가신청을 함에 있어 이 사건 토지 중 피고의 92/135지분에 대하여 토지사용승낙의 의사표시를 하라."

[374] 건축법 제2조 제11호는 도로라 함은 보행 및 자동차 통행이 가능한 너비 4미터 이상의 도로로서 다음 각 목의 1에 해당하는 도로 또는 그 예정도로를 말한다고 하면서 그 (나)목에서 건축허가 또는 신고 시 시장·군수·구청장이 그 위치를 지정한 도로를 들고 있고, 건축법 제33조 제1항은 건축물의 대지는 2미터 이상 도로에 접하여야 한다고 하고 있으며, 건축법시행령 제30조 제1항은 법 제2조 제11호 (나)목의 규정에 의하여 시장·군수·구청장이 도로를 지정하고자 하는 경우에는 당해 도로에 대한 이해관계자의 동의를 얻어야 한다고 규정하고 있다.

관계를 심리하여 이 사건 청구의 당부를 판단하였어야 할 것임에
도 석명의무를 게을리하여 피고에게 토지사용 승낙의 의사표시를
이행할 의무가 없다고 판단하였다고 하였다(대법원 1998. 3. 10. 선
고 97다50121 판결).375)

또한 [81] 원고가 피고를 상대로 이혼 및 재산분할 등을 청구한
사건인데 원고는 소장에서 1991. 4. 1.자 합의376)에 따라 위자료로
이 사건 제2부동산을 매각한 대금의 지급을 구하고 위 합의와는
별도로 재산분할을 구하였고 이에 대해 원심은 1991. 4. 1.자 합의
에서 말하는 약정은 이혼을 전제로 한 위자료뿐만 아니라 재산분
할을 포함한 이혼급부 전체에 대한 약정이라고 봄이 상당하고, 나
아가 원고는 이 약정에 따른 분할이 아닌 새로운 적정한 분할을 청
구하고 있고, 피고 또한 위 약정의 내용을 부정하는 것을 전제하고
있어 원·피고 쌍방이 위 약정의 내용에 구속받기를 원하지 않고
있어 위 약정은 묵시적으로377) 합의 해제되었다고 판단하였는데,
이에 대해 원심의 1991. 4. 1.자 합의의 묵시적 해제판단378)과 이
합의가 협의이혼을 전제로 한 이혼급부 전체에379) 대한 약정이라는

---

375) 공보 1998, 986.

376) "(1) 피고는 원고와 (법적)부부인바, 사실상 원고와 이혼하기로 한다. (2) 이 사건 제2부동
산을 원고에게 이전하기로 한다."고 기재되어 있는 것으로 보인다.

377) 계약의 합의해제는 명시적으로 이루어진 경우뿐만 아니라 묵시적으로 이루어질 수도 있으
나 묵시적으로 합의 해제되었다고 하려면 계약의 성립 후에 당사자 쌍방의 계약실현의사의
결여 또는 포기로 인하여 당사자 쌍방의 계약을 실현하지 아니할 의사가 일치되어야만 한
다(대법원 1992. 7. 28. 선고 92다10197, 10203 판결; 대법원 1994. 8. 26. 선고 93
다28836 판결 등 참조).

378) 원고는 이 사건 소를 제기한 이래 계속하여 위 합의의 유효를 주장하고 있고 피고 역시 이
사건 소송 중에 원고가 위 1991. 4. 1.자 약정상의 의무에 위배하여 피고를 간통혐의로 고
소함으로써 입은 정신적 손해에 대한 위자료를 배상할 책임이 있다고 주장하고 있는 점에
서 그렇다.

379) 원고는 이 사건 소를 제기한 이래 계속하여 이 약정에 의한 소유권이전약정이 위자료에 관
한 약정이라고 주장하고 있을 뿐이다.

판단은 잘못된 것이라고 보면서 원심은 위 합의가 협의이혼에 관한 것인지 아니면 단순히 별거합의에 관한 것인지를 밝히고 나아가 원고의 청구가 위 합의에 따른 것인지 아니면 이 사건 청구로써 위 합의를 해제하고 위 합의와는 별도로 이혼 및 재산분할을 청구하는지를 석명하여 원고의 이 사건 청구를 명확히 할 필요가 있다고 하였다(대법원 1995. 8. 25. 선고 94므1515 판결).[380] 당사자 간의 합의가 청구원인을 이루고 있는 경우에 그 합의의 성격과 범위에 대해 당사자 간에 혼선이 있는 경우 법원이 이에 대해 석명을 하여 이를 정리하고 판단하여야 할 필요가 있다는 취지의 판례이다.

한편, 당사자의 주장사실이 모순된 경우는 사실을 진술한 당사자가 제출한 증거의 내용을 검토한 결과 드러나는 경우가 종종 있는데 이는 당사자의 착오나 실수에 기인하는 것일 가능성이 높으므로 법관은 이를 석명하여 소송관계를 분명하게 이끌어야 한다. 이 시기 판례에 나타난 사안을 보면 다음과 같다.

[82] 원고가 피고를 상대로 대여금 지급청구의 소를 제기하였는데 그 증거로 차용증(갑 제1호증)을 제시하였는데 그 차용증에는 피고가 보증인으로 기재되어 있을 뿐 소외 갑이 차용인으로 기재되어 있어 원고가 피고에 대하여 보증채무의 이행을 구하지 아니하고 주 채무의 이행을 구하고 있음이 명백한 경우, 이는 당사자의 주장과 제출증거 사이에 모순이 있는 경우에 해당한다 할 것임에도 불구하고 원심은 석명권을 행사하여 이를 밝혀 보지 아니하고 원고의 주장사실을 인정하였으니, 원심판결에는 석명권의 불행사로 인한 심리미진의 위법이 있다고 하였다(대법원 1994. 9. 30. 선고 94다16700 판결).[381]

---

380) 공보 1995, 3276.

또한 [83] 원고가 피고 학교법인을 상대로 그 징계처분의 무효확인의 소를 제기한 사안인데, 원심은 피고 법인의 정관 기재에 의하면 일반직원 징계에는 일반직원 징계위원회를 두되 일반직원의 징계에는 교원에게 적용되는 규칙을 준용하도록 하여 위원 7인으로 구성되어야 하는데 이 사건 일반직원 징계위원회는 정관상의 규정과 달리 5인 이사의 위원으로만 구성되어 그 징계의결은 피고 법인의 정관에 정한 징계절차에 위배되는 위법한 것으로서 무효라 할 것이어서 이 사건 징계처분 역시 무효라고 보았다. 이에 대해 피고가 상고하였는데 대법원은 피고가 1심에서 피고 법인의 정관이라고 제출한 을 제1호증에는 징계위원회의 위원 수가 7인이라고 규정되어 있으나 그 시행일과 수정연혁을 보면 시행 중인 피고 법인의 정관이라고 보기 어렵고 원심에서 원고의 위와 같은 정관위배의 주장이 나온 후 피고가 다시 제출한 을 제14호증(인사규칙)에도 징계위원회의 수가 피고 주장과 같이 기재되어 있어 위 을 제1호증은 이 사건 징계처분 당시 시행 중인 정관이 아니라고 의심할 여지가 있으므로 원심은 법률전문가가 아닌 피고 법인의 대표자 본인이 소송수행을 하고 있는 점을 감안하여 위와 같이 징계위원회의 구성에 관한 피고의 주장과 피고가 1심에서 제출한 을 제1호증(정관)의 기재 내용과 사이에 모순이 있음을 지적하여 입증을 촉구하는 등 석명권을 적절히 행사함으로써 실체 진실발견의 노력을 다하였어야 할 것임에도 불구하고, 이에 이름이 없이 위와 같이 판단하고 말았음은 석명권 불행사 또는 심리미진으로 판결에 영향을 미친 위법을 저지른 것이라고 하였다(대법원 1992. 11. 10. 선고 92다24530 판결).[382]

---

381) 공보 1994, 2849.

(2) 法律要件事實의 補充을 위한 釋明

당사자가 법률요건에 해당하는 사실을 일부 빠뜨리고 주장하지 않는 경우 그대로 심리가 진행된다면 결국 그 당사자가 주장한 법률요건은 그에 해당하는 법률효과를 발생시키지 못하게 되어 예상 밖의 소송결과를 받게 될 수도 있다. 이런 경우 법관이 흠결된 법률요건을 지적하고 이에 해당하는 사실을 주장할 것을 석명해 준다면 소송관계는 분명해질 수 있다. 물론 이 경우 상대방은 법원의 석명에 의해 유리한 기회를 상실했다고 생각하여 법관의 그런 석명이 불공정하다고 주장할 가능성도 있지만, 변론과정에서 당사자의 의도는 분명히 드러났고 법률요건의 누락은 일종의 법적인 지식 부족의 결과라고 볼 수 있으므로 이를 지적하는 석명은 재판의 공정을 해치지 않는다. 특히 당사자 본인소송의 경우는 이런 석명은 필요하고 변호사가 대리하는 소송에서도 행사될 필요가 있다.[383] 이는 제1기(1950년대)의 판례 이후 계속하여 나타나는 판례 유형이다. 이 시기 나타난 판례를 살펴보면 다음과 같다.

[84] 원고가 비과세 요건사실의 일부를 주장하지도 않고 이에 대해 입증하지도 않고 있는 경우 법원은 누락된 요건사실을 지적하고 당사자가 이 점에 관하여 변론을 하지 않는 이유가 무엇인지 밝혀 당사자로 하여금 이 누락된 요건사실에 대해 주장하고 입증할 기회를 주어야 한다. 행정소송법 제8조 제2항은 행정소송에 관하여

---

382) 공보 1993. 83.

383) 법률지식 부족의 책임을 변호사에게 묻는 것이 변호사 시장의 경쟁을 유도하는 좋은 방법이라는 점을 근거로 이런 석명의 필요성을 부정적으로 보는 입장도 있을 수 있으나, 당사자의 입장에서 보면 변호사의 과오로 또다시 변호사 책임을 추궁하는 것보다는 현재의 소송에서 구제를 받는 것이 좋을 것이다. 법률가를 잘못 선택한 과오를 당사자에게만 돌리는 것은 석명권의 의의와 그 기능을 생각하지 않는 사고방식이다.

이 법에 특별한 규정이 없는 경우에는 민사소송법의 규정을 준용한다고 규정하고 있으므로, 조세소송에 있어서도 법원의 석명의무 및 법률적 관점 지적의무를 규정한 민사소송법 제126조의 규정이 준용되므로 당사자가 어떠한 법률효과를 주장하면서 미처 깨닫지 못하고 그 요건사실 일부를 빠뜨렸을 때에는 법원은 그 누락사실을 지적하고 당사자가 이 점에 관하여 변론을 하지 아니하는 취지가 무엇인가를 밝혀, 당사자에게 그에 대한 변론을 할 기회를 주어야 할 의무가 있는데, 소송수행과정이나 심리과정에 비추어 볼 때, 원심이 이 사건 유가증권신고서의 제출, 수리가 이 사건 주식들의 매출행위가 있기 전에 이루어졌는지의 여부를[384] 재판의 기초로 삼기 위해서는, 원고들에게 이 점에 관하여 석명을 하거나 그 누락사실을 지적하고 그에 대한 의견을 진술하게 하는 한편, 그에 대한 입증을 촉구하였어야 할 것임에도 불구하고, 이러한 조치를 취함이 없이, 원고들이 다른 쟁점에 대한 참고자료로 제출한 형사판결문의 기재에 의하여 반대사실을 적극적으로 인정하여 원고들의 비과세 주장을 배척한 것은 민사소송법 제126조 소정의 석명의무 및 법률사항 지적의무를 다하지 아니하여 심리를 제대로 하지 아니한 위법을 저질렀다고 하였다(대법원 1995. 2. 28. 선고 94누4325 판결).[385]

---

384) 원고들은 소외회사의 비상장주식을 소외법인들의 우리사주조합원과 계열사 임직원들에게 양도하고 증권거래세를 납부하였는데 증권거래법 소정의 비과세대상임에도 이를 오인하고 납부하였다가 기납부세액의 환급을 청구하였는데 과세 당국이 갱정거절처분을 하자 이 처분의 취소를 구하는 행정소송을 제기하였다. 비과세대상이 되기 위해서는 첫째, 주식들의 매출행위가 구 증권거래법 제8조 제1항 소정의 유가증권의 매출에 해당하고, 둘째, 유가증권신고서의 증권관리위원회로의 제출, 수리가 주식들의 매출행위가 있기 전에 이루어질 것이었다. 그런데 이 사건에서 원고는 첫 번째 요건만을 주장·입증하였고 원심도 원고들의 주장하는 점에 대해서만 변론을 하게 하였다.

385) 공보 1995, 1500.

이 시기 위와 같은 판례의 태도에서 한 걸음 나아가 당사자가 법률요건사실에 대해 간과하게 된 것이 법원의 변화된 법적 판단에 기인한 경우에 석명의무를 인정한 판례군이 나타난다. 즉 보통 제1심에서는 당사자가 특정 법률요건사실에 대해 주장·입증을 흠결한 경우에도 이를 법적 쟁점으로 삼지 않고 일정한 법률효과를 긍정하여 이 부분에 대한 입증책임을 부담하는 당사자로서는 더 이상 이에 대한 주장·입증은 불필요하다고 여기고 있는 상태에서 항소심이 제1심의 판단과 상이하게 여전히 흠결된 법률요건사실을 재판의 쟁점으로 삼아 판단하기 위해서는 항소심은 제1심과 달라진 당해 법원의 입장을 그 법률요건에 대한 입증책임을 부담하는 당사자에게 지적하는 석명을 한 후에 이를 재판의 쟁점으로 삼아 판단을 하여야 한다. 이렇게 할 경우에만 입증책임을 부담하는 당사자로서는 예상 밖의 재판결과를 받게 되지 않을 것이다. 이런 유형의 석명의무는 종래 우리 판례가 전통적으로 인정하였던 판례에 해당하는 것으로 전혀 새로운 석명유형을 제시한 것은 아니라는 것을 유의할 필요가 있다. 이는 석명의무가 현저히 약화되었던 1970·80년대의 판례에 대한 비판적 자세로부터 나온 판례복귀현상으로 이해하여야 한다. 이는 이 시기 신설된 법률적 사항 지적의무의 영향을 받은 것으로 이해된다. 그렇지만 이 규정의 신설 이전에도 판례는 이런 사항에 대해 석명의무를 긍정하였다. 이 시기 판례에서 인정된 사안을 살펴보면 다음과 같다.

[85] 원고의 어음금청구에 대해 제1심과 원심에서 피고의 인적항변이 쟁점이 되어 제1심은 원고승소판결을 하였는데 피고가 항소하여 원심에서도 피고의 인적항변에 관련된 준비서면이나 답변서만 진술하게 하고 변론이 종결되었는데 원심은 수취인란 및 발

행지란이 원심 변론종결일까지 보충 기재되었다는 주장과 입증이 없으므로 위 백지어음은 어음으로서의 효력이 없다는 이유로 원고의 청구를 배척하였다. 이에 대해 원고가 상고하였는데 대법원은 소송수행과정이나 심리과정에 비추어 볼 때 원심이 수취인란 등의 보충 여부를 재판의 기초로 삼기 위해서는 원고가 이 점에 관하여 변론을 하지 않는 진의가 무엇인지 밝혀 보고 원고로 하여금 이 점에 관하여 변론을 할 기회를 주었어야 함에도 불구하고 이에 이르지 아니한 채 이 점을 재판의 기초로 삼아 판단하였음은 석명의무를 다하지 아니하여 심리를 제대로 하지 아니한 것이고 이는 판결 결과에 영향을 미쳤음이 분명하다고 하였다(대법원 1993. 12. 7. 선고 93다25165 판결).386) 민사소송법 제126조 제4항의 신설을 계기로 대법원이 석명의무를 강화하기 시작하면서 나타난 초기의 판례로 이후 판례의 태도를 예상하게 한다.

또한 [86] 원심의 변론 종결 시까지 당사자 사이에 결정의 송달 여부만 다투어졌을 뿐 경정결정의 송달 여부에 관해서는 명시적으로 다툼이 없었던 경우,387) 원심이 경정결정의 송달 여부에 관하여 석명을 구하고 입증을 촉구하여야 함에도 불구하고, 이를 의식하지 못하고 간과하여 원고가 제출한 증거만으로 경정결정의 송달사실이 인정되지 않는다는 이유로 청구를 기각한 것은 당사자가 전혀 예상하지 못하였던 법률적인 관점에 기한 예상외의 재판으로 원고

---

386) 공보 1994, 335.

387) 소송의 경과를 보면, 피고(제3채무자)는 제1심에서, 이 사건 채권압류 및 전부명령(이하 결정이라 함)은 송달받은 바 없고, 그 제3채무자 표시도 피고명의와 다르다고 주장하였다가, 제1심판결이 이 사건 결정은 피고에게 송달되었고 그 후 제3채무자표시도 피고명의로 경정되었다고 인정하자 피고는 원심에서 이 사건 결정이나 그 결정의 송달 여부에 관해서는 언급하지 않았다. 따라서 원고는 제1심 이래 이 사건 결정은 송달되었고 제3채무자표시가 잘못되어 그 후 경정결정을 받았다고만 주장하면서 송달증명원(갑 제4호증)을 제출하였을 뿐 위 경정결정이 피고에게 송달되었는지 여부에 관해서는 명시적으로 주장, 입증하지 않았다.

에게 불의의 타격을 가였을 뿐 아니라, 경정결정이 피고에게 송달되었는지에 관하여 제대로 심리하지 아니하여 판결에 영향을 미친 위법이 있다고 하였다(대법원 1994. 6. 10. 선고 94다8761 판결).388) 채권압류 및 전부명령에서 제3채무자에 대한 송달은 그 효력발생요건이다(민사집행법 제229조 제4항, 제227조 제3항). 그러므로 채권자가 제3채무자를 상대로 추심의 소를 제기하기 위해서는 그 청구원인의 요건사실로서 제3채무자에 대한 송달사실을 입증할 책임을 부담하게 된다. 원심에서 원고는 피고가 경정결정의 송달 여부에 대해 다투지 않으므로 이 부분이 문제 되지 않는다고 여기고 주장과 그 입증을 하지 않았는데 법원이 전후 사정으로 볼 때 명백히 원고가 간과하고 있는 사항을 지적하지 않고 이를 재판의 쟁점으로 삼아 판결한 것은 자신의 변화된 관점을 당사자에게 표시하고 이에 대한 공방의 기회를 주지 않은 것으로 법원이 이렇게 예상외의 재판을 하는 것은 법률상의 사항에 관한 석명의무를 위반한 것이라고 보았다. 그러나 이것이 당시 민사소송법 제126조 제4항의 법률상 사항은 아니고 단지 같은 조 제1항의 법률상 사항이라고 할 것이다.389)

또한 [87] 원심의 변론 종결 시까지 당사자 사이에는 원고의 동생인 망인이 이 사건 책임보험계약에서 부보 대상으로 삼은 선원 속에 포함되는지 여부만이 쟁점이 되어 왔을 뿐 원고가 망인의 수입에 의하여 생계를 유지한 것인지 여부는 명시적인 다툼이 없었으므로, 설사 원심이 변론종결 당시까지 제출된 증거자료에 의하여 원고가 위 망인의 수입에 의하여 생계를 유지한 것이 아니라는 심

---

388) 공보 1994, 1933.
389) 호문혁, 「민사소송법」, 제3판, 법문사, 340면.

증이 들었다고 할지라도 이를 재판의 기초로 삼기에 앞서, 마땅히 당사자들이 간과한[390] 재해보상금을 수령할 수 있는 유족의 요건에 관하여 석명을 구하고 입증을 촉구하여야 함에도 불구하고, 이에 이르지 아니한 채 원고가 이미 제출한 증거만으로는 그러한 요건을 인정할 수 없다는 이유로 청구를 기각하였음은 당사자가 전혀 예상하지 못하였던 법률적인 관점에 기한 예상 밖의 재판으로 원고에게 불의의 타격을 가하였을 뿐만 아니라 원고가 위 망인의 유족으로서 그 재해보상금을 수령할 수 있는 지위에 있었는지 여부에 관하여 심리를 다하지 아니하여 판결에 영향을 미친 위법이 있다고 하였다(대법원 1998. 9. 8. 선고 98다19509 판결).[391] 이 사건의 쟁점을 보는 법원의 관점이 제1심 법원의 그것과 다르고 이것이 변론에서 당사자에 의해 다투어지지 않았다면 법원은 자신이 이 사건에 대해 중요하게 보고 있는 관점, 즉 사건 쟁점의 변화를 밝히면서 이 부분에 대해 당사자들과 논의하고 이에 대해 주장·입증책임을 촉구해야 한다. 이런 조치를 취하지 않고 법원이 자신의 관점에 따라 재판을 하게 되면 이는 당사자에게 전혀 예상하지 못한 재판이 되고 그 재판은 설득력을 잃게 된다. 또한 이 사건에서 법원은 변론종결 후 피고의 변론재개신청을 받아들이지 않고 여기서 주장된 사실을 근거로 재판을 하고 말았다. 이는 석명의무 위반 외에 변론재개 의무 위반도 성립한다고 하겠다. 이는 변론종결 후에 새로운 사실이 주장된 경우이며 법원은 변론을 재개할 의무가 있다.[392]

---

390) 변론이 종결된 후 피고가 변론재개신청서와 준비서면을 제출하면서 그 서면에서 원고는 망인의 수입에 의해 생계를 유지한 것이 아니라는 취지의 주장을 하였으나 이는 진술되지 못하고 원심판결이 선고되었다.

391) 공보 1998, 2413.

또한 [88] 위와 같은 석명은 행정소송에서도 마찬가지로 적용될 수 있는바, 과세처분의 적법성은 피고 행정청이 입증하여야 할 사항이므로 과세처분에 세액산출의 근거를 기재한 사실에 대해 피고가 주장하고 그 입증을 하여야 한다. 그런데 법원은 당사자가 예상하지 못한 판결을 받지 않도록 세액산출의 근거가 과세처분에 기재되지 않은 점이 당해 소송에서 쟁점이 되지 않았다면 이를 당사자에게 석명하여 다른 사정이 존재하는지 답변할 기회를 부여해야 한다. 원고가 피고 행정청을 상대로 취득세 부과처분의 취소를 구하는 소를 제기하면서 이 사건 처분의 실체적인 위법사유를 주장·입증하였는데 원심은 피고가 과세처분을 하면서 세액산출 근거를 구체적으로 기재하지 않은 위법을 이유로 과세처분을 취소한데 대하여, 납세고지서의 그 기재사항 일부가 누락되었다고 하더라도 지방세 부과처분에 앞서 보낸 과세 예고통지서에 납세고지서의 필요적 기재사항이 제대로 기재되어 있었다면 납세의무자에게 실질적으로 불복 신청하는 데 지장이 없었을 것이어서 그 하자는 치유될 수 있으므로393) 이 사건과 같이 납세고지서의 하자에 관하여 쌍방이 아무런 주장·입증을 하지도 않았는데도 원심이 납세고지서의 하자를 재판의 기초로 삼기 위해서는 적법하게 납세고지를 한 사정이 있는지에 관하여 피고에게 석명을 구하고 변론하게 함으로써, 납세고지서의 하자를 치유할 만한 다른 사정이 있었는지에

---

392) 徐廷友, "辯論再開申請 却下와 審理未盡", 民事判例研究, 제14권(1992), 민사판례연구회, 331면. 물론 여기서 서정우 변호사가 변론재개의무가 있는 사안으로 소개한 판례는 원고의 손해배상청구권이 변론종결 후 제3자에게 양도되었음을 이유로 변론을 재개해 달라는 신청을 한 경우였다. 여기서 원고가 망인의 수입으로 생계를 유지하는 유족의 지위에 있는 점은 이미 원고가 주장·입증할 책임이 있었는데 이것이 제1심과 원심에서 쟁점으로 문제 되지 않은 사안이었다.

393) 대법원 1995. 7. 11. 선고 94누9696 판결, 대법원 1996. 3. 8. 선고 93누21408 판결 등 참조.

관하여 밝혀 보아야만 할 것이라고 하였다(대법원 1996. 10. 15. 선고 96누7878 판결).[394] 물론 이 판결은 이런 하자가 치유될 수 있는 사정이 기록상 확인되고 있어 법리오해로 파기할 수도 있었으나 대법원은 석명의무 위반을 이유로 든 점이 주목할 만하다.

그리고 [89] 제1심에서 원고는 발행지의 기재가 없는 약속어음을 최종 피배서인으로부터 환수하였다고 주장하면서 어음금청구를 발행인인 피고를 상대로 제기하였는데 여기서 원고는 발행지를 서울특별시라고만 하고 이를 어음에 보충하지는 않았고 피고 역시 원고가 어음을 절취한 자로부터 악의로 취득한 자라는 항변, 배서의 연속이 없다는 항변만을 진술하였다가 모두 배척당하고 원고승소판결이 내려졌다. 피고가 항소하였고 여기서 제출한 준비서면에서 비로소 원고가 제출한 약속어음에는 발행지의 기재가 없어 어음요건의 흠결[395]로 인해 어음의 효력이 없다는 주장을 하고 변론기일에 진술되었다. 그런데 원고는 제14차 변론기일이 진행되는 동안에도 발행지의 기재 여부에 대해서는 아무런 변론을 하지 않았고 그 보충도 하지 않았다. 피고도 이후로는 어음요건의 흠결에 대해서는 아무런 변론을 하지 않은 채 악의의 취득자로서 어음상의 권리를 취득하지 못했다는 항변만을 반복하였다. 그 후 변론이 종결되고 원심은 변론을 재개하여 어음원본의 제출을 받고 다시 변론을 종결하였고 발행지의 기재가 없고 발행지가 보충되지도 않았다는 점을 이유로 제1심판결을 취소하고 원고청구를 기각하였는데 이에 대해 대법원은 소송의 경과나 심리 과정에 비추어 볼 때, 발행지나 발행인의 명칭에 부기한 지의 기재 흠결에 대해서는, 위와

---

394) 공보 1996, 3468.

395) 발행지의 기재가 없어도 국내어음으로 인정되면 그 어음은 어음요건을 갖추어 그 효력이 있다고 그 후 판례가 변경되었다(대법원 1998. 4. 23. 선고 95다36466 전합체 판결).

같은 피고의 주장이 있었으나 원고는 이 점을 명백히 간과하여 버린 것으로 인정되는 경우, 원심은 발행지 기재 흠결에 대한 피고의 주장에 착안하여 이 점을 재판의 기초로 삼으려면 원고로 하여금 이 점에 관하여 의견을 진술할 기회를 주었어야 한다고 하였다(대법원 1995. 11. 14. 선고 95다25923 판결).[396] 이 소송은 본인소송이었는데 원고는 원심에서 전혀 뜻밖의 재판을 받았음을 이유로 상고를 제기하였고 대법원은 원심은 법률적 측면에서 의견진술의 기회를 박탈한 것으로 보아 원심판결을 파기하였다. 그렇지만 사안은 원고가 그 청구의 원인이 되는 법률요건에 대한 주장과 입증을 하지 못한 경우이지 다른 법률적 관점에 대해 시사받을 권리를 법원에 의해 침해받은 사안은 아니라고 할 것이다. 단지 법원은 당사자가 명백히[397] 간과한 법률요건사실에 대해 주장과 입증을 하도록 석명하여야 하고 이런 측면을 지적한 이 판결은 의미가 있다. 특히 그런 당사자의 명백한 간과가 제1심의 판단과 다른 법원의 변화된 법적 판단에 기인하는 경우[398]라면 법원은 자신이 사건의 중점으로 보고 있는 법적인 관점에 대해 당사자에게 알리고 논의하고 방어할 기회를 제공하여야 한다. 약속어음의 발행 시에 발행지를 일반적으로 적지 않고 유통되던 거래관행과 그 법적 효과를[399] 특별히

---

396) 공보 1996, 15.

397) 항소심에서 피고에 의해 제2차 변론기일에서 어음요건의 흠결이 진술되었으므로 원고가 이에 대해 방어하지 않은 것은 발행지 미기재에 대해서 원고가 명백히 간과한 데에 자신의 책임도 있는 것은 사실이다. 그렇지만 대법원은 당사자 본인소송인 점을 감안하고 있는 듯하다.

398) 정확하게는 원심법원이 피고의 항소이유에 기재된 주장에 착안하여 제1심법원의 판단으로부터 변화한 것이다.

399) 국제사법에서 어음 및 수표의 소구권을 행사하는 기간을 정하는 準據法(국제사법 제54조 제3항), 발행지와 지급지의 歲歷이 다른 경우에 만기 및 지급제시기간은 이에 관한 다른 의사표시가 없으면 지급지의 세력에 의한다는 점(어음법 제37조), 발행국과 지급국에서 同名異價를 가지는 통화에 의하여 어음금액을 정한 경우 지급지의 통화에 의한 것으로 추정

고려한 것이라고 보이고 소송에서 원고가 발행지를 보충하기만 하면 어음요건은 구비된 것으로 보는 점을 감안하여 원심이 너무나 손쉬운 재판을 했다는 점을 지적하는 취지로 이해된다. 이는 일반적으로 원고 청구의 요건사실 흠결 시에 법원이 이에 대한 석명을 해야 한다는 취지의 종래의 판례군에 속하는 판례이다. 여기에 민사소송법 제126조 제4항의 법적 관점 지적의무를 인용한 것은 잘못이라고 하겠다.[400]

끝으로, 법률요건사실에 대한 석명의무도 한계가 있는데 이런 요건사실에 대해 석명을 하더라도 누락된 쟁점에 대한 판단을 하는 데 필요한 증거가 이미 소송기록에 현출되어 있어 이에 대한 판단이 가능한 경우에는 법원이 누락된 법률요건에 대해 굳이 석명할 필요가 없다는 것이 판례의 태도이다. 판례는 법원의 석명권을 소송관계의 불분명함을 밝히는 실체적 성격으로 한정하고 절차적인 성격에 대해서는 부정적인 태도를 가지고 있는 것으로 보인다. 그렇지만 이런 경우에도 법원은 누락된 법률요건을 지적하여 당사자가 이를 주장·입증하도록 하는 소송 진행이 더 바람직하다. 문제된 판례사안은 다음과 같다.

[90] 원고가 종전 주택을 매도하고 새로 주택을 취득하여 주거를 이전하였는데 피고가 종전주택의 양도에 대해 양도소득세를 부과하여 원고는 피고의 양도소득세 부과처분의 취소를 구하면서 비과세 요건[401] 중 "6개월 내에 신주택에 주거를 이전하여야 한다."

하는 점(어음법 제41조 제4항) 등에서만 의미가 있다.

400) 호문혁, 위의 책, 341면.

401) 일시적 비과세요건인 주거이전의 목적으로 다른 주택을 취득한 때로부터 6개월 내에 그 다른 주택으로 주거를 이전하여야 한다(구 소득세법 시행규칙(1988. 8. 25. 재무부령 제1760호로 개정된 것) 제6조 제1항의 기간(아파트의 경우에는 6개월))는 것이 확립된 판례였다(대법원 1995. 11. 21. 선고 95누10723 판결 등 참조).

는 요건을 간과한 나머지 이에 관한 아무런 주장과 의도적인 입증을 하지 않자 원심은 원고가 비과세요건을 입증하는 데 도움이 될 것으로 생각하여 무심코 제출한 주민등록등본(갑 제7호증)을 다른 주택으로의 주거이전이 6개월 이내에 이루어졌는지의 여부를 판단하는 자료로 삼아 그 기간이 도과되었다는 사실을 인정해 위 비과세요건을 충족하지 못했다고 판단함으로써 청구를 기각하였다. 원고는 이에 대해 자신이 명백히 간과한 "6개월 내에 신주택에 주거를 이전하여야 한다."는 요건에 관하여 석명을 구하여 의견을 진술할 기회를 주어야만 하는데 원심이 이를 제공하지 않은 조치는 석명의무 불이행과 심리미진의 위법이 있다고 하며 상고하였다. 대법원은 당사자가 비과세요건들 중의 하나에 관한 주장을 누락하였음이 명백하다고 하더라도 그 누락된 쟁점을 판단하는 데 필요한 자료들이 충분히 현출되어 있는 경우에는 새삼스럽게 당사자에게 그 누락된 쟁점에 관하여 주의를 환기시켜 그에 관하여 의견을 진술케 하고 입증을 촉구할 필요는 없다고 할 것이므로[402] 석명의무 불이행의 위법은 없다고 하였다(대법원 1996. 10. 29. 선고 96누9331 판결).[403] 이 사건에서 원고는 비과세요건 중 일부의 주장을 사실상 한 것으로 볼 수 있고 단지 비과세요건의 입증과 관련하여 소유권이전등기 경료일자를 주거이전 일자로 보아야 한다는 취지로 다투었는데 대법원은 주민등록상의 일자를 기준으로 판단함이 이 사건의 경우 타당하다고 하며 채증법칙위반의 상고를 기각한 것이다. 다만, 원심이 원고가 명시적으로 주장하지 못했던 비과세요건 중

---

[402] 구체적으로 원고의 주거이전일시를 판단할 수 있는 객관적인 증거인 주민등록등본이 현출되어 있었던 점, 원고가 소장에서 주거이전일시를 주민등록등본상의 전입일시와 같은 날로 진술한 점 등이 석명의무가 이 상황에서 불필요하게 되는 제반사정이라고 보았다.

[403] 공보 1996, 3610.

일부를 지적하고 이에 대한 의견진술의 기회를 주었더라면 더욱 빈틈없는 재판진행이 되었을 것이다. 행정소송의 성격상 직권심리의 측면이 반영되었다고 보인다.

석명권의 성격과 관련하여, [91] 원고 은행이 피고 약속어음 발행인을 상대로 어음금 반환청구의 소를 제기하였는데 이에 대해 피고는 수입대금을 결제할 목적으로 소외 갑회사에 발행한 어음을 원고 은행이 할인해 준 뒤 그 대금을 소외 갑회사 발행의 수표금 결제에 사용함으로써 피고를 해할 의사로 이 사건 어음을 취득했다는 악의의 항변을 제출하였는데, 원심은 이를 인정할 증거가 없다는 이유로 피고의 항변을 배척하였고 이에 피고는 그 구문에 의해 석명을 요구받은 상대방의 석명답변을 확인함이 없이 원심이 변론을 종결한 것은 석명의무 위반이라고 상고하였다. 이에 대법원은 피고의 구문에 의한 재판장의 석명에 대해 원고가 제대로 답변을 하지도 아니하였음에도 더 이상의 확인조치 없이 변론을 종결한 경우, 그러한 자료가 나오더라도 피고의 주장에 부합하지 않는다고 보인다면[404] 법원이 원고로 하여금 충분히 답변하도록 하지 아니하였다 하여 석명의무를 다하지 아니하였다고 할 수 없다고 하며 원심판결에 석명의무 위반의 위법은 없다고 하였다(대법원 1996. 5. 28. 선고 96다7120 판결).[405] 대법원은 석명의무를 절차적인 권리로 보지 않고 판결결과와 관련된 즉 판결에 대한 영향의 유

---

404) 이 사건에 있어서 피고가 석명을 구한 사유는 모두 원고 은행 내부규정상 채무가 연체되어 있는 고객에게는 신규대출을 할 수 없고, 소외 갑 회사는 1992. 11. 16. 1차 부도가 발생하였으며, 원고 은행의 직원들은 위 부도사실 등 위 소외 갑의 자금사정이 어렵다는 것을 잘 알고 있었으면서도 위 소외 갑 회사에 이 사건 어음을 할인하여 주었다는 사정들로서, 이런 사유는 피고의 위 소외 갑 회사에 대한 인적 항변 사유가 되지 못함이 주장 자체에 의해 명백하므로 원심이 원고의 자세한 답변을 보지도 아니하고 변론을 종결한 것은 석명의무 위반이 아니라고 본 것이다.

405) 공보 1996, 1995.

무를 고려하면서 그 인정 여부를 판단하고 있다.

(3) 證據만 제출하고 事實을 陳述하지 않는 경우의 釋明義務

당사자가 증거만을 제출하고 그 증거를 제출하는 취지 내지 이와 관련된 사실을 주장하지 않는 경우 법원이 증거자료에 나타난 사정을 기초로 주요사실을 인정해 버리면 이는 변론주의의 원칙을 위반하게 된다. 그러므로 법원은 당사자가 그런 증거를 제출하는 이유를 묻고 그와 관련된 사실을 변론에서 직접 주장하도록 유도하는 석명권의 행사를 통해 소송관계를 분명하게 할 필요가 있다. 그리하여 판례는 이런 상황에서 법원의 석명의무를 긍정하였는데 전 시기(1970·80년대)에는 '간접적인 주장'이라는 용어를 사용하여 석명하지 않고 바로 주요사실까지 인정할 수 있다는 취지의 판례도 나타났었다. 이 시기에 나타난 판례를 보면 다음과 같다.

[92] 원고는 그 소유권에 기하여 피고를 상대로 건물철거 등을 청구하였는데, 원심은 원고의 이 사건 임야에 대한 소유권이전등기가 소외 김국진으로부터 이전 등기된 것이었는데 소외 김국진의 등기는 그전 소유자였던 소외 이홍순의 사망 이후에 동 이홍순의 신청에 의해 이루어진 사실이 밝혀져 위 김국진의 등기는 물론 이에 터 잡은 원고의 등기도 모두 원인무효의 등기라고 하였는데 이는 원심에서 피고가 이를 주장, 입증함으로써 밝혀진 것이었다. 이에 대해 원고는 원심에서 증인신청을 하여 위 이홍순의 사망 이후 그 상속인들의 처분위임을 받은 소외 이영순이 상속인들을 대리하여 위 임야를 위 김국진에게 매도하고 위 소유권이전등기를 경료해 준 것이라는 점을 입증하고자 하였음을 알 수 있다. 그러므로

법원은 비록 원고가 그 변론에서 위 김국진 명의의 소유권이전등
기가 전 소유자(이흥순) 사망 후에 경료된 것임에도 결국은 실체관
계에 부합하여 유효하다는 명백한 주장을 한 바가 없다 하더라도
위 증인신청으로서 이에 대한 간접적인 주장이 있었다고 볼 여지
가 없지 아니할 뿐 아니라, 그렇지 않다 하더라도 적어도 원고가
이를 주장하는 취지인지 석명을 구하여 당사자의 진의를 밝힘으로
써 소송관계를 명확히 하였어야 옳았다고 하였다(대법원 1993. 3.
9. 선고 92다54517 판결).406) 위 사안에서 대법원은 실체관계에 부
합하는 유효한 등기일 수 있으므로407) 당사자의 주장이 명시적으로
이를 표현하지 않았다고 하더라도 이런 취지인지를 석명하여야 한
다고 밝혔다. 그렇지만 법원이 직접 간접적인 주장이 있는 것으로
볼 수 있다는 취지로 판시한 부분에 대해서는 비판의 여지가 있다.

또한 [93] 농촌지역에 거주하는 미성년 피해자인 원고가 사고
이후 성년이 되는 20세 되는 날부터 가동 가능한 60세에 달할 때
까지의 일실수입손해를 농촌일용노임에 의하여 산정하여 줄 것을
구하면서, 원심에서 농촌일용노임에 관한 증거로서 제1심에서 제출
하였던 증거와는 내용이 다른, 원심변론종결일에 가까운 농촌일용
노임에 관한 증거를 새로이 제출하고 원심이 그에 관한 증거조사
까지 마쳤다면, 원심으로서는 위 증거제출로써 그 증거에 의하여

---

406) 공보 1993, 1156.

407) 사안의 경우 소외 김국진과 매매계약을 체결한 당사자는 피상속인인 소외 이흥순이 아니라,
　　상속인들이다. 이런 경우 직접 피상속인으로부터 양수인으로의 등기를 유효하다고 인정하는
　　것은 민법 제187조에 반하고 부동산등기특별조치법 제2조, 제3조에 위반하는 것이다. 그
　　러나 판례는 이 경우에도 실체관계에 부합하는 등기로서 유효하다고 볼 수 있음을 전제하
　　고 있는 듯하다. 이 경우 상속인은 중간생략등기에 있어서의 중간자와 같은 지위에 있는 자
　　이고 중간생략등기의 유효성을 인정하는 이상 이런 등기도 유효하다고 보아야 한다는 입장
　　도 있다(郭潤直, 「物權法」, 第7版, 博英社, 98면). 판례는 부동산등기특별조치법이 시행
　　되기 전에는 이를 유효한 등기라고 보았다(대법원 1967. 5. 2. 선고 66다2642 판결; 대
　　법원 1963. 5. 30. 선고 63다105 판결 등).

일실수입을 산정하여 달라는 주장이 있는 것으로 보아 그에 의한 일실수입산정의 당부를 가렸어야 할 것이고, 그렇지 않다고 하더라도 그렇게 주장하는 취지인지 석명을 구하여 원고의 진의를 밝히고 그에 관하여 판단하였어야 옳을 것이라고 판시하였다(대법원 1994. 10. 25. 선고 94다3711 손해배상(자) 판결).408) 여기서 판례는 증거자료와 사실자료의 분리를 엄격히 고수하지 않고 특정 증거자료의 제출로 그 증거의 입증취지로 추정되는 일정한 간접적 주장이 그 증거의 제출자에 의해 제시된 것으로 보아 판단해야 한다고 하였으나, 이는 상대방의 방어권을 보장하지 못하는 염려가 있으므로 타당하지 않다. 법원은 이에 대해 석명을 구하여 당사자의 직접적 주장을 유도하고 이에 대한 상대방의 방어기회를 보장하는 방법이 바람직하다.409)

또한 판례는 공탁서를 증거로 제출한 경우 변제사실을 주장하지 않아도 법원이 이를 석명할 의무가 있다고 보았다. 특히 상대방의 반소에 대해 새롭게 주장·입증을 해야 한다는 사실을 모르고 본소에서 제출한 공탁서의 기재만을 믿고 있는 경우가 종종 있다. 판례에 나타난 사안을 보면 다음과 같다.

[94] 원고가 반소제기 전의 변론기일에 진술된 준비서면에서 변제공탁 사실을 주장하고 공탁서를 증거로 제출하였다면 반소가 제기된 후 위 주장을 반소에 관한 항변으로 원용하거나 반소에서 변제공탁의 항변을 한 일이 없다 할지라도 법원으로서는 석명권 행사를 통하여 본소에서 한 변제공탁 주장을 반소에 관한 항변으로 원용하는지 여부를 알아보고 이 점에 관하여 심리하여야 한다고

---

408) 공보 1994, 3083.
409) 호문혁, 「민사소송법」,제2판, 법문사, 309면.

판시하였다(대법원 1993. 3. 26. 선고 92다38065, 92다38072(반소) 건물명도, 임차보증금등 판결).[410][411] 이 사건은 변호사에 의해 대리되지 않았는데 원고가 반소가 제기되기 전에 이미 임차보증금의 변제공탁 사실을 주장하고 그 증거로 공탁서를 제출하였으나, 피고가 제기한 임차보증금지급의 반소에서는 본소에서의 위 주장을 반소에 관한 항변으로 원용하거나 반소에서 특별히 변제공탁 항변을 한 일이 없어 반소에서 패소한 경우이다. 판례는 원고가 반소는 별도의 독립한 소이므로 주장과 입증을 별도로 해야 함에도 법률에 무지하여 당연히 필요한 주장을 하지 않은 경우라면 법원은 이 점에 대해 석명해야 한다는 점을 밝힌 것이다. 이미 원고가 본소에서 변제공탁 사실을 주장하고 그 입증자료까지 제출하여 보증금지급 사실과 관련된 전반적인 주장을 하였으므로 이를 기초로 법원이 반소에 대하여 원고가 변제공탁 사실을 반소에 관한 항변으로 원용하는지 여부를 석명한다고 하더라도 이런 법원의 태도는 편파적인 판결이 될 염려가 없고 그 제출된 자료와의 합리적 관련성이 인정되어 타당하다.

3. 當事者의 法律上의 主張에 대한 釋明

(1) 當事者의 法律上 主張 自體가 不明確한 경우

당사자가 법률상의 주장을 하고 있지만, 그 의미가 불명확한 경

---

410) 공보 1993, 1297.

411) 사안에서 원심은 원고가 1989. 1. 10. 피고를 공탁물 수령자로 하여 임차보증금 580만 원을 부산지방법원 동부지원 공탁공무원에게 변제 공탁한 사실을 인정하면서도 원고에 대하여 피고에게 임차보증금 580만 원과 그 지연손해금의 지급을 명하였다. 이는 원고의 변제공탁항변이 없었기 때문이다.

우가 상당히 많다. 당사자의 법률상 주장은 사실상 주장과 혼합되어 주장되는 것이 보통이고 양자를 구별하는 것이 매우 어렵다. 그리하여 사실문제와 법률문제의 구별이 바람직하지 않다는 입장도 존재하는 것이 사실이다.[412) 그렇지만 당사자가 우세하게 지배하고 있는 사실관계를 당사자가 소송에서 주장하는 것에 대해 이를 법적으로 판단하여 그에게 권리를 부여하는 것은 전통적으로 법원의 임무이고 의무라는 사고가 민사소송법의 기반이 되었다는 점, 소송의 실제에서도 양자를 구별하여 석명권의 행사수준을 검토하는 데 필요하다는 점에서 양자를 구별하는 태도가 필요하다. 이런 관점에서 볼 때 종래 대법원의 입장은 적극적으로 당사자의 법률상 주장에 대해 석명권을 행사하도록 하급심에 요구하였다. 이런 점에서 법적 관점 지적의무가 신설되기 전에도 법률상 사항 내지 주장에 대한 법원의 석명은 자유로웠다고 볼 수 있다. 아래에서는 이 시기 법원이 당사자의 법적 법률상 주장에 대해 혹은 사실과 혼합된 법률적 주장에 대해 어떻게 해석하고 이를 고려해야 하는지를 확인해 본다.

사실관계를 보면, [95] 소외 갑이 태신상사를 운영하면서 피고와 장래 외상거래 등으로 부담하게 되는 채무를 담보하기 위하여 자신의 부동산에 피고를 위하여 채무자를 소외 갑으로 하여 최고액 1억의 근저당권을 설정해 주고 거래를 계속하던 중 1991. 7. 31. 위 태신상사를 폐업하고 동종영업을 하는 태신상역 주식회사(이하 소외회사라 함)를 설립하여 그 대표이사로 취임하고 피고와의 물품거래를 계속하여 오던 중 원고는[413) 피고를 상대로 근저당권설정등기

---

412) 이 시기 문헌으로 강봉수, "법원의 법률사항 지적의무", 竹堂 金詳源 선생 화갑기념, 『민사재판의 제문제』, 제7권, 한국사법행정학회, 1993, 278-279면 참조.
413) 소외 갑의 위 부동산의 소유권을 취득한 자로 보인다.

의 말소청구의 소를 제기하였다. 여기서 원심은 소외 갑이 법인설립 당시까지의 채무는 소외 회사가 이를 인수하여 전액 변제하였으나 법인 설립 이후에 발생한 소외 회사의 채무는 남아 있는데 피고의 주장을 등기유용의 합의414)로만 받아들여 이를 인정할 증거가 없다고 하여 피고의 주장을 배척하고 원고의 청구를 인용하였다. 이에 대해 대법원은 피고 소송대리인의 주장 속에는 등기유용의 합의 외에도 근저당권 설정계약서(갑 제3호증)를 인용하면서 소외 갑은 근저당권 설정 시 과거, 현재 및 장래의 모든 채무를 담보하기로 하였으므로 위 채무도 근저당권의 담보범위 안에 들어감이 당연하다는 주장도 들어 있어 이는 소외 갑이 소외 회사의 위 채무에 대해서도 보증였음을 주장한 것으로 볼 수 있으므로415) 원심으로서는 석명권을 행사하여 피고가 과연 위와 같은 취지의 주장을 하는 것인지를 밝히고 만약 피고의 주장취지가 위와 같은 것이라면 그 점에 관하여 심리 판단하였어야 할 것이라고 하였다(대법원 1995. 4. 7. 선고 94다43054 판결).416) 원심은 소외 갑과 소외 회사는 별개의 행위주체이고 피고의 주장을 소외 갑의 채무에 대한 근저당권을 소외 회사의 채무에 대한 근저당권으로 유용하기로 하는 합의로만 손쉽게 단정하였으나, 대법원은 변론에 나타난 피고의 주

---

414) 소외 회사가 설립된 후에 위 근저당권으로 장래 소외 회사가 부담하게 되는 채무까지 담보하기로 하는 합의가 위 소외 갑과 피고 사이에 이루어졌다고 인정한 것이다.

415) 이렇게 볼 수 있는 근거로 첫째, 소외 갑이 위 근저당권설정 당시 피고에게 물품대금의 담보로 발행한 약속어음(을 제4호증)을 소외 회사설립 후에도 반환하지 않고 계속 보관하고 있었던 점, 둘째 소외 갑이 피고의 실무담당자에게 소외 회사의 채무 연체 시 위 약속어음으로 경매신청을 하면 된다고 하여 근저당권설정등기의 채무자명의를 법인으로 바꾸지 않은 채 외상거래를 계속한 점, 셋째, 위 근저당권설정계약서(갑 제3호증)의 제1조는 채무자가 채권자에게 대하여 과거, 현재, 미래의 부담하는 단독, 연대채무와 보증인으로서의 채무 또는 상거래로 생긴 모든 채무를 담보하기 위해서 근저당권을 설정한다는 취지를 정하고 있는 점이다.

416) 공보 1995, 1824.

장사실과 근저당권 설정계약서의 문언을 근거로 소외 갑이 소외 회사의 채무를 별도로 보증한 것으로 볼 수 있음을 들어 피고의 주장이 이런 취지인지에 대해서도 석명하여야 한다고 하여 당사자의 주장 속에 그 당사자에게 유리한 주장이 포함되어 있고 그렇게 볼 수 있는 근거가 변론에 현출되어 있다면 당사자 주장의 불명확함에 대해 석명을 구하여 분쟁을 실질적으로 해결하라는 것이다.

또 다른 판례를 보면, [96] 원고 수급인이 피고 도급인을 상대로 건물공사대금을 청구하고 피고는 여기서 건물공사의 하자를 이유로 원고가 이를 보수하여 주기 전까지는 위 공사대금을 지급할 수 없다는 항변을 제출한[417) 사안인데, 원심은 위 건물의 하자를 보수하는 데 상당한 비용이 들 것으로 추정되는 사실이 인정됨을 근거로 원고의 이 사건 도급보수지급청구를 전부 기각하였다. 이에 원고가 상고를 제기하였는데 대법원은 도급인이 인도받은 목적물에 하자가 있는 것만을 이유로 하자의 보수나 하자의 보수에 갈음하는 손해배상을 청구하지 아니하고 곧바로 보수의 지급을 거절할 수는 없는데[418) 도급인이 하자의 보수를 청구하려면 그 하자가 중요한 경우이거나, 중요하지 아니한 것이라고 하더라도 그 보수에 과다한 비용을 요하지 아니할 경우여야 하고, 도급인이 하자의 보수에 갈음하여 손해배상을 청구하는 경우에는 수급인이 그 손해배상청구에 관하여 채무이행을 제공할 때까지 그 손해배상의 액에 상응하는 보수의 액에 관해서만 자기의 채무이행을 거절할 수 있을 뿐, 그 나머지 보수에 관해서는 지급을 거절할 수 없는 것이므

---

417) 이에 대해 원고는 원고가 하자의 보수를 하지 못한 것은 피고의 반대 때문이었다는 재항변을 제출하였으나 원고의 하자보수가 형식적이어서 보수가 이루어질 수 없다고 판단해 피고가 이를 거부한 사실이 인정된다고 하여 원고의 재항변을 이유가 없다고 보았다.

418) 대법원 1965. 4. 6. 선고 64다1802 판결 참조.

로[419] 도급인이 완성된 목적물에 하자가 있는 것을 이유로 삼아 보수의 지급을 거절하기 위해서는 먼저, 그 하자의 보수를 청구하는지, 아니면 하자의 보수에 갈음하여 손해배상을 청구하는 것인지, 또는 하자의 보수와 함께 손해배상을 아울러 청구하는 것인지를 명료하게 하지 않으면 안 된다고 보아야 할 것이라고 하면서, 이 사건의 경우 원심은 피고가 원고에게 이 사건 건물에 관한 하자의 보수를 청구하고 있는 것으로 보고 판단하고 있으나, 원고가 하자를 보수하려고 하는 것에 피고가 반대하였음은 원심도 이를 인정하고 있는 바이므로, 피고가 이 사건 변론에서도 여전히 원고에게 이 사건 건물 하자의 보수를 청구하고 있는 것인지, 그런 것이 아니라 원고의 하자보수를 거부하고 하자의 보수에 갈음하는 손해배상을 청구하고 있는 것인지, 그 태도가 분명하지 않으므로 원심은 먼저 이 점을 석명하였어야 했다고 하였다(대법원 1991. 12. 10. 선고 91다33056 판결).[420]

또한 [97] 원고가 피고들을 상대로 원고에게 피고 갑은 이 사건 건물의 공유지분(11/12) 이전등기의, 피고 을은 근저당권설정등기의 말소를 그리고 피고 갑에게는 원고에게 이 사건 건물에 대한 소유권(1/12)이전등기를 청구하였는데,[421] 그 청구원인에는 원고는 이 사건 건물을 포함한 연립주택의 재건축을 위해 그 소유주들로부터

---

419) 대법원 1990. 5. 22. 선고 90다카230 판결 참조.

420) 공보 1992, 490.

421) 이 사건 분쟁의 시작은 피고 갑이 소외 병(건축업자)에게 넘겨야 할 이 사건 건물의 소유권을, 자신이 이 사건 건물을 포함한 재건축 연립주택의 다른 공유자들에 대한 소유권이전서류를 가지고 있음을 기화로 자신의 명의로(자신의 지분 1/12를 제외한 11/12지분을 모두 자신의 명의로 이전한 것) 이전하고 피고 을 명의로 근저당권을 설정하여 버린 사실에서 비롯되었다. 원고는 소외 병으로부터 이 사건 건물을 매수하였음을 근거로 직접 피고 갑과 피고 을을 상대로 지분소유권이전등기와 근저당권설정등기의 각 말소를 구하고 피고 갑이 원래 가지고 있던 이 사건 건물의 지분(1/12)이전등기를 직접 청구하고 있는 사안이다.

공사를 도급받아 그 공사비의 일부지급에 갈음하여 이 사건 건물의 분양권을 위임받은 건축업자 병으로부터 이 사건 건물을 매수하였다고 주장하였는데, 원심은 원고가 소외 병으로부터 이 사건 건물을 매수한 자에 불과하여 피고들에 대하여 직접 그 등기의 말소를 구할 수 있는 등기부상 이해관계인이라고 볼 수 없고, 다음 피고 갑이 직접 원고에게 이 사건 건물 중 그의 지분에 관한 이전등기를 직접 마쳐 주기로 약정하였다는 점을 인정할 증거가 없다고 하여 원고의 청구를 모두 기각한 데 대하여, 기록에 의하면 원고가 이 사건 청구취지에서는 피고들을 상대로 이 사건 건물에 관하여 피고들 명의로 경료된 등기의 말소등기절차이행을 직접 구하고 있으나, 그 청구원인 사실로는 원고가 연립주택 소유자들로부터 그 공사대금의 지급에 갈음하여 이 사건 건물의 분양권을 위임받은 소외 병으로부터 매수하였다고 주장하고 있으므로, 원고가 피고들에 대하여 이 사건 청구를 함에 있어 연립주택 소유자들을 대위한다는 주장을 명시적으로 하고 있지는 않지만 그 주장 속에는 위와 같은 대위권을 행사한다는 취지가 包含되어 있다고 못 볼 바 아니므로 원심은 청구취지의 그 주장형식에만 얽매이지 말고 그 구체적인 취지가 무엇인지 석명하여야 한다고 하였다(대법원 1999. 12. 24. 선고 99다35393 판결).[422]

그리고 [98] 환지 전에 한 필지의 토지 중 특정부분을 구분하여 각 매수한 구분소유적 공유관계에 있는 원고들이 환지 후 다른 구분소유자들을 상대로 공유물 분할청구의 소를 제기한 사안인데, 원심은 원고들이 종전토지의 특정부분을 국가로부터 불하받았다면 원고들이 1필지 전부를 단독으로 불하받았음을 인정할 증거가 없

---

[422] 공보 2000, 298.

는 이 사건에서 환지처분이 있으면 비록 그것이 제자리환지라 할지라도 종전토지의 공유자 또는 수불하자는 특단의 사정이 없는 한 환지 후에는 종전의 토지에 상응하는 비율로 환지에 대하여 공유지분을 취득하는 것에 불과하다는423) 것을 이유로 구분소유권을 가지고 있다는 원고의 주장을 배척하였다. 이에 원고는 상고하였고 대법원은 특정된 토지부분을 구분 소유하면서 지분소유권을 상호신탁하고 있는 관계가 환지처분 전후를 통하여 유지되고 있다고 주장하였다면, 환지된 토지 중 일부분씩을 나누어 각 특정하여 소유하되 환지된 토지에 관하여 경료된 지분소유권 이전등기는 그대로 두기로 하여 상호 명의신탁관계를 유지하기로 하는 합의가 묵시적으로 성립되었다는 취지도 包含하는지 명백히 하여야 한다고 하였다(대법원 1994. 11. 18. 선고 93다52150 판결).424)

주장의 포함 여부에 대한 법원의 석명의무를 肯定한 경우로는 다음과 같은 판례가 있다. [99] 원고가 피고를 상대로 청구이의의 소를 제기하면서 불공정한 법률행위라고 주장하였는데425) 원심은 궁박이나 강박상태가 없었다고 판단하여 원고의 청구를 기각하였고 이에 원고가 상고한 사안인데, 불공정한 법률행위로서 무효라는 주장 안에 반사회적 법률행위로서 무효라는 주장이 포함되어 있는

---

423) 대법원 1996. 7. 12. 선고 96다2880 판결; 대법원 1994. 10. 25. 선고 94다28406 판결 등 참조.

424) 공보 1995, 48.

425) 원고는 피고의 배우자와 간통을 하여 그 합의금으로 금 1억 7천만 원의 약속어음공정증서를 작성하였는데 이 작성행위를 불공정한 법률행위라고 주장하면서 이 사건 소를 제기하였다. 그런데 원고는 피고의 배우자와 이미 전에 간통고소를 당하여 위자료로 금 1천5백만 원에 합의하여 고소취소를 받은 적이 있은 후 다시 6년 8개월간 불륜관계를 지속하다가 발견되어 피고와 합의금으로 이 사건 약속어음공증을 한 것이었다. 여기서 원심은 원고가 광주광역시 약사회장으로서 사회적 명예가 있는 자여서 구속의 위험이 있어 다소 궁박 상태에 있었지만 원래 금 2억을 약속하였는데 공정증서작성일 금 3천만 원을 깎은 점을 고려할 때 궁박 상태에 있었다고 볼 수 없다고 보았다.

지의 여부를 석명하지 않았다 하여 석명의무를 위반한 위법이 있다고 볼 수 없다고 하였다(대법원 1997. 3. 25. 선고 96다47951 판결).[426]

또한 [100] 원고들이 명의신탁 해지를 원인으로 하여 소유권이 전등기 절차의 이행을 구하고, 피고가 원고들 주장의 명의신탁 사실을 부인하면서 아울러 이 사건 토지 중 농지에 관해서는 소재지 관서의 증명이 없으므로 신탁해지를 원인으로 한 소유권이전등기 청구에 응할 수 없다는 주장을 하고 있는 경우, 법원이 원고들에 대하여 농지매매 증명을 받을 것을 조건으로 한 소유권이전등기 절차의 이행도 아울러 구하는지 여부를 석명할 의무까지 있다고 할 수는 없다고 하였다(대법원 1995. 5. 9. 선고 94다48738 판결).[427]

그리고 [101] 소유권이전등기청구권에 대하여 가압류가 있는 경우에는 가압류의 해제를 조건으로 이전등기를 구할 수 있으나 가압류되어 있는 피고 갑의 피고 을에 대한 부동산 소유권이전등기 청구권을 대위 행사하는 원고에 대하여 법원이 가압류의 해제를 조건으로 이전등기를 구하는지 여부에 관하여 석명을 구할 의무가 있는 것이 아니므로, 법원이 원고에 대하여 가압류의 해제를 조건으로 이전등기를 구할 기회를 부여하지 않고 원고의 청구를 기각한 조치에 석명권 불행사 내지 심리미진의 위법이 있다 할 수 없다고 하였다(대법원 1994. 10. 25. 선고 93다55012 판결).[428]

또한 [102] 원고가 공동 매수인인 피고 갑만을 상대로 약정기일까지 매매 잔대금을 지급하지 않았음을 이유로 매매계약을 해제하면서 원상회복을 구하는 소를 제기하였는데, 여기에서 원고는 피고

---

426) 공보 1997, 1179.
427) 공보 1995, 2088.
428) 공보 1994, 3082.

을만을 상대로 1991. 3. 4.자 별도 약정에 기한 매매 목적물인 지분의 각 2분의 1 지분에 관하여 소유권이전 등록절차의 이행을 구하는 소를 병합하였고 그 후 원고는 제14차 변론기일에서 피고 을에 대한 위의 소를 취하하고 이에 피고 을도 동의한 사안에서, 대법원은 원고가 명백히 취하한 청구에 대하여 법원이 다시 그 청구도 유지하는 것인지에 관하여 석명하여야 할 의무가 있다고 할 수 없고, 또한 원고가 피고 갑과의 사이에 1991. 1. 21.자 별도의 약정에 기하여 이 사건 매매 목적물에 관한 2분의 1 지분 반환을 구하는 청구는 별개의 청구로서 원고가 원심까지의 소송과정에서 위 약정에 기한 청구를 주장한 바 없고 이 사건 법정 해제권 행사로 인한 해제주장에 위 약정에 기한 청구주장이 포함되었다고 볼 여지도 없으므로 원심이 원고가 위 약정에 기한 지분반환청구를 하는지에 관하여 석명권을 행사하여 이를 심리하여야 할 의무가 있다고 볼 수 없다고 하였다(대법원 1994. 11. 18. 선고 93다46209 판결).[429]

또한 [103] 원고가 소외 을로부터 이 사건 토지(㉯부분 581㎡)의 점유를 이전받아 시효 취득했음을 이유로 이 사건 토지의 소유자인 피고들을 상대로 직접 소유권이전등기의 청구를 하였는데, 원래 이 사건 토지는 1962. 2. 28. 소외 을이 소외 갑으로부터 의정부시 고산동 342-1 전 3,306㎡를 매수할 때 사실상 일체로서 경작되어 왔기 때문에 그 매매 목적물에 포함되어 매수하였고 이것을 1983. 2. 7. 소외 을이 위 342-1 토지를 원고에게 매도할 때 같은 이유로 이 사건 토지도 그 매매 목적물에 포함되어 그 점유가 이전되었으나 등기는 위 341-1 토지에만 되어 있었다. 이에 대해

---

429) 공보 1995, 47.

원심은 이 사건 토지에 대한 취득시효 완성 당시의[430] 점유자인 소외 을로부터 점유를 승계한 원고가 위 소외 을을 대위하지 않고 직접 피고들에 대하여 시효취득을 원인으로 한 소유권이전등기를 청구할 수 없음을 이유로[431] 원고의 청구를 기각하였다. 이에 대해 상고인은 원심이 원고에게 위 소외 을을 대위하여 피고들에게 취득시효 완성을 원인으로 한 소유권이전등기청구를 하는 것인지의 여부에 대해 심리하지 않은 것은 석명권 불행사의 위법이 있다고 주장하였다. 이에 대해 대법원은 석명권이라 함은 당사자의 진술에 모순, 흠결이 있거나 애매모호하여 그 진술의 취지를 알 수 없을 때 이를 명료하게 하거나 당사자에게 입증을 촉구하는 것을 그 내용으로 하는 것으로서, 법원이 당사자가 의도하지도 아니한 새로운 주장을 하도록 발문하거나 권유하는 것과 같은 행위는 변론주의의 원칙상 허용되지 않는다 할 것인데, 원고가 피고들에 대하여 직접 취득시효 완성으로 인한 소유권이전등기청구권을 갖는다는 것과 원고가 소외 을에 대하여 소유권이전등기청구권을 가지고 위 소외 을 역시 피고들에 대하여 취득시효 완성으로 인한 소유권이전등기청구권을 가지므로 원고가 위 소외 을을 대위하여 그가 피고들에게 가지는 소유권이전등기청구권을 대위 행사한다는 것은 그 請求原因이 다르므로, 원고가 피고들을 상대로 직접 이 사건 토지(㉯부분 581㎡)에 대하여 취득시효 완성을 원인으로 한 소유권이전등기

---

430) 소외 을이 이 사건 토지의 점유를 시작한 1962. 2. 28.부터 20년이 경과한 1982. 2. 28.에 이르러 이 사건 토지의 소유자인 피고들에 대하여 점유취득시효 완성을 원인으로 한 소유권이전등기청구권을 취득하였다고 본 것이다.

431) 대법원도 원심의 이런 판단에 대한 상소에 대해 원심의 판단을 지지하고(대법원 1995. 3. 28. 선고 93다47745 전원합의체판결, 1995. 6. 16. 선고 95다13753, 13760 판결) 그 이유로 전 점유자의 점유를 승계한 자는 그 점유 자체와 하자만을 승계할 뿐 그 점유로 인한 법률효과까지 승계하는 것은 아님을 들었다.

청구를 하고 있음이 기록상 명백한 이 사건에서 원심이 원고에 대하여 위 소외 을을 대위하여 피고들에게 취득시효 완성을 원인으로 한 소유권이전등기청구를 하는 것인지의 여부에 관하여 석명하여 심리해야 할 의무는 없다고 하였다(대법원 1995. 11. 28. 선고 95다22078, 22085 판결).[432]

또한 [104] 원고가 이 사건 건물을 건축한 부친의 사망으로 피고들인 다른 형제들과 공동 상속한 이 사건 건물을 단독으로 소유권 보존등기를 마치고 피고들을 상대로 건물 명도청구의 소를 제기하였는데, 원심은 원고의 소유권 보존등기는 그 권리추정력이 없고 원고가 부친으로부터 이 사건 건물을 증여받았으므로 실체관계에 부합하는 유효한 등기라는 주장을 했으나 이 또한 인정할 증거가 없다고 하여 원고의 청구를 기각하였는데 이에 대해 원고(상고인)는 법원의 석명권 불행사 내지 심리미진의 위법이 있다고 상고하였고 대법원은 원고가 이 사건 건물이 원고 단독 소유이고 피고들에 대한 이 사건 청구도 원고 단독 소유임을 전제로 하고 있음을 분명하게 주장하고 있는 경우, 법원이 소송과정에서 전혀 주장된 바 없는 공유자임을 전제로 하여 공유물 보존행위의 일환으로 이 사건 청구를 구하는지 여부를 석명할 의무까지 있다고 할 수 없다고 하였다(대법원 1995. 11. 10. 선고 95다13685 판결).[433]

그리고 [105] 원고가 피고 울산시를 상대로 토석 채취구역의 토석 부존량이 허가량에 미달한다고 주장하면서 부당이득반환청구의 소를 제기하였는데 원고는 사실 피고 울산시와 직접 토석채취계약을 맺지 않았고 토석 채취허가도 피고 한국보훈복지공단[434]에 부여

---

432) 공보 1996, 166.
433) 공보 1995, 3909.

되었고 원고는 단지 피고 보훈복지공단에 토석대금을 사실상 지급
하였을 뿐이었다. 원심은 원고의 청구를 기각하였다. 이에 원고는
석명권 불행사 내지 심리미진의 위법을 이유로 상고하였고 이에
대해 대법원은 원고가 피고 울산시에 대하여 직접 부당이득반환청
구권을 갖는다는 것과 원고가 피고 한국보훈복지공단에 대하여 부
당이득반환청구권을 가지고 피고 한국보훈복지공단 역시 피고 울
산시에 대하여 부당이득반환청구권을 가지므로 원고가 피고 한국
보훈복지공단을 대위하여 그 피고가 피고 울산시에 대하여 가지는
부당이득반환청구권을 대위하여 행사한다는 것은 법률효과에 관한
要件事實이 다르다 할 것이고, 기록에 비추어 원고의 주장에는 채
권자대위권을 행사한다는 주장이 포함되어 있다고 볼 수 없으므로
원심이 원고가 피고 한국보훈복지공단을 대위하여 피고 울산시에
대하여 부당이득반환청구권을 행사하는지에 관해 심리하지 아니하
였다 하여 석명권 불행사나 심리미진의 위법이 있다고 할 수 없다
고 하였다(대법원 1992. 6. 9. 선고 91다35106 판결).[435]

　한편, 판례는 보험자가 주장하는 권리가 공동불법행위자로서의
분담부분을 넘은 공동면책행위를 한 후 행사하는 구상권의 대위행
사인지 아니면 일방과실을 주장하면서 상대방에 대한 손해배상청
구권을 대위 행사하는 취지인지를 석명하여 주장을 명확히 한 다
음 사안을 판단하여야 한다고 하였다. 보험자인 원고가 구상권이라
고만 주장하는 권리가 피보험자가 공동 불법행위자에게 가지는 구
상권을 보험자대위에 의해 행사하는 것인지 아니면 피보험자가 불
법행위자에게 가지는 손해배상청구권을 보험자대위에 의해 행사하

---

434) 원고는 피고 한국보훈복지공단을 상대로는 손해배상청구를 별도로 한 것으로 보인다.
435) 공보 1992, 2116.

는 것인지를 석명하여야 한다고 하였다.

사안은 [106] 원고인 보험자가 소외 갑과 자동차 종합보험계약을 체결하였고 그 보험기간 중에 소외 갑이 자동차의 관리를 소홀히 한 틈을 타 피고가 이를 운전하여 가다가 그 과실로 인도를 보행 중인 소외 을 등을 치어 사망케 하는 교통사고를 일으켰고 이에 소외 갑의 보험자인 원고는 피해자들에게 그 손해를 배상하였고 원고는 피고를 상대로 구상권을 행사하였다. 여기서 피고는 원고가 대위하는 소외 갑의 피고에 대한 손해배상청구권은 3년이 경과하여 시효 소멸하였다고 주장했고 원심은[436) 원고가 대위하는 권리가 소외 갑이 피고에게 가지는 손해배상청구권이라고 인정한 후 피고의 항변을 받아들여 원고청구를 배척하였다. 이에 원고는 상고하였는데 여기서 대법원은 이 사건 교통사고는 소외 갑과 피고의 공동과실로 발생하였으므로 소외 갑과 피고는 각자 모든 손해를 배상할 책임이 있는데 원고가 소외 갑과 체결한 보험계약에 의해 그 손해배상금을 그 보험금액으로 모두 지급하였고 위 양자는 모두 면책되었으므로 소외 갑은 피고의 부담부분에 대해 구상권을 행사할 수 있고 보험자인 원고는 보험자대위에 따라 소외 갑의 피고에 대한 구상권을 취득하였다 할 것이므로 원심은 마땅히 원고가 주장하는 구상권이 이와 같은 내용의 것인지를 석명함으로써 이 점에 관한 원고의 주장을 명료하게 하였어야 한다고 하였다(대법원 1995. 9. 29. 선고 94다61410 판결).[437)

또한 [107] 같은 취지로, 원고 보험자는, 피보험자인 소외 갑의 택시와 피고 소유의 승용차가 충돌하여 위 택시의 승객이 사망하

---

436) 원심의 사실인정을 보면 명확하지는 않으나 피고의 단독과실에 의해 이 사건 교통사고가 발생하였다고 보고 있는 듯하다.

437) 공보 1995, 3611.

고 위 망인의 유족들이 소외 갑과 피고를 공동피고로 손해배상청구 소송을 제기하여 피고와 소외 갑은 각자 유족들에게 손해를 배상하라는 판결이 선고되어 확정된 후 유족들이 위 소송의 소송비용 확정신청을 하여 피고와 소외 갑이 소송비용 확정을 받자 원고가 소외 갑의 보험자로서 소송비용의 일부를 보험금으로 지급을 하고 피고를 상대로 구상금 청구소송을 제기한 사안이었다. 원심은 원고의 청구를 공동 불법행위자의 과실비율에 따른 구상권 행사로 해석하여 원고가 지불한 소송비용은 유족들에 대한 손해배상금이 아니므로 피고에게 구상할 수 있는 공동 면책액이라 할 수 없다고 하여 원고의 청구를 기각하였다. 이에 대해 대법원은 원고의 구상권 주장은[438] 비록 구상금이라는 용어를 사용하고 있기는 하나 피고가 그의 일방적 과실로 발생한 이 사건 사고로 인하여 소외 갑이 입은 손해를 배상할 책임이 있다는 전제 아래 원고는 위 소외 갑의 피고에 대한 손해배상청구권을 보험자대위에 의하여 취득·행사한다는 취지의 주장이 包含되어 있다고 못 볼 바 아니므로 석명권을 행사하여 원고의 주장 내용을 좀 더 명확하게 밝혀 보았어야 했다고 하였다(대법원 1992. 9. 22. 선고 92다16744 판결).[439]

---

438) 원고는 소장에서 이 사건 사고는 피고의 잘못으로 일어난 사고로서 피고는 소외 갑이 입은 모든 손해를 배상할 책임이 있는데 원고는 위 소외 갑과의 보험계약약관과 상법 제682조에 따라 위 소외 갑이 피고에 대하여 가지는 구상금청구권을 취득하였으므로 피고는 원고가 소외 갑을 대위하여 변제한 금 6,085,640원을 지급할 의무가 있다고 주장하였다. 또 원심에서도 원고는 이 사건 사고는 피고 차의 일방 과실이므로 피고는 모든 손해를 배상할 책임이 있는데 피해자가 피고와 소외 갑을 공동피고로 하여 소송을 제기하여 왔으므로 원고는 소외 갑의 소송대리비용을 지급하여 줌으로써 구상권이 발생하였다는 취지로 주장하였다.

439) 공보 1992, 2968.

(2) 當事者의 不完全한 主張에 대한 釋明

당사자가 법률적으로 의미가 있는 주장을 나름대로 피력하고 있지만, 법률적인 용어를 통해 구체화하지 못하거나 법적으로 의미 있는 주장으로 구체화하지 못하고 있는 경우 법원은 이를 지적하는 석명을 하여 소송 법률관계를 분명하게 할 필요가 있다. 당사자가 반복해서 주장하는 불완전한 법률적인 주장에 사건의 쟁점이 존재하는 경우가 의외로 많다. 이런 부분을 법적으로 의미 있는 주장으로 만들어 내는 일은 법률가의 조력을 받아 이루어질 수 있지만, 변호사에 의한 변론능력의 보강이 필수적으로 요구되지 않는 현행 민사소송에서 이 역할은 법원의 석명권 행사를 통해 보충될 필요가 있고 대법원 역시 이런 관점에서 종래 적극적으로 석명권의 행사를 요구하였다. 이 경우 당사자의 주장과 법원의 법적 표현 사이에 상당한 근접성이 있다고 객관적으로 판단되지 않는다면 법원은 당사자가 전혀 생각하지도 않은 새로운 법률상의 주장을 유도하는 결과가 되어 법관의 中立性 原則에 위반하게 될 위험이 있으므로 주의하여야 한다. 이 시기 판례에 나타난 사안을 살펴보면 다음과 같다.

[108] 원고는 이 사건 점포를 소외인으로부터 1983. 10. 4.부터 1988. 9. 30.까지 임차하여 이를 다시 피고에게 1985. 5. 31.부터 1987. 5. 30.까지 전대하였는데 피고인 전차인이 1986. 9분까지만 차임을 지급하고 그 이후에는 이를 지급하지 않자 피고를 상대로 점포명도 및 차임지급 또는 부당이득반환청구의 소를 제기하였다.440) 그런데 여기서 원심은 1986. 10.부터 1987. 5. 30.까지는 약

---

440) 그 시기는 원고의 임대차기간이 종료한 후인 것으로 보인다. 그 때까지 피고인 전차인은 계속하여 이 사건 점포를 점유, 사용하고 있었다.

정차임, 1987. 6. 이후부터 1988. 9. 30.까지는 차임상당의 부당이득의 반환만을 각 인용하면서 그 이유로 1987. 5. 30. 이후로는 임대차가 종료되었으므로 원고는 이 사건 점포에 대한 사용·수익권이 있다고 인정할 만한 사유에 관한 주장·입증이 없음을 들었다. 이에 대법원은 원고가 이 사건 점포의 소유자로부터 임차보증금을 반환받지 못하고 임대차 해지통고를 받은 바 없으므로 원고와 이 사건 점포의 소유자 사이의 임대차는 종료하지 아니하였다고 주장하는 것은 원고와 소외인 사이의 임대차가 민법 제639조 제1항에 따른 默示의 更新이 있었다고 볼 수 있을 것이므로 피고가 이 사건 점포에 대한 점유, 사용을 계속하고 있고 원고가 위와 같은 주장을 하는 경우 원고가 위와 같은 묵시의 갱신이 있었음을 주장한 것으로 보고 판단하여야 할 것이고 그 취지가 분명하지 않다면 석명을 통하여 그 주장의 취지를 명백히 하였어야 했다고 하였다(대법원 1991. 10. 8. 선고 91다7682 판결).441) 원고의 주장이 법률적으로 구체화되어 있지 않더라도 그와 같은 취지의 주장이 존재한다면 이를 법률적으로 타당하게 해석하여 이런 취지의 주장을 하는 것인가에 대해 석명을 통해 당사자의 이 부분에 대한 주장을 받아 이를 기초로 심리하여야 한다는 취지의 판결로서 석명권의 본질을 잘 반영한 태도이다.

또한 [109] 원고가 소외 최윤성 및 피고 조규희 등을 상대로 그동안 수없이 이 사건 부동산에 대하여 명도요구를 하였고, 이들 또한 원고에게 이 사건 부동산에 대한 임대·교환·불하 등의 요구를 하였던 점 등으로 미루어 보면, 위 최윤성과 그의 점유를 승계한 피고 조규희와 피고 최현의 각 점유는 소유의 의사가 아니고 평

---

441) 공보 1991, 2681.

온한 점유도 아니라는 원고의 주장은 피고 조규희와 피고 최현이 이 사건 부동산에 관한 원고의 소유권을 승인함으로써 시효가 중단되었다는 주장으로도 볼 수 있다 할 것이므로(대법원 1994. 10. 7. 선고 94다13244, 13251 판결 참조), 원심은 석명권을 적절히 행사하여 원고의 주장 취지를 명확히 한 다음 심리판단을 하여야 했다고 하였다(대법원 1996. 6. 11. 선고 94다55545, 55552 판결).442) 원고가 피고의 행위가 시효중단 사유로서 승인에 해당한다고 법률적으로 정확히 표현하지 못했다고 하더라도 원고 주장의 취지가 이러한지에 대해 석명권을 행사하여 소송관계를 분명히 할 필요가 있다는 취지이다.

이와 유사한 판례로, [110] 원고가 피고를 상대로 토지인도의 소를 제기하였는데 여기에서 피고는 이 사건 토지를 시효 취득했다고 주장하면서 그 소유권이전등기 절차의 이행을 구하는 반소를 제기하였는데, 원고는 제1심에서 피고는 이 사건 토지를 점유 중이던 1989. 9. 초순경 원고와 이 사건 토지에 대하여 사용대차계약을 체결하려 한 적이 있고 1990. 1. 12. 같은 해 3. 29. 피고에게 내용증명우편으로 이 사건 토지의 인도를 요구한 바 있다는 주장을 하였고, 사용대차계약서(갑 제2호증), 각 내용통지서(갑 제3호증의 1, 2), 건축허가신청서(갑 제4호증)의 각 기재와 증인들의 각 일부증언에 의하면 원고의 이런 주장사실을 인정할 수 있다면, 원고의 주장은 시효의 중단사유인 승인과 최고, 자주점유의 타주점유로 전환 등의 주장으로도 볼 수 있다 할 것이므로 법원으로서는 석명권을 적절히 행사하여 원고의 주장취지를 명확히 한 다음 이에 대하여 심리, 판단하여야 한다고 하였다(대법원 1994. 10. 7. 선고 94다

---

442) 공보 1996, 2102.

13244, 13251(반소) 판결).443) 당사자가 자신의 주장을 명확히 법률적으로 표현하지 못하고 있으나 그 주장사실에 의하면 이런 취지가 충분히 보인다면 법원은 그 주장이 법률적으로 이러한 주장인지에 관해 당사자에게 이를 석명해야 한다.

또한 [111] 원고는 원심에서 "이 사건 대지 중 34㎡는 사실상 도로에 편입되어 있다가 양도된 것이다.", "1991년에는 금 1,100,000원이었던 이 사건 대지의 공시지가가 1992에는 금 1,200,000원으로 상승하였다가 1994년도에는 다시 금 1,050,000원으로 하락하였다.", "잘못된 공시가격에 의하여 잘못 부과된 세금은 취소되어야 마땅하다."는 등의 주장을 하였음이 분명한데, 원고의 주장에 다소 불명확한 점이 있기는 하지만 원고가 말하고자 하는 전체적인 취지는 피고가 이 사건 대지에 대한 양도차익을 산정함에 있어 기준시가로 삼은 개별토지가격이 위법하게 결정되었으므로 이 사건 양도소득세 부과처분도 위법하다는 것임을 알 수 있으므로, 원심법원은 그 석명권을 행사하여 그 주장취지를 명백히 함과 동시에 입증을 촉구하여 원고의 위 주장에 대하여 심리 판단하였어야 한다고 하였다(대법원 1996. 7. 30. 선고 95누16165 판결).444) 대법원은 원심에서 원고의 위와 같은 주장을 개별 토지가격의 위법성이 부과처분에도 승계되어 함께 판단될 수 있다는 하자의 승계법리를445)

---

443) 공보 1994, 2948.

444) 공보 1996, 2729.

445) 선행처분과 후행처분이 서로 결합하여 하나의 법적 효과를 완성하는 것인 때에는(예를 들면 조세체납처분에서 독촉·압류·매각·충당의 각 행위 사이) 위법성의 승계가 인정되어 선행처분이 위법하면 후속처분도 위법한 것으로 보고 반면, 양자가 서로 독립하여 개별의 효과를 목적으로 하는 경우에는 선행처분이 무효가 아닌 한 그 위법성은 후행처분에 승계되지 않는다고 보는 것이 행정처분에 있어 하자의 승계의 통설이었다(金東熙, 「行政法 I」, 제5판, 博英社, 304–305면). 그런데 대법원은, 이에 대한 예외로 쟁송기간이 도과한 개별공시지가결정의 위법성을 이유로 그에 기초하여 부과된 양도소득세 부과처분의 취소를 구한 사건에서 당해결정(개별공시지가결정)은 이해관계인에게 개별적으로 고지되는 것도 아

염두에 두고 있다고 판단된다. 당사자의 주장은 비록 위와 같은 하자의 승계를 명시적으로 표현하지는 않았다고 하더라도 법리에 능통한 법원은 당사자가 위와 비슷한 취지의 사실을 주장하고 있다면 당사자의 주장이 이런 취지인지를 석명을 통해 밝혀서 분쟁의 실질적 해결을 도모해야 한다.

또한 [112] 위와 같은 취지로, 원고가 피고 고양시장을 상대로 최종 증액 변경된 개발부담금 부과처분의 전부취소를 청구하면서 부과 종료시점 지가산정의 기초가 된 이 사건 토지의 1995년 개별 공시지가가 위법하게 결정되었음을[446] 처분의 위법사유로 제시한 사안인데, 원심은 표준지 선정의 잘못 등으로 부과 종료시점 지가가 지나치게 높게 산정한 위법이 없어 증액 변경된 이 사건 처분도 적법하다고 판단하였으나, 피고의 처분에는 이 사건 토지의 부과 종료시점의 개별 공시지가를 산정하기 위한 표준지의 선정이 토지 용도, 지목, 주위환경 등과 관련하여 잘못된 것이 확인되므로 원고 주장취지가 전체적으로 증액 변경된 부과처분 시에 부과종료시점

니고, 또한 관계인으로서는 이러한 개별공시지가가 자신에게 유리 또는 불리하게 적용될 것인지도 알기 어려운 것으로서, 이러한 사정하에서 관계인이 그 쟁송기간 내에 당해 처분을 다투지 않았다고 하여 이를 기초로 한 과세처분 등 후행처분에서 그 위법을 주장할 수 없도록 하는 것은 관계인에 수인한도를 넘는 불이익을 강요하는 것이므로, 이러한 경우에는 관계인은 개별공시지가결정과 과세처분은 서로 독립하여 별개의 법률효과를 목적으로 하는 것임에도 불구하고 관계인은 후행처분인 과세처분의 위법사유로서 선행처분인 개별공시지가결정의 위법을 주장할 수 있다고 선언하여 실질적 타당성을 기하였다(대법원 1994. 1. 25. 선고 93누8542 판결). 그러나 표준지의 공시지가에 있어서는 그 위법성이 이후의 과세처분에 승계되지 아니한다고 판시하였다(대법원 1997. 9. 26. 선고 96누7649 판결).

446) 개발이익 환수에 관한 법률(1993. 6. 11. 법률 제4563호로 개정되고 1995. 12. 29. 법률 제5108호로 개정되기 전의 것)에 의하면 개발사업으로 인한 개발 부담금을 부과할 때 부과개시시점 지가와 부과종료시점의 지가를 모두 개별공시지가에 의하여 산정하여야 하는데 부과종료시점 당시에는 사업완료상태의 토지를 대상으로 한 개별공시지가가 아직 공시되지 않으므로 별도로 표준지를 선정하고 토지가격 비준표를 적용하는 방법으로 부과종료시점지가를 산정하였다가 다음 해에 부과대상토지에 대한 개별공시지가가 결정 공시되면 그 개별공시지가를 기준으로 부과종료시점지가를 재산출하여 개발 부담금을 재산정하여 당초 부과한 개발 부담금과의 차액을 정산하게 된다.

지가 산정의 기초가 된 이 사건 토지의 1995년 개별공시지가가 위법하게 결정되었으니 증액 변경된 개발부담금 부과처분도 역시 위법하다는[447] 데에 있음을 주장하는 것인지에 대해 석명권을 행사하여 그 주장취지를 명확히 했어야 한다고 하였다(대법원 1997. 4. 11. 선고 96누9096 판결).[448]

그리고 [113] 원고가 피고(대지의 소유자)를 상대로 소유권이전등기를 청구하였는데 원고들은 이 사건 다세대 주택을 분양자인 건축업자(제1심 공동피고)로부터 분양받았는데 이 사건 건물의 소유권은 건축업자에게 원시적으로 귀속하고[449] 이자로부터 분양받았다고 주장하였고,[450] 원심은 건축업자가 위 건물의 소유권을 원시 취득하였다는 이유로 곧바로 이 사건 건물이 피고명의로 명의신탁된 것이라고 인정하였는데, 이에 대해 원고들의 주장은 이 사건 건물을 원시 취득한 건축업자로부터 분양받았다는 주장인 데 반하여 피고의 주장은 이 사건 건물의 소유권을 자신이 적법하게 취득하였으므로 명의신탁관계가 아니라는 취지이므로, 원심은 모름지기 이런 변론취지가 대지대금을 담보하기 위하여[451] 피고명의로

---

447) 개발 부담금을 정산하게 되면 당초의 부과처분은 그 정산에 의하여 증액 또는 감액되게 되는바, 그 변경된 개발 부담금을 부과받은 사업시행자가 부과종료시점지가의 산정에 위법이 있음을 이유로 당해 증액 또는 감액된 개발부담금 부과처분의 취소를 구하는 경우에도 부과종료시점지가 산정의 기초가 된 개별공시지가결정에 위법사유가 있음을 독립된 불복사유로 주장할 수 있다(대법원 1994. 1. 25. 선고 93누8542 판결 참조).

448) 공보 1997, 1469.

449) 이 사건 건물의 전체 공정의 80%를 건축업자가 완성한 후 자금난으로 대지소유자인 피고가 나머지를 완성하여 소유권보존등기를 경료하였다.

450) 위 건축업자가 피고에게 명의 신탁한 것이므로 분양계약에 기한 소유권이전등기청구권을 보전하기 위하여 건축업자를 대위하여 명의신탁을 해지하고 분양업자(제1심 공동피고)로의 이전등기를 명하고, 다시 원고에의 이전등기를 청구한다고 하였을 것으로 보이는데 청구취지를 확인할 수 없다.

451) 만일 대지의 대금채무 담보를 위하여 피고 명의로 건축허가를 받은 것이라면 비록 위 건축업자가 이 사건 건물을 원시 취득하였다고 하더라도 피고 명의로 소유권보존등기가 경료됨으로써 법률행위에 의하여 담보물권이 설정되었다고 볼 수 있는 것이다(대법원 1990. 4.

건축허가를 받았다는 취지인지를 석명하고 이를 심리·판단하였어야 하므로, 이 부분 원심판결에는 석명의무를 다하지 아니하여 판결에 영향을 미친 위법이 있다고 하였다(대법원 1997. 4. 11. 선고 97다1976 판결).452) 이 사건에서 피고는 이 사건 건물의 소유권을 적법하게 취득하였다고 주장하고 있으므로 법원은 그 소유권취득등기453)에 대하여 석명을 하여 당사자 사이(건축업자와 대지소유자)의 소유권 보존등기 경료의 성격에 대하여 규명하여 이에 합당한 법률효과를 부여하여야 한다. 원심처럼 명의신탁관계로 구성하면 대지소유자의 보호에 한계를 보이게 되므로 대지대금을 담보하는 한도에서는 건물에 대하여 담보물권을 갖는다고 보는 것이 타당하고454) 이런 관계가 당사자(건축업자와 대지소유자) 사이에 존재하는지를 당사자에게 석명하여야 한다는 것이다.

(3) 法院의 法的 判斷 變化에 기인한 경우

소송의 진행과정에서 법원은 당사자의 사실주장에 기초하여 일정한 법적 판단을 가지게 된다. 이런 판단은 당사자가 가지고 있는 법적 판단과 일치할 수도 있지만 상이할 가능성도 존재한다. 이런 경우 변론에서 당사자와 법원 사이의 법적 인식에 차이가 있음이 드러난 경우 법원은 자신이 가지고 있는 법적 인식을 당사자에게 설명하여 그 인식의 차이를 알 수 있도록 할 필요가 있다. 법원이

---

24. 선고 89다카18884 판결 등 참조).

452) 공보 1997. 1442.

453) 부동산등기법 제131조에 의하면 특단의 사정이 없는 한 건축허가명의인 앞으로 소유권보존등기를 할 수밖에 없고 일반적으로 대지소유권을 담보하기 위한 경우가 많고 원심 증인인 건축업자의 증언에 의해서도 이런 사실이 확인되고 있다.

454) 담보물권으로 구성하면 그 피담보채무인 대지의 대금채무가 변제되지 않는 한 피고(대지소유자)에 대하여 소유권보존등기의 말소를 청구할 수 없을 것이다.

그 자신의 법적 판단에 대해 당사자에게 밝혀야 하는지에 대해 부정적인 입장도 있을 수 있지만, 당사자와 법원 사이에 법적 쟁점을 공유하여 이 쟁점을 중심으로 주장과 입증이 집중될 수 있도록 하는 것이 소송의 집중과 신속에 기여한다. 또한 이런 석명을 통한 법관의 소송 진행은 당사자의 예측하지 못한 재판을 방지할 수 있게 한다. 당사자는 법원이 중요하게 여기는 법적 쟁점에 대해 자신이 가지고 있는 모든 자료를 제출하여 일정한 주장·입증을 다했고 이에 대해 법원이 충분히 숙고를 하고 일정한 판결이 이루어졌다고 여길 때 그 판결에 대해 인정하려 들고 이로써 법원의 판결은 당사자에 의해 정당화될 수 있다. 법원의 석명권은 이런 판결의 정당화 기능을 수행할 수 있도록 행사될 필요가 있는데 이 시기 대법원은 이런 석명을 새로이 석명의 유형으로 인정하는 판단을 하였다. 법률요건의 일부가 흠결된 경우 이를 제1심과 달리 중요한 법적 사항으로 삼아 재판하기 위해서는 이를 석명하여야 한다는 판례군은 법률요건사실에 대한 석명부분에서 이미 살펴보았으므로 여기서는 순수한 법적 사항에 대한 판례에 한정하여 고찰하기로 하고 이런 유형으로 볼 수 있는 판례를 소개하면 다음과 같다.

[114] 원고가 계쟁건물이 자신이 소유권을 이전받은 건물의 부합건물이라 하여 명도를 청구하였으나, 그중 일부분을 원심이 독립건물이라는 이유로 청구를 기각한 데 대하여, 대법원은 부합건물이라는 원고들의 주장 속에 종물이라는 주장이 포함된 것이 아닌지 석명하였어야 한다고 하였다(대법원 1991. 5. 14. 선고, 91다2779 판결).[455] 이 판결의 취지는 원고가 명도를 구하는 부분을 전부 부합물로 보아 그 청구를 유지하고 있었는데 법원이 이 부분 중 일부

---

455) 공보 1991, 1631.

를 원고의 법적 판단과 달리 독립물로 보게 된다면 원고는 이 부분에서 패소할 것이 명백하므로 법원이 그 법적 견해를 보이면서 당사자에게 주장변경이나 보강의 기회를 보장하는 것이 석명의무의 내용이라는 것을 명백히 밝힌 데 그 의의가 있다고 하겠다.

4. 證據와 관련된 釋明

(1) 證據의 矛盾이나 不明瞭에 대한 釋明

당사자가 제출한 증거 자체에 불명료한 점이 있거나 다른 증거의 관계에서 합리적으로 볼 때 모순적인 점이 발견된다면 이를 지적하는 석명은 석명의 본질상 필요하다. 당사자가 제출하는 증거 역시 변론주의가 적용되는 영역이고 당사자는 증거제출이라는 행위를 통해 소송관계를 주도적으로 형성하게 되는데 이렇게 제출된 증거자료에 불명료한 점이 있다면 법원은 응당 이에 대해 지적하는 석명을 할 필요가 있다. 물론 증거를 제출하는 당사자의 상대방이 이런 역할을 수행할 수도 있지만 종국적으로 증거에 대한 증거력을 자유롭게 판단하여 최종적으로 분쟁관계를 판단하는 법원이 명확하게 증거자료의 불명료함을 해소하여 소송관계를 분명하게 할 필요가 있다. 그리하여 이런 유형의 석명은 이미 대법원의 초기 판례에서부터 나타났다. 증거 자체에 대해서만이 아니라 증거에 대한 상대방의 성립인정에 대한 의견까지 포함하여 일련의 판례군에서 대법원은 이 시기 "얼른 보아도"라는 표현을 사용하여 석명 필요성을 제시한다. 이런 취지의 판례를 살펴보면 아래와 같다.

[115] 원고가 원심에서 영수증(을 제16호증)에 대해 부지라고 답

변하고 원심은 바로 위 서증의 형식적 증거력을 배척하였는데, 을 제16호증에 찍혀 있는 인영이 원고가 그 진정성립을 인정한 다른 영수증(을 제18호증의 1 내지 18)에 찍혀 있는 원고의 인영과 얼른 보아도 같은 것으로 보이므로, 원심은 위 서증의 작성명의자로 기재되어 있는 원고가 그 서증이 진정한 것인지의 여부에 관하여 부지라고 답변하였다고 하여 바로 위 서증의 형식적 증거력을 배척할 것이 아니라 원고에 대하여 위 서증에 찍혀 있는 원고 명의의 인영이 원고의 인장에 의하여 찍혀진 것인지의 여부 등을 따져 보아 원고 명의의 인영부분이 진정하게 성립한 것인지의 여부를 석명한 다음, 그 결과에 따라 피고로 하여금 인영의 대조 등에 의하여 위 서증의 진부를 증명할 수 있는 기회를 주는 등의 방법으로, 위 서증의 진부에 대한 심리를 더 하여 보았어야 한다고 하였다(대법원 1991. 11. 12. 선고 91다30712 판결).[456][457]

또한 [116] 피고가 원고화물운수회사가 중대한 교통사고를 내 6인 이상에게 중상을 입혔다고 인정하여 그 자동차운수사업면허를 취소하자 원고회사는 피고를 상대로 자동차 운수사업 면허취소처분 취소의 소를 제기하고 자신들이 실제로 중상을 입힌 사람은 1명에 불과하다고 하면서 그 증거로 치료비청구서(갑 제4 내지 제8호증의 2)를 제출하였고 피고 소송수행자는 위 각 서증의 성립에 관하여 부지라고 답변하여 원심은 이 각 서증에 대해 아무런 판단을 하지 않고 피고가 제출한 각 진단서(을 제2호증의 1 내지 6)의 기재만으로 위 교통사고로 6인 이상이 3주간의 치료를 요하는 중

---

456) 공보 1992, 111.

457) 대법원 1990. 6. 12. 선고 90누356 판결; 대법원 1990. 6. 26. 선고 88다카31095 판결; 대법원 1991. 4. 9. 선고 90다14959 판결; 1991. 9. 24. 선고 91누5112 판결 등도 같은 취지임.

상을 입었다는 사실을 인정하여 원고청구를 기각하였다. 이에 대해 대법원은 원고가 제출한 치료비청구서(갑 제4 내지 8호증의 2)의 작성자가 피고가 제출한 각 진단서(을 제2호증의 1 내지 6)의 작성 자와 같은 병원장이고 위 치료비청구서에 찍혀 있는 병원장의 인 영이 얼른 보아도 위 진단서에 찍혀 있는 병원장의 직인의 인영과 같은 것으로 보이므로 위 서증이 진정하게 성립한 것으로 인정될 여지가 있음에도 불구하고, 원심은 피고 소송수행자에게 위 각 서 증에 찍혀 있는 인영부분이 진정하게 성립한 것인지의 여부를 석 명하지 않았음은 물론, 원고 소송대리인으로 하여금 인영부분의 대 조 등에 의하여 위 각 서증의 진부를 증명할 수 있는 기회를 주는 등의 방법으로 위 각 서증의 진부에 대한 심리를 더 하여 보지도 아니한 채, 제1차 변론기일에 바로 변론을 종결한 것은 석명권의 행사를 게을리한 채 심리를 제대로 하지 못한 위법이나 채증법칙 을 위반한 위법이 있다고 하였다(대법원 1991. 9. 24. 선고 91누 5112 판결).458)

또한 [117] 쟁점사실에 관한 중요한 증거자료인 임시 주총 회의 사록에 본인인 피고의 도장이 찍혀 있는 경우 당사자나 그의 소송 대리인이 서증의 인부과정에서 "부지"라고 답했다 해도 그에 그칠 것이 아니라 더 나아가 그 인영의 인정 여부까지를 물어 당해 서증 에 관한 보조사실을 주장할 기회까지를 부여하는 것이 사실심 법원의 책무라고 하였다(대법원 1990. 6. 26. 선고 88다카31095 판결).459)

한편, [118] 당사자가 제출한 증거 자체의 하자가 얼른 보아도 확인되는 경우, 법원의 석명의무와 관련해서는 다음과 같은 판례가

---

458) 공보 1991, 2633.
459) 공보 1990, 1556.

확인된다. 원고가 피고를 상대로 노임지급청구의 소를 제기한 사안인데, 여기서 원심은 원고가 피고에 대한 수사기록 중 피고에 대한 피의자신문조서(갑 제8호증)를 피고가 그 성립을 인정함을 근거로 증거로 채용하였는데 대법원은 그 조서가 형태 면에서 전체 7면 중 제6면이 누락되어 있음을 쉽게 알 수 있으므로 원심은 그 석명권을 행사하여 문서의 전부가 제출되지 아니하고 일부가 누락된 이유를 밝혀 보고 그 제출을 촉구하였어야 했다고 하였다(대법원 1994. 10. 7. 선고 94다27793 판결).[460] 상대방 제출증거에 대해 당사자가 그 성립인정을 하더라도 법원은 그 증거가 얼른 보아도 하자가 있음을 알 수 있는 경우 이에 대한 석명권을 행사하여 이를 보완하여야 한다는 취지의 판례로서 당사자의 처분 가능한 영역에서도 진실규명의 목적상 석명권은 행사되어야 한다는 점에서 의미가 있다.

이와 관련 특히 당사자가 감정을 신청하여 鑑定結果가 제출된 경우 그 감정의견 자체가 불명료하거나 모순적인 내용이 있는 경우 법원은 이를 지적하는 석명을 할 필요가 있다. 이를 통해 감정신청을 한 당사자가 재감정을 하든지 아니면 감정증인의 신문을 청구하도록 하여 감정서의 내용을 명확하고 일관되게 함으로써 소송관계가 이후 분명히 전개될 수 있다. 당사자의 신청에 기초해 법원을 통해 증거자료가 확보된다는 감정의 특성상 감정서의 내용에 대한 석명은 다른 증거자료에 비해 법원의 보다 더 적극적인 관여가 요구된다. 이런 취지를 읽을 수 있는 판례가 있어 살펴보면 다음과 같다.

[119] 원고가 원심에서 교통사고로 인한 후유장애가 한시적 장애

---

460) 공보 1994, 2952.

인지 여부를 가리기 위하여 병원장에게 신체감정촉탁을 하여 그 감정결과를 채용하여 후유장애가 모두 5년간의 한시적인 장애라고 인정하였고 원고가 이에 대해 상고를 하였고 대법원은 위 감정서의 기재 자체에 따르면 원고의 이 사건 후유장애에 관하여 5년간의 한시적인 장해에 속한다고 보기도 하고, 혹은 다른 후유장애처럼 영구적인 장해라고 보는 듯한 취지의 감정의견도 포함되어 있음이 분명한데, 이와 같이 동일한 감정인이 동일한 감정사항에 대하여 서로 모순되거나 매우 불명료한 감정의견을 내놓고 있는 경우에, 법원이 위 감정서를 직접 증거로 채용하여 사실인정을 하기 위해서는 특별히 다른 증거자료가 뒷받침되지 않는 한, 그 감정인에 대하여 감정서의 보완을 명하거나 감정증인으로서의 신문방법 등을 통하여 정확한 감정의견을 밝히도록 하는 등의 적극적인 조치를 강구하여야 마땅하다고 하였다(대법원 1994. 6. 10. 선고 94다10955 판결).461) 법원이 직접 석명권을 언급하지는 않았으나 증거자료의 증거력을 판단할 때 의문이 있으면 적극적으로 이를 밝혀야 한다는 취지여서 법원의 석명의무와 관련이 있다.

이와 관련 제출된 증거의 증거력을 다른 증거와의 관계에서 합리적으로 살펴보아도 부인하기 힘든 경우임에도 사실심 법원이 이와 다르게 판단하기 위해서는 석명권을 행사하여 심리를 더 진행하여 실체적 진실을 밝혀야 할 의무가 있다는 취지의 판례가 있다. 그런데 이는 사실상 증거의 증거력 판단영역에서도 법관의 석명의무가 성립할 수 있다는 취지로 볼 수 있어 주목된다. 판례에 나타난 사실관계를 살펴보면 다음과 같다.

[120] 원고가 피고를 상대로 소외 이금도가 허위의 보증서를 발

---

461) 공보 1994, 1934.

급받아 임야소유권이전등기에 관한 특별조치법에 의해 이 사건 임야에 관하여 소유권 보존등기를 경료하였으므로 그 등기는 원인무효이고 피고는 소외 이금도로부터 이 사건 임야를 매수하여 소유권이전등기를 경료했으므로 역시 원인무효의 등기에 터 잡은 것이어서 피고의 등기 역시 원인무효라고 주장하면서 소유권이전등기의 말소를 청구하였고, 여기서 원심은 소외 이금도가 허위의 보증서를 발급받아 이를 근거로 위 특별조치법에 의해 소유권 보존등기를 경료한 사실을 인정하였는데, 이에 대해 대법원은 원심채택의 증거를 면밀히 살펴보아도 위 보증서의 기재내용이 어떻게 되어 있어서 허위인지, 그 보증인이 누구이며, 보증인이 언제, 어떻게 그 보증서를 작성하여서 그것이 허위라고 할 수 있는 것인지 위와 같은 여러 점에서 보증서가 구체적으로 허위임을 충분히 인정할 자료는 전혀 찾아볼 수 없고 반면 원심이 배척한 거시증거에 의하면 소외 이금도가 원고의 조부인 소외 이홍엽으로부터 증여받아 40년 이상을 점유·관리하다가 피고에게 매도하여 피고가 소유권이전등기를 경료한 사정이 엿보이므로, 원심은 위 보증서가 허위라고 인정하려면 적어도 그 보증서의 작성자, 작성시기, 작성경위, 그 내용 등을 석명하여 그 실체적 기재내용[462]을 심리함으로써 그것이 허위인가의 여부를 밝혀내야 한다고 하였다(대법원 1991. 4. 26. 선고 91다6672 판결).[463] 당사자가 제출한 증거의 성립인정이나 그 증거력의 평가에 있어 미비한 점이 있다면 당사자에게 이에 대한 석명

---

462) 위 특별조치법에 의해 이루어진 소유권이전등기는 실체적 권리관계에 부합하는 등기로 추정되고 위 법 소정의 확인서 및 보증서가 허위 또는 위조된 것이라는 특단의 사정에 관한 주장입증이 없는 한 그 추정력은 그대로 유지된다 할 것이고 여기서 말하는 허위의 보증서나 확인서란 권리변동의 원인이 되는 실체적 기재내용이 진실이 아님을 뜻하는 것이다(대법원 1987. 10. 28. 선고 87다카1312 판결 참조).

463) 공보 1991, 1504.

을 구하고 이에 대한 판단을 하여야 한다는 취지의 판례이다.

끝으로, 원고가 제출한 증거에 대한 피고의 증거항변 의미가 분명하지 않은 경우에도 이에 대한 석명을 하여 그 의미를 명확히 한후 증거의 가치를 판단해야 한다. 이와 관련된 판례를 살펴보면 다음과 같다.

[121] 원심이 원고가 제출한 서증(갑 제9호증의 5)의 진정성립을 인정할 자료가 없어 증거로 쓸 수 없다고 판단한 것에 대하여 서증에 피고의 인장이 날인되어 있고, 이것은 피고의 인감도장으로 보이는데 피고가 그 서증의 인부절차에서 부인으로 다투면서 인장이 위조된 것이라고 證據抗辯을 한 것으로 기재되어 있다면 그 취지가 피고가 위 서증에 날인된 인영이 자신의 인장에 의하여 현출된 인영임을 전제로 하여 인영부분은 시인하되 다만 그 인영이 피고의 의사에 의하지 않고 날인된 것이어서 위 문서가 위조된 것이라고 항변하는 것인지, 아니면 인장 그 자체가 위조된 것이므로 위문서의 성립을 부인하는 것인지 분명하지 아니하므로, 원심으로서는 이 점을 분명히 하고 위 인영의 위조 여부에 관하여 심리를 하여 본 후에 그 문서의 진정성립 여부를 판단하여야 한다고 하면서원심을 파기하였다(대법원 1994. 1. 25. 선고 93다35353 판결).[464]

(2) 主張만 있고 立證이 없을 때 釋明義務

당사자가 주장만 하고 이에 대한 입증을 하지 않고 있는 경우법원은 이를 지적하여 입증을 촉구하는 석명을 할 필요가 있다. 이는 법원의 석명권이 전형적으로 행사될 영역이라고 볼 수 있어 전

---

464) 공보 1994, 802.

통적으로 입증촉구의 석명은 널리 인정되었다. 이 시기 역시 입증촉구의 석명에 관한 판례가 다수 나타났다.

첫 번째 석명유형은 법률요건이 충족되었으나 그 법률효과에 대한 주장·입증이 없는 경우의 입증촉구의 석명이다. 이는 종래 인정되었던 전통적인 석명유형 중 하나이다. 대법원은 법정채권 발생요건에 대한 주장·입증은 되었으나 그 법률효과인 예컨대 손해배상액에 대한 구체적인 주장과 입증이 없는 경우 구체적인 손해액의 입증에 관해 석명권을 행사하도록 요구하였다. 이런 사안은 그 손해의 發生要件이 인정되는데 그 손해액의 구체적인 입증이 없는 경우가 대부분이다. 판례에 나타난 사안을 보면 다음과 같다.

[122] 점유자의 회복자에 대한 유익비 상환청구권이 인정된다면465) 그 상환액에 관한 입증이 없더라도 법원은 이를 이유로 유익비 상환청구를 배척할 것이 아니라 석명권을 행사하여 점유자에 대하여 상환액에 관한 입증을 촉구하는 등 상환액에 관하여 심리·판단하여야 한다고 하였다(대법원 1993. 12. 28. 선고 93다30471, 30488 판결).466)

또한 [123] 채무불이행으로 인한 손해배상책임이 인정된다면 손해액에 관한 입증이 불충분하더라도 법원은 그 이유만으로 손해배상청구를 배척할 것이 아니라 그 손해액에 관하여 적극적으로 석명권을 행사하고 입증을 촉구하여야 한다고 하였다. 이 사건은 원고가 외국기업인데 피고로부터 면제품을 수입하여 캐나다에 판매

---

465) 원고의 유익비상환의 예비적 청구는 변론종결일에 비로소 진술되었으나 원심은 이에 대한 입증을 촉구하지 않고 바로 변론을 종결하였다. 그런데 기록에 의하면 증인들은 원고가 주장한 유익비 발생 사실을 증언하여 특별한 사정이 없다면 이 사건 임야가 과수원으로 조성되는 데 원고의 비용지출이 있었고 이로 인하여 위 임야의 가액이 증가한 사실이 인정될 수 있었다.

466) 공보 1994, 522.

하기로 하는 매매계약을 피고와 체결하였는데 그 면제품의 하자로 인해 이를 판매할 수 없게 되자 원고는 피고에게 위 매매계약을 해제하고 피고를 상대로 불법행위467) 또는 채무불이행을 이유로 손해배상청구를 하였다. 여기서 원고는 그 손해로 ① 법률비용, ② 계약이 제대로 이행되었으면 얻었을 이익 상당, ③ 판매사원 고용비용 등을 청구하였는데 원심은 법률비용은 인과관계가 없고 그 외의 손해는 특별손해인데 피고가 그런 사정을 알았거나 알 수 있었으리라는 점 및 그 손해의 범위에 대한 입증이 없어 이를 모두 배척하였다. 그런데 대법원은 이 판례에서 피고는 이와 같은 사실관계에서 자신의 채무불이행이 있으면 원고가 위 면제품 판매로 인하여 얻을 수 있었던 이익을 얻지 못하게 된다는 사정도 알았거나 적어도 알 수 있었다 할 것이고 이 경우 피고가 그 구체적인 액수를 알았어야 할 필요도 없다고 하면서, 이 사건에서 피고의 채무불이행사실 및 피고가 위의 특별한 사정을 알았거나 알 수 있었다고 인정되는 이 사건에 있어서는 원고의 손해액에 관한 입증이 불충분하더라도 그 이유만으로 원고의 이 부분 배상청구를 배척할 것이 아니라 그 손해액에 관하여 적극적으로 석명권을 행사하고 입증을 촉구하여 이를 밝혀야 한다고 하였다(대법원 1992. 4. 28. 선고 91다29972 판결).468)

또한 [124] 원고가 피고를 상대로 다방허가명의 변경절차이행을 소구하면서 원고가 피고에게 이 사건 건물을 임대하면서 피고 명의로 다방영업허가를 받아 다방업을 경영하되 임대차기간 만료 시에는 그 허가명의를 원고명의로 변경하여 주기로 피고와 약정하였

---

467) 원심 대법원 모두 가해자의 고의나 과실을 입증할 책임이 피해자(원고)에게 있는데 원고가 내세운 증거만으로는 이를 인정하기 어렵다고 하여 배척하였다.
468) 공보 1992, 1698.

는데 임대차기간이 만료되자 피고는 원고에게 이 사건 건물을 명도하면서도 그 다방영업허가명의의 변경은 이행하지 않아 이 사건 청구에 이르렀다고 하였고, 원심은 원고와 피고의 허가명의 변경약정이 식품위생법 소정의 영업양도에 따른 것이라는 사실을 인정할 증거가 없다는 이유로 이를 기각하고 손해배상청구에 대해서는 손해액을 인정할 증거가 없다는 이유로 배척하였는데, 위와 같은 원고와 피고 사이의 약정은 영업양도에 준한다고 볼 수 있어[469] 피고는 원고에게 다방영업허가명의의 변경절차를 이행할 의무가 있어 원고는 이를 소구할 수 있고 한편 피고가 원고에게 이 사건 건물부분을 명도하였으나 다방영업허가 명의변경 채무를 불이행한 사실이 인정된다면 원심으로서는 그로 인한 원고의 손해액에 관한 주장·입증이 불충분하다 하더라도 그 이유만으로 원고의 손해배상청구를 배척할 것이 아니라 그 손해액에 관하여[470] 적극적으로 석명권을 행사하고 입증을 촉구하여야 한다고 하였다(대법원 1997. 4. 25. 선고 95다19591 판결).[471]

그리고 [125] 매수인이 점포에 대한 매매계약이 유효한 것으로 믿고 영업을 하기 위하여 일정 비용을 들여 광고지를 배포하였으나 매매계약이 기망을 이유로 취소됨으로써 매수인이 광고지 배포 비용 상당의 손해를 입은 사실을 인정할 수 있는 경우, 매수인이

---

469) 이 사건 건물을 임대차하면서 피고명의로 다방영업허가를 받아 이 사건 다방업을 경영하되 임대차기간 만료 시에는 그 허가명의를 원고 명의로 변경하여 주기로 약정하고 임대차기간 만료 후 이 사건 건물을 원고에게 명도한 사실관계라면 이는 피고가 그 영업을 양도한 때에 준한다고 볼 수 있다는 취지이다.

470) 이 사건 건물부분이 다방 이외의 다른 용도로 사용될 수 있는지 여부, 다른 용도로 사용될 수 있다면 이 사건 건물부분을 임대함에 있어 다방영업허가명의까지 임차인명의로 변경하여 주는 경우에 받을 수 있는 차임이 영업허가명의의 변경 없이 건물부분만을 임대하는 경우에 받을 수 있는 차임보다 다액인지, 그 차액은 얼마인지 등을 물어보아야 한다는 것이다.

471) 공보 1997, 1560.

그가 배포한 광고지의 제작비를 지출한 사실도 인정할 수 있으므로, 이와 같이 손해발생사실이 인정되는 경우에는 특단의 사정이 없는 한 손해액을 심리·확정하여야 하는 것이므로 광고지 제작비에 관한 입증이 불충분하다 하더라도 법원은 그 이유만으로 그 부분 손해배상청구를 배척할 것이 아니라 손해액에 관하여 적극적으로 석명권을 행사하고 입증을 촉구하여 이를 밝혀야 한다고 하였다(대법원 1997. 12. 26. 선고 97다42892, 42908 판결).[472]

한편, 대법원은 당사자에게 입증을 촉구해야 하는 상황에 대해 구체적으로 이를 밝히는 판례를 이 시기에 제시하였다. 즉 대법원은, 사실심법원 재판장은 당사자 사이에 다툼이 있는 사실에 관하여 입증이 안 된 모든 경우에 당사자에게 입증을 촉구하여야 하는 것은 아니지만, 소송 정도를 보아 당사자가 오해 또는 부주의에 의하여 입증하지 아니한 것이 명백한 경우에는 입증책임의 원칙에 따라 입증이 없는 것으로 판결할 것이 아니라, 그에 대한 입증을 촉구할 의무가 있다고 판시하였다. 이는 법원의 입증촉구에 대한 석명의무의 한계를 제시한 것으로 하급심의 석명권 행사의 기준을 보여 주었다. 이에 관련된 판례를 살펴보면 다음과 같다.

[126] 원고가 피고 세무서장을 상대로 토지초과이득세 부과처분의 취소를 구한 사안으로 원고 자신이 '주택을 소유하지 아니하는 1가구의 구성원'에 해당하기만 하면 특단의 사정이 없는 한 유휴토지에서 제외되어 이 사건 부과처분은 취소될 수 있었는데 원고는 이런 주장만 하고 '주택을 소유하지 아니한 1가구의 구성원'이라는 점에 대해서는 아무런 증거도 제출하지 않았고 원심은 '주택을 소유하지 아니하는 1가구의 구성원'이라는 점에 대한 원고의 입증이

---

472) 공보 1998, 505.

없다는 이유만으로 원고의 청구를 기각한 데 대하여, 이는 원고의 부주의 또는 오해로 인한 것임이 명백하다 할 것이므로, 원심으로 서는 마땅히 석명권을 행사하여 이 점에 관하여 입증의 기회를 준 다음 그 입증의 정도에 따라 이 사건 토지의 유휴토지 해당 여부를 판단하였어야 하는데 이런 조치를 취하지 아니한 채 원심판결에는 석명의무를 다하지 아니하여 심리를 제대로 하지 아니한 위법이 있고 이런 위법은 판결에 영향을 미쳤음이 명백하다고 하였다(대법 원 1995. 11. 7. 선고 93누8238 판결).[473]

또한 [127] 원고가 과세관청을 상대로 상속세 부과처분 취소청구 를 하였는데, 여기서 원고는 원심에서 자신은 상속재산의 처분행 위[474]에 해당하는 예금인출행위의 의미에 대해 법률적 착오를 일으 켜 신한은행 반포지점에서 인출한 총금액 금 113,600,000원 중 소액 으로 인출한 합계 금 66,600,000원은 상속재산 처분행위에 해당하지 않는다고 생각하고 나머지 금 47,000,000원만이 상속재산 처분행위 가 되는데 이 금액도 처분가액이 금 50,000,000원 이상인 경우에 해 당하지 않아[475] 그 용도를 입증할 필요가 없다고 생각하여 이 부분 에 대한 용도입증을 하지 않았다. 그런데 원심은 위 신한은행에서 인출한 총금액 전부가 상속재산 처분행위에 해당한다고 보고 피고

---

473) 공보 1995, 3937.

474) 피상속인이 재산처분대금이나 차용금을 과세자료의 포착이 쉽지 않은 현금의 상태로 상속 인에게 증여 또는 상속함으로써 상속세를 부당하게 경감하는 것을 방지하기 위하여 실질적 인 입증책임의 전환을 인정한 것으로 상속세법 제15조 제1항 제1호와 제2호에서 규정하 고 여기서는 구 상속세법 제7조의 2 제1항, 같은 법 시행령 제3조(1990. 12. 31. 대통령 령 제13196호로 개정되기 전의 것)에 규정되어 있었다. 이 경우 납세자가 그 상속재산처 분가액의 용도를 입증하면 이를 그 상속세과세과액에 산입할 수 없게 된다(대법원 1989. 12. 12. 선고 89누1490 판결; 1990. 3. 23. 선고 89누3311 판결; 1992. 9. 25. 선고 92누4413 판결 각 참조).

475) 그 당시 재산종류별 가액이 금 50,000,000원 이상인 경우에는 실질적인 입증책임의 전환 을 인정하였다.

행정청이 그중 금 10,000,000원 이상으로 인출한 47,000,000원만을 상속재산가액에 가산하여 이 사건 부과처분을[476] 한 것은 적법하고 그 이유는 위 금원으로 취득한 다른 재산을 확인할 자료가 없어 그 용도가 객관적으로 불명하기 때문이라고 하였다. 이에 대해 대법원은 사실심법원 재판장은 당사자 사이에 다툼이 있는 사실에 관하여 입증이 안 된 모든 경우에 당사자에게 입증을 촉구하여야 하는 것은 아니지만, 소송 정도를 보아 당사자가 오해 또는 부주의에 의하여 입증하지 아니한 것이 명백한 경우에는 입증책임의 원칙에 따라 입증이 없는 것으로 판결할 것이 아니라, 그에 대한 입증을 촉구할 의무가 있는데, 원고는 신한은행 인출금 113,600,000원 중 1회 인출금액이 금 10,000,000원 미만인 합계 금 66,600,000원의 예금 인출행위는 소액이어서 구 상속세법 제7조의 2 소정의 상속재산의 처분행위에 해당하지 않는 것으로 생각하고, 피고가 피상속인의 상속재산처분가액이라 하여 상속세 과세가액에 산입한 위 주택은행 및 신한은행 인출금 합계 금 106,380,000원 중 주택은행에서 인출한 금 59,380,000원의 용도에 관해서만 입증하면 위 신한은행 인출금 47,000,000원만으로는 같은 조 적용요건인 재산 종류별 처분가액이 금 50,000,000원 이상인 경우에 해당하지 아니하여 그 용도를 입증하지 아니하더라도 이는 과세과액에 산입될 수 없는 것으로 오해한 나머지 위 주택은행에서 인출한 금 59,380,000원의 용도에 관해서만 입증하고 위 신한은행에서 인출한 금 47,000,000원의 용도에 관해서는 아무런 입증을 하지 아니하였음이 명백한바, 이런 경우 원심으로서는 마땅히 원고들에게 위 신한은행에서 인출

---

476) 신한은행 인출금 47,000,000원과 주택은행 인출금 59,380,000원의 합계 106,380,000원을 그 사용처가 불명하다고 하여 상속세 과세가액에 산입하는 처분을 하였다.

한 금 47,000,000원의 용도에 관해서도 입증하도록 촉구할 석명의무가 있다고 하였다(대법원 1995. 5. 12. 선고 94누15929 판결).[477) 대법원은 당사자가 명백하게 법원의 판단과 달리 생각하고 이런 명백한 오인이 입증의 소홀로 이어지고 있다면 사실심 법원은 이 점을 지적하여 당사자가 적절하게 이에 대한 입증을 할 수 있도록 석명하여야 한다고 보았고 위 판례는 이런 취지를 이런 구체적인 사례에서 잘 보여 준다.

그리고 [128] 원고가 경찰공무원인데 철도공무원의 파업으로 철도사고를 당해 그 손해배상을 청구하는 소를 국가를 상대로 제기한 사안인데, 여기서 원고는 그 치료비와 개호비를 주장하고 그 증거로 제1심 제3차 변론기일에서 증인 장미자의 증언과 장미자 작성의 간병비 수령확인내용서(갑 제10호증)를 제출하여 사고일로부터[478) 1993. 3. 18.에 이르기까지 계속적으로 입원 및 통원치료를 받아 온 사실을 주장하였는데, 원심은 1993. 1. 1.부터 변론종결일까지는 원고의 처 이외에 별도의 개호인을 고용하여 개호를 받고 그 비용을 지출하였다는 증거가 없다는 이유로 1993. 1. 1.부터 원심 변론종결일인 1994. 11. 18.까지 기간 동안의 치료비, 보조구비, 원고의 처 외의 간병인의 개호비 등의 청구를 배척하였는데, 이에 대해 제1심 증인 장미자의 증언과 갑 제10호증의 기재에 의하면 원고는 이 사건 사고일로부터 위 1993. 3. 18.에 이르기까지[479) 계

---

477) 공보 1995, 2140.

478) 제1심 제9차 변론기일(1993. 8. 12.)에서 당사자 쌍방은 원고의 보조기 구입비, 향후 치료비 등이 1993. 1. 1.부터 필요하다고 일치하게 진술하였다.

479) 여기에는 다음과 같은 법리가 전제되어 있다. 즉 불법행위의 피해자가 실제의 소송 진행 과정에서 일정한 시점부터 사실심의 변론종결 이후 장래의 일정 시점까지 계속적으로 발생하는 개호비나 치료비 등의 손해에 관한 주장·입증을 함에 있어서는 그러한 주장·입증의 시기와 변론종결 시 사이에는 항상 시간적 간격이 생기기 마련이므로 변론종결 전에 제출된 주장이나 증거자료 등에 의하여 위와 같은 기간 동안의 손해발생이 추단되는 등의 특별

속적으로 입원 및 통원치료를 받으며 개호를 받아 온 사실을 알 수 있으므로 원심은 입증촉구의 석명권을 행사하여 원고가 1993. 1. 1. 이후에 실제 얼마 동안 치료나 개호를 받았는지 여부와 그에 관한 손해에 관하여 더 심리하였어야 한다고 하였다(대법원 1997. 7. 22. 선고 95다6991 판결).[480] 위 사안에서는 증거기록에 나타난 사실관계에 의해 손해배상의 산정기초사실이 나타나고 있음에도 당사자가 이에 대한 구체적인 주장·입증을 하지 않는 경우 법원은 이를 지적하는 석명을 할 수 있다는 취지로 입증촉구의 석명권이 발생하는 구체적인 상황을 이해할 수 있도록 해 준다.

위에서 살펴보았듯이, 당사자가 입증이 필요하다는 사실을 오해하는 경우 법원의 입증촉구의 석명의무가 발생한다. 그런데 당사자가 이렇게 입증의 필요성에 대해 오해하게 되는 것은 법원의 증거에 대한 평가가 심급별로 변화하게 된 경우 종종 발생하게 된다. 즉 1심에서는 당사자가 별다른 입증을 하지 않았거나 일정한 입증을 하였고 이에 대해 당해 법원이 인정하였는데 항소심에서는 이런 당사자의 입증활동을 전심과 달리 그 증거력을 인정하지 않아 입증이 없는 것으로 여기게 된 경우가 여기에 해당한다. 이런 경우 항소심 법원은 법원의 증거가치에 대한 평가가 변화된 것을 모르고 있는 당사자에게 변화된 법원의 입장을 알리고 새롭게 혹은 보강하여 입증을 하도록 석명권을 행사하여야 한다. 그렇지 않으면 당사자는 예측하지 못한 이유로 패소판결을 받게 되는데 이는 판결의 승인거부로 이어지고 이는 판결의 정당성 문제로 이어질 수

한 사정이 있다면 법원으로서는 마땅히 위와 같은 기간 동안의 손해에 관해서도 입증을 촉구하는 등의 방법으로 석명하여야 할 의무가 있다(대법원 1991. 5. 10. 선고 90다14423 판결 참조).

480) 공보 1997, 2602.

있다. 사전에 원심과 달라진 법원의 입장을 보여 주고 새롭게 변화된 상황에 맞춰 입증강화를 이룰 수 있도록 당사자에게 충분한 기회를 제공하여야 할 필요가 있다. 대법원은 타당하게도 이런 취지의 판례를 이 시기 제시하였다. 판례에 나타난 사안을 살펴보면 다음과 같다.

[129] 원고가 공탁의 원인사유를 입증하기 위한 증거로 공탁서를 제출하고 제1심법원에서 그 증거가 채택되어 승소판결을 받았고 항소심에서도 별다른 반증의 제출이 없기 때문에 공탁원인사유에 대해서는 더 입증할 필요가 없는 것으로 오해하고 그 점에 대한 입증을 하지 아니하고 있음이 명백한 경우 원심으로서는 마땅히 원고에게 공탁원인사유에 대한 입증을 촉구하여야 할 것인데도 원심이 이에 이르지 아니한 채 공탁원인사유를 인정할 증거가 없다 하여 원고의 주장을 배척하였음은 석명권 행사를 게을리함으로써 심리를 다하지 아니한 위법을 저지른 것이라고 판시하였다(대법원 1990. 6. 26. 선고 90다카8005 청구이의 판결).481) 1심에서는 원고가 제출한 공탁서의 이부기재를 믿어 공탁원인사유를 인정한 반면 항소심에서 이를 인정하지 않아 변제공탁의 요건사실을 갖추지 못한 것으로 보게 되었다면 이런 법원의 증거평가에 대한 변화된 입장에 대해 당사자에게 적절히 대응의 기회를 제공하여야 하는데 이 경우 법원은 원고에게 그가 제출한 공탁서만을 가지고는 공탁원인사유에 대한 입증이 되지 않는다는 것을 알리고 원고에게 공탁원인사유에 대한 입증을 촉구할 의무가 항소심법원에 발생하게 된다.

또한 [130] 원고가 무단운전차량에 동승하여 이 사건 사고를 당

---

481) 공보 1990, 1577.

해 자동차 소유주를 상대로 손해배상청구의 소를 제기하여 제1심에서는 피고의 운행지배와 운행이익이 인정되어[482] 피고의 손해배상책임이 인정되고 그 손해 중에 기왕의 치료비 상당의 손해도 인정되어 그 배상액에 포함되었는데 항소심(원심)에서는 피고의 손해배상책임 여부는 인정되었으나 원고의 기왕치료비는 그 제출증거의 진정성립을 인정할 아무런 증거가 없어 달리 치료비 지급사실을 인정할 증거가 없다고 하여 원고의 위 치료비 상당의 손해배상청구를 배척하였고 원고는 상고하였는데, 대법원은, 사실심 재판장은 다툼이 있는 사실로서 입증이 없는 경우에 반드시 당사자의 입증을 촉구하여야만 하는 것은 아니라 할지라도 소송의 정도로 보아 당사자가 부주의 또는 오해로 인하여 입증하지 아니한 것이 명백한 경우에는 입증을 촉구할 의무가 있다 할 것이라고 전제한 후 기록에 의하면 원고는 치료비지급사실을 입증하기 위해 진료비계산서 등을 제출하였고 제1심에서는 변론의 전 취지를 참작하여 자유심증으로써 그 성립을 인정하여 치료비 상당의 손해배상청구를 인용하였기 때문에 위 사문서들의 진정성립에 대해서는 더 이상 입증할 필요가 없는 것으로 오해하고 그 점에 대한 입증을 하지 아니한 것으로 보이므로 이런 경우 원심은 이 사건 사고 시부터 1991. 6. 24.까지 병원에서 입원치료를 받은 사실을 인정하고 있는 이상 위 입원기간 동안 원고에게 치료비 상당의 손해가 발생되었을 것이 명백하므로 그 서증들을 배척하기에 앞서 마땅히 원고에게 석명권을 행사하여 그 진정성립에 대한 입증을 촉구하였어야

---

482) 무단운전자는 피고의 동생 후배인데 피고는 동생과 닭 소매업을 하기 위해 이 사건 차량을 구입하여 동생으로 하여금 운전하게 하였고 사고 당일 피고의 동생은 위 후배를 태우고 자신의 집으로 와 차량의 출입문도 시정하지 않은 채 차량열쇠를 책상 위에 방치하고 잠을 자는 사이 위 후배가 차량을 운전하여 원고를 비롯한 친구들을 태우고 사고를 일으켰다.

했다고 하였다(대법원 1994. 5. 13. 선고 94다10726 판결).[483]

한편, [131] 법원의 입증촉구 석명의무가 발생하는 경우는 당사자가 소송의 정도로 보아 부주의 혹은 오해로 인하여 입증하지 아니하는 것이 명백한 경우에 한하는 것이므로 당사자가 주장사실에 대해 일응 입증을 마친 경우 그 구체적인 사실에 대한 상세한 입증을 촉구하지 않았다고 하여 석명의무의 위반이 있다고 볼 수 없다는 것이 이 시기 판례의 태도이다. 그러므로 다툼이 있는 사실에 관하여 입증이 없는 모든 경우에 법원이 심증을 얻을 때까지 입증을 촉구하여야 하는 것은 아니고, 또한 당사자가 입증취지로 제출하고 있는 자료가 있다고 할지라도[484] 그 안에 특별한 내용이 담겨 있지 않거나 이미 제출된 증거를 보충하는 취지에 불과한 경우에는 변론의 전 취지로서 참작될 수 있을 터이므로 법원이 이를 반드시 증거로 제출하도록 촉구할 석명의무를 부담하는 것은 아니라고 하였다(대법원 1998. 2. 27. 선고 97다38442 판결).[485] 이는 종전 특히 1960년대의 입증촉구에 관한 판례의 태도에서 다소 소극적으로 방향을 선회한 인상을 준다. 종래 판례는 구체적인 입증방법까지 석명할 필요는 없지만 상황에 따라서는 가능할 수 있다는 취지의 석명까지 내놓은 적이 있었다(대법원 1964. 11. 10. 선고 64다325 판결; 대법원 1966. 9. 27. 선고 66다1369 판결). 이런 취지의

---

483) 공보 1994, 1688.

484) 사안은 원고가 학교체육시간에 앞구르기 운동을 하다가 가슴통증을 느껴 인근 피고가 운영하는 병원에서 피고 의사의 치료를 받았으나 통증이 사라지지 않아 계속 4차례에 걸쳐 병원들을 찾아다니며 치료를 받았으나 정확한 진단이 이루어지지 않아 치료시기를 놓쳤다가 나중에야 흉부압박골절로 판명이 되어 치료행위를 했던 병원과 의사 그리고 학교를 운영하는 경상북도를 공동피고로 하여 손해배상을 청구하였다. 원심에서 피고들에 대한 책임이 전부 기각되어 원고는 상고를 하면서 여기서 경상북도의 책임과 관련하여 원고가 제출한 원고의 탄원서, 진단서 및 수사기록 등을 증거로 제출하도록 법원이 촉구하지 않은 것은 석명권 불행사라고 주장하였는데 이에 대해 대법원이 위와 같이 판시하였던 것이다.

485) 공보 1998, 872.

판례를 살펴보면 다음과 같다.

[132] 원고가 피고들을 상대로 소유권이전등기청구의 소를 제기하면서 원고가 이 사건 부동산을 전 점유자의 점유를 상속에 의해 승계하여 시효로 취득했다고 예비적 청구로 주장하였는데 원심은 원고의 점유는 타주점유자의 점유를 승계한 것이어서 원고가 소유의 의사가 있음을 표시하였거나 새로운 권원에 의해 소유의 의사로 위 부동산을 점유한 증거를 찾을 수 없어 원고를 타주점유로 보아 원고의 3차 예비적 청구를 기각하였고 원고는 원심이 원고에 대하여 소유의 의사표시를 어떤 방법으로 하였는지에 관하여 주장, 입증을 촉구하지 않았다고 하면서 석명의무를 위반하였다고 주장한 데 대하여 대법원은 당사자의 진술에 모순, 흠결이 있거나 그 진술의 취지를 알 수 없는 때 이를 보완하여 명료하게 하거나 소송의 정도로 보아 당사자가 부주의 또는 오해로 인하여 입증하지 아니하는 것이 명백한 경우에 한하여 입증을 촉구하여야 할 의무가 있는 것이고 다툼이 있는 사실에 관하여 입증이 없는 모든 경우에 심증을 얻을 때까지 입증을 촉구하여야 하는 것은 아닌바, 원고 소송대리인이 원고가 1963. 3.경 소유의 의사표시를 확고히 한 후 이 사건 부동산을 개간·점유하였다고 명백히 주장하였고 그에 관한 일응의 입증을 한 이 사건의 경우에는 원심이 원고에 대하여 어떠한 방법으로 소유의 의사표시를 하였는지에 관한 주장·입증을 촉구하지 아니하였다고 하여 석명권을 행사하지 않았다거나 심리를 다하지 아니한 위법을 저지른 것이라고 할 수 없다고 하였다(대법원 1994. 8. 12. 선고 94다13053 판결).[486]

---

486) 공보 1994, 2296.

(3) 立證促求 釋明義務의 限界

입증촉구에 대한 법원의 석명의무는 당사자의 자발적인 협력을
전제로 한다. 증거의 신청과 증거자료의 제출 역시 당사자가 주도
하는 것이므로 법원의 입증촉구 석명에도 불구하고 이를 따르지
않는 경우 법원의 석명의무는 더 이상 발생할 수 없고 이로 인한
불이익은 입증책임을 스스로 다하지 않은 당사자의 책임일 뿐이다.
여기에 입증촉구에 대한 법원의 석명의무의 한계가 존재한다. 또한
입증촉구의 석명의무 수준을 변호사 대리 여부에 따라 다르게 판
단할 수 있는지가 문제 된다. 원칙적으로 변호사 대리 여부에 따라
석명의 정도에 있어 차이를 둘 근거가 없다는 점에서 동일하게 석
명하여야 한다고 할 것이다. 그렇지만 당사자 본인소송에서는 입증
촉구에 대한 석명의 정도가 더 구체적일 수 있다. 이 시기 나타난
판례를 살펴보면 다음과 같다.

[133] 과수원 주인인 원고가 피고 농지개량조합을 상대로 수로설
치 및 보존상의 하자로 수확 감소가 있다고 상소하였으나, 대법원
은 입증촉구에 관한 법원의 석명권은 소송의 정도로 보아 당사자
가 부주의 또는 오해로 인하여 입증하지 아니한 것이 명백한 경우
에 한하여 인정되는 것이고 다툼이 있는 사실에 관하여 입증이 없
는 모든 경우에 법원이 심증을 얻을 때까지 입증을 촉구하여야 하
는 것은 아니라고 하면서, 원고는 제1심에서 이 사건의 손해발생을
입증하기 위해 중요한 감정신청을 스스로 철회하였고, 원심에서도
더 이상 신청할 증거가 없다고 진술한 이상, 당사자 본인소송도 아
니고 처음부터 소송대리인에 의해 소송이 진행된 이 사건과 같은
경우에 원심법원으로서는 더 입증을 촉구할 석명의무가 있다고 할

수 없다고 하였다(대법원 1990. 4. 27. 선고 89다카6638 판결).[487] 당사자가 증거신청을 철회한 점, 그리고 소송대리인에 의해 소송이 수행된 점을 들어 더 이상의 입증촉구 석명의무를 부인한 사안이다.

또한 [134] 불법행위를 원인으로 한 손해배상 청구소송에 있어서 그 손해액의 범위에 관한 입증책임은 피해자인 원고 등에게 있는 것인바, 그에 대한 법원의 입증촉구에 대하여 이에 응하지 않을 뿐만 아니라 명백히 그 입증을 하지 않겠다는 의사를 표시한 경우에는 법원은 피고에게 손해배상책임을 인정하면서도 그 액수에 관한 증거가 없다는 이유로 청구를 배척할 수 있다고 하였다(대법원 1994. 3. 11. 선고 93다57100 판결).[488]

그리고 [135] 환송판결에 따른 원판결에 석명의무 위반이 있다고 상고한 사건이었는데, 환송판결에서 피상속인이 사망하기 불과 하루 전에 매매계약의 계약금으로 현금 45,000,000원을 수령하였다면 그 소비처가 명백히 밝혀지지 않은 이상 위 금원은 현금으로 원고인 상속인들에게 상속되었다고 봄이 경험칙에 합당하고, 이 경우 경험칙의 적용이 되지 않는 사정은 원고들이 입증하여야 함을 분명히 하였는데도 원고들은 환송 후의 원심에서 위 환송판결은 법원조직법 제7조에 위배된다는 주장만 하고 더 이상 증거자료를 제출하지 아니한 사실을 기록상 알 수 있는바 처음부터 소송대리인에 의하여 소송이 수행된 이 사건과 같은 경우에는 원심법원으로서는 더 이상 입증을 촉구하여야 할 석명의무는 없다고 하였다(대법원 1991. 4. 23. 선고 90누5047 판결).[489]

---

487) 공보 1990, 1154.

488) 공보 1994, 1184.

489) 공보 1991, 1529.

5. 訴訟要件에 대한 釋明義務

소송요건은 법원의 직권조사사항이지만 여기에 해당하는 기초사실에 대해서는 변론주의가 적용된다. 그리하여 법원은 소송요건 충족 여부의 판단에 기초가 되는 사실에 대해서는 당사자에게 석명을 하여 소송요건의 흠결로 인해 불이익한 재판을 받을 수 있는 당사자가 이에 대해 적극적으로 방어할 기회를 부여해야 한다. 1990년 민사소송법 개정으로 신설된 법률상의 사항에 대한 지적의무(동법 제126조 제4항)에 의해 소송요건 역시 법률상의 사항에 해당하여 이에 대한 법원의 지적의무가 가능하게 되었다고 볼 수도 있지만, 판례는 전통적으로 소송요건에 해당하는 사항에 대해 석명의무를 인정했다. 다만 법률상 사항에 대한 지적의무의 신설로 소송요건 흠결을 이유로 예상하지 못한 판결을 받지 않을 이익이 당사자에게 새로이 부각된 것은 사실이다. 이 시기 판례에 나타난 사안을 살펴보면 다음과 같다.

[136] 가등기와 가등기이전의 부기등기말소를 구하는 소송에서 제1심은 가등기의 피담보채권 발생 여부에 관한 쟁점에 관해서만 심리하여 본안에 관하여 판단하였는데, 원심은 역시 피고적격이나 가등기 부기등기의 말소방법에 관한 석명이나 변론이 없이 제1심판결을 취소하고 소각하 판결을 한 사안에서,[490] 대법원은 원심이

---

490) 이 사건 임야에 채권담보를 위해 피고1명의로 소유권이전의 가등기가 되고 이 가등기가 피고2에게 이전되어 부기등기가 경료된 사실관계에서 원고는 이 사건 임야의 공유자 1인인데 이 가등기의 피담보채권이 발생하지 않을 것으로 확정되었음을 이유로 위 가등기의 양도인인 피고1을 상대로 가등기말소와 피고2를 상대로 가등기이전의 부기등기말소를 각 청구하였는데, 제1심은 본안심리를 하여 원고의 청구를 받아들였는데 원심은 원고의 가등기말소청구는 피고적격이 없는 자를 상대로 한 소로, 가등기이전의 부기등기말소청구는 권리보호의 이익이 없는 것으로 각 각하하였다. 대법원은 가등기의 이전에 의한 부기등기는 기존의 가등기에 기한 권리의 승계관계를 등기부상 명시하는 것일 뿐이므로 그 등기에 의하여 새

피고적격 등의 문제를 재판의 기초로 삼기 위해서는 원고로 하여금 이 점에 관하여 변론을 하게 하고, 필요한 경우 청구취지 등을 변경할 기회를 주었어야 할 것인데도 이에 이르지 아니한 채 이 점을 재판의 기초로 삼아 소를 각하한 것은 원고가 전혀 예상하지 못한 법률적인 관점에 기한 예상외의 재판으로 원고에게 불의의 타격을 가하였을 뿐 아니라 석명의무를 다하지 아니하여 심리를 제대로 하지 아니한 것이라는 이유로 원심판결을 파기하였다(대법원 1994. 10. 21. 선고 94다17109 판결).[491] 피고적격이 없는 자를 피고로 하였으면 이는 소송요건의 문제가 되거나 피고를 잘못 지정한 경우가 되는데(민사소송법 제260조) 이 점에 관해 법원은 제126조 제1항의 법률상 사항으로 보아 석명을 해야 한다는 것이 종래 판례의 태도이기도 하였다.

또한 [137] 종중에 당사자 능력이 있는지의 여부가 법원의 직권조사사항이라 하더라도 상대방에서 그 당사자 능력을 부인하거나 이것이 부적법한 것이 아닌 한 법원이 적극적으로 이를 석명하거나 심리·판단할 필요는 없는 것으로서, 피고의 위 주장에 원고 종중의 실체자체를 다투는 취지까지 포함되지는 아니한 것으로 보이고, 기록상 달리 피고가 원고 종중의 실체를 다툰 흔적이 없으므로, 원심이 원고 종중의 실체가 존재하는지 여부에 관하여 따로 판단하지 아니하였다 하여 거기에 논지가 지적하는 위법사유가 있다고 할 수

___

로운 권리가 생기는 것이 아니어서 가등기의 말소청구는 양수인만을 상대로 하면 족하고, 양도인은 그 말소등기청구의 피고적격이 없다고 하였고, 가등기이전의 부기등기는 기존의 주등기인 가등기에 종속되어 주등기와 일체를 이루는 것이어서 피담보채무가 소멸된 경우에는 주등기인 가등기의 말소만 구하면 되고 위 부기등기는 별도로 말소를 구하지 않더라도 주등기의 말소에 의해 직권으로 말소된다고 하여 원심의 법적 판단은 정당하다고 인정하였다.

491) 공보 1994, 3070.

는 없다고 하였다(대법원 1996. 3. 12. 선고 94다56999 판결).[492] 법원의 직권조사사항에 대해서도 법관이 의문을 가지는 경우에는 당사자에 대한 석명권의 행사를 통하여 그 소송자료의 제출을 유도하여 이를 직권조사의 자료로 삼아야 한다.[493] 이미 판례도 법원이 소송대리권의 정당함을 인정하고 그 존부에 의문을 갖지 아니하는 경우에는 달리 석명하거나 기타 조사를 할 필요가 없다고 하였는데[494] 그렇다면 법원이 직권조사사항인 소송대리권의 정당함에 의문이 있다면 이를 석명할 필요가 있다는 취지로 볼 수 있다.

또한 [138] 원고(주식회사 우방랜드와 경북대학교 총장 김익동)가 피고 특허청장을 상대로 거절사정에 대해 항고심판을 거쳐 상고한 사안인데, 원심은 경북대학교가 특허출원인으로서 권리능력과 당사자 능력이 있다고 보아 실체판단에 들어갔는데, 이에 대해 특허법에는 특허출원의 주체가 될 수 있는 자나 당사자 능력에 관한 규정을 따로 두고 있지 아니하므로, 특허권과 특허법의 성질에 비추어 민법과 민사소송법에 따라 거기에서 정하고 있는 권리능력과 당사자 능력이 있는 자라야 특허출원인이나 그 심판·소송의 당사자가 될 수 있다고 할 것인바, 이 사건 출원인인 경북대학교는 국립대학으로서 민사법상의 권리능력이나 당사자 능력이 없음이 명백하므로 특허출원인이나 항고심판청구인, 상고인이 될 수 없으므로, 원심으로서는 이 점에 관하여 석명권을 행사하여 출원인의 진의가 무엇인지를 밝혀서, 국가의 기관인 경북대학교를 통하여 국가를 출원인으로 하려는 의도였다면 대한민국 명의로, 그렇지 않고

---

492) 공보 1996, 1232.
493) 李訓熙, "釋明權의 範圍", 湖南大學校 論文集 第13輯, 1992, 133면.
494) 대법원 1970. 12. 22. 선고 70다860, 861 판결(집18, 3민, 373).

그 총장인 김익동 개인을 출원인으로 하고자 하는 경우에는 그 개인 명의로 출원 명의인과 항고심판 청구의 명의를 보정하여 당사자 표시를 바로잡도록 하였어야 한다고 하였다(대법원 1997. 9. 26. 선고 96후825 판결).[495]

행정소송의 소송요건에서도 마찬가지로 법원의 석명의무가 인정된다. 주로 행정소송의 제기 전에 적법한 전심절차를 거쳤는지 여부, 피고적격의 문제, 그리고 행정작용의 처분성 여부 등에서 법원의 석명의무가 발생할 수 있다. 판례에 나타난 사안을 보면 다음과 같다.

[139] 원심이 건설부장관으로부터 권한위임을 받은 충청남도 지사가 피고에게 내부위임을 하여 피고가 충청남도 지사의 이름으로 이 사건 처분을 한 경우 피고가 자기의 이름으로 위 행정처분을 하였다고 인정할 증거가 없어 이 사건 소송의 대상인 피고의 행정처분이 존재하지 않아 부적법 각하한 데 대하여, 행정소송에서 원고가 처분청이 아닌 행정관청(충청남도 부여군수)을 피고로 하여 잘못 지정하였다면 법원은 석명권을 행사하여 원고로 하여금 피고를 처분청(충청남도지사)으로 경정하게 하여 소송을 진행하여야 한다고 하였다(대법원 1990. 1. 12. 선고 89누1032 판결).[496]

또한 [140] 이미 두 차례의 전심절차에서[497] 심사청구가 적법한 기간 내에 제기되었음을 전제로 본안판단을 한 바 있음을 감안하면, 원심으로서는 마땅히 처분에 대한 심사청구가 적법한 기간 내

---

495) 공보 1997, 3290.

496) 공보 1990, 471.

497) 원고가 양도소득세 부과처분의 취소소송을 제기하기 전에 국세청장을 상대로 심사청구와 국세심판소장을 상대로 심판청구를 각 제기하였고 여기에서 양 기관은 적법한 기간 내에 제기된 것임을 전제로 본안판단을 하였고 원심에서도 이 사건 처분의 당부에 관해서만 심리하였다.

에 제기되었는지 여부에 관하여 석명을 구하고 입증을 촉구하여야 함에도 이에 이르지 아니한 채 적법한 전심절차를 거치지 아니하였음을 들어 소를 부적법 각하한 것은 행정소송법 제8조에 의하여 준용되는 당시 민사소송법 제126조 제4항 소정의 당사자가 명백히 간과한 것으로 인정되는 법률적인 관점에 관하여 당사자에게 의견진술의 기회를 주지 아니한 잘못이 있다고 하였다(대법원 1995. 12. 26. 선고 95누14220 판결).[498] 행정소송에서 전심절차를 거쳤는가의 여부는 소송요건으로서 직권조사사항에 속한다. 이에 대해서도 법원이 의문을 가지고 있다면 당사자에게 석명을 구할 수 있다. 그런데 문제 된 이 사건에서는 전심절차인 국세청장이나 국세심판소장의 전심절차의 기한 내 제기 여부에 대한 판단과 다른 판단을 법원이 가지고 있다면 이런 변화된 법적 판단을 당사자에게 알려 이에 대한 방어를 할 수 있도록 해야 한다는 취지로 이해된다. 그렇지 않으면 대법원이 자주 지적하듯이 전혀 예상하지 못한 재판을 받게 되는 결과가 되기 때문이다.

또한 [141] 원고가 피고 행정청을 상대로 취득세 부과처분 취소 청구의 소를 제기하였는데 원심은 법정기일 내에 이의신청을 하지 않음으로써 적법한 전심절차를 거치지 아니하였다는 이유로 이 사건 소를 부적법하다고 판단하였는데, 행정소송에 있어서 전심절차를 거쳤는지 여부는 소송요건으로서 직권조사사항에 속하는 것인바, 취득세 부과처분에 대하여 이의신청을 받은 처분청이나 심사청구를 받은 내무부장관이 각 불복신청이 적법한 기간 내에 제기된 것임을 전제로 본안에 들어가 판단하였고, 원심의 변론절차에서도 그 처분의 적법 여부에 대해서만 다투어졌을 뿐 이의신청이 적법

---

498) 공보 1996, 613.

한 기간 내에 제기된 것인지 여부에 대해서는 별다른 다툼이나 석명이 없었다면, 원심은 그 소를 각하하기에 앞서 원고에게 이의신청 기간의 준수 여부에 대하여 석명을 하여 입증을 촉구하였어야 한다고 하였다(대법원 1996. 9. 6. 선고 96누7045 판결).[499]

그리고 [142] 원고 현대정공 노동조합이 피고 창원지방 노동사무소장을 상대로 업무조사에 따른 자료제출요구[500]처분 취소를 구하는 행정소송을 제기한 사안인데 원래 피고는 원고에게 1992. 10. 26. 1차 관련서류 제출을 명령하고 원고가 거부하자 1992. 12. 1. 다시 같은 명령을 내리고 원고가 또 응하지 않자 1992. 12. 7.에 제3차로 자료제출명령을 내렸는데 원고가 거부하여 피고가 원고를 노동조합법 위반으로 입건하자 이 사건이 행정심판과 제소에 이르게 되었는데 원고는 청구취지에서 마지막 자료제출명령일시인 1992. 12. 7.자 피고의 자료제출처분 취소를 구하였고 원심은 피고의 제1차 명령으로 자료제출의무가 발생하고 제2차, 3차 명령은 각 제출일시의 연기의 통지에 불과하다는 것을 이유로 제3차 처분의 처분성을 부인하여 부적법하다고 각하하였고 원고는 상고하였다. 이에 대해 대법원은 원고가 소장의 청구원인에서 위 1차 요구처분이 위법하다는 주장만을 하고 있고 제3차 제출요구에 대해서는 별도의 언급을 하지 않고 있는 점, 원고의 자료제출 목적은 자료제출의무를 부과한 피고의 행정처분 취소에 있는 점, 원고가 명백히 1차 자료제출요구 처분의 취소를 구하지 않고 행정처분이 아닌 제3차 자료제출요구만의 취소를 구하는 것이 아니라고 보이는 점을

---

499) 공보 1996, 3059. 이와 유사한 취지의 판결로는 대법원 1996. 5. 31. 선고 96누1146 판결(공보 1996, 2060) 참조.

500) 구 노동조합법 제30조 같은 법 시행령 제9조의 2에 따라 조합규약이나 노동조합의 회계장부 제출요구권이 규정되어 있었으나 현재는 폐지되었다.

들어 비록 소장에는 제3차 자료제출요구 처분의 취소를 구하고 있지만 거기에는 행정처분인 1차 처분의 취소를 구하는 취지까지 포함되어 있다고 보는 것이 합리적일 수 있으므로 원심으로서는 이 관계가 분명하지 않다면 석명권을 행사하여 이를 명백히 했어야 했다고 하였다(대법원 1994. 2. 22. 선고 93누21156 판결).501)502)

6. 法的 觀點 示唆義務

민사소송법 제126조 제4항은 "법원은 당사자가 명백히 간과한 것으로 인정되는 법률상의 사항에 관하여 당사자에게 의견진술의 기회를 주어야 한다."고 규정하고 있다. 釋明은 소송관계를 명백히 하는 것을 목적으로 하는 데 대하여 示唆義務 또는 指摘義務는 당사자가 간과한 중요한 법률적 사항을 법원이 지적하여 당사자의 주의를 환기시키고 그에 대한 의견진술의 기회를 주는 것을 목적으로 하는 점이 다르다.503) 그래서 양자는 그 뿌리가 상이한 것인데 다만 석명권과 같은 조문에 위치하고 있고 기존의 석명권과 그 기능이 유사하다는 점에서 석명권과 함께 다룰 수 있다.

여기서 말하는 '法律上의 事項'이란 앞서 문헌에서 살펴보았듯이 원고의 소송상 청구와 피고의 항변 자체의 근거가 되는 법적 관점에 관한 것으로 보는 것이 타당하다. 이렇게 본다면 원고의 소송상 청구에 대한 시사는 다른 청구권의 기초에 대한 석명으로 이어

---

501) 공보 1994, 1116.

502) 대법원은 그 밖에 행정처분의 존재 여부는 법원의 직권조사사항이므로 설사 당사자들이 그 존재를 다투지 아니한다 하더라도 그 존부에 관하여 의심이 있는 경우에는 이를 직권으로 밝혀 보아야 한다고 하였다(대법원 1986. 7. 8. 선고 84누653 판결).

503) 崔恩姫, "釋明權에 관한 研究", 法曹 495(1997. 12.), 50면.

질 수 있고 피고의 항변 자체의 근거가 되는 법적 관점에 대한 시사는 새로운 공격·방어방법에 대한 석명으로 이어질 수 있어 종래 판례가 소극적이었던 적극적 석명이 가능하게 되었다는 주장도 있지만, 종래 대법원은 법적 관점에 대해서는 매우 다양한 유형의 적극적인 석명을 할 수 있다는 취지의 판례를 제시하였기 때문에[504] 법적 관점 시사의무가 적극적 석명의 새로운 근거라고 주장하는 것은 문제가 있다. 오히려 법원의 심판대상과 관련하여 신소송물이론 즉 소송법설의 도입 시 필요한, 불의의 재판방지의 소송법적 구제수단이 확보되었다고 보는 입론이 더 정확하다.

이하에서는 원고의 소송상 청구에 대한 시사에 대해서만 다루고 피고 항변에 대한 시사는 새로운 공격·방어방법에 대한 시사에서 다루기로 한다. 원고의 소송상 청구에 대한 시사는 청구의 변경에 대한 석명과 구별된다. 후자는 청구의 동일성 범위 내에서 다른 청구권의 기초에 대한 청구의 변경 자체에 대해 법원이 직접 석명하는 것이지만, 전자는 여기에까지 이르지 않은 채 다른 청구권의 기초에 대해 시사하는 법원의 지적을 의미한다. 아래에서는 이 시기 나타난 판례를 살펴보기로 한다.

먼저, [143] 원고가 1989. 1. 17. 증여를 원인으로 한 소유권이전등기를 청구하였으나 원심이 그 증여사실을 인정할 수 없고 오히려 이 사건 토지의 소유권이전과 대가로 농로를 개설할 수 있는 토지를 교환하기로 하는 토지교환계약이 체결된 사실 및 이 계약에서 농로의 개설의무를 원고가 부담한다는 사실을 인정하고 원고가 농로개설의무를 이행하지 않아 그 계약상의 권리를 상실하였으므

---

504) 특히 앞서 살펴보았던 제2기(1960년대)에 주장의 포함 여부에 관한 석명의무를 통해 폭넓은 석명의무를 인정하였다. 이는 제2기 판례에 대한 소개에서 이미 고찰하였다.

로 원고의 청구를 기각한 데 대하여, 원고가 농로개설의무를 이행하지 않았다는 피고의 주장이 받아들여지지 않는 한[505] 이 사건 토지에 대한 1989. 1. 17.자 토지교환계약 또는 환지약정을 원인으로 한 소유권이전등기 절차를 청구할 수 있다고 볼 수 있으므로, 원고가 사실심에서 위 일자 환지약정을 원인으로 한 소유권이전등기청구권에 대하여 분명하게 주장한 흔적은 보이지 않으나, 원고가 1989. 1. 17.자 환지약정에 관한 환지계약각서(갑 제2호증)를 제출하고 있고, 또한 증인들에 대하여 증인신문을 구하고 있는 점에 비추어 보면, 원고로서는 피고에 대하여 1989. 1. 17.자 토지교환계약을 원인으로 한 소유권이전등기 절차 이행을 구하려는 취지도 엿보이고, 비록 원고가 이 사건 주위적 청구취지 및 청구원인을 1989. 1. 17.자 증여를 원인으로 한 소유권이전등기 절차이행 청구라고 주장한다 할지라도, 이는 원고의 법률적 견해의 착오에 기인한 것이라고 볼 여지도 있으므로, 이런 경우 원심으로서는 마땅히 석명권을 행사하여 원고의 의사가 그 청구의 동일성이 인정되는 한도 내인 1989. 1. 17.자 환지약정을 원인으로 한 소유권이전등기 절차 이행청구를 주장하려는 취지인지를 명백히 하였어야 한다고 하였다(대법원 1995. 2. 10. 선고, 94다16601 판결).[506]

법원이 당사자가 주장하는 청구권의 관점과 다른 청구권의 관점에서 판단하고자 한다면 이를 당사자에게 밝히고 당사자로 하여금 청구취지를 변경하도록 하고[507] 앞으로는 이 관점에서 공격과 방어

---

505) 이 판결에서 대법원은 처분문서인 환지계약각서(갑 제2호증)의 효력에 기해 원심과 달리 농로개설의무를 부담하는 자는 원고가 아니라 인수참가인이 부담한다고 보았다.

506) 공보 1995, 1290.

507) 1989. 1. 17.자 증여를 원인으로 한 소유권이전등기 절차이행의 청구와 같은 일자 환지약정을 원인으로 한 소유권이전등기 절차이행의 청구는 소송물도 다를 뿐만 아니라 청구취지의 기재 자체도 달라진다. 등기신청에는 등기원인과 그 연월일을 기재하여야 하기 때문이다

를 하도록 시사를 한 후 이 관점에 따라 재판을 진행해야 한다. 다른 청구권의 관점이 이미 원고의 증거제출을 통해 기록에 현출되어 있어 합리적인 연관성이 있으므로 이에 대해 법원이 시사를 하더라도 편파적인 재판진행은 되지 않는다. 이 사안은 참조조문을 민사소송법 제126조라고만 하였으나 전형적으로 제126조 제4항이 적용될 사안이라고 볼 수 있겠다.508)

또한 [144] 원고가 피고를 상대로 제기한 건물철거 등 청구의 소로 원고는 하천복개부지의 영구적 점유권을 매수하여 그 위에 건축된 건물의 소유권이전등기를 경료하여 그 건물에서 금방을 경영하여 온 자인데 이 사건 건물에 인접한 부분에 피고가 철골판넬 시설물을 설치하여 선물코너로 영업을 하고 있어 이 시설물의 철거를 청구한 사안이었는데, 원심은 원고의 인접한 부분에 대한 도로점용허가에 기한 점용권에 기한 시설물철거와 그 토지인도청구를 배척하고, 반환약정에 기한 기간종료에 의한 철거청구도 이를 인정할 증거가 없다고 하여 배척하고, 마지막으로 위 인접부분이 원고가 그 건물의 소유목적에 필요한 범위 내에서 상품진열 등 배타적으로 사용할 권리(사용권)를 가지고 피고가 이를 침해하였다는 주장에 대해서도 이를 인정할 증거가 없다는 이유로 모두 기각하였는데, 이에 대하여 피고의 시설물은 원고의 건물에 부착, 고정되어 있는 점을 볼 때 특별한 사정이 없는 한 이 사건 건물의 소유와 보존·관리 기타 사용 등에 직접적인 방해를 가하고 있으므로 그 방해의 배제를 위해서는 위와 같은 시설물 전체의 철거가 필요하다고 보이므로, 원심은 원고의 건물소유 목적에 필요한 사용권에

(부동산등기법 제41조 제5호). 또한 등기원인은 변론주의에 따라 당사자가 주장한 내용에 구속된다(대법원 1992. 3. 27. 선고 91다40696 판결).

508) 호문혁, 위의 책, 341면.

기한 방해배제를 위한 철거주장의 의미에 대하여 석명을 하여 시설물청구의 당부에 대하여 판단하였어야 할 것이었다고 하였다(대법원 1997. 9. 9. 선고 97다19373 판결).509)

원고의 이 사건 청구의 청구원인은 세 가지로 주장되었는데 모두 그 자체로는 원심에서 배척되었지만, 청구원인을 소유권에 기한 방해배제청구로 바꾼다면510) 인용될 여지가 보이는 사안이었다. 그런데 원고가 이 사안에 가장 부합하는 청구원인을 제시하지 못하고 있지만 당사자의 변론내용을 보면 이런 취지가 확인될 수 있다면511) 당사자에게 석명하여 청구원인의 재조정을 시사할 수 있다는 취지이다. 승소의 가능성이 있고 이런 사실이 변론에 현출되어 있다면 법원은 이런 사실을 석명하여 분쟁을 실질적으로 해결하여야 한다.

한편 법적 관점 시사의무를 부인한 판례를 하나 들면, [145] 원고가 피고 서울특별시 도시개발공사를 상대로 자신이 1994. 7. 8. 소외 갑으로부터 이 사건 분양아파트의 소유권이전등기청구권을 양도받았다고 하면서512) 분양 잔대금 30,887,500원을 수령함과 동시에 위 일자 매매를 원인으로 한 소유권이전등기 절차의 이행을 구하는 소를 제기한 것이었는데, 원심은 최초 양도인과 최종 양수

---

509) 공보 1997, 3060.

510) 특정물의 철거 및 그 대지인도의 청구취지는 위에서 제시한 청구원인에 따라 바뀐다고 해도 그대로 유지될 수 있다. 그러므로 이 사안은 청구취지의 변경을 시사할 필요는 원래부터 없는 사안으로 보인다. 다만 상이한 청구권의 기초에 대한 석명으로 인해 소송물은 청구원인별로 다르기 때문에 법적 관점의 지적의무와 관련이 있는 사안이다. 그런 의미에서 앞서 제2기(1960년대)에 살펴보았던 대법원 1967. 10. 31. 선고 67다1469 판결과 같은 유형으로 파악된다.

511) 사실 원고는 피고의 시설물은 원고 소유의 건물에 불법적으로 설치된 것으로서 원고의 건물소유권에 방해가 되므로 철거되어야 한다는 주장을 여러 번 하였다.

512) 소외 갑은 피고에게 계약금만을 지급한 상태에서 같은 날 원고에게 소유권이전등기청구권을 양도하고 피고에 대하여 그 양도사실을 통지한 사실은 인정되었다.

인 사이에도 그 중간등기 생략의 합의가 있었음이 요구된다는 것을 이유로[513) 그 청구를 기각하였다. 이에 원고(상고인)는 법률상의 지적의무 위반을 이유로 상고하였는데 대법원은 피고는 처음부터 피고와 아무런 관련이 없는 원고에게는 소유권이전등기 절차를 이행할 의무가 없다고 다투고 있음이 명백하므로, 원심으로서는 새삼스럽게 피고가 위 이전등기청구권의 양도에 동의하고 있는지에 관한 법률상의 사항을 지적하여 그에 관하여 원고에게 의견진술의 기회를 주어야 할 필요가 없다 할 것이니, 원심판결에 민사소송법 제126조 제4항 소정의 법률상 사항진술의 석명의무를 해태한 위법이 있다는 논지는 이유가 없다고 하였다(대법원 1995. 8. 22. 선고 95다15575 판결).[514] 판례는 민사소송법 제136조 제4항의 의무도 지적의무로 표현하기보다 석명의무의 일종으로 보고 있다.

7. 請求의 變更에 대한 釋明

청구의 변경에 대해 법관이 석명할 필요가 있는지에 대해서는 종래 문헌에서 논의가 되었다. 대법원은 청구권의 다른 기초에 대한 석명의무를 긍정한 다수의 판례를 제시하여 사실심 법원이 당사자가 의도한 법적 관점과 다른 관점에 대해 지적하여 분쟁을 실질적으로 해결해야 한다는 취지를 보여 주었다. 이런 판례는 주로

---

513) 부동산의 양도계약이 순차 이루어져 최종 양수인이 중간생략등기의 합의를 이유로 최초 양도인에게 직접 그 소유권이전등기청구권을 행사하기 위해서는 관계 당사자 전원의 의사합치, 즉 중간생략등기에 대한 최초 양도인과 중간자의 동의가 있는 외에 최초 양도인과 최종 양수인 사이에도 그 중간등기생략의 합의가 있었음이 요구된다는 것이 확립된 판례이다(대법원 1983. 12. 13. 선고 83다카881 판결; 대법원 1991. 4. 23. 선고 91다5761 판결; 대법원 1994. 5. 24. 선고 93다47738 판결 등 참조).

514) 공보 1995, 3249.

무슨 주장의 '포함 여부'에 대해 법원은 석명하여야 한다는 취지의
표현을 사용하여 청구권의 다른 기초를 지적하였다. 그렇지만 판례
에서 문제 되었던 사안들은 청구취지의 변경 없이도 판단이 가능
한 경우가 대부분이었다. 물론 원고가 착오 또는 법률의 부지로 명
백히 청구취지를 잘못 기재한 경우 이를 지적하는 석명은 인정하
고 있었다.515) 그렇지만, 원고가 계약에 기해 목적물인도청구를 하
였는데 그 목적물이 멸실된 경우와 같은 사후적인 사실관계의 변
경이나 또는 대지소유자가 그 지상건물의 소유자에게 건물철거와
대지인도청구를 하였는데 건물소유자가 매수청구권을 행사하여 건
물에 대한 매매가 법적으로 이뤄져 버린 경우516)와 같이 당사자의
사후 권리행사에 따른 청구권의 실현을 위한 법적 기초의 변경이
이루어진 상황에서 사안의 적합한 해결을 위해 다른 법적 관점에
기초한 청구로 변경해야 할 필요가 있는 경우에 법원이 청구의 변
경에 대해 석명해야 한다는 취지의 판례가 나타나 관심의 대상이
되었다(대법원 1995. 7. 11. 94다34265 건물명도 등 전원합의체 판
결).517) 아래에서는 이 판례의 사실관계와 전개과정을 살펴보기로
한다.

  사건의 개요를518) 살펴보기 위해 [146] 이 사건의 원심판결(대구
지방법원 1994. 6. 1. 선고 93나8823 판결)이 인정한 사실관계는

---

515) 판례는 이 경우 청구취지의 변경이라는 표현보다는 청구취지의 정정이라는 표현을 사용하
    여 이를 구분한다.

516) 이런 상황에서 종래 대법원은 건물철거와 건물부지 인도청구 중에는 건물 매수대금지급과
    동시에 건물명도를 구하는 청구가 포함되어 있지 않다고 보아 석명권 불행사로 인한 심리
    미진의 위법이 없다고 보았다. 대법원 1972. 5. 23. 선고 72다341 판결; 대법원 1966.
    5. 24. 선고 66다548 판결; 대법원 1966. 6. 28. 선고 66다712 판결 등.

517) 대법원 판례집 43(2) 민사, 12; 공보 1995. 8. 1.(997), 2583.

518) 尹眞秀, "土地賃借人의 買受請求權行使와 法院의 釋明義務", 人權과正義 236號
    (1996. 4.), 123 내지 124면 참조.

대체로 다음과 같다. 이 사건 대지는 원래 소외 A소유였다가 1971. 7.경 피고 Y1이 이를 매수하여 같은 달 26일 그 명의로 소유권이전등기를 경료한 후 1979. 6.경 원고 X로부터 돈 3,000만 원을 차용하고 그 담보 조로 같은 달 14일경 이 사건 대지에 관하여 X명의의 소유권이전등기청구권 보전을 위한 가등기를 경료하여 주었는데, Y1이 위 대여금을 변제하지 못하자 X가 1983. 10. 13. 위 가등기에 기하여 소유권이전의 본등기를 경료하여 이 사건 대지의 소유권을 취득하였다. 한편, Y1 및 나머지 피고 Y2, Y3은 이 사건 대지가 위 A의 소유이던 당시부터 그 지상에 각 건물들을 소유하면서 그 대지를 점유하고 있었는데, Y1, Y2, Y3은 위 A에게 위 각 건물에 의한 점유대지에 대하여 연간 벼 1가마니씩의 임료를 지급해 오다가, Y1이 이 사건 대지를 매수한 다음부터는 나머지 피고들이 Y1에게 같은 액수의 임료를 지급해 왔고, 그 후 X가 이 사건 대지의 소유권을 취득하자 Y들은 위 각 건물에 의한 점유 대지에 대하여 평당 연간 돈 3,000원 내지 5,000원씩의 임료를 평당 연간 돈 10,000원으로 인상하여 이 사건 소송제기 전까지 지급하여 왔다. 그런데, X가 Y들을 상대로 하여 1992년경 이 사건 대지의 소유권에 기하여 위 각 건물의 철거 및 그 점유 대지의 인도를 구하는 이 사건 소송을 제기하였다.

　제1심은 원고의 청구를 전부 인용하였다. 그러나 원심은 반대로 원고의 청구를 전부 기각하였다. 원심은 그 이유로서, X와 Y들 사이에는 묵시적으로 위 각 건물의 소유를 목적으로 하여 기간의 정함이 없는 대지임대차계약이 각 체결되었다고 봄이 상당하고, 원고가 위 각 건물의 철거 및 이 사건 대지의 인도를 구하는 이 사건 소장 부본이 Y들에게 송달된 날인 1992. 11. 23.경부터 6개월이 경과한 1993. 5. 23.경 위 임대차계약은 종료되었는데, Y들이 민법 제643조, 제283조에 의하여 건물매수청구권을 행사하여 위 각 건물의 매수를 청구하는 이 사건에 있어서 X와 Y들 사이에는 위 각 건물의 매매가 이루어졌고, 이로써 Y들은 위 대금을 지급받음과 동시에 X에 대하여 위 각 건물에 대한 소유권이전등기 절차를 이행하고 위 각 건물을 명도할 의무가 있으며, 원고의 이 사건 청구 위 각 건물매수대금지급과 동시에 건물명도를 구하는 청구가 포함되어 있다고 할 수 없으므로 원고의 이 사건 청구는 배척될 수밖에 없다고 하였다. 위 판결에 대하여 원고 X가 상고를 제기하였다.

원고 X는 상고이유 제1점으로, X와 Y들 사이에는 이 사건 대지에 관하여 이 사건 건물들의 소유를 목적으로 한 임대차나 전대차 관계가 없음에도 불구하고, 원심이 X와 Y들 사이에 묵시적으로 이 사건 건물들의 소유를 목적으로 하여 기간의 정함이 없는 이 사건 대지에 관한 임대차계약이 체결되었다고 판단한 후 Y들의 이 사건 건물들에 관하여 매수청구권을 인정한 것은 매수청구권의 성립요건에 관한 법리를 오해하고 채증법칙을 위배하여 사실을 잘못 인정한 것이며, Y들이 스스로 전차인이라고 주장하였음에도 원심이 임차인의 매수청구권을 인정한 것은 변론주의 원칙에 위배한 것이라고 주장하였다. 그리고 상고이유 제2점으로 만약 이 사건 건물들에 대항력 있는 임대차가 존재하고 그 임차보증금이 건물의 시가를 초과하는 경우 Y들은 매수청구권을 행사할 수 없는바, 원심이 이에 대한 심리를 다하지 아니하고 Y들의 매수청구권을 인정한 것은 심리미진의 위법을 저지른 것이라고 주장하였다. 그리고 상고이유 제3점 및 제4점에서, Y들의 매수청구권이 인정된다고 하더라도, X는 지상물명도와 이전등기청구권을 가지고 있고, 이는 서로 대가적 견련관계에 서게 되는바, 원심으로서는 X의 청구변경 없이도 일부 인용판결(상환판결)이 가능함에도 X의 청구를 전부 배척한 것은 법리를 오해한 것이고, X의 청구변경이 전제되어야 한다고 보더라도, 원심으로서는 X에게는 청구변경을 할 것인지 등을 석명하고 Y들에게는 동시이행의 항변을 행사할 것인지 등을 석명하여야 함에도, 원심이 이를 간과한 채 이 사건 건물들의 시가감정도 하지 아니한 것은 심리미진의 위법이 있다고 주장하였다.

이에 대법원은 위 상고이유 제1점에 대해서는 원심의 사실인정이나 X와 Y들 사이에는 위 각 건물에 대하여 그 각 시가상당액을 대금으로 하는 매매가 이루어졌다는 원심의 판단은 정당하고, 거기에 토지임차인의 매수청구권에 관한 법리오해나 변론주의 위반 등의 위반이 있다고 할 수 없다고 하여 이를 배척하였고, 제3점에 대해서는 이 사건에서와 같은 원고의 건물철거와 그 부지인도청구에는 건물매수대금지급과 동시에 건물명도를 구하는 청구가 포함되어 있다고 볼 수는 없다고 함이 당원의 견해(당원 1966. 5. 24. 선고 66다548 판결; 1966. 6. 28. 선고 66다712 판결; 1972. 5. 23. 선고 72다341 판결 등 참조)라고 하여 이 또한 배척하였다. 그러나 법원의 석명의무 위반을 주장하는 제4점에 대해서는 다음과 같이 판시하였다.

"토지임대인이 그 임차인에 대하여 지상물 철거 및 그 부지의 임도를 청구한 데 대하여 임차인이 적법한 지상물매수청구권을 행사하게 되면 임대인과 임차인 사이에는 그 지상물에 관한 매매가 성립하게 되므로 임대인의 청구는 이를 그대로 받아들일 수 없게 된다. 이 경우에 법원으로서는 임대인이 종전의 청구를 계속 유지할 것인지, 아니면 대금지급과 상환으로 지상물의 명도를 청구할 의사가 있는지(예비적으로라도)를 석명하고 임대인이 그 석명에 응하여 소를 변경한 때에는 지상물명도의 판결을 함으로써 분쟁의 1회적 해결을 꾀하여야 한다고 봄이 상당하다. 왜냐하면 이처럼 제소 당시에는 임대인의 청구가 이유 있는 것이었으나 제소 후에 賃借人의 매수청구권 행사라는 사정변화가 생겨 임대인의 청구가 받아들여질 수 없게 된 경우에는 賃貸人으로서는 통상 지상물 철거 등의 청구에서 전부 패소하는 것보다는 대금지급과 상환으로 지상물 명도를 명하는 판결이라도 받겠다는 의사를 가질 수도 있다고 봄이 합리적이라 할 것이고, 또 賃借人의 처지에서도 이러한 법원의 석명은 임차인의 항변에 기초한 것으로서 그에 의하여 논리상 예기되는 범위 내에 있는 것이므로 그러한 법원의 석명에 의하여 임차인이 특별히 불리하게 되는 것도 아니고, 오히려 법원의 석명에 의하여 지상물명도와 상환으로 대금지급의 판결을 받게 되는 것이 매수청구권을 행사한 임차인의 진의에도 부합한다고 할 수 있기 때문이다. 또한 위와 같은 경우에 法院이 이러한 점을 석명하지 아니한 채 토지임대인의 청구를 기각하고 만다면, 또다시 지상물명도 청구의 소를 제기하지 않으면 안 되게 되어 쌍방 당사자에게 다 같이 불리한 결과를 안겨 줄 수밖에 없으므로 소송경제상으로도 매우 불합리하다고 하지 않을 수 없다. 그러므로 이와는 달리 이러한 경우에도 법원에 위와 같은 점을 석명하여 심리하지 아니한 것이 위법이 아니라는 취지의 당원 1972. 5. 23. 선고 72다341 판결은 이로써 이를 변경하기로 한다. 그렇다면 원심이 이 사건에서 피고들이 건물 매수청구권을 행사하였다는 이유만으로 원고에게 건물명도를 청구할 의사가 있는지를 석명하여 보지도 아니한 채 원고의 청구를 배척하고 만 것은 석명의무의 범위에 관한 법리를 오해하여 판결에 영향을 미친 위법을 저지른 것이라 할 것이므로, 이 점을 탓하는 논지는 이유가 있다.”라고 판시하였다(대법원 1995. 7. 11. 94다34265 건물명도 등 전원합의체 판결).519)

반면, 이 시기에 나타난 청구 변경에 대한 석명의무를 부정한 판례가 대다수를 차지한다. 명시적으로 청구의 변경에 대해 석명할 의무가 없다고 판시한 것도 있지만, 종래의 청구취지와는 다른 청구에 대해 석명할 의무가 없다고 표현한 판례도 여기에 해당한다. 이에 대해 살펴보면 다음과 같다.

[147] 소유권에 기한 미등기 무허가 건물의 반환청구에는 점유권에 기한 반환청구권 행사취지가 포함되어 있다고 할 수 없고 이에 대한 소 변경의 석명의무도 없다(대법원 1996. 6. 14. 선고 94다53006 판결).520)

또한 [148] 원고의 주장사실은 모두 인정되나 청구취지가 이에 부합하지 않는 경우 법원이 원고에게 청구취지를 변경할 기회를 주지 아니하였다 하여 석명의무를 다하지 아니하였다고 할 수 없다고 보았는데, 사안의 경우 원고는 피고를 상대로 피고명의의 소유권이전등기가 원인무효인 전자의 등기를 기초로 했음을 이유로 직접 이전등기청구를 신청하였다. 그 근거로 원고는 피고들의 전자인 소외 이재무에게 명의신탁을 했고 그에 대해 가지고 있는 명의신탁 해지를 이유로 이전등기청구권을 청구의 기초로 하였다. 그렇지만 원심은 원고의 피고들에 대한 청구를 전부 기각했다. 원고는 명의수탁자인 소외 이재무를 대위하지 않고 현재의 무효등기의 명의인인 피고들을 상대로 직접 이전등기청구를 할 수 없음을 근거

---

519) 대법원 판례집 43(2) 민사, 12; 공보 1995, 2583.
520) 공보 1996, 2144.

로 했다. 이에 원고는 원고가 그 정당한 등기명의를 찾기 위해서 피고들을 상대로(소외 이재무에 대해) 말소등기절차를 이행하고 다시 원고가 소외 이재무를 상대로 이전등기청구를 하는 것은 복잡하고 소송경제에 반하고 그렇지 않다고 하더라도 원고에게 청구취지를 변경할 기회를 주지 않은 것은 석명의무에 반한다고 주장하며 상고하였다. 이에 대해 대법원은 원심의 인정법리를 타당하다고 하면서 법원의 이런 석명의무를 부정하였다(대법원 1992. 3. 10. 선고 91다36550 판결).521) 사안의 경우 원고는 명백히 법리를 오해하여 청구취지를 잘못 적은 것이나 이 경우 대법원은 청구취지를 정정할 것을 석명할 의무가 없다고 하였다. 이 경우는 피고가 변경되어 새로이 추가되어야 한다는 점에서 다른 사안과 달리 청구취지의 변경을 석명하기는 어렵다고 할 것이다.

또한 [149] 원고가 피고를 상대로 건물철거의 청구를 하였는데 피고의 법정지상권 주장이 인정되어 원심에서 원고가 패소하고 원고가 상고하면서 그 지료에 대한 청구를 시사하지 않은 것은 석명의무의 위반이라고 주장하였다. 이에 대해 대법원은, 법원의 석명권은 사건을 적정하게 해결하기 위하여 당사자의 주장에 모순된 점, 불완전한 점, 불명료한 점 등을 지적하여 이를 정정·보충하는 기회를 주고, 또 당사자가 명백히 간과한 것으로 인정되는 법률상의 사항에 관하여 의견진술의 기회를 주는 것을 내용으로 하는 것이지, 당사자의 주장이 명료한데 주장하지도 않은 법률효과에 관한 요건사실이나 공격·방어방법을 시사하여 그 제출을 권유함과 같은 행위는 변론주의원칙에 위반되는 것으로서 석명권의 한계를 일탈하는 것이라고 하면서 이 사건의 경우 원고가 피고의 이 사건 대

---

521) 공보 1992, 1286.

지의 점유가 불법점유임을 전제로 손해배상을 구하고 있을 뿐 법정지상권이 있음을 전제로 지료를 구하고 있지 않고 있음이 기록상 명백한 이 사건에서 원심이 그 지료에 대한 청구를 시사하여 권유하는 등의 석명권을 행사하지 아니한 조치에 심리미진의 위법이 없다고 하였다(대법원 1992. 6. 26. 선고 92다9388 판결).[522] 이는 위 전합체 판결(대법원 1995. 7. 11. 94다34265 판결)과 대비하여 볼 때 일관성에 의문이 드는 것이 사실이다.

그리고 [150] 법원의 석명권 행사는 당사자의 주장에 모순된 점이 있거나 불완전·불명료한 점이 있을 때에 이를 지적하여 정정·보충할 수 있는 기회를 주고, 계쟁사실에 대한 증거의 제출을 촉구하는 것을 그 내용으로 하는 것으로, 당사자가 주장하지도 않은 법률효과에 대한 요건사실이나 독립된 공격·방어방법을 시사하여 그 제출을 권유함과 같은 행위를 하는 것은 변론주의의 원칙에 위배되는 것으로 석명권 행사의 한계를 일탈하는 것이 된다(대법원 1987. 7. 7. 선고 86다카2521 판결; 대법원 1990. 4. 27. 선고 89다카7563 판결; 대법원 1996. 2. 9. 선고 95다27998 판결 등 참조)는 법리에 비추어 볼 때 원고가 말소된 원고 명의의 소유권이전등기 회복등기절차 이행을 청구하는 것임이 기록상 명백한 이 사건에서 원심이 소유권 확인청구를 하는 것인지 여부에 관하여 석명하지 않았다고 하여 석명권 불행사의 위법을 저질렀거나, 이로 인하여 심리미진의 위법을 저질렀다고 할 수 없다고 하였다(대법원 1997. 2. 28. 선고 95다27349 판결).[523]

---

522) 공보 1992, 2271. 물론 여기서 인정된 법정지상권은 후에 판결변경을 통해 부정되었다. 대법원 2003. 12. 18. 선고 98다43601 전원합의체 판결 참조.

523) 공보 1997, 889.

8. 새로운 攻擊·防禦方法의 釋明

법원의 석명권 행사는 사안을 해명하기 위하여 당사자의 모순 또는 불완전한 주장을 정정 보충하는 기회를 주고 또 증거제출을 촉구하는 것을 그 내용으로 하는 것이므로, 당사자가 주장하지도 않은 법률효과에 관한 요건사실이나 공격·방어방법을 시사하여 그 제출을 권유하지 않았다 하더라도 석명권 불행사의 위법이 있다고 할 수 없다는 것이 종래 판례의 입장이었다. 이 시기에도 이런 입장에 변화가 나타나지는 않았다.

(1) 同時履行과 相計의 抗辯

[151] 토지 임대인인 원고가[524] 당초에 임대토지 위에 건립된 토지 임차인인 피고 소유건물의 철거와 그 부지인도를 청구하였다가 피고가 위 건물의 매수청구권을 행사하자, 원고가 위 매수청구권

---

524) 이 사건의 소송경과를 살펴보면, 피고는 원고의 측량감정이 완료된 후 원고의 청구취지정정 후에 변호사를 선임하여 제4차 변론 후 준비서면의 제출을 통해 매수청구권주장을 하면서 시가감정을 신청하여 법원에 의해 채택되었으나 피고는 제8차 변론에서 이를 철회하고 제9차 변론에서 법원의 촉구에도 불구하고 입증 없다고 하여 결심되었다. 결심 후 원고가 변론재개신청을 하면서 청구취지 정정신청서를 제출하여 "매수청구권이 행사되었으니 이 건물은 원고의 소유이므로 명도를 구한다."고 하여 청구취지를 변경하였고 제1심이 변론을 재개하자 피고는 종전의 주장에 반하는 원고주장부인만 하였고 다시 결심되어 원고가 승소하는 판결이 선고되었다. 그 후 피고는 항소하였으나 변호사를 선임하지 않았고 항소이유서도 따로 제출하지 않았으며 제1차 변론에서 1심결과만을 진술하고 결심되었다. 이후 피고가 다시 변론재개신청서를 내면서 "매매는 의사의 합치가 있고, 대금이 지급되어야 효력이 생기는데 피고의 매수청구권에 대하여 원고는 응낙하지 않았고 대금도 지급하지 않았으니 매수청구권의 주장은 실효되었다. 그러하지 아니하더라도 시가감정신청을 철회함으로써 매수청구권 주장을 철회한 것이다. 합의금도 안 주고 명도하라는 것은 부당하다."는 사유를 재개신청사유로 삼았다. 그러나 이때까지도 매수청구권 행사에 따른 대금지급과의 동시이행에 대해서는 언급이 없었다. 원심은 선고기일을 1차 연기하였을 뿐 재개신청을 받아들이지 않고 "피고의 매수청구권이 적법하게 행사되었다. 그에 의하여 매매계약 유사한 법률관계가 형성되었고 이에 따라 명도의무가 있다."고 하여 제1심과 같은 이유로 피고의 항소를 기각하면서 다만 대금청구권이 있음은 별론으로 한다는 설시를 하였다(徐廷友, "辯論再開申請却下와 審理未盡", 民事判例研究, 제14권(1992), 325-326면).

행사에 의하여 위 건물의 매매가 성립되었음을 이유로 위 건물의 명도청구로 소를 변경하였는바, 1심판결이 피고의 매수청구권 주장을 받아들이고 원고의 매수인으로서의 건물명도청구를 인용한 데에 대하여 피고가 항소를 제기하였다면 피고가 자기의 매수청구권 주장을 받아들인 1심판결에 대하여 불복한 것은 매수청구권 행사로 성립된 매매의 이행관계를 다투는 것 외에 별다른 이유가 없을 것이므로,525) 법률전문가가 아닌 피고 본인이 변론기일에 출석하여 항소인으로서 적절한 불복이유를 진술하지 못하고 있다면 법원으로서는 불복의 이유가 무엇인지 석명을 구해 볼 필요가 있다고 할 것인데 원심이 그러한 조치를 취하지 않은 채 첫 변론기일에 결심을 한 뒤에 뒤이어 피고가 변론재개 신청서를 제출하여 건물명도청구에 대한 동시이행항변의 취지로 보이는 주장을 하고 있다면 원심으로서는 변론을 재개하여 피고에게 불복이유를 진술할 기회를 줌으로써 충분히 심리를 다하여야 한다고 하였다(대법원 1991. 4. 9. 선고 91다3260 토지인도 등 판결).526)

이 판례에서 상고인(원심 피고)은 원고의 청구에 대해 매수청구권을 주장했으면서도 그로 인한 법률효과에 대해 일종의 착오를 일으키고 있다고 할 수 있다. 즉 매수청구권은 형성권으로서 일단 행사되면 매매유사의 법률관계가 형성되고 임차인은 매매계약이 성립되는 때의 시가를527) 상당한 가격으로 한 대금청구권을 가지게

---

525) 피고의 민법 제643조에 의한 토지임차인의 매수청구권행사로 지상건물에 대하여 시가에 의한 매매유사의 법률관계가 성립된 경우에 토지임차인의 건물명도 및 그 소유권이전등기 의무와 토지임대인의 건물대금지급의무는 서로 대가관계에 있는 채무이므로 토지임차인은 토지임대인의 건물명도청구에 대하여 대금지급과 동시이행을 주장할 수 있게 된다. 그런데 위 사건에서 토지임차인인 피고가 원고의 적절한 소 변경에 대응하여 자신의 동시이행의 항변을 제출하지 않은 채 1심판결이 내려진 후 항소한 사안이다.

526) 공보 1991, 1363.

527) 대법원 1967. 12. 18. 선고 67다2355 판결.

되는데, 피고가 이러한 매수청구권 행사의 효과에 대해 정확히 알지 못하여 이에 적합한 주장(여기서는 대금지급과의 동시이행의 항변)을 하지 못하고 있다면 법원은 매수청구권으로 성립된 매매의 이행관계를 다투는 것일 수밖에 없는 불복의 이유에 대해 항소인(피고)에게 석명을 구해야 하는 의무가 성립되는 것이다. 이 판결은 이 점에 대해 명시적으로 지적한 점에 의의가 있고 나아가 대법원이 지적하는 매수청구권으로 성립된 매매의 이행관계를 다투는 것이란 항소인(피고)의 입장에서는 원고의 건물 명도청구에 대한 대금지급과의 동시이행의 항변을 가리키는 것일 수밖에 없으므로 이 점에서는 항변에 대한 시사나 석명도 제출된 주장이나 증거에 비춰 가능하다는 취지로 보인다. 한편 대법원은 원심을 파기하는 이유로 원심의 석명의무 위반 외에 변론 재개의무 위반도 함께 거론하고 있는 점도 주목할 만하다. 변론에서 어떤 사실에 대한 주장이 제시되었는데 변론종결 후에 그에 따르는 법률효과가 주장된 경우에도 법원의 변론재개 의무가 성립된다는 취지로 보인다.[528]

또한 [152] 원고는 이 사건 건물의 3층 부분 전부와 일부 다른 층들의 각 일부(이하 이 사건 건물이라 함)에 대한 각 소유권에 기해[529] 이 사건 건물 점유자인 피고를 상대로 건물명도청구의 소를 제기하자, 피고는 시설비 등 청구의 반소를 제기하였는데, 여기서 원고는 피고가 이 사건 건물을 사용하고 있는 상태에 대해 임료 상당의 부당이득반환청구를 하였는데 이에 대해 피고는 원고가 이 사건 건물 부분에 상응하여 피고 소유의 대지를 사용한 것에 대한 부

---

528) 徐廷友, 위의 논문, 331면.

529) 구체적으로는 원고가 피고에게 그 공사대금채권을 담보하기 위해 이 사건 건물에 가등기를 경료한 후 나중에 그 대물변제 조로 위 건물에 관하여 그 가등기에 기한 본등기를 경료한 것이었다.

당이득반환 내지 불법점유로 인한 손해배상채권을 가지고 그 대등
액에서 상계한다는 항변을 주장하였다. 여기서 대법원은 법원의 석
명권 행사는 사안을 해명하기 위하여 당사자의 모순 또는 불완전한
주장을 정정 보충하는 기회를 주고 또 증거제출을 촉구하는 것을
그 내용으로 하는 것이므로, 당사자가 주장하지도 않은 법률효과에
관한 요건사실이나 공격·방어방법을 시사하여 그 제출을 권유하지
않았다 하더라도 석명권 불행사의 위법이 있다고 할 수 없는 것인
바,530) 원심이 피고가 변론에서 전혀 주장 입증하지 않은 사항으로
서, 피고의 임료 상당의 부당이득반환 내지 손해배상채권을 가지고
상계한다는 항변 중에 법정지상권이 인정되는 경우531) 그에 따른
지료 지급채권을 자동채권으로 한 상계의 주장도 포함된 것인지의
여부에 관하여 적극적으로 석명권을 행사하지 아니하고 그에 대하
여 심리를 하지 아니하였다 하더라도 무슨 위법이 있다고 할 수 없
다고 하였다(대법원 1992. 4. 10. 선고 91다45356, 45363 판결).532)

　원심에서 피고는 원고의 대지사용이 불법임을 전제로 부당이득
반환 채권 내지 불법행위로 인한 손해배상 채권만을 가지고 상계
항변을 했는데 원고에게 법정지상권이 인정되어 적법한 권원에 기
한 대지 점유사용이라 평가되어 피고의 항변은 배척되고 말았다.
대법원은 원심이 법정지상권을 인정할 바에는 그에 따라 발생하는
지료지급채권에 기한 피고의 항변행사를 석명해야 했다는 상고이
유에 대해 이를 받아들이지 않으면서 그 이유로 위와 같이 판시하

---

530) 대법원 1983. 9. 13. 선고 81다261 판결(공보 1983, 1481).

531) 대법원은 원고가 피고의 대지를 사용할 권한이 있다고 하면서도 원심과 달리 가등기담보에
　　관한 법률 제10조 소정의 법정지상권이 아니라, 관습상의 법정지상권에 근거하여 이를 인
　　정하였다.

532) 공보, 1992, 1547.

였다. 법원의 지적의무를 이 사안에 적용해 보면 법원이 원고의 법
정지상권 주장을 받아들여 피고의 점유권원이 없다는 전제에 입각
한 항변을 배척하기 위해서는 원고의 점유가 적법점유로 인정될
수 있다는 점을 피고에게 지적하면서 피고의 다른 항변을 기다려
보는 것이 옳다고 할 수도 있다. 그렇지만, 법정지상권이 성립하였
다고 하여 당연히 대지소유자에게 지료지급채권이 성립하는 것이
아니라, 우선 당사자 사이의 합의에 의해 구체적으로 결정되고 그
렇지 않을 경우 당사자의 청구에 의해 법원이 이를 결정하게(민법
제366조 단서 준용)되므로[533] 구체적인 지료지급채권이 형성되지
않은 점은 지상권자나 임차권자의 지상물 매수청구권 행사의 효
과[534](민법 제283조 제2항, 제643조)와 다르다는 점이 고려된 것으
로 판단된다. 지료지급채권은 다른 소의 기초를 이루는 것으로 피
고의 불법점유 주장사실과는 기초를 달리한다고 하겠다.

(2) 時效의 抗辯

[153] 원고 조합이 조합장 등을 상대로 피고 등의 등기가 원인
무효의 등기라고 주장하면서 원매도인들을 순차 대위하여 소유권
이전등기 말소청구의 소를 제기하였는데 피고 조합장은 피고 조합
장 명의로 1971. 12. 17. 그 보존등기가 이루어져 등기부 취득시효
의 주장이 가능하였는데 이에 대한 주장을 하지 않았고 피고는 상
소를 하면서 원심의 석명의무 위반을 그 상고이유 중의 하나로 삼

---

533) 郭潤直, 「物權法」, 第7版, 博英社, 244면.

534) 지상권자의 매수청구권은 形成權으로 보고 있고 상당한 가격은 매수청구권을 행사하여 매
　　매계약이 성립되는 때의 시가를 의미한다고 한다(대법원 1967. 12. 18. 선고 67다2355
　　판결).

았다. 이에 대해 대법원은 법원의 석명권 행사는 당사자의 주장에 모순된 점이 있거나 불완전·불명료한 점이 있을 때에 이를 지적하여 정정 보충할 수 있는 기회를 주고, 계쟁 사실에 대한 증거의 제출을 촉구하는 것을 그 내용으로 하는 것으로, 당사자가 주장하지도 아니한 법률효과에 관한 요건사실이나 독립된 공격·방어방법을 시사하여 그 제출을 권유함과 같은 행위를 하는 것은 변론주의의 원칙에 위배되는 것으로 석명권 행사의 한계를 일탈하는 것이 된다고 하였다(대법원 1996. 2. 9. 선고 95다27998 판결).[535]

또한 [154] 원고 보험회사가 피보험자들에게 손해를 보상하고 현대미포 조선소를 상대로 동 조선소 선거장(Dock Master)의 과실에 대한 사용자책임을 근거로 손해배상청구의 소를 제기한 것인데 여기서 피고 소송대리인은 피보험자 소유 선박의 선장 책임임을 주장하면서 그 과실을 부인하고 또한 뉴욕법에 의하면 위 손해배상청구권의 시효가 완성되어 그 책임이 없다고 항변하였고[536] 원심은 준거법을 우리나라 법으로 확정한 후 민법에 의할 때 위 손해배

---

535) 공보 1996. 911.

536) 그 경과를 자세히 보면, 피고 소송대리인은 비록 명시하지는 않았지만 이 사건 손해배상청구권이 우리나라 민법상으로는 시효로 소멸하지 아니하였음을 전제로 하여, 1985. 12. 12.자 준비서면에서는 외국법 즉 라이베리아법 또는 뉴욕주법에 의하면 시효로 소멸된 이 사건 손해배상청구권이 대한민국에서 소생할 수 없다는 취지로 주장하였다가 1986. 1. 30.자 준비서면에서는 뉴욕주법에 의하면 이 사건과 같은 재산의 침해에 대한 불법행위로 인한 손해배상청구권의 소멸시효기간은 우리나라 민법과 같이 3년이지만 우리나라 민법과 달리 최고로 인한 시효중단제도가 없으므로 뉴욕주법에 의하여 소멸된 이 사건 손해배상청구권이 대한민국에서 소생할 수 없다는 취지로 주장하였다. 그리고 1986. 3. 14.자 준비서면에서는 피고소송대리인의 1985. 12. 12.자 준비서면에서 대한민국민법과 외국법(라이베리아 해상법 또는 뉴욕주법)이 누적적으로 적용된다는 취지로 주장한 바 있음을 부연 설명하고 누적적용이란 어느 하나라도 시효가 완성되면 이 청구권은 소멸하는 것이라고 설명하였을 뿐 원고 소송대리인이 위 준비서면에서 밝힌 부분 즉 원고들이 대한민국 민법상의 불법행위의 소멸시효 기간인 3년 이내에 피고에게 최고를 하고 최종최고일로부터 6개월 이내에 이 사건 소를 제기하였으므로 그 소멸시효가 중단되었다는 점에 대해서는 아무런 답변을 하지 않은 채 뉴욕주법에 의하여 시효가 완성되어 소멸된 이 사건 손해배상청구권이 대한민국에서 소생할 수 없다는 취지의 주장만을 하였다.

상청구권이 시효 완성되었고 그 시효가 중단되었음을 인정할 증거가 없다는 이유로 제1심판결과 다르게 원고 기각판결을 하였다. 이에 원고가 상고하면서 원심은 피고가 명백히 우리나라 법에 의해 시효가 완성되었다는 주장을 하지 않았음에도 이를 주장한 것으로 보고 판단한 것은 변론주의에 위배하였다고 하였다. 이에 대해 대법원은 원심이 피고에게 우리나라 민법에 의해 소멸시효의 주장을 하는 것인지에 대하여 석명을 하여 이를 밝혀 보지 않은 상태에서 이 사건 손해배상청구권이 우리나라 민법에 의해 시효로 소멸되었다고 판단한 것은 당사자가 주장하지 않은 사실을 판단한 위법을 저지른 것이라고 하였다(대법원 1990. 4. 24. 선고 86다카2778 판결).537) 판례는 소멸시효에 대하여 외국법상의 시효와 우리 민법상의 시효는 각각 다른 방어방법으로 보고 전자의 주장만 있는데 후자를 인정하는 것은 당사자가 주장하지 않은 사실에 대한 판단으로 위법하다고 본 것인데, 그렇지만 양자는 다 같은 소멸시효로서 다만 차이는 준거법만이 다른 데에 있는 경우이므로 법원은 직권으로 법규를 적용할 수 있어야 할 것으로538) 생각되고 위 판례가 혹 상대방의 방어권보호를 고려하여 그 제한을 변론주의에 의지한 것으로 여겨진다.539) 그렇지만 이제 법률사항 지적의무가 신설된 이상 변론주의의 적용에 의할 것이 아니라 법원이 준거법을 당사자의 주장과 달리 적용할 때에는 그것을 당사자에게 지적하여 주

---

537) 공보 1990, 1124.

538) 오히려 피고가 그 시효주장을 하였으므로 준거법은 법률적용의 문제로 법원의 직권판단의 영역이므로 석명 없이 법원은 바로 시효의 준거법을 우리 민법으로 확정한 후 판단할 수 있을 것이다. 원심의 판단이 이를 따른 것으로 보인다. 원고는 이미 시효중단의 주장을 하고 이에 대한 입증까지 한 것으로 보이므로 이 경우 원고의 방어권보장의 요구는 없는 사안으로 보이기 때문이다.

539) 康鳳洙, "法院의 法律事項 指摘義務" ― 民事訴訟法 第126條 第4項 ― , 竹堂 金祥源先生 華甲記念 「民事裁判의 諸問題」, 제7권, 한국사법행정학회(1993), 290면.

어 그에 대한 의견이나 자료를 제출할 기회를 주지 않으면 아니 된
다고 하는 시사의무 내지 지적의무가 법원에 발생하게 되는 사안
이다.

또한 [155] 원고 보험회사가 피고 대한통운을 상대로 구상금지급
청구를 하면서 자신은 피보험자인 알스톰으로부터 피고에 대한 채
무불이행 또는 불법행위로 인한 손해배상청구권을 양수받았다고[540]
주장하였다. 이에 대해 피고는 채무불이행으로 인한 손해배상청구권
은 시효 소멸하였다고 주장하였으나 불법행위로 인한 손해배상청구
권에 대해서는 언급을 하지 않았다.[541] 원심은 원고의 이 사건 청구
권들은 모두 시효로 소멸하였다고 판단하였고 원고는 상고하였다.
이에 대해 대법원은 피고의 소멸시효 항변을 한 것은 채무불이행으

---

540) 알스톰이 이 사건 트랜스포머를 한전에 설치 공급하는 데 본선인도조건(F.O.B)으로 하였는
데 물건의 위험은 제주도에 설치가 완료될 때까지 알스톰이 계속 부담하는 것으로 하였고
한전은 이 사건 트랜스포머를 부산항에서 인수받아 제주도까지 내륙운송을 자신의 비용으
로 이행하기로 알스톰과 약정하여 피고 대한통운과 내륙운송계약을 체결하였는데 피고가
제주항에서 하적하는 도중 위 트랜스포머를 파손시켰다. 원고는 원심에서 주위적 청구로 파
손 직전까지 위 트랜스포머의 소유권이 알스톰에 있음을 전제로 소유권 침해로 인한 손해
배상청구권이 피보험자인 알스톰에 있고 그 손해배상청구권을 원고가 양수하였다고 주장하
고 또한 위 한전이 피고 대한통운과 체결한 내륙운송계약은 한전이 알스톰을 대리하여 체
결한 것이므로 이 운송계약의 당사자는 알스톰 본인이므로 그 채무불이행으로 인한 손해배
상청구권 역시 알스톰에게 귀속됨을 전제로 그 손해배상청구권을 알스톰의 보험자인 원고
가 양수하였다고 주장하였다. 그리고 예비적으로 내륙운송 중 소유권이 한전에 이전된 것이
라면 한전에 발생한 소유권에 기한 손해배상청구권 또는 내륙운송계약의 당사자가 한전이
라면 한전에 발생한 채무불이행으로 인한 손해배상청구권을 채권 양도받았음을 전제로 하
는 예비적 청구를 원심에서 추가하였다. 이에 대해 원심과 대법원은 모두 본선인도조건이고
한전이 적법하게 인도된 선하증권으로 트랜스포머를 인수한 점을 들어 파손 당시 트랜스포
머의 소유자는 한전이라고 보았고 내륙운송계약의 당사자 역시 한전과 대한통운이라고 보
았다. 그리하여 원고의 주위적 청구는 이유가 없다는 데 일치하였으나 원심과 달리 대법원
은 예비적 청구 중 불법행위로 인한 손해배상청구권의 소멸시효 항변은 없는 것으로 보아
원심의 이 부분 판단을 파기하고 환송하였다.

541) 피고는 상법 제811조를 언급한 것을 들어 간접적으로 불법행위로 인한 손해배상청구권에
대한 소멸시효의 항변이 있었다고 주장하였으나, 대법원은 이 사건 사고는 이 조항의 시행
이전에 발생한 것이고 이 규정은 운송인의 적하 이해관계인들에 대한 채권, 채무의 제척기
간에 관한 규정이므로 위 규정에 기한 피고의 주장을 소멸시효의 항변으로 볼 수는 없다고
하였다.

로 인한 원고의 손해배상청구권이므로 청구원인을 달리하는 불법행위로 인한 손해배상청구에 대한 소멸시효 완성의 항변까지 포함된 것으로는 볼 수 없는데 원심이 불법행위로 인한 손해배상청구권의 양수금청구부분에도 소멸시효가 완성된 것으로 판단한 것은 피고가 변론에서 주장하지도 않은 사실을 인정한 것으로 변론주의에 위배되고 이로써 판결에 영향을 미친 위법이 있다고 하지 않을 수 없다고 하였다(대법원 1998. 5. 29. 선고 96다51110 판결).[542]

원고는 상고이유에서 원심이 불법행위로 인한 손해배상청구권에 대해서도 피고가 소멸시효의 항변을 한 것으로 인정하고 판단한 것은 피고가 주장하지도 않은 것을 사실인정의 기초로 하여 변론주의에 위배하였다고 주장하였다. 반대로 원심에서 불법행위로 인한 손해배상청구권에 대해 시효주장이 없음을 전제로 판단을 하였다면 피고는 석명의무 내지 지적의무 위반을 이유로 상고하였을 사안이다. 이 부분에 대해서는 판단되지 않았지만 대법원은 채무불이행으로 인한 손해배상청구권과 불법행위로 인한 손해배상청구권은 청구원인을 달리하는 것이라고 보고 있는 점을 감안하면 이 경우 석명의무가 발생한다고 보지는 않을 것으로 판단된다.

(3) 기타의 抗辯

[156] 원고가 피고 농지개량 조합장을 상대로 파면처분 취소청구의 소를 제기하였고 원심은 이 사건 징계파면처분이 재량권을 남용하였다고 하여 이를 취소하였고 피고가 상소하였는데, 대법원은 피고가 원심에서 원고가 이 사건 징계처분 후 1991. 5. 2. 퇴직

---

542) 공보 1998, 1742.

금 지급청구서를 피고 조합에 제출하였고 이에 따라 피고 조합에서는 같은 해 5. 3. 위 퇴직금을 지급하여 원고는 이를 아무런 유보 없이 수령한 바 있다고 주장하면서 그 입증을 위하여 증거를 제출하고 원고가 조합원지위와 양립할 수 없는 조합장 선거에 입후보한 사실에 관한 자료를 증거로 제출한 경우 피고의 주장이 명확하지 않지만 그 증거자료에 기초하여 전체적인 주장취지는 원고가 아무런 이의를 유보함이 없이 퇴직금의 지급청구를 하고 이를 수령함으로써 파면처분에 따른 퇴직의 결과를 받아들였으면서도 이를 다투는 것은 금반언의 원칙이나 신의칙에 반한다는 취지의 주장을 한 것으로도 볼 수 있으므로, 원심으로서는 석명권을 행사하여 그 주장취지를 명백히 하고 특히 관계법령의 규정과 피고 조합 임직원 선거규정 등에 관하여 조사, 심리하여 본 다음 조합 직원의 조합장선거에의 입후보가 그 신분에 어떤 영향을 미치는지에 대하여 나아가 심리 판단하였어야 한다고 하였다(대법원 1995. 6. 9. 선고 94누10870 판결).[543] 이 경우 증거만 제출하고 신의칙에 위반한다는 주장을 하지 않았는지 아니면 주장과 증거를 모두 제출하였는데, 그 주장이 불명료했을 뿐인지는 정확히 판단하기 어려운 사안이다. 그런데 이런 경우 법원은 信義則違反의 주장인지를 석명할 수 있다고 보는 것으로 보인다. 신의칙위반 여부는 원래 법원의 職權調査事項으로 보고 있는[544] 점도 고려된 것으로 보인다.

또한 [157] 원고가 피고를 상대로 중재판정취소의 소를 제기하면서 다투는 도중에 중재판정에 대한 집행판결이 내려져 원심이 구 중재법 제15조[545] 본문을 근거로 취소청구를 각하한[546] 데 대하

---

543) 공보 1995, 2401.

544) 대법원 1989. 9. 29. 선고 88다카17181 판결; 대법원 1998. 8. 21. 선고 97다37821 판결.

여 원고가 상고하자, 구 중재법 제15조 단서는 집행판결을 한 후에
는 제13조 제1항 제5호의 사유를 이유로 한 경우에도 당사자가 과
실 없이 집행판결절차에서 그 취소의 이유를 주장할 수 없었다는
것을 소명한 때에 한하여 비로소 중재판정취소의 소를 제기할 수
있다고 규정하고 있으므로, 이 단서의 사유 즉 과실 없이 집행판결
절차에서 그 취소의 이유를 주장할 수 없었다는 점에 대한 원고의
소명이 없는 이상, 중재판정취소의 소는 부적법한 것으로 각하되어
야 할 것이고, 또 소명이 없는 경우 법원이 그 소명을 촉구하는 석
명을 하여야 하는 것도 아니라고 하였다(대법원 2000. 6. 23. 선고
98다55192 판결).[547] 구 중재법 제15조 단서는 예외적으로 중재판
정의 집행판결이 난 후 중재판정 취소의 소를 제기할 수 있는 요건
이므로 이를 당사자가 적극적으로 주장하고 소명한 경우에 법원이
고려하는 것이지 당사자가 전혀 고려하지 않았는데도 법원이 이를
지적할 필요는 없다는 취지이다.

---

545) 구 중재법(1999. 12. 31.자 중재법으로 개정되기 전의 중재법) 제15조(집행판결 후의 중
   재판결취소의 소) 집행판결을 한 후에는 중재판정의 취소의 소는 제13조 제1항 제5호의
   사유를 이유로 한 경우에 한하여 중재판정취소의 소를 제기할 수 있다. 다만 당사자가 과실
   없이 집행판결절차에서 그 취소의 사유를 주장할 수 없었다는 것을 소명한 때에 한한다. 제
   13조(중재판정취소의 소) 제1항 당사자는 다음 각 호의 1에 해당하는 경우에는 중재판정
   취소의 소를 제기할 수 있다. 1. 중재인의 선정 또는 중재절차가 이 법이나 중재계약에 의
   하지 아니한 때, 2. 중재인의 선정 또는 중재절차에 있어서 당사자가 소송무능력자이거나
   대리인이 적법하게 선임되지 아니한 때, 3. 중재판정이 법률상 금지된 행위를 할 것을 내용
   으로 할 때, 4. 중재절차에 있어서 정당한 사유 없이 당사자를 심문하지 아니하였거나 중재
   판결에 이유를 붙이지 아니하였을 때, 5. 민사소송법 제422조 제1항 제4호 내지 제9호에
   해당하는 사유가 없을 때, 제2항 전항 제4호의 사유에 관하여 당사자 간에 따로 합의를 하
   였을 때에는 중재취소의 소를 제기할 수 없다.

546) 구 중재법 제15조는 중재판정에 대하여 집행판결을 한 후에는 같은 법 제13조 제1항 제5
   호의 사유를 이유로 한 경우에 한하여 중재판정취소의 소를 제기할 수 있다고 규정함으로
   써 집행판결 후의 중재판정 취소사유를 제한하고 있으므로, 집행판결이 선고된 후에 구 중
   재법 제13조 제1항 제1호 내지 제4호의 사유를 이유로 제기된 중재판정취소의 소는 부적
   법하고, 이는 중재판정취소의 소가 집행판결의 청구 이전에 제기되었다고 하여 달리 볼 것
   이 아니라고 본 것이다.

547) 공보 2000, 1737.

Ⅳ. 제4기(1990년부터 2001년까지)의 評價

1. 法律規定에 대한 評價

1990년의 민사소송법의 개정에 있어 중요한 특징은 변론주의의 보완제도로서 소송구조요건의 개정(동법 제118조 제1항 단서)과 법률상의 사항에 대한 지적의무의 신설(동법 제126조 제4항)을 들 수 있다. 또한 포괄적인 의무로서 당사자와 관계인의 신의성실의무의 신설 역시 진실의무와 관련하여 눈여겨볼 필요가 있는 변화였다.

변론주의와 관련해서 변호인선임명령에 불응한 자에 대한 소각하제도의 도입이 있었고 변론의 집중에 대한 원칙적 선언이 도입되었다. 그렇지만 여전히 수시제출주의와 변론준비절차의 예외적 운영구조를 유지하고 있어 민사소송법 차원에서 변론의 집중을 위한 구체화는 이루지 못한 것으로 볼 수 있다.

석명권과 관련하여 이 시기를 전 시기와 구별하게 하는 중요한 특징은 법률상의 사항에 대한 지적의무의 신설을 들 수 있다. 이 규정의 신설을 계기로 종래 법률상의 사항에 대해 소극적이던 석명이 활발해지는 일종의 전기를 마련한 것으로 평가할 수 있다. 이런 변화는 문헌과 판례에서 전 시기와 다른 활발한 논의로 이어진다.

2. 文獻에 대한 評價

이 시기 새로 신설된 법률상 사항에 대한 지적의무의 법적 성격에 대한 논란이 전개되었고 이와 관련하여 적극적 석명의 허용 여부에 대한 논쟁이 더욱 구체적으로 전개되었다.

먼저 이 시기 변론주의의 인정근거와 관련하여 절차보장설이 새로이 나타났지만 여전히 본질성설이 학계의 다수 입장을 차지하였다. 사회적 소송관의 영향은 계속되었지만 지난 시기와 비교하면 그 열기가 식은 것은 사실이었다.

또한 주요사실과 간접사실의 구별에 관해 종래의 법규기준설에 대한 비판은 이 시기에도 더 한층 구체적으로 전개되었다. 그리하여 불확정 개념으로 이루어진 법률요건의 경우 법원이 당사자의 공격과 방어의 대상이 된 쟁점과 다른 쟁점을 인정할 경우 나타나는 예상 밖의 재판에 대한 염려를 근거로 통설에 의한 주요사실의 개념 자체를 변경하고자 하였으나 이 시기에도 이런 입장은 지배적인 위치를 차지하지는 못했다. 법규의 구조를 떠나 본래적 기능에 따라 재정립하자는 기준이 너무 막연하고 이보다는 법관의 적절한 석명권 행사를 통해 예상 밖의 재판 방지가 가능하도록 하는 방안이 유력하게 제시되었다.

한편, 법원이 증거조사의 기회에 나타난 주요사실을 판결의 기초로 삼을 수 있느냐의 문제와 관련하여서도 논의가 계속되었다. 이 경우 간접적인 주장을 인정할 수 있느냐에 대해 이를 긍정하는 입장과 변론주의에 충실해 법관의 석명을 통해 이를 해결하자는 견해가 팽팽하였다.

이 시기 석명권과 관련하여 가장 논쟁을 일으켰던 부분은 역시 새로 신설된 법률상의 사항에 대한 법원의 지적의무였다. 이 지적의무의 법적 성격과 관련하여 비교적 활발한 논쟁이 이루어졌다. 이 규정의 신설로 법원 실무에서는 기존 판례에 입각한 석명의 기준과 다른 기준이 수립되어야 하는가에 대한 의문이 있었고 나아가 이제는 신소송물이론 내지 소송법설이 소송물을 결정하는 기준이 되는 것이 아닌가 하는 염려까지 나타났다. 이런 탐색의 과정에서 지적의무에 대해 종래의 석명의무 일종으로 보는 견해가 나타났고 이 입장은 이 규정의 신설로 법관은 이제 당사자가 간과한 법률상의 사항에 대해 적극적 석명을 할 수 있게 되었다고 하여 제126조 제1항의 석명과 다르지 않은 것으로 보았다(同質說). 그리고 이 규정으로 석명권이 법률적 측면에서 강화되었다고 해석하였다. 이에 대해 지적의무는 종래 석명의무와는 별개의 의무라는 견해(區別說)는 양자가 그 목적하는 바가 서로 다르다고 보았다. 이와 같은 법적 성질에 대한 다른 이해가 나타났지만 이 규정의 신설로 인해 이제 법원은 법률상의 사항에 대한 쟁점을 당사자와 논의를 한 후 재판하지 않으면 예상 밖의 재판이 되고 이는 바로 지적의무 위반이 될 수 있다는 사고가 가능하게 되었다. 실제로 판례 역시 지적의무를 석명의무 위반의 근거조문으로 나열하는 경우가 늘어나게 되어 예상 밖의 재판금지라는 취지를 충실히 반영하였다. 그렇지만 사실 소송물의 결정에 이르지 않는 법률상의 관점은 원래 지적의무가 신설되기 전에도 종래의 석명의무 범위에 포함되는 것이었고 실제 대법원 역시 이런 태도를 보여 주었다. 이 규정 신설의 참된 의미는 신소송물이론을 도입하는 경우에 요구되는 예상 밖의 재판금지에 있게 된다.

법률상 사항의 지적의무 신설로 종래 적극적 석명의 인정 여부에 대한 학설의 대립은 보다 더 선명해졌는데 특히 적극적 석명의 인정근거로 지적의무의 신설이 거론되었다. 지적의무를 석명의무와 다른 성격으로 이해하는 입장은 지적의무를 근거로 적극적 석명을 인정할 수는 없다고 보았다. 그렇지만 다수의 입장은 종래 制限附 積極的 釋明을 인정하고자 하였다. 그리하여 이제 적극적 석명은 안 된다고 획일화하는 것은 곤란하고, 즉 법률상 또는 논리상 예기 되는 것이면 청구취지와 원인의 변경도 시사하고 그러한 주장을 촉구하는 것은 무방하다고 보았고 다만 지금까지의 소송자료에 비 추어 예기하기 어려운 새로운 신청이나 주장의 변경을 시사하는 석명은 그로 인해 소송의 승패가 바뀔 수 있는 경우이면 상대방 당 사자 눈에 편파적인 재판이라고 평가될 수 있기 때문에 허용되지 않는다고 하였다. 그리하여 청구의 변경에 대한 대법원 1995. 7. 11. 94다34265 건물명도 등 전원합의체 판결에 대해서도 타당하다 는 의견이 많았다. 그럼에도 이 판결에 대해 변론주의 특히 처분권 주의와 관련해서 석명권의 한계를 넘은 판결로 타당하지 않다는 소수 의견이 있었다.

3. 判例에 대한 評價

이 시기 또다시 석명권 판례의 전성기라고 부를 수 있을 만큼 석명의무 내지 지적의무 위반을 인정한 대법원 판례가 많이 나타 났다. 종래의 판례 입장을 유사한 사실관계에서 재확인한 판례도 있지만 새롭게 신설된 법률상의 사항에 대한 지적의무를 적용한 판례도 상당수 나타나 법원의 다양한 심리의무 상황을 보여 주었 고 그만큼 적정한 재판이 이루어질 수 있는 법적 가능성이 더 확보 되었다.

종래 판례는 당사자가 주장하는 법률요건의 일부가 누락된 경우 이를 지적하는 석명을 하여야 한다는 태도였다. 그런데 이런 판례의 태도는 이 시기에 새로이 규정된 법률적 사항에 대한 지적의무를 근거로 더욱 강조되었다. 판례는 당시 민사소송법 제126조 제4항의 법률상 사항에 대한 지적의무를 예상하지 못한 재판방지를 위한 배려로 이해하여 법률요건의 일부 누락의 경우에도 이를 지적하는 석명이 당사자에게 필요하다는 결론을 이끈다(대법원 1993. 12. 7. 선고 93다25165 판결; 대법원 1994. 6. 10. 선고 94다8761 판결 등). 그렇지만, 이는 새로운 유형의 판례로 볼 수 없고 이미 존재하였던 판례를 다시 확인한 수준으로 이해할 수 있다. 이를 법률상 사항에 대한 지적의무로 볼 수 없고 종래와 같이 석명의 한 유형으로 이해하는 것이 타당하다. 다만 이 시기 판례에서 문제 된 상황은 제1심에서는 흠결된 법률요건에 대해 문제 삼지 않다가 원심에 이르러 비로소 법률요건의 일부 흠결을 이유로 불리하게 재판한 사안이었는데 이런 점을 예상 밖의 재판방지 취지와 연결시킨 것으로 보인다. 원래 제1심이나 원심에서 법관이 법률요건의 흠결에 대해 석명이 이루어졌어야 할 사항이었다.

한편, 판례에 따르면, 법률요건사실에 대한 석명의무도 한계가 있는데 이런 요건사실에 대해 석명을 하더라도 누락된 쟁점에 대한 판단을 하는 데 필요한 증거가 이미 소송기록에 현출되어 있어 이에 대한 판단이 가능한 경우에는 법원이 누락된 법률요건에 대해 굳이 석명할 필요가 없다는 것이 판례의 태도이다(대법원 1996. 10. 29. 선고 96누9331 판결). 판례는 법원의 석명권을 소송관계의 불분명함을 밝히는 실체적 성격으로 한정하고 절차적인 성격에 대해서는 부정적인 태도를 가지고 있는 것으로 보인다(대법원 1996. 5. 28. 선고 96다7120 판결). 그렇지만 이런 경우에도 법원은 누락된 법률요건을 지적하여 당사자가 이를 다시 한 번 주장·입증하도록 하는 소송 진행이 더 바람직하다.

또한 당사자가 증거자료만 제출하고 이에 관한 사실을 진술하지 않는 경우 판례는 증거신청이나 제출로 이에 대한 '간접적인 주장'이 있었다고 볼 여지가 있거나 또는 이를 주장하는 취지에 대해 석명을 구하여 소송관계를 명확히 해야 한다는 입장을 보여 준다(1993. 3. 9. 선고 92다54517 판결; 대법원 1994. 10. 25. 선고 94다3711 등). 이런 판례의 태도는 이전 시기(1970 – 1980년대)에 형성된 간접적인 주장이론을 그대로 답습하였다는 점에서 문제가 있다. 당사자의 증거신청이나 제출에 대해 아무런 사실진술이 없음을 이유로 그 취지를 밝히지 않은 원심의 태도가 문제가 있다는 점을 지적한 부분은 타당하지만 그 이유로 간접적인 주장을 드는 것은 주요사실에 대한 주장책임이 당사자에게 있다는 변론주의의 원칙상 제고될 필요가 있다. 그냥 법원의 석명의무로 해결하고자 하는 판단이 더 타당하다.

또한 당사자의 법률상 주장이 불명확한 경우 그 법률상 주장의 의미가 무엇인지에 대해 숙고하여 당사자의 의도를 실현할 수 있는 법률적 방안을 강구하라는 취지의 석명을 요구하는 판례는 이미 1960년대부터 형성되었던 석명 판례군이다. 이 경우 판례는 어떤 주장이 포함되어 있는지 여부에 대해 석명하라는 취지의 표현을 일정하게 사용하고 있다. 그런데 이 시기 이런 포함 여부 석명 판례의 일정한 한계를 자세히 보여 주는 판례들이 나타나 이 석명 유형을 운영하는 데 일정한 기준을 제시하고 있는 점이 눈에 띈다(대법원 1995. 11. 28. 선고 95다22078, 22085 판결; 대법원 1992. 6. 9. 선고 91다35106 판결). 즉 판례에서 당사자의 법률상 주장이 불명확하여 다른 법률적 가능성이 내포되어 있는지를 법원이 더 숙고해 봐야 하는 경우는 양 법률적 주장이 기초하는 청구원인 사실이 동일해야 한다는 점이다. 그러므로 다른 법률적 주장의 가능성이 존재한다고 하더라도 다른 사실관계의 보충이 필요하다면 이런 가능성에 대해서는 법원이 석명할 필요가 없다는 사실이다. 이런 기준은 변론주의 원칙하에서 타당한 석명의무의 한계 설정이라는 점에서 올바른 태도이다. 이 시기 판례에서 명시적으로 이를 표현했을 뿐 이미 종래의 판례에서도 이는 전제되어 있었다(대법원 1966. 7. 19. 선고 66다509 판결; 대법원 1967. 10. 31. 선고 67다1469 판결). 그리고 이런 유형의 석명군은 청구취지의 변경까지 석명할 필요가 없는 즉 동일한 청구취지하에서 판단이 가능한 사례들이었다.

한편, 당사자의 법률상 주장 자체가 불완전한 경우 이를 완전한 주장이 되도록 석명하는 것은 전통적인 법률적 주장에 대한 석명 유형이었고 이 시기에도 이를 유지한 판례가 계속되었는데(대법원 1991. 10. 8. 선고 91다7682 판결; 대법원 1996. 6. 11. 선고 94다55545, 55552 판결) 이는 매우 타당한 태도이다. 이 시기 특이한 석명 판례 중 하나가 법원의 법적 포섭에 있어 변화가 있는 경우 이를 당사자에게 석명하여야 한다는 취지의 판례이다(대법원 1991. 5. 14. 선고, 91다2779 판결). 이는 위에서 살핀, 법률요건의 일부가 흠결된 경우 이를 제1심과 달리 항소심에서 재판의 쟁점으로 삼기 위해서는 이를 지적하거나 석명하여야 한다는 석명군과는 구별할 필요가 있다. 당사자의 법적 포섭에 대해 법원이 달리 생각한다고 보았을 때 이런 변화된 법적 포섭을 당사자의 주장에 포함되어 있는가라는 표현을 통해 종래의 석명의무와 연결시키고 있지만,

이는 포섭 여부 석명 판례와는 구조가 다르다. 일종의 법원의 변화된 법적 관점을 당사자에게 보여 주고 이에 대해 법률적 의견진술의 기회를 주어 예상하지 못한 재판이 일어나지 않도록 하겠다는 취지의 석명으로 볼 수 있다. 이를 법률상 사항의 지적의무로 이해할 수도 있지만 이 역시 전통적인 법률적 주장에 대한 석명의무로 보는 것이 타당하다고 하겠다. 민사소송법 제126조 제4항의 법률상 사항은 원고의 청구권 기초를 달리하는 정도의 법적 관점을 의미하는 것으로 보아야 하기 때문이다. 그 이유에 대해서는 법적 관점 지적의무의 법적 성격에서 이미 살펴보았다.

또한 증거의 모순이 존재하는 경우 이 시기 '얼른 보아도'라는 표현을 사용하는 판례 역시 새롭게 등장한 석명 판례군은 아니다. 증거 자체만이 아니라 증거에 대한 성립의견(대법원 1991. 11. 12. 선고 91다30712 판결), 그리고 증거의 증거력 평가에 대해서 의문이 있는 경우까지(대법원 1991. 4. 26. 선고 91다6672 판결) 석명의무를 인정한 태도는 타당하다.

한편, 주장만 있고 이에 대한 입증이 없는 경우의 석명의무에 대한 판례 역시 종전의 입장을 유지하고 있다. 그런데 이 시기 이런 석명의무의 한계를 좀 더 명확히 밝히고 있는 판례가 나타났다. 즉 대법원은, 사실심 법원 재판장은 당사자 사이에 다툼이 있는 사실에 관하여 입증이 안 된 모든 경우에 당사자에게 입증을 촉구하여야 하는 것은 아니지만, 소송 정도를 보아 당사자가 오해 또는 부주의에 의하여 입증하지 아니한 것이 명백한 경우에는 입증책임의 원칙에 따라 입증이 없는 것으로 판결할 것이 아니라, 그에 대한 입증을 촉구할 의무가 있다고 판시하였다(대법원 1995. 5. 12. 선고 94누15929 판결). 특히 이와 관련하여 법원이 당사자가 제출한 증거에 대해 전심과 다른 증거력을 인정하려고 하는 경우 이런 변화된 법원의 입장을 당사자에게 알리고 이에 대한 입증을 촉구하는 석명이 요구된다는 판례는 예상 밖의 재판을 받지 않을 당사자의 이익을 고려한 것으로 매우 타당한 판례이다(대법원 1990. 6. 26. 선고 90다카8005 판결; 대법원 1994. 5. 13. 선고 94다10726 판결). 이 판례는 역시 법률상 사항에 대한 지적의무에 의존하고 있으나 이 또한 입증촉구에 대한 전통적인 석명의무에 속한다고 하겠다.

또한 법원의 입증촉구 석명의무가 발생하는 경우는 당사자가 소송의 정도로 보아 부주의 혹은 오해로 인하여 입증하지 아니하는 것이 명백한 경우에 한하는 것이므로 당사자가 주장사실에 대해 일응 입증을 마친 경우 그 구체적인 사실에 대한 상세한 입증을 촉구하지 않았다고 하여 석명의무의 위반이 있다고 볼 수 없다는 것이 이 시기 판례의 태도이다(대법원 1994. 8. 12. 선고 94다13053 판결; 대법원 1990. 4. 27. 선고 89다카6638 판결 등). 이는 종전 특히 1960년대의 입증촉구에 관한 판례의 태도에서 다소 소극적으로 방향을 선회한 인상을 준다. 종래 판례는 구체적인 입증방법까지 석명할 필요는 없지만 상황에 따라서는 가능할 수 있다는 취지의 석명까지 내놓은 적이 있었다(대법원 1964. 11. 10. 선고 64다325 판결; 대법원 1966. 9. 27. 선고 66다1369 판결).

한편, 1990년 민사소송법 개정으로 신설된 법률상의 사항에 대한 지적의무(동법 제126조 제4항)에 의해 소송요건 역시 법률상의 사항에 해당하여 이에 대한 법원의 지적의무가 가능하게 되었다고 볼 수도 있지만(대법원 1994. 10. 21. 선고 94다17109 판결; 대법원 1995. 12. 26. 선고 95누14220 판결 등), 판례는 전통적으로 소송요건에 해당하는 사항에 대해 석명의무를 인정했다. 다만 법률상 사항에 대한 지적의무의 신설로 소송요건 흠결을 이유로 예상하지 못한 판결을 받지 않을 이익이 당사자에게 새로이 부각된 것은 사실이다. 예상 밖의 재판을 받지 않을 당사자의 이익을 보호한다는 측면에서 볼 때 소송요건의 흠결에 대한 적극적인 지적은 매우 타당한 소송지휘다. 다만 이런 법원의 의무를 굳이 법률상 사항에 대한 지적의무로 볼 필요는 없고 종래 판례에서 인정된 소송요건에 대한 석명 판례군에 속하는 것으로 볼 수 있겠다.

특히, 다른 청구권의 기초에 대한 시사와 관련하여 이 시기에 신설된 법률상 사항 지적의무가 주목된다. 법률상 사항 지적의무의 신설로 인해 당사자가 제시한 법적 관점과 다른 청구권의 기초를 시사하여 분쟁을 해결할 수 있는 길이 열리게 되었다는 점에서 이는 종래 소극적이던 석명의무를 적극적으로 인정할 수 있는 계기가 열렸다는 지적도 있었음을 앞서 문헌에서 살펴보았다. 그러나 사실 다른 청구권의 기초에 대한 석명군은 종래의 석명 판례군에서 나타났던 판례이다. 다른 청구권의 기초가 포함되어 있는지를 석명하여 분쟁을 실질적으로 해결하라는 석명은 이미 1960년대에 나타났었다(대표적으로 대법원 1967. 10. 31. 선고 67다1469 판결). 그리하여 이미 대법원은 청구취지를 변경하지 않는 한도 내에서 당사자가 제시한 청구원인 사실 중에 다른 청구권의 기초가 존재하고 이를 통해 분쟁이 해결될 수 있다면 이를 석명할 수 있다는 입장이었다. 그렇기 때문에 이런 유형의 석명이 법률상 사항에 대한 지적의무에 의해 비로소 가능하게 된 것은 아니라는 점을 환기시켜 준다. 앞서 보았듯이 이 지적의무는 이제 우리 판례가 소송물 이론과 관련하여 소송법설을 채택할 때 야기될 수 있는 예상 밖의 재판을 방지하기 위해 미리 도입된 것으로 이해하는 것이 타당하다.

이런 상황에서 대법원 1995. 7. 11. 94다34265 건물명도 등 전원합의체 판결을 이해할 수 있다. 종래 다른 청구권의 기초에 대해 석명할 수 있다는 취지의 판례가 나아가 청구취지의 변경이 필요한 사안에서도 청구취지의 변경을 통해서 분쟁을 일회적으로 해결할 수 있는 석명을 할 수 있는지에 대해서는 종래 부정적이었다(대표적으로 1972. 5. 23. 선고 72다341 판결). 이 사안에서 문제 된 건물철거와 대지인도 청구에는 매수청구권의 행사결과 성립된 매매에 기초한 건물인도청구는 포함되어 있다고 보지 않았으므로 결국 청구취지의 변경이 종국적으로 필요한 사안이었다. 바로 이 유형에 대해서는 종래 적극적으로 법원의 석명의무를 인정한 판례가 공간된 판례 중에는 확인되지 않았다. 그런데 위 전합체 판결에 의해 다른 청구권의 기초에 근거해 청구취지의 변경이 요구되는 유형에서도 석명의무를 인정한 판례가 이 시기에 처음으로 확인되었던 것이다. 여기에 위 판례가 석명 판례의 역사에서 가지는 의미가 있었던 것이다. 여기에 대해 문헌에서는 앞서 살펴보았듯이 찬성하는 입장이 다수였지만, 처분권주의의 관점에 근거한 석명의무의 한계를 이유로 비판하는 입장도 나타났다.

특히 전합체 판례는 원고가 건물철거를 구한 청구에 대해 피고의 법정지상권이 인정되는 경우 법관은 원고에게 법정지상권이 성립한다는 것을 전제로 그 지료에 대한 청구를 시사할 석명의무는 없다고 보았는데(대법원 1992. 6. 26. 선고 92다9388 판결)[548] 원고가 피고의 대지점유가 불법점유임을 전제로 손해배상을 구하고 있을 뿐 법정지상권이 있음을 전제로 자료를 구하고 있지 않기 때문

---

548) 물론 이 판례에서 인정한 법정지상권은 그 후 부정하는 쪽으로 변경되었다. 대법원 2003. 12. 18. 선고 98다43601 전원합의체 판결 참조.

이라고 보았다. 그렇다면 건물철거청구에는 피고의 법정지상권이 성립하는 경우에 지료지급청구권이 포함되어 있지 않다는 취지인데 이 경우 구조상으로 청구취지의 변경을 시사하는 석명이 여기서도 필요할 수 있는데 아직 판례는 석명의무를 인정하지 않고 있다.

끝으로, 새로운 공격·방어방법과 관련해서는 이전 시기와 같은 취지의 판례가 이어졌다. 즉 당사자가 주장하지도 않은 법률효과에 관한 요건사실이나 공격·방어방법을 시사하여 그 제출을 권유하지 않았다 하더라도 석명권 불행사의 위법이 있다고 할 수 없다는 종래 판례의 태도가 유지되었다. 이는 원고의 청구취지와 청구원인에 대응하는 피고의 항변 특히 시효의 항변과 관련하여 적극적인 석명권 행사가 이루어질 수 있지 않나 하는 의문이 들기도 하였지만, 원고의 청구취지 변경에 대한 석명에서는 적극적인 입장을 보여 주었지만, 피고의 주요한 방어수단이 항변의 시사에 대해서는 여전히 소극적인 자세를 유지한 것은 균형의 측면에서 조화되지 않는다. 물론 이런 평가는 청구취지 변경의 석명이 타당하다는 것을 전제로 한 주장은 아니고 단지 판례의 입장 자체의 균형성을 논의한 결과일 뿐이다.

제 5 장

2002년 이후의 辯論主義와 釋明權

Ⅰ. 法令의 規定

　종전(1990. 1. 13. 개정된 민사소송법) 석명권 규정의 표현이 "재판장은 소송관계를 명료하게 하기 위하여 당사자에게 사실상과 법률상의 사항에 관하여 질문하거나 입증을 촉구할 수 있다."에서 2002년 개정 민사소송법(2002. 1. 26. 전부개정 민사소송법)에서는 석명권에 관한 규정이 "재판장은 소송관계를 분명하게 하기 위하여 당사자에게 사실상 또는 법률상 사항에 대하여 질문할 수 있고, 증명을 하도록 촉구할 수 있다."로 바뀌었다. 이런 표현의 변화는 아래에서 살필 집중심리절차로의 변화에 맞춰 석명권의 효율적인 행사가 요청되는 상황을 반영한 것으로 보인다.

　이런 표현상의 변화 외에 민사소송절차가 2002년을 기준으로 해서 획기적인 변화가 발생했는데 이런 변화는 석명권의 행사와 관련을 지을 수 있다. 종전 증거제출에 관해서 수시제출주의를 기초로 한 변론의 일체성은 適時提出主義로의 전환(민사소송법 제146조)과 이에 따른 변론준비기일을 통해 변론준비절차를 거친 경우의 원칙적인 失權效의 制裁(동법 제285조 제1항)로 인해 근본적인 변화가 나타났다. 이는 소위 새로운 민사소송의 심리원칙으로서 제1심 위주의 集中審理原則이 대대적으로 도입된 결과였다. 이로 인해 과거의 병행심리주의와 수시제출주의는 집중심리주의와 적시제출주의, 그리고 구술변론주의의 실질화로 나아가게 되었다.[549] 이와 관련해서 주목할 수 있는 부분은 변론준비기일 종결의 효과로

---

549) 2002년 개정 민사소송법의 집중심리주의에 관한 설명으로는 다음 문헌을 참조 바람. 조관행, "서면에 의한 변론준비절차 및 사건분류의 효율화 방안", 법조춘추 제152집(2004), 서울지방변호사회, 59 - 71면.

서 실권효의 규정이었다. 이는 변론준비절차에서 필요한 주장과 증거의 신청이 완료된 후 지정되는 변론기일에 증거의 집중적인 조사를 걸쳐 사건을 신속하면서도 적정하게 해결하겠다는 새로운 민사심리제도의 핵심적인 실현수단이었다. 그런데 이렇게 원칙적으로 변론준비절차를 거친 후 여기서 사건에 관한 모든 주장과 증거신청을 받아 조기에 화해권고로 종결하든지 아니면 통상적으로 변론준비절차 종결 후 변론기일에 집중적인 증거조사를 거쳐 변론을 조기에 종결하기 위해서는 변론준비절차에서 사건에 대한 심도 있는 이해와 쟁점정리가 필수적이었다. 이런 필요성과 관련하여 재판장 등의 석명권 행사(동법 제136조), 석명준비명령의 발령(동법 제137조), 그리고 석명처분(동법 제140조) 등의 적절한 행사를 통해 적시에 증거가 신청 내지 제출되도록 촉구할 필요가 많아졌다.[550]

그런데 2002년에 도입되어 어려움 속에서도 나름대로 소기의 성과를 내고 또 낼 수 있으리라는 기대와는 달리 당사자의 협조부족과 재판부의 이해부족 등 여러 원인으로 인해 오히려 재판절차가 지연된다는 비판을 받아 시행 7년을 못 넘긴 채 원칙적인 변론준비절차를 통한 쟁점파악과 그에 따른 증거신청의 완료체제가 다시 과거의 변론기일원칙과 예외적인 변론준비절차 체제로 복귀하고 말았다. 여기에 대해서는 공들여 구축한 변론준비절차 중심의 체제에 대한 아쉬움이 표현되기도 하였지만,[551] 2008. 12. 26. 개정이유 및 주요내용을 보면(시행 2008. 12. 26. 법률 제9171호, 2008. 12. 26. 일부개정) "피고가 답변서를 제출하면 재판장은 바로 변론기일을 지정하도록 하고, 필요한 경우에만 변론준비절차에 부치도록 하

---

550) 조관행, 상게 논문, 63-64면.
551) 대표적으로 이시윤, 『신민사소송법』 제5판, 박영사, 2009, 머리말 및 334면 참조. 저자는 종래의 "다준비·소기일" 체제에서 "무준비·다기일" 체제로 원상 복귀한 것이라고 평가한다.

며, 변론준비절차는 당사자의 주장과 증거를 정리하는 절차임을 명확하게 하여, 민사소송절차가 변론기일을 중심으로 진행되도록 함으로써 당사자의 신속한 재판을 받을 권리를 보장하고 사건의 신속한 해결을 도모하려는 것"이라고 한다. 어렵게 이루어 낸 변화가 소송 관계인의 이해부족으로 그 의미가 많이 반감된 것으로 보인다. 향후 심리절차의 진행이 어떻게 재정립될 것인지 좀 더 지켜볼 필요가 있겠다.

변론주의와 관련해서는 2002년 개정에 의해 당사자신문의 보충성이 폐지되었다는 점(동법 제367조)과 화해권고결정제도의 도입(동법 제225조)을 들 수 있다. 이로써 당사자 역시 증거조사의 대상이 되어 증인과 마찬가지로 선서를 하고 진술을 하면 그 진술은 증거자료가 될 수 있게 되었다. 또한 화해권고결정제도가 도입되어 변론준비절차를 포함하여 사건이 법원에 계속 중인 한 화해권고가 가능하도록 하여 재판 외 분쟁해결절차를 더욱 강화하였다. 이들 제도는 법원의 석명권 한계로 작용하는 처분권주의 나아가 소송자료 특히 증거자료의 수집·제출을 당사자에게 맡기고 당사자가 소송의 주체로서 절차를 주도하게 한 종래의 민사소송법의 구상에서 볼 때는 이질적인 요소가 된다.

민사소송법[시행 2002. 7. 1.] [법률 제6626호, 2002. 1. 26. 전부개정]

제1조(민사소송의 이상과 신의성실의 원칙) ① 법원은 소송절차가 공정하고 신속하며 경제적으로 진행되도록 노력하여야 한다.

② 당사자와 소송관계인은 신의에 따라 성실하게 소송을 수행하여야 한다.

제136조(석명권 등) ① 재판장은 소송관계를 분명하게 하기 위하여
당사자에게 사실상 또는 법률상 사항에 대하여 질문할 수 있고, 증
명을 하도록 촉구할 수 있다.

② 합의부원은 재판장에게 알리고 제1항의 행위를 할 수 있다.

③ 당사자는 필요한 경우 재판장에게 상대방에 대하여 설명을 요
구하여 줄 것을 요청할 수 있다.

④ 법원은 당사자가 간과하였음이 분명하다고 인정되는 법률상 사
항에 관하여 당사자에게 의견을 진술할 기회를 주어야 한다.

제137조(석명준비명령) 재판장은 제136조의 규정에 따라 당사자에게
설명 또는 증명하거나 의견을 진술할 사항을 지적하고 변론기일
이전에 이를 준비하도록 명할 수 있다.

제140조(법원의 석명처분) ① 법원은 소송관계를 분명하게 하기 위
하여 다음 각 호의 처분을 할 수 있다.

1. 당사자 본인 또는 그 법정대리인에게 출석하도록 명하는 일

2. 소송서류 또는 소송에 인용한 문서, 그 밖의 물건으로서 당사자
   가 가지고 있는 것을 제출하게 하는 일

3. 당사자 또는 제3자가 제출한 문서, 그 밖의 물건을 법원에 유치
   하는 일

4. 검증을 하고 감정을 명하는 일

5. 필요한 조사를 촉탁하는 일

② 제1항의 검증·감정과 조사의 촉탁에는 이 법의 증거조사에 관
한 규정을 준용한다.

제146조(적시제출주의) 공격 또는 방어의 방법은 소송의 정도에 따라

적절한 시기에 제출하여야 한다.

제147조(제출기한의 제한) ① 재판장은 당사자의 의견을 들어 한쪽 또는 양쪽 당사자에 대하여 특정한 사항에 관하여 주장을 제출하거나 증거를 신청할 기간을 정할 수 있다.

② 당사자가 제1항의 기간을 넘긴 때에는 주장을 제출하거나 증거를 신청할 수 없다. 다만, 당사자가 정당한 사유로 그 기간 이내에 제출 또는 신청하지 못하였다는 것을 소명한 경우에는 그러하지 아니하다.

제149조(실기한 공격·방어방법의 각하) ① 당사자가 제146조의 규정을 어기고 고의 또는 중대한 과실로 공격 또는 방어방법을 뒤늦게 제출함으로써 소송의 완결을 지연시키게 하는 것으로 인정할 때에는 법원은 직권으로 또는 상대방의 신청에 따라 결정으로 이를 각하할 수 있다.

② 당사자가 제출한 공격 또는 방어방법의 취지가 분명하지 아니한 경우에, 당사자가 필요한 설명을 하지 아니하거나 설명할 기일에 출석하지 아니한 때에는 법원은 직권으로 또는 상대방의 신청에 따라 결정으로 이를 각하할 수 있다.

제225조(결정에 의한 화해권고) ① 법원·수명법관 또는 수탁판사는 소송 계속 중인 사건에 대하여 직권으로 당사자의 이익, 그 밖의 모든 사정을 참작하여 청구의 취지에 어긋나지 아니하는 범위 안에서 사건의 공평한 해결을 위한 화해권고결정(화해권고결정)을 할 수 있다.

② 법원사무관 등은 제1항의 결정내용을 적은 조서 또는 결정서의

정본을 당사자에게 송달하여야 한다. 다만, 그 송달은 제185조 제2항·제187조 또는 제194조에 규정한 방법으로는 할 수 없다.

제257조(변론 없이 하는 판결) ① 법원은 피고가 제256조 제1항의 답변서를 제출하지 아니한 때에는 청구의 원인이 된 사실을 자백한 것으로 보고 변론 없이 판결할 수 있다. 다만, 직권으로 조사할 사항이 있거나 판결이 선고되기까지 피고가 원고의 청구를 다투는 취지의 답변서를 제출한 경우에는 그러하지 아니하다.

② 피고가 청구의 원인이 된 사실을 모두 자백하는 취지의 답변서를 제출하고 따로 항변을 하지 아니한 때에는 제1항의 규정을 준용한다.

③ 법원은 피고에게 소장의 부본을 송달할 때에 제1항 및 제2항의 규정에 따라 변론 없이 판결을 선고할 기일을 함께 통지할 수 있다.

제258조(변론준비절차) ① 재판장은 제257조 제1항 및 제2항의 규정에 따라 변론 없이 판결하는 경우 외에는 바로 사건을 변론준비절차에 부쳐야 한다. 다만, 변론준비절차를 따로 거칠 필요가 없는 경우에는 그러하지 아니하다.

② 제1항 단서에 해당되는 경우 또는 변론준비절차가 끝난 경우에는 재판장은 바로 변론기일을 정하고 당사자에게 이를 통지하여야 한다.

제280조(변론준비절차의 진행) ① 변론준비절차는 기간을 정하여, 당사자로 하여금 준비서면, 그 밖의 서류를 제출하게 하거나 당사자 사이에 이를 교환하게 하고 주장사실을 증명할 증거를 신청하게 하는 방법으로 진행한다.

② 변론준비절차의 진행은 재판장이 담당한다.

③ 합의사건의 경우 재판장은 합의부원을 수명법관으로 지정하여 변론준비절차를 담당하게 할 수 있다.

④ 재판장은 필요하다고 인정하는 때에는 변론준비절차의 진행을 다른 판사에게 촉탁할 수 있다.

제281조(변론준비절차에서의 증거조사) ① 변론준비절차를 진행하는 재판장, 수명법관, 제280조 제4항의 판사(이하 "재판장 등"이라 한다.)는 변론의 준비를 위하여 필요하다고 인정하면 증거결정을 할 수 있다.

② 합의사건의 경우에 제1항의 증거결정에 대한 당사자의 이의신청에 관해서는 제138조의 규정을 준용한다.

③ 재판장 등은 제279조 제1항의 목적을 달성하기 위하여 필요한 범위 안에서 증거조사를 할 수 있다. 다만, 증인신문 및 당사자신문은 제313조에 해당되는 경우에만 할 수 있다.

④ 제1항 및 제3항의 경우에는 재판장 등이 이 법에서 정한 법원과 재판장의 직무를 행한다.

제282조(변론준비기일) ① 재판장 등은 변론준비절차를 진행하는 동안에 주장 및 증거를 정리하기 위하여 필요하다고 인정하는 때에는 변론준비기일을 열어 당사자를 출석하게 할 수 있다.

② 사건이 변론준비절차에 부쳐진 뒤 변론준비기일이 지정됨이 없이 4개월이 지난 때에는 재판장 등은 즉시 변론준비기일을 지정하거나 변론준비절차를 끝내야 한다.

③ 당사자는 재판장 등의 허가를 얻어 변론준비기일에 제3자와 함께 출석할 수 있다.

④ 당사자는 변론준비기일이 끝날 때까지 변론의 준비에 필요한 주장과 증거를 정리하여 제출하여야 한다.

⑤ 재판장 등은 변론준비기일이 끝날 때까지 변론의 준비를 위한 모든 처분을 할 수 있다.

제283조(변론준비기일의 조서) ① 변론준비기일의 조서에는 당사자의 진술에 따라 제274조 제1항 제4호와 제5호에 규정한 사항을 적어야 한다. 이 경우 특히 증거에 관한 진술은 명확히 하여야 한다.

② 변론준비기일의 조서에는 제152조 내지 제159조의 규정을 준용한다.

제284조(변론준비절차의 종결) ① 재판장 등은 다음 각 호 가운데 어느 하나에 해당하면 변론준비절차를 종결하여야 한다. 다만, 변론의 준비를 계속하여야 할 상당한 이유가 있는 때에는 그러하지 아니하다.

1. 사건을 변론준비절차에 부친 뒤 6월이 지난 때

2. 당사자가 제280조 제1항의 규정에 따라 정한 기간 이내에 준비서면 등을 제출하지 아니하거나 증거의 신청을 하지 아니한 때

3. 당사자가 변론준비기일에 출석하지 아니한 때

② 변론준비절차를 종결하는 경우에 재판장 등은 변론기일을 미리 지정할 수 있다.

제285조(변론준비기일을 종결한 효과) ① 변론준비기일에 제출하지 아니한 공격방어방법은 다음 각 호 가운데 어느 하나에 해당하여야만 변론에서 제출할 수 있다.

1. 그 제출로 인하여 소송을 현저히 지연시키지 아니하는 때

2. 중대한 과실 없이 변론준비절차에서 제출하지 못하였다는 것을
   소명한 때

3. 법원이 직권으로 조사할 사항인 때

② 제1항의 규정은 변론에 관하여 제276조의 규정을 적용하는 데
에 영향을 미치지 아니한다.

③ 소장 또는 변론준비절차 전에 제출한 준비서면에 적힌 사항은
제1항의 규정에도 불구하고 변론에서 주장할 수 있다. 다만, 변론
준비절차에서 철회되거나 변경된 때에는 그러하지 아니하다.

제286조(준용규정) 변론준비절차에는 제135조 내지 제138조, 제140
   조, 제142조 내지 제151조, 제225조 내지 제232조, 제268조 및 제
   278조의 규정을 준용한다.

제287조(변론준비절차를 마친 뒤의 변론) ① 법원은 변론준비절차를
   마친 경우에는 첫 변론기일을 거친 뒤 바로 변론을 종결할 수 있
   도록 하여야 하며, 당사자는 이에 협력하여야 한다.

② 당사자는 변론준비기일을 마친 뒤의 변론기일에서 변론준비기
일의 결과를 진술하여야 한다.

③ 법원은 변론기일에 변론준비절차에서 정리된 결과에 따라서 바
로 증거조사를 하여야 한다.

제288조(불요증사실) 법원에서 당사자가 자백한 사실과 현저한 사실
   은 증명을 필요로 하지 아니한다. 다만, 진실에 어긋나는 자백은 그
   것이 착오로 말미암은 것임을 증명한 때에는 취소할 수 있다.

제292조(직권에 의한 증거조사) 법원은 당사자가 신청한 증거에 의하
   여 심증을 얻을 수 없거나, 그 밖에 필요하다고 인정한 때에는 직

권으로 증거조사를 할 수 있다.

제293조(증거조사의 집중) 증인신문과 당사자신문은 당사자의 주장과
증거를 정리한 뒤 집중적으로 하여야 한다.

제367조(당사자신문) 법원은 직권으로 또는 당사자의 신청에 따라 당
사자 본인을 신문할 수 있다. 이 경우 당사자에게 선서를 하게 하
여야 한다.

민사소송법 [시행 2008. 12. 26.] [법률 제9171호, 2008. 12. 26.
일부개정]

제258조(변론기일의 지정) ① 재판장은 제257조 제1항 및 제2항에
따라 변론 없이 판결하는 경우 외에는 바로 변론기일을 정하여야
한다. 다만, 사건을 변론준비절차에 부칠 필요가 있는 경우에는 그
러하지 아니하다.
② 재판장은 변론준비절차가 끝난 경우에는 바로 변론기일을 정하
여야 한다.

제279조 제1항 중 "당사자의 주장과 증거를 정리하여 소송관계를 뚜
렷하게 하여야 한다."를 "당사자의 주장과 증거를 정리하여야 한
다."로 한다.

Ⅱ. 文獻의 立場

1. 集中審理制度의 導入과 釋明權의 行使

2002년 민사소송법의 개정에 의해 민사소송에 제1심 위주의 집중심리제도가 도입됨으로써 원칙적인 변론준비절차를 통한 쟁점정리와 증거신청이 요구됨에 따라 이 절차에서 법관의 효율적인 석명권 행사가 더욱 긴요해졌다. 변론주의와 관련하여 변론준비기일을 통한 변론준비절차를 거친 경우 그 효과에 의해 실권효가 강조됨에 따라(동법 제285조 제1항) 당사자의 근심은 고조되었다. 이 실권효 규정은 집중심리제도를 실질화시키는 중요한 수단이라고 여겨졌다.552) 실권효의 강력한 적용은 일정한 경우 당사자의 소송자료 수집과 제출권한을 제약하여 자유로운 변론을 막게 될 것이라는 염려가 있었다.553) 그리하여 이런 실권효과와 관련하여 법원이 불명료·불완전하거나 모순이 있는 당사자의 공격·방어방법을 지적하는 등 당사자의 변론에 적극적으로 개입하여 실권효의 제재를 최소화하는 의미에서 법원의 후견적 기능을 강조하며 법원의 적절한 석명권 행사가 요구된다는 주장이 부각되었다.

그렇지만, 법원이 이와 같은 후견적 기능을 강조하여 적극적으로

---

552) 조관행, 상게 논문, 61면 참조. 이 과정에서 실권 제재에 대해 반대하는 입장도 있었다. 소송의 동태적·발전적 성격에 비춰 볼 때 당사자에게 너무 가혹하고 재판부나 당사자 역시 실권효의 부담 때문에 오히려 변론준비절차가 지연될 가능성이 있다는 주장이 제기되었다. 곽종훈, "실권효 적용기준 및 석명권행사의 한계", 법조춘추 제152집(2004), 서울지방변호사회, 100면 참조.

553) 전오영, "실권효 적용기준과 석명권행사의 한계", 법조춘추 제152집(2004), 서울지방변호사회, 112면 이하.

석명권을 행사하는 경우 상대방 당사자의 보호와 재판의 공정성에
문제가 생길 수 있고 이런 경우 현실적인 해결방안이 실효성이 거
의 없다는 면을 지적하면서 석명권 행사의 명확한 원칙이나 기준
의 확립이 필요하다는 주장이 있었다.554) 이런 염려에 대해 법원은
실권효의 적용형태별로555) 그 적용에 있어 신중한 태도를 취할 필
요가 있다는 입장표명이 있었다. 그리하여 법원의 적극적이고 활발
한 석명권의 행사를 거쳐 변론준비기일이 종결되고 그에 따른 실
권효가 그 요건에 따라 신중하게 적용된다면 그로 인한 당사자의
예상 밖의 재판으로 인한 손해는 발생하지 않을 것이고 구술변론
이 활성화될 것으로 보았다.556)

2. 改正 民事訴訟法과 當事者의 訴訟主導權

2002년 개정된 민사소송법은 심리의 집중을 추구하면서 동시에
판결에 의한 사건처리비율을 가능한 범위에서 낮추어 가는 방식을
지향하였다. 이런 취지에서 도입된 화해권고결정제도는 종래의 민
사조정법에 의한 조정보다 더 편리하고 융통성 있는 제도를 마련
한 것으로 평가되었다. 특히 변론준비절차에서 조기에 화해를 권고
하여 변론기일 전에 사건을 종결짓는 방식이 가능하다는 점이 부
각되기도 하였다. 즉 조기에 사건의 쟁점이 부각되고 승패에 대한
예측이 가능해져 화해나 조정에 의한 분쟁해결의 가능성이 높아질

---

554) 전오영, 상게 발표문, 115－116면.

555) 주로 변론준비기일의 종결로 인한 효과(민사소송법 제285조)에 의한 방법, 실기한 공격방
　　　어방법의 각하(동법 제149조), 그리고 재정기간과 실권효 규정(동법 제147조)을 통한 방법
　　　이다. 곽종훈, 상게 발표문, 99－107면 참조.

556) 곽종훈, 상게 발표문, 110면 참조.

것이라는 사고가 있었다.557)

그러나 이런 화해권고결정제도의 도입은 소송에서 당사자의 주도권을 약화시켜 재판을 통한 분쟁해결권을 침해할 위험성도 있다는 주장이 제기되었다. 즉 변론주의와 처분권주의에 의해 지배되는 민사소송의 원칙에 비추어 볼 때, 법관에 의한 화해권고결정과 이에 따른 당사자의 부담감은 당사자의 진정한 의사에 기한 화해의 성립이라는 화해의 본질을 제약할 수 있다는 점이다.558)

또한 종래 당사자신문의 보충성이 폐지되고 당사자 역시 선서를 하고 증거조사의 객체가 되어 법원의 심문 대상이 될 수 있게 되었다(동법 제367조). 이는 당사자 진술의 증거력이 다른 증인에 비해 낮고 민사소송의 주체를 조사의 객체로 전락시킬 위험이 있다는 지적이 있었다. 종래 대륙법체계에서는 변론주의에 따라 사실자료와 증거자료를 구별하고 있는데 선서의 담보력이 강하지 않은 체계에서 당사자신문은 실효성이 떨어지는 증거방법이라는 것이다.559)

---

557) 조관행, 상계 발표문, 61면 참조.

558) 호문혁, 『민사소송법』, 제2판, 법문사, 2002, 664 - 665면 참조.

559) 호문혁, 상게서, 467면 참조. 민사소액사건의 경험을 통상의 민사소송에서 실현될 수 있다고 보는 것은 문제가 있다고 지적한다. 468면 참조.

Ⅲ. 判例의 立場

1. 請求趣旨에 대한 釋明義務

　당사자의 청구가 불명료하거나 착오나 법률적 부지에 의해 잘못된 청구취지를 제시하는 경우 법원은 이를 지적하여 올바른 청구가 제시되도록 석명하여야 한다. 특히 청구가 병합된 경우 청구 사이의 관계가 불분명한 경우 이를 명확하게 밝히는 석명은 필요하다. 청구병합의 형태는 법원 심판의 필요와 순서에 영향을 미치므로 미리 명확히 할 필요가 있기 때문이다. 청구의 변경이 잘못된 경우에도 이런 취지를 지적하는 석명은 신속하고 적정한 분쟁해결을 위해 요구된다. 이 시기 나타난 판례를 살펴보면 아래와 같다.

　[158] 운송업자인 원고가 창고업자인 피고를 상대로 피고의 행위가 채무불이행 내지 불법행위에 해당함을 이유로[560] 42,269달러 및 지연손해금의 배상을 구하고, 예비적으로 원고가 지출한 소송합의금 10,000달러와 소송비용의 1/2에 해당하는 16,135달러 등 합계 26,135달러를 지급하기로 약정한 바 있음을 이유로 위 금액 상당

---

560) 원고와 피고는 그 계약 체결 시에 "원고 회사의 선박 편으로 반입되는 보세화물을 피고가 화주의 요청 기타 사유로 보관하는 경우 원고 발행의 화물인도지시서(D/O: Delivery Order) 없이는 어떠한 경우에도 화물을 출고하지 아니하며, 이를 위반하여 발생되는 모든 민·형사상의 책임을 지겠다."는 취지의 각서를 제출해 두고 있었다. 그런데 피고는 수하인의 요구로 원고 발행이 아닌 미국운송주선인의 국내대리점 발행의 화물인도지시서와 수입화물대금 결제은행이 발급한 화물선취보증서(L/G: Letter of Guatantee)만을 받고서 이 사건 화물을 수하인에게 인도하였다. 그 후 운송주선인(오션브리지)은 미국에서 원고를 상대로 이 사건 선하증권과 상환 없이 이 사건 화물이 불법 반출되어 선하증권의 정당한 소지인으로서의 권리가 침해되었음을 이유로 청구금액 116,874.38달러에 달하는 손해배상 청구의 소를 제기하였고, 이에 원고는 위 소송에서 오션브리지에게 소송합의금 10,000달러와 변호사비용 등으로 32,269달러를 지출하였다.

의 약정금 및 그 지연손해금의 지급을 구한 사건인데, 원심은 이 사건 화물의 송장가격이 19,224.40달러에 불과함을 이유로 위 예비적 청구보다 적은 19,224.40달러 및 이에 대한 지연손해금만을 인용하면서도 원고의 예비적 청구에 대해서는 전혀 판단을 하지 아니하였는데561) 이에 원고와 피고가 모두 상고하자, 이에 대해 원고의 양 청구는 다른 청구의 인용 가능 여부와 관계없이 인용될 수 있는 것으로서 양립 가능한 청구라 할 것이고, 다만 인정될 수 있는 금액이 수량적으로 달라서 예비적 병합관계에 놓여 있는 것에 불과하므로, 위 법리에 비추어 보건대, 원심으로서는 원고에게 주위적 청구가 전부 인용되지 않을 경우에는 주위적 청구에서 인용되지 아니한 수액의 범위 내에서의 예비적 청구에 대해서도 판단하여 주기를 바라는 취지인지 여부를 석명하여 그 결과에 따라 예비적 청구에 대한 판단 여부를 정하여야 한다고 하였다(대법원 2002. 10. 25. 선고 2002다23598 판결).562)

또한 [159] 원심은 당사자가 구청구를 취하한다는 명백한 의사표시 없이 새로운 청구를 변경하는 등으로 그 변경형태가 불명할 경우에는563) 사실심법원으로서는 과연 청구변경의 취지가 교환적

---

561) 예비적 병합의 경우에는 수개의 청구가 하나의 소송절차에 불가분적으로 결합되어 있기 때문에 주위적 청구에 대해서만 판단하고 예비적 청구에 대하여 판단하지 아니한 경우에도 그 판결에 대하여 상소가 제기되면 판단이 누락된 예비적 청구부분 역시 상소심으로 이심됨을 전제로 한 판단이다(대법원 2000. 11. 16. 선고 98다22253 전원합의체판결 참조).

562) 공보 2002, 2837.

563) 사안은 원고가 종중인데 그 종중원인 소외인들 3인이 사정을 받아 구 토지대장에 3인의 공동소유로 등재되었다가 피고들이 소외인들 중 한 사람 명의로 사정받은 3분의 1 지분에 관하여 허위로 부동산 소유권이전등기에 관한 특별조치법에 따라 자신들 명의로 소유권보존등기를 마쳤다고 주장하면서 명의수탁자인 사정명의인을 대위하여 피고들 명의의 소유권보존등기 말소청구를 하여 제1심에서 승소하였는데, 원고는 항소심에서 위와 같은 주장을 유지하면서 피고들에 대하여 이 사건 부동산 중 각 6분의 1 지분에 관하여 원고에게 진정한 등기명의회복을 원인으로 한 소유권이전등기 절차를 이행할 것을 구하는 내용의 소 변경신청서를 제출하고 원심 제1차 변론에서 진술하였고 원심은 이를 교환적 소변경으로 보고 진

인지 아니면 추가적인지를 석명하여 이를 밝혀 볼 의무가 있고, 민사소송법 제136조 제4항은 법원은 당사자가 명백히 간과한 것으로 인정되는 법률상의 사항에 관하여 당사자에게 의견진술의 기회를 주어야 한다고 규정하고 있으므로, 당사자가 부주의 또는 오해로 인하여 명백히 간과한 법률상의 사항이 있거나 당사자의 주장이 법률상의 관점에서 보아 모순이나 불명료한 점이 있는 경우 법원은 적극적으로 석명권을 행사하여 당사자에게 의견진술의 기회를 주어야 하고 만일 이를 게을리한 경우에는 석명 또는 지적의무를 다하지 아니한 것으로서 위법하다 할 것인데, 원고는 항소심인 원심에서 자기 앞으로 소유권을 표상하는 등기가 되어 있지 않았고 법률에 의하여 소유권을 취득하지도 않았다는 종전의 주장을 그대로 유지한 채 진정 명의회복을 위한 소유권이전등기 절차의 이행을 청구하는 새로운 청구를 제기함으로써 원고의 주장 자체에 명백한 모순이 있게 되었는데, 이는 원고가 부주의나 법률적인 지식의 부족으로 진정 명의회복을 위한 소유권이전등기의 법리를[564] 제대로 이해하지 못하고 있는 데서 비롯된 것으로 보이고, 항소심에서 소를 교환적으로 변경하는 경우 민사소송법 제267조 제2항에 의하여 종전의 소와 동일한 소를 제기할 수 없게 되는 중대한 법적

정한 등기명의회복을 위한 소유권이전등기 절차 이행청구에 대해서만 판단하면서 원고는 진정한 소유자의 지위에 있다고 볼 수 없음을 이유로 제1심과 달리 원고청구를 기각한 사안이었다.

564) 진정한 등기명의의 회복을 위한 소유권이전등기청구는 이미 자기 앞으로 소유권을 표상하는 등기가 되어 있었거나 법률에 의하여 소유권을 취득한 자가 진정한 등기명의를 회복하기 위한 방법으로 현재의 등기명의인을 상대로 그 등기의 말소를 구하는 것에 갈음하여 허용되는 것으로, 자기 앞으로 소유권을 표상하는 등기가 되어 있지 않았고 법률에 의하여 소유권을 취득하지도 않은 자가 소유권자를 대위하여 현재의 등기명의인을 상대로 그 등기의 말소를 청구할 수 있을 뿐인 경우에는 현재의 등기명의인을 상대로 진정한 등기명의의 회복을 위한 소유권이전등기청구를 할 수 없다(대법원 2001. 8. 21. 선고 2000다36484 판결 등).

효과가 따르게 된다는 사정까지도 함께 고려하면, 이와 같은 경우 원심으로서는 소 변경 신청에 법률적 모순이 있음을 지적하고 원고에게 의견을 진술할 기회를 부여함으로써 원고로 하여금 청구와 주장을 법률적으로 합당하게 정정할 수 있는 기회를 부여하여 분쟁을 실질적으로 해결하도록 하였어야 할 것이라고 하였다(대법원 2003. 1. 10. 선고 2002다41435 판결).[565] 당사자의 소 변경 신청이 법률지식의 부족에서 이루어진 것으로 판단될 때 법원은 이에 대해 지적하고 이를 시정할 기회, 여기서는 소 변경의 철회를 시사하여 분쟁을 종국적으로 해결하여야 한다. 원칙적으로 소 변경 신청은 당사자 처분의 영역에 속하는 것인데도 그런 신청이 정당하지 않다면 법원이 그 신청의 부적절성을 지적하여 이를 정정할 수 있는 기회를 부여해야 할 의무를 부담한다는 취지여서 주목할 만한 판결이다. 판례는 민사소송법 제136조 제4항의 법률적 사항의 지적의무를 거론하며 그 취지를 설명하고 있으나 이는 당사자의 신청이 모순된 것이어서 이에 대한 법원의 석명의무를 밝히는 것이므로 제136조 제1항의 석명의무에 속한다.[566]

또한 [160] 원고가 피고를 상대로 부동산에 대한 소유권이전등기청구 및 금원지급청구(토지보상금과 예금)를 하다가 예비적으로 같은 부동산에 대한 1/6 지분 및 예금 중 일부금액에 대한 유류분반환청구를 구한다는 청구를 추가하였는데 이후 원고는 주위적 청구 중 토지보상금 부분에 대한 금원만을 증액하는 청구취지 변경을 하였다. 그런데 원심은 제1심에서 일부 인용된 원고의 주위적 청구 중 소유권이전등기청구를 전부 기각하면서 예비적 청구부분

---

565) 공보 2003, 621.

566) 호문혁, 앞의 책, 342면.

에 대한 판단을 하지 않았다. 이에 원고는 상고하였고 대법원은 위와 같이 청구취지의 확장을 거치면서 예비적 청구의 취하 여부가 분명하지 않게 되었다면, 원심으로서는 원고에게 주위적 청구가 인용되지 아니할 경우 남아 있는 예비적 청구도 판단하여 주기를 원하는 취지인지, 또는 예비적 청구는 취하하는 취지인지에 대하여 석명을 구한 후 그 결과에 따라 예비적 청구에 대한 판단 여부를 정하여야 하는데 원심은 예비적 병합에 대한 법리를 오해하여 석명의무를 위반한 나머지 예비적 청구에 관한 판단을 유탈한 위법이 있다고 하였다(대법원 2007. 10. 11. 선고 2007다37790, 37806 판결).

그리고 [161] 원고가 부대항소를 제기하면서 당초의 청구를 취하하는지 여부를 명백히 하지 않았지만 이행불능 시점 이전의 지연손해금청구를 포기 또는 취하하는 취지라고 볼 수는 없고 당초의 지연손해금청구를 예비적으로라도 유지하려는 취지가 엿보이는 경우에는 원심법원은 마땅히 위 부대항소의 취지가 무엇인지 또는 이행불능의 시점이 당초 청구의 시점과 다른 시점으로 판단될 경우 지연손해금청구를 어떻게 할 것인지를 석명하여 그에 따른 판단을 하였어야 할 것이라고 판시하였다(대법원 2009. 1. 15. 선고 2007다51703 판결). 다만 대법원은 참조조문으로 민사소송법 제136조 제1항과 제4항을 같이 들고 있지만, 청구의 형태가 불분명한 경우의 석명으로 이는 종래 청구취지에 대한 석명의 한 유형으로 인정되던 것이다. 전통적인 석명의무로 볼 수 있다.

2. 當事者의 事實陳述에 대한 釋明

(1) 事實陳述의 不明確·矛盾·不一致가 있는 경우

[162] 원고 보증보험주식회사가 피고 연대보증인을 상대로 구상금 등 청구의 소를 제기한 사안인데,[567] 여기서 피고는 자신이 이 사건 이행보증보험계약에 연대보증을 하게 된 것은 사실은 직장동료의 아들 신원보증을 하는 것으로 알고 연대보증을 한 것이라고 주장하였는데 이에 대해 원심은 피고가 이 사건 연대보증란에 서명을 한 것은 제3자에 의한 사기에 의한 의사표시에 의한 것이라고 단정한 후 상대방인 원고가 이를 알았거나 알 수 있었다고 볼 만한 아무런 증거가 없으니 결국 피고는 그런 사정만으로는 위 연대보증 약정의 효력을 다툴 수 없다고 판단하여 원고의 청구를 인용하였고 이에 대해 피고가 상고하자, 대법원은 사기에 의한 의사표시는 표시와 의사의 불일치가 없는 경우에 적용되는 것인데 이 사건의 경우 피고는 의사표시 당시 서면의 내용을 올바르게 이해하지 못한 채 기명날인한 이른바 표시상의 착오에 해당하므로 제3자의 사기에 의한 의사표시 규정이 적용되는 것이 아니라 착오에 의한 의사표시 규정이 적용되어야 하고 이에 따른 취소의 의사표시는 반드시 명시적이어야 하는 것은 아니므로 취소자가 그 착오를 이유로 자신의 법률행위의 효력을 처음부터 배제하려고 하는 의사가 드러나면 족한 것인데 이 사건의 경우 피고의 주장은[568] 이

---

567) 사실관계를 요약하면, 코메트 항공해운이 항공화물운송대행사인 한솔씨에스엔과 국제화물운송계약을 체결하면서 그 계약에 따른 채무의 이행을 담보하기 위해 원고인 서울보증보험주식회사와 이행보증보험계약을 체결하면서 제3자의 연대보증이 필요하여 이 회사(코메트 항공)의 이사가 대표이사의 지시에 의해 자신의 매형(김영호) 회사동료에게 김영호 자식의 신원보증용이라고 속여 위 계약의 연대보증을 받아 낸 것이다.

런 취지로 볼 수 있으므로 원심은 마땅히 이러한 점을 석명하여 피고의 주장을 정리시킨 후 의사표시의 착오에 관한 법리와 규정을 적용하였어야 한다고 하였다(대법원 2005. 5. 27. 선고 2004다43824 판결).[569]

또한 [163] 원고가 피고를 상대로 용역비 등을 청구한 사안에서 원고가 건물관리를 시작한 후 2003. 10.경까지 피고 명의 통장으로 입점자들의 관리비가 입금된 사실만 인정될 뿐인데, 원심이 더 나아가 피고가 입점자들로부터 관리비를 직접 지급받아 관리하여 온 점까지 인정하였는데 이에 대해 대법원은 원심이 이와 같은 판단을 하면서 피고 명의 통장들의 관리자 및 입출금내역 등에 대하여 필요한 석명을 하지 않은 것은 위법하고 이런 위법이 판결결과에 영향을 미쳤다고 보았다(대법원 2008. 4. 10. 선고 2007다83755, 83762 판결).

(2) 證據만 제출하고 事實을 陳述하지 않는 경우의 釋明義務

이 시기에도 당사자가 증거만 제출하고 명시적인 주장을 하지 않은 경우에도 제출된 소송자료를 통해 충분히 심리가 되었고 상대방에게 불의의 타격을 가하지 않는다면 법원은 이를 인정할 수 있다는 취지의 판결이 계속 나타난다. 판례에 나타난 사실관계를 보면 다음과 같다.

[164] 계속적 보증계약 및 근저당권 설정계약을 해지한 사실은

---

568) 즉 신원보증서류에 서명 날인하는 것으로 잘못 알고 위 이행보증보험약정서를 읽어 보지 않은 채 서명 날인한 것일 뿐 연대보증약정을 한 사실이 없다는 주장은 위 연대보증보험약정을 착오를 이유로 취소한다는 취지로 보지 못할 바 아니라고 본 것이다(대법원 1966. 9. 20. 선고 66다1289 판결 참조).

569) 공보 2005, 1025.

법률효과를 발생시키는 실체법상의 구성요건 해당 사실에 속하므로 법원은 변론에서 당사자가 주장하지 않는 이상 이를 인정할 수 없으나, 이와 같은 주장은 반드시 명시적인 것이어야 하는 것은 아니고 당사자의 주장 취지에 비추어 이러한 주장이 포함되어 있는 것으로 볼 수 있으면 족하며, 또한 반드시 주장책임을 지는 당사자가 진술하여야 하는 것은 아니고 소송에서 쌍방 당사자 간에 제출된 소송자료를 통하여 심리가 됨으로써 그 주장의 존재를 인정하더라도 상대방에게 불의의 타격을 줄 우려가 없는 경우에는 그 주장이 있는 것으로 보아 이를 재판의 기초로 삼을 수 있다고 하면서, 기록에 의하면[570] 피고는 그 답변서에서 연대보증책임 해지통보를 하였다고 주장하고 원고 역시 그 준비서면에서 피고의 연대보증 해지통보의 내용이 적힌 우편물을 수취했다고 하면서 피고의 그런 주장을 자인하고 있어 피고가 이 사건 계속적 보증계약 및 근저당권 설정계약을 해지하였다는 점에 관한 요건사실은 이미 당사자 쌍방의 주장에 의하여 변론에 현출되었을 뿐만 아니라 피고가 원고에게 보낸 해지통보서를 을 제6호증으로 제출하여 증거조사까지 마쳤으므로, 이 점에 관해서는 원심변론 종결일에 이르기까지 당사자 쌍방이 제출한 소송자료를 통하여 충분히 심리가 이루어짐으로써 그 주장의 존재를 인정하더라도 상대방에게 불의의 타격을 줄 우려도 없다고 하였다(대법원 2002. 2. 26. 선고 2000다48265 판결).[571] 대법원은 이 경우 상대방에게 불의의 타격을 줄 우려가 없는 경우에는 변론에서 명시적으로 주장을 하지 않아도 현출된

---

570) 원고는 피고를 상대로 어음금지급청구의 소를 제기하였다. 피고는 소외인이 원고와 체결한 자금대여계약에 연대보증의 의사로 소외인이 발행한 약속어음에 공동발행인으로 기명날인하고 그 소유 부동산에 채무자 소외인, 근저당권자 원고, 채권최고액 20억 원으로 하는 근저당권설정등기를 경료해 주었다. 원고는 피고를 상대로 어음금지급청구를 한 사안이다.

571) 공보 2002, 785.

소송자료를 통하여 심리가 된 경우에는 이를 주장한 것으로 볼 수 있다고 하였으나 원칙은 당사자에게 명시적으로 주장을 하도록 석명을 구하는 것이 타당하다고 하겠다. 이 경우 이런 석명은 소송자료와의 합리적인 관련성이 있어 충분히 예견되는 것으로서 석명권의 한계를 넘지 않기 때문이다.

(3) 法律要件事實의 補充을 위한 釋明

흠결된 법률요건사실을 전심과 달리 재판의 쟁점으로 삼고자 한다면 입증책임이 있는 당사자에게 이를 지적하여 주장·입증의 기회를 주어야 한다는 취지의 판례가 계속 나타난다. 사건의 쟁점에 대한 법원의 변화된 관점을 석명하여 이를 중심으로 소송이 진행되도록 한 후에 판결을 내려야 한다는 취지로 법률상의 사항에 대한 지적의무에 영향을 받았다. 그렇지만 이런 석명유형은 종전에 판례가 이미 인정했던 유형임은 이미 전 시기에 살펴보았다.

[165] 원고가 피고를 상대로 계약해제를 주장하면서 소유권이전등기의 말소를 청구한 사안인데 여기서 원고의 계약해제를 위한 이행최고의 적법성이 문제 되었는데, 원심은 원고가 단지 1997. 9. 15.까지 원고들 앞으로 소유권이전등기를 하여 줄 것을 최고하였으나 그 이행의 일시·장소에 관해서는 아무런 언급이 없었던 사실을 인정할 수 있으므로572) 원고들의 계약해제의 주장은 이유 없다

---

572) 원심은 계약해제를 위한 채권자의 최고는 이행의 완료를 위하여 필요한 행위를 할 수 있는 일시·장소 등을 채무자에게 알리는 최고를 하여야 한다고 하여 이 사건 원고의 최고를 적법한 최고가 아니라고 보았으나, 대법원은 단지 언제까지 이행하여야 한다는 최고만 하였다고 하더라도 곧바로 그 이행최고를 계약해제를 위한 이행최고로서의 효력이 없다고 볼 수는 없는 것이고, 채권자가 위와 같은 최고를 한 경우에는 채무자로서도 채권자에게 문의를 하는 등의 방법으로 확정적인 이행일시 및 장소의 결정에 협력하여야 한다 할 것이며, 채무자가 이와 같이 하지 아니하고 만연히 최고기간을 도과한 때에는 그에 이르기까지의 채권

고 판단하였고 이에 원고가 상고하자, 이 사건 변론종결에 이르기까지 피고는 원고의 이행최고에서 정한 이행기간이 너무 짧아서 부당하다는 주장만 하였을 뿐, 위 이행최고가 이행의 완료를 위하여 필요한 행위를 할 수 있는 일시·장소 등을 피고에게 알리는 최고가 아니어서 부적법하다는 주장을 한 적은 전혀 없어 그와 같은 쟁점이 이 사건 변론과정에서 거론조차 되지 않았으므로 원고의 이행청구가 이행의 완료를 위하여 필요한 행위를 할 수 있는 일시·장소 등을 피고에게 알리는 최고가 아니라는 점을 재판의 기초로 삼기 위해서는 원고들로 하여금 이 점에 관하여 의견을 진술할 기회를 주어야 한다고 하였다[573](대법원 2002. 4. 26. 선고 2000다50497 판결).[574]

3. 當事者의 法律上 主張에 대한 釋明

(1) 當事者의 法律上 主張 自體가 不明確한 경우

[166] 원고가 피고를 상대로 전부금 지급청구의 소를 제기한 사안에서[575] 피고(제3채무자)가 소외 갑(채무자)에 대한 구상권을 자

자와 채무자의 계약이행을 위한 성의, 채권자가 채무자에게 구두로 연락을 취하여 이행일시와 장소를 채무자에게 문의한 적이 있는지 등 기타 사정을 고려하여 위의 최고도 유효하다고 보아야 할 경우도 있다고 하였다(대법원 2002. 4. 26. 선고 2000다50497 판결).

573) 그런 사정으로 이행최고서를 발송한 이외에 혹시 원고들이 구두로라도 그 일시·장소 등을 피고에게 알린 적이 없는지 여부 등에 관하여 주장·입증할 기회를 주었어야 함은 물론 이 사건에 있어서 최고기간 도과에 이르기까지의 원고들과 피고의 계약 이행을 위한 誠意, 원고들이 피고에게 구두로 연락을 취하여 이행일시와 장소를 채무자에게 문의한 적이 있는지 등 기타 사정을 심리하여 이행최고의 적법 여부를 따져 볼 필요가 있다고 하였다.

574) 공보 2002, 1243.

575) 피고(서울시)는 소외 갑(지아산업)과 올림픽대로 미끄럼방지 포장공사의 도급계약을 체결하였고 소외 갑은 이를 다시 소외 을(노강호)에게 하도급하여 소외 을이 공사를 하다가 양생

동채권으로 하여 상계한다는 주장을 하였는데, 원심은 피고가 소외 갑에 대하여 구상권을 취득하였다고 볼 만한 증거가 없다는 취지로 판단하여 이를 배척하였고 피고가 상고하자, 이에 대하여 이 사건 자동채권의 발생 근거와 그 성격에 관한 피고의 위 각 주장에는 법률상 관점에서 볼 때 불명료한 점이 없지 아니하였으므로, 위의 법리에 비추어 일단 원심으로서는 적극적으로 석명권을 행사하여 이 사건에서 피고가 내세우는 자동채권의 발생근거와 성격이 단지 부진정 연대채무자 내부관계 구상권576)에만 국한되는 것인지, 아니면 그것과 더불어 도급인인 피고가 수급인인 소외 갑에 대하여 민법 제390조에 따라 청구할 수 있는 손해배상채권577)까지도 아울러

과정에 과실이 있어 이로 인해 위 도로를 과속으로 달리던 소외 병과 정이 사망하여 보험금을 지급한 보험회사가 대위권에 기하여 피해자의 피고에 대한 손해배상 청구권을 가압류함에 따라 피고는 손해액을 공탁하였다. 그런데 그 이전에 원고가 소외 갑이 피고에 대하여 가지고 있는 이 사건 공사대금채권을 집행력 있는 약속어음 공정증서 정본에 터 잡아 압류 및 전부명령을 받고서 이 사건 청구에 이르렀다.

576) 건설산업기본법 제44조 제3항은 "수급인은 하수급인이 고의 또는 과실로 하도급받은 건설공사의 시공을 조잡하게 하여 타인에게 손해를 가한 때에는 하수급인과 연대하여 그 손해를 배상할 책임이 있다."고 규정하고 있고 수급인이 하수급인에게 재도급한 경우 그 사이에 지휘·감독의 관계가 있는 노무도급의 경우에는 수급인은 사용자로서의 배상책임이 있는 것이므로(대법원 1983. 2. 8. 선고 81다428 판결 등 참조) 이런 지위에 있는 수급인(소외 갑)은 하수급인(소외 을)이 고의 또는 과실로 하도급받은 건설공사의 시공을 조잡하게 하여 타인에게 손해를 가한 때에는 대외적인 관계에서 하수급인과 연대하여 그 손해를 배상할 책임이 있고, 나아가 그 손해를 실제로 배상함으로써 자신을 면책시킨 도급인에 대하여 자신의 부담부분에 상응하는 구상의무를 부담하는 것이다. 이에 따라 피고가 가지게 되는 구상권 역시 도급인이 하자보수와 함께 청구할 수 있는 손해배상채권이나 이른바 하자확대손해의 배상채권의 變形物로서 수급인의 공사대금채권과 그 실질에 있어 대가적인 의미가 있어 공평의 원칙상 이행상의 견련관계를 인정함이 상당하여 위 양 채권은 동시이행관계에 있게 되어 압류의 효력이 생긴 후에 발생한 자동채권이지만 동시이행항변권을 주장할 수 있는 제3채무자로서는 이 채권에 의한 상계로 압류채권자(원고)에게 대항할 수 있게 된다고 법리 구성하였다.

577) 수급인이 도급계약에 따른 의무를 제대로 이행하지 못함으로 말미암아 도급인의 신체 또는 재산에 손해가 발생한 경우 수급인에게 귀책사유가 없었다는 점을 스스로 입증하지 못하는 한 도급인에게 민법 제390조에 따라 그 손해를 배상할 의무가 있고(대법원 2004. 8. 20. 선고 2001다70337 판결 참조) 이 하자확대로 인한 수급인의 손해배상채무와 도급인의 공사대금채무도 공평의 원칙상 동시이행관계에 있으므로, 이 손해배상채권은 민법 제498조에 규정된 '지급을 금지하는 명령을 받은 제3채무자가 그 후에 취득한 채권'에 해당하지 않게

포함되어 있는지를 먼저 밝힌 다음 그에 따라 명백하게 드러난 피고 주장의 당부에 관하여 나아가 판단하였어야 옳았다고 하였다(대법원 2005. 11. 10. 선고 2004다37676 판결).[578]

(2) 當事者의 不完全한 主張에 대한 釋明

[167] 법원은 당사자가 주장할 책임이 있는 사항 자체에 대하여 이를 주장하는지 여부를 석명하여야 할 의무가 없고, 소송절차에 관한 사항만이 책문권 포기·상실의 대상이 될 수 있다고 전제하면서, 원고가 피고 서초구의 이 사건 토지에 대한 점유·사용으로 인하여 이미 발생한 부당이득과 이에 관한 지연손해금을 청구한 것 이외에 피고 서초구가 불법행위자로서 원고에게 손해배상을 하여야 한다거나 혹은 악의 수익자로서 민법 제748조 제2항에 따라서 그 받은 이익에 이자를 붙여서 원고에게 반환하여야 한다는 주장을 한 흔적을 찾아볼 수 없으므로 원심이 위와 같은 사항들에 대하여 심리·판단하지 아니한 것은 정당하고 거기에 심리미진 또는 석명의무 불이행 등의 위법이 있다고 할 수 없다고 보았다(대법원 2008. 2. 1. 선고 2007다8914 판결).[579]

또한 [168] 원고들이 사정변경으로 인한 해지의 주장을 하면서 홍보비 및 운영비의 부당징수, 개발비의 부당전용 등에 관해서는 이를 구체적인 해지사유로 적시하였지만, 원고들의 귀책사유 없이 영업부진으로 폐업하게 되었다는 사정을 주장하면서도 이를 사정

되어 원고의 전부금청구에 상계항변을 할 수 있게 된다.

578) 공보 2005, 1950. 이 판례에 대한 상세한 평석으로는 권혁재, "법원의 釋明權 행사범위와 법적 관점 지적의무", 인권과 정의 2006. 8.(통권 제360호), 7－28면 참조.

579) 공보(2008상), 301.

변경으로 인한 해지사유로는 적시하지 아니하였고 일반적으로 영
업부진에 관한 사정은 해지사유가 되기 어렵다는 점을 함께 참작
해 보면 원고들이 위 사정을 사정변경으로 인한 해지사유의 하나
로 적시하지 아니한 것이 이를 간과하였기 때문인지 여부가 분명
하지 않으므로 원심이 당사자가 명백히 법률상의 사항에 대해 간
과한 것인지 여부가 불분명한 위 사정과 관련하여 석명을 구하지
아니하였다 하더라도 원심판결에 석명의무 위반의 위법이 있다고
할 수 없다고 보았다(대법원 2008. 5. 29. 선고 2005다25151 판결).
판결은 법률상의 사항에 대한 지적의무를 석명의무로 이해하고 명
백히 간과하였는지에 대한 판단에 있어 당사자의 주관적인 사정과
함께 객관적인 상황까지 함께 고려하여 판단하고 있음을 보여 주
고 있다.

4. 證據와 관련된 釋明

(1) 證據의 矛盾이나 不明瞭에 대한 釋明

[169] 원고가 피고1을 상대로는 소유권이전등기의 말소를 청구
하고, 피고2를 상대로는 매매에 기한 소유권이전등기청구의 소를
제기한 사안인데,580) 이에 대해 피고는 답변서에서 자신은 원고와

---

580) 이 사건 건물이 있는 대지는 피고2의 소유였는데 피고1(건축업자)이 이를 매수하면서 다
　치르지 못한 잔대금은 피고1이 위 대지에 건물(다세대주택)을 신축하여 그 분양대금으로
　지급하겠다는 약정을 피고2와 하고 피고2의 명의로 건축허가를 얻어 그 신축건물의 보존
　등기도 피고2의 명의로 이루어졌다. 그런데 이 사건 건물(201호)에 대한 1993. 1. 20. 피
　고1의 명의로 소유권이전등기의 가등기가 이루어지고 1997. 4. 9. 피고2와 사이에 본등기
　절차이행에 대한 재판상화해가 성립되었고 그 후 관할 세무서가 피고1의 국세체납을 이유
　로 대위하여 1998. 4. 28.자로 피고1의 명의로 가등기에 기한 본등기가 경료되었다. 그러
　자 원고(피고1의 모)가 자신이 피고2로부터 이 사건 건물(201호)을 1992. 6. 1.자로 분양

이 사건 건물에 대한 분약계약을 체결한 사실도 없고 매매대금을 받은 사실도 없다고 부인하였는데 위 답변서를 진술한 제1심 제1차 변론기일에서는 원고가 제출한 분양계약서(갑 제2호증)와 계약금, 잔금에 대한 영수증(갑 제3호증의 2, 4)의 진정성립을 인정한 것으로 서증목록에 기재되어 있었고, 원심은 이를 근거로 피고2에게 위 매매에 기한 소유권이전등기 절차의 이행을 명하였고 이에 피고2가[581] 상고하자, 이에 대해 문서가 위조되었거나 권한 없이 작성되었다는 취지로 다투다가 그 서증의 인부절차에서는 갑자기 진정성립을 인정한다는 것은 이례에 속하는 것이므로 법원은 피고가 서증의 인부절차에서 위 문서들(갑 제2호증, 갑 제3호증의 2, 4)의 진정성립을 인정한 것이 아니라고 보거나, 적어도 당사자가 위와 같이 모순되는 진술을 하는 취지를 분명하게 석명하여야 할 것이라고 하였다(대법원 2003. 4. 8. 선고 2001다29254 판결).[582] 처분문서는 진정성립이 인정되면 그 기재내용을 부정할 만한 분명하고도 수긍할 수 있는 반증이 없는 이상 문서의 기재내용에 따른 의사표시의 존재 및 내용을 인정하여야 한다는 점을 감안하여 처분문서의 진정성립을 인정함에 있어서는 신중하여야 하므로[583] 피고가 답변서의 진술과 다르게 서증의 인부절차에서는 이를 인정하는 취지를 밝혀야 한다. 문서에 대한 진정성립의 인정 여부는 법원이 모든 증거자료와 변론의 전 취지에 터 잡아 자유심증에 따라 판단하게 되는데[584] 이 사건과 같은 경우 바로 피고가 서증의 인부절차

받았다고 주장하면서 이 사건 청구의 소를 제기한 것이었다.

581) 피고1은 제1심에서 의제자백을 하고 원고가 승소하자 항소를 하지 않아 확정되었다.

582) 공보 2003, 1073.

583) 대법원 2002. 9. 6. 선고 2002다34666 판결 참조.

584) 대법원 1988. 12. 13. 선고 87다카3147 판결 참조.

에서 위 문서들의 진정성립을 인정한 것이 아니라고 볼 여지도 있으나, 석명권을 행사하여 그 모순되는 진술을 하는 취지를 직접 확인하여 분명한 재판을 하는 것이 타당하다고 하겠다.

그리고 [170] 증거의 기재내용에 오기가 있다고 여겨질 때 역시 법원은 석명권을 행사할 필요가 있다. 이와 관련하여 원고가 현재의 토지소유자인 피고를 상대로 점유취득시효를 원인으로 한 소유권이전등기를 청구한 사안에서 원고 제출 증거 중 상환대장(갑 제2호증)의 지번 기재가 오기라고 볼 여지가 있는 경우 이를 석명할 의무가 있다고 보았다(대법원 2006. 2. 24. 선고 2005다68622 판결).

(2) 主張만 있고 立證이 없을 때 釋明義務

당사자의 주장만 있고 이에 대한 입증이 없는 경우 입증을 촉구하는 석명은 전통적인 석명의 유형이었다. 이 시기에도 이런 석명의무에 관한 판례가 계속 나타난다. 판례에 나타난 사안을 살펴보면 다음과 같다.

[171] 원고가 피고를 상대로 의장등록 무효청구의 소를 제기하자 피고들은 선행의장들이 사건 등록의장과 유사하다는 주장을 하면서 다투었는데, 원심은 선행의장들은 그 모양을 특정할 수 없어 이 사건 등록의장과의 대비판단을 할 수 없어 이 사건 등록의장이 그 출원 전에 국내에서 공연히 실시된 의장이라고 인정하기에 부족하고 달리 이를 인정할 증거가 없다고 판단하자 피고가 상고한 데 대하여, 심판은 특허심판원에서의 행정절차이며 심결은 행정처분에 해당하고, 그에 대한 불복소송인 심결 취소소송은 행정소송에 해당한다 할 것이며, 행정소송법 제8조에 의하여 준용되는 민사소송법

제136조가 적용되므로, 법원은 계쟁사실을 입증하기 위하여 제출한 증거가 당사자의 부주의 또는 오해로 인하여 불완전·불명료한 경우에는 당사자에게 그 제출된 증거를 명확·명료하게 할 것을 촉구하거나 보충할 수 있는 기회를 주어야 하고, 만약 이를 게을리한 채 제출된 증거가 불완전·불명료하다는 이유로 그 주장을 배척하는 것은 석명의무에 위반하는 것인데, 원심이 선행의장들이 이 사건 등록의장과 대비가 가능할 정도로 파악·특정되지 않았다는 이유로 그 주장을 배척하려면 원심법원으로서는 피고들에 대하여 이 점을 지적하여 선행의장들의 사진이나 실물 등을 제출·보정하게 하는 등의 방법으로 선행의장들의 모양이 전체적으로 파악이 가능하도록 보충할 기회를 주어[585] 변론기일에 이러한 점들에 대해 질문 내지 석명을 하였어야 한다고 하였다(대법원 2005. 7. 28. 선고 2003후922 판결).[586] 행정소송에도 민사소송법이 준용되므로 석명의무 규정이 적용되어 당사자가 입증의 부족을 부주의 또는 오해로 불완전하게 한 경우에는 그 입증을 촉구하고 보충할 수 있는 기회를 주어 심판하여야 당사자에게 예측하지 못한 재판이 되지 않는다는 점을 강조하고 있다.

또한 [172] 원고가 재산적 손해와 정신적 손해로 인한 배상청구를 하면서 정신적 손해에 대한 구체적인 손해금액을 특정하여 청구하지 않는 경우 법원은 그 내역을 밝히도록 석명권을 행사하여야 한다고 보았다(대법원 2006. 9. 22. 선고 2006다32569 판결).[587]

---

585) 피고들은 이 사건 심판절차에서 이미 선행의장들이 이 사건 등록의장과 유사하다는 판단을 받은 적이 있어 선행의장들이 대비가 불가능할 정도로 특정이 되지 않았다는 점을 전혀 예측하지 못할 상황이었다.

586) 공보 2005, 1454.

587) 법고을 2009(법원도서관)에서 검색한 판례로 공보에는 게재되지 않은 판례다. 이하 특별한 출처를 밝히지 않으면 법고을에서 찾아볼 수 있는 판례이다.

재산적 손해로 인한 배상청구와 정신적 손해로 인한 배상청구는 각각 소송물을 달리하는 별개의 청구이므로 원고는 그 금액을 각각 특정하여 청구하여야 함을 전제로 한 판결이다. 이 사건에서 원고는 그 청구로 재산상 손해인 양수채권의 상실만을 주장하였는데도 법원이 재산상 손해액을 주장만 살짝 있었던 위자료청구의 구체적인 손해액으로 석명 없이 인정한 것이 석명의무 위반이 된 사안이었다. 이는 전통적으로 손해배상청구권이 인정되는 경우 그 효과인 구체적인 금액에 대해서 주장·입증을 하도록 한 종래 판례의 태도와[588] 일치한다.

5. 訴訟要件에 대한 釋明義務

[173] 원고 재건축주택조합이 피고를 상대로 구분소유권 매도를 청구하였고 원고 조합의 정식 대표자는 소외 갑인데 그가 재건축사업 토지 내의 구분소유자가 아니고 주민등록도 타지에 있어 그의 처인 채영순을 아무런 총회결의도 거침이 없이 단지 명의만 조합장으로 하여 조합설립인가를 받고 실질적으로는 위 소외 갑이 조합업무를 위임받아 조합업무를 처리하여 왔음이 인정되어 원심은 채영순이 원고조합의 조합장으로 선출된 적이 없어 원고조합을 대표할 권한이 없으므로 이 사건 소는 대표권 없는 자에 의하여 제기된 소로서 부적법하다고 판단하여 각하하였는데, 대표권이 흠결된 경우 그 흠결을 보정할 수 없음이 명백한 때가 아닌 한 기간을 정하여 보정을 명하여야 할 의무가 있고 이런 대표권의 보정은 항

---

588) 대법원 1961. 12. 7. 선고 4293(1960)민상853 판결; 대법원 1986. 8. 19. 선고 84다카503,504 판결; 대법원 1997. 4. 25. 선고 95다19591 판결 참조.

소심에서도 가능하므로 채영순을 조합장으로 인정하고자 하는 조
합원들의 총의에도 불구하고 그러한 의사를 결집하는 데 있어서
조합정관에 따른 적법한 총회의결을 미처 거치지 못한 등의 절차
상 하자가 있었기 때문에 원고조합 대표자의 대표권에 흠이 있음
이 밝혀진 것이라면 원심으로서는 그 심리과정에서 기간을 정하여
보정명령을 하는 등 그 흠을 보정할 수 있는 기회를 부여하는 조치
를 취하는 것이 옳았으므로, 원심은 대표권 흠결의 경우에 있어서
보정명령에 관한 민사소송법의 규정을[589] 위반하여 석명의무를 게
을리하고 필요한 심리를 다하지 않은 위법이 있다고 하였다(대법원
2003. 3. 28. 선고 2003다2376 판결).[590]

또한 [174] 원고가 피고들을 상대로 피고 회사에 대해서는 이
사건 근저당권설정등기 및 지상권설정등기의 각 말소회복등기절차
의 이행을 구하고, 피고 박영욱에 대해서는 그 말소회복등기절차에
대한 승낙의 의사표시를 구한 사건인데,[591] 원심은 원고의 이 사건
근저당권설정등기와 지상권설정등기가 말소된 후 피고 박영욱 명

---

589) 민사소송법 제64조의 규정에 따라 법인의 대표자에게도 준용되는 같은 법 제59조 전단 및
제60조는 소송능력·법정대리권 또는 소송행위에 필요한 권한의 수여에 흠이 있는 경우에
는 법원은 기간을 정하여 이를 보정하도록 명하여야 하고, 소송능력·법정대리권 또는 소
송행위에 필요한 권한의 수여에 흠이 있는 사람이 소송행위를 한 뒤에 보정된 당사자나 법
정대리인이 이를 추인한 경우에는 그 소송행위는 이를 한 때에 소급하여 효력이 생긴다고
규정하고 있는바, 법원은 이러한 민사소송법의 규정에 따라 대표권이 흠결된 경우에는 그
흠결을 보정할 수 없음이 명백한 때가 아닌 한 기간을 정하여 보정을 명하여야 할 의무가
있고(대법원 1979. 10. 30. 선고 78다19 판결 참조) 이와 같은 대표권의 보정은 항소심
에서도 가능하다(대법원 1990. 5. 11. 선고 89다카15199 판결; 1996. 10. 11. 선고
96다3852 판결 등 참조).

590) 공보 2003, 1059.

591) 원고가 이 사건 소를 제기하게 된 것은 원고의 이 사건 근저당권설정등기와 지상권설정등
기가 그 설정자들의 기망에 의해 해지의 의사표시를 하게 되어 그 등기가 말소되었고, 이에
가담한 피고 박영욱에게로 다시 근저당권설정등기와 지상권설정등기가 경료되었다고 주장
하면서 말소 당시의 소유자인 피고회사(8,153/10,944 지분)에 대하여 말소등기의 회복등
기절차 이행을 구하고, 피고 박영욱은 이에 대하여 이해관계에 있는 제3자로서 승낙의 의
사표시를 구하고 있는 것이다.

의로 근저당권설정등기 및 지상권설정등기가 경료되어 있어, 지상권의 경우에는 용익물권의 성질상 동일한 토지에 대하여 중복하여 설정할 수 없어 원고가 회복등기를 구하는 지상권 회복등기와 피고 박영욱 명의의 지상권설정등기는 양립할 수 없으므로, 원고는 피고 박영욱 명의의 지상권설정등기에 무효사유가 있다면 그 말소등기절차의 이행을 구할 수 있음은 별론으로 하고 승낙의 의사표시를 구할 수는 없어 원고가 피고 박영욱에 대하여 같은 피고가 이 사건 토지에 지상권자로서 등기상 이해관계 있는 제3자임을 전제로 이 사건 지상권설정등기의 말소회복등기에 대한 승낙의 의사표시를 구한 부분은 당사자 적격이 없는 자에 대한 청구로서 부적법하다 판단하였고 원고가 상고하자, 이에 대하여 원심이 피고 박영욱의 당사자 적격이나 같은 피고 명의의 지상권설정등기의 말소방법에 관하여 석명이나 변론 없이 제1심판결 중 이 부분을 취소하고 원고의 소를 각하하는 판결을 선고한 사실은 인정되나, 원고가 원심 변론종결 전에 다시 피고 박영욱을 상대로 별소를 제기하여 변론이 진행되고 있었던 상황이므로 원심이 다시 그 청구를 변경할 기회를[592] 주지 아니하였다 하더라도 원고가 전혀 예상하지 못한 법률상의 관점에 기한 예상 밖의 재판으로 원고에게 불의의 타격을 가하였거나 석명의무를 다하지 아니한 위법이 있어 판결에 영향을 미친 점이 없다고 하였다(대법원 2004. 2. 27. 선고 2003다35567 판결).[593] 원심 판단 그 자체에는 당사자 적격이나 이와 관련된 청구의 변경방법에 대한 석명 없이 바로 판단을 내려 석명의무 위반의 위법이 있으나 원고가 별소를 제기하여 진술의 기회를

---

592) 원래 제1심에서 원고는 피고 박영욱을 상대로 그 지상권설정등기의 말소를 구하다가 그 승낙의 의사표시를 구하는 청구로 변경을 하였다.

593) 공보 2004, 541.

보장받았으므로 결과적으로 석명의무 위반의 흠이 없다는 취지인데, 석명의무 위반을 절차적인 관점이 아니라 실체심리상 불분명한 결과를 야기하였느냐는 관점에서 바라보는 판례의 입장을 보여 준다.

6. 法律上 事項에 대한 指摘義務

이 시기에도 법률상 사항에 대한 지적의무를 포함하는 판례는 나타났으나 종래 석명의무의 유형으로 인정되던 판례로 분류할 수 있는 것들은 그곳에서 살피기로 하고 앞 시기와 같이 원고 소송상 청구와 피고 항변 자체의 기초가 되는 법적 관점에 관한 것만 여기서 다루기로 한다.

[175] 소송과정에서 환경정책기본법 제31조 제1항에 의한 책임 여부에 대하여 당사자 사이에 전혀 쟁점이 된 바가 없었고 원심도 이에 대하여 당사자에게 의견진술의 기회를 주거나 석명권을 행사한 바 없었음에도 원심이 환경정책기본법 제31조 제1항에 의한 손해배상책임을 인정한 것은 법원의 석명의무 위반이라고 보았다(대법원 2008. 9. 11. 선고 2006다50338 판결).

7. 請求의 變更에 대한 釋明

[176] 원고인 국가가 배당에 대해 이의의 소를 제기하다가 부당이득반환의 소로 변경한 사건에서594) 원고는 피고가 배당금을 수령

---

594) 피고는 1997. 3. 10.자 근저당권설정등기를 마친 근저당권자이자 이 사건 경매신청인으로 채권최고액 금 45,000,000원을 배당받는 것으로 경매법원에 의해 배당표가 작성되었는데

하지 못하고 있음을 자인하고 있는데도 배당금 상당의 금원 반환 청구를 구하고 있는 것은 청구원인과 모순 또는 일치하지 않는 청구취지를 주장하고 있으므로 이것은 원고가 배당유보에 따른 부당이득반환의 법률관계나 효과에 대하여 명백히 이해하지 못하고 있거나 그 주장이 법률상의 관점에서 불명료 또는 불완전하거나 모순이 있는 경우이므로 원심으로서는 청구취지를 피상적으로 파악하여 원고의 청구를 기각할 것이 아니라, 석명권을 행사하여 법률적으로 합당한 청구취지로 정정하도록 하는 기회를 부여하여 실질적으로 분쟁이 해결되도록 하여야 할 것이고, 금원의 반환을 구하는 청구취지가 잘못되었다는 이유로 원고의 청구를 기각하려면 원고에게 오로지 금원의 반환을 구하는 것인지 나아가 피고가 배당금을 수령하기 이전이라면 배당금 지급채권의 반환을 구하는 취지도 포함된 것인지에 관하여 석명을 구하고 이러한 법률사항에 관하여 의견을 진술할 기회를 주었어야 할 것이라고 하였다(대법원 2002. 1. 25. 선고 2001다11055 판결).[595]

이 사건 제1심에서는 원고의 국세채권이 피고의 근저당권 피담보채권에 우선하는지 및 원고의 증액 교부청구가 적법한지 여부에 관한 변론이 이루어졌고, 원심에서도 피고가 배당금을 수령하지 않았음을 자인하는 원고의 진술만이 이루어졌을 뿐 이러한 상태에서

원고가 그 배당에 대해 이의의 소를 제기하였다. 그 전 원고는 체납에 기한 압류등기에서는 36,450,990원만이 그 법정기일이 피고의 근저당권설정기일보다 앞선다고 하였는데 낙찰기일 전에 금 26,455,990원이 위 근저당권설정등기일보다 그 법정기일이 앞선다고 신고하였다가 낙찰기일 후 증액 교부청구를 통해 금 84,757,290원이 저당권설정등기일보다 그 법정기일이 앞선다고 정정 신고하였는데, 경매법원이 원고가 낙찰기일 전에 신고한 금액(26,455,990원)만이 피고의 채권보다 앞선 제2순위 배당액으로 인정하였다. 그러자 원고는 증액 교부 청구한 금액을 기준으로 배당표에 대해 이의를 제기하면서 피고가 제3순위로 배당받게 된 45,000,000원을 자신에게 배당해야 한다고 주장하였다. 그러다가 제1심에서 갑자기 배당이의의 소를 같은 금액의 부당이득반환청구소송으로 변경하였다.

595) 공보 2002, 559.

피고가 취득한 부당이득이 무엇인지 및 원고가 곧바로 배당금 상당의 금원의 반환을 구할 수 있는지 아니면 배당금지급채권의 반환을 구하여야 하는지의 법률적 사항에 대해서는 구체적인 변론이 이루어진 바가 없다. 이 사안의 경우에도 원고는 명백히 법률적인 사항에 대해 착오를 일으켜서 청구취지를 기재한 경우이므로 이에 합당하게 청구취지를 변경할 기회를 제공하여야 한다. 즉 원심이 제1심과 달리[596) 부당이득반환청구권에서 피고의 차액금 자체의 부당이득이 없었음을 원고 청구기각의 사유로 삼기 위해서는 이런 법원의 법적 관점의 변화를 당사자에게 설명하고 이에 대해서 당사자가 공격·방어를 할 수 있도록 기회를 제공해야 하고 이 경우 원고에게는 패소가 당연히 예상되는 부당이득반환청구에서 배당이의 소로의 청구취지 변경을 시사해야 하는 것이다. 물론 이 사안에서 피고는 법원의 시사에 의한 소 변경에 의해 일부 패소판결을 받게 되는 결과가 되는데 이는 실체적 정의의 관점에서 보면 당연한 귀결이라고 하겠다.

8. 새로운 攻擊·防禦方法의 釋明

[177] 법원의 석명권은 당사자가 주장하지도 않은 법률효과에 관한 요건사실이나 독립된 공격·방어방법을 시사하여 그 제출을

---

596) 제1심의 판결은 알 수 없으나 이 판결문의 취지에 의하면 피고가 배당받은 금액 (45,000,000원) 전부의 부당이득반환청구를 원고의 증액 교부 청구가 경락기일이 지나서 이루어져서 부당하다는 것을 이유로 전부 기각한 것으로 보인다. 그러나 이런 법리는 원심과 마찬가지고 대법원에 의해서도 부인되었다. 즉 압류기입 등기된 액수의 범위 내에서는 국가는 그 체납세액을 배당표가 작성될 때까지 그 제출서류를 보정하여 다시 제출할 수 있다고 하였다.

권유하는 행위 등은 변론주의의 원칙에 위배되고 석명권 행사의 한계를 일탈하는 것이라고 전제한 후, 피고들은 원심에 이르기까지 원고가 파산관재인에 불과하여 통정허위표시로부터 보호되는 제3 자에 해당하지 아니한다는 주장만 하였을 뿐, 원고가 악의라는 주장을 한 바 없음을 알 수 있는바, 원심이 피고들에게 원고가 악의인지 여부에 관한 주장·입증을 촉구하지 않았다고 하여 원심의 그러한 조치에 석명의무를 다하지 아니한 위법이 있다고 할 수 없다고 보았다(대법원 2007. 11. 29. 선고 2007다53013 판결).

[178] 원고가 피고를 상대로 사해행위 취소의 소를 제기하였고 원심에서는 소외 2의[597] 피고에 대한 부동산 처분행위가 사해행위에 해당하는지 여부와 소외 2와 피고에게 채권자를 해할 의사가 있었는지 여부에 대해서만 다투어졌을 뿐, 사해행위 취소청구권 제척기간의 기산점인 채권자가 취소원인을 안 날로부터 1년이 경과하였는지 여부는 전혀 사건의 쟁점이 되지 않았다. 그런데 원심은 사해소송의 제척기간이 도과되었다는 점을 들어 원고의 청구를 각하하였고 이에 원고가 상고하였다. 이에 대해 대법원은 사해행위 취소소송에서 그 소의 제척기간의 도과 여부가 당사자 사이에 재판의 쟁점이 된 바 없음에도 당사자에게 의견진술의 기회를 부여하거나 석명권을 행사함이 없이 제척기간의 도과를 이유로 사해행위 취소의 소를 각하한 원심은 당사자가 전혀 예상하지 못하였던 법률적인 관점에 기한 예상 밖의 재판으로 원고에게 불의의 타격을 가하였고 심리미진이 존재하여 판결에 영향을 미친 위법이 있다고 보았다(대법원 2006. 1. 26. 선고 2005다37185 판결). 사해행

---

597) 소외 2는 소외 1의 원고에 대한 대출금채무의 연대보증인이고 자신의 유일한 부동산인 이 사건 부동산을 소외 1의 모친인 피고에게 매매를 원인으로 소유권이전등기를 경료해 주었던 사안이다.

위 취소소송에서 제척기간의 도과는 피고의 항변사유에 해당한다. 그런데 이 사건에서 피고는 이를 주장하지 않은 것으로 여겨지고 법원 또한 이를 재판의 쟁점으로 부각시키지 않았다. 피고에게 새로운 공격·방어방법인 항변의 시사는 법관의 중립성에 위협이 될 수 있지만, 이 사건에서 합리적인 연관성이 인정될 수 있어[598] 이를 시사하는 석명은 가능할 수 있다. 이와 같이 법원은 제척기간의 도과 여부를 지적하여 이를 재판의 법적 쟁점으로 삼아 특히 원고에게 의견진술의 기회를 준 후 재판을 하여야 한다는 점에서 새로 도입된 법률상 사항 지적의무의 취지를 잘 살린 판례이다.

---

598) 원고가 피고로부터 사해행위 취소소송 등 법적 조치를 취하더라도 이의를 제기하지 않는다는 확인서를 작성·교부받은 시기가 기록상 2003. 2. 26.로 확인되고 이 사건 사해행위 취소의 소는 이로부터 1년 후에 제기되었다.

Ⅳ. 제5기(2002년 이후) 釋明權의 評價

1. 法令의 評價

2002년의 개정으로 집중심리주의가 민사소송법 전반에 도입되어 민사소송절차에 커다란 변화를 주었지만, 법원의 석명권 규정의 표현상 수정 외에는 직접적인 변경은 없었다. 그렇지만 민사소송의 심리원칙이 변화함에 따라 전보다 더 적절한 법원의 석명권 행사가 필요한 상황이 되었다. 이제는 변론준비절차가 원칙적인 절차가 되어 여기서 사건의 쟁점을 정리하고 증거를 적시에 신청하거나 제출하여야 하는 관계로 이 시기에 재판장 등의 석명권 행사(동법 제136조), 석명준비명령의 발령(동법 제137조), 그리고 석명처분(동법 제140조) 등의 적절한 행사를 통해 잘못된 청구취지의 정정, 불명확한 청구원인사실의 지적, 그리고 법률상의 사항에 대한 지적 등을 통해, 사건의 쟁점을 정리하고 적시에 증거가 신청 내지 제출되도록 촉구할 필요가 많아졌다. 또한 변론준비기일을 거친 경우에 부과되는 실권효의 제재 역시 이런 충분한 석명을 전제로 정당화될 수 있다는 점에서 전 시기보다 법관의 적절한 석명권 행사는 더욱 중요해지게 되었다.

2. 文獻의 評價

이 시기에 민사소송은 제1심 위주의 집중심리로 진행됨으로써 원칙적인 변론준비절차를 통한 쟁점정리와 증거신청이 요구되었는데 이에 따라 이 절차에서 법관의 효율적인 석명권 행사가 더욱 긴요해졌다. 그런데 이제 원칙적인 절차가 된 변론준비기일을 통한 변론준비절차를 거친 경우 그 효과에 의해 실권효가 강조됨에 따라(동법 제285조 제1항) 당사자의 염려는 높아졌다. 사건의 발전적 성격에 따라 주장과 입증의 필요성은 가변성이 있음에도 준비절차 기일에서 가능한 모든 쟁점에 대해 주장하고 증거를 신청한다는 것은 당사자에게 상당한 부담으로 작용할 수 있었다. 실권효 규정이 집중심리제도를 실질화시키는 중요한 수단이기는 하지만 이를 강력하게 적용할 경우 당사자의 소송자료 수집과 제출권한을 제약하여 자유로운 변론을 제약할 가능성도 있었다. 그리하여 법원이 실권효의 제재를 최소화하기 위해 사실상과 법률상의 사항에 대한 석명과 입증촉구 그리고 지적의무 등을 적절히 행사하여 당사자의 변론에 적극적으로 개입하여 실권효의 제재를 최소화하여야 한다는 주장이 부각되었다.

그렇지만, 법원이 소송관계에 적극적으로 개입하여 적극적으로 석명권을 행사하는 경우 상대방 당사자의 보호와 재판의 공정성에 문제가 생길 수 있다는 점에서 석명권 행사의 명확한 원칙이나 기준의 확립이 필요하다는 주장이 제기되었다. 이와 관련하여 석명의무 위반을 인정한 판례의 유형화와 석명의무 인정기준에 대한 심층적인 연구 필요성이 나타나게 되었다.

변론주의와 관련해서는 화해권고결정제도의 도입과 당사자신문의 보충성의 폐지를 이 시기 주요한 특징으로 볼 수 있다. 종래 소액사건 심판절차에서 인정되었던 제도들이 통상의 민사소송절차에 도입되는 한 예로 볼 수 있다. 그만큼 현대 민사소송은 심리의 집중과 적정을 동시에 이룰 수 있는 효율적인 재판제도를 추구한다는 점을 보여 준다. 소송에서 당사자의 주도적 지위를 위협할 수 있다는 지적도 있었지만 민사소송제도의 이런 방향은 세계적인 추세로 보인다.

3. 判例의 評價

이 시기에도 판례는 종전 판례의 입장을 이어 가면서 다양한 방면에서 석명의무를 인정하였다. 그렇지만 전 시기에 비해 석명의무를 인정한 판례의 숫자는 줄어든 것이 사실이다. 이런 사실은 그만큼 판례가 이제 안정되어 간다는 점을 보여 주는 것이기도 하다.

청구취지와 관련하여서는 원고의 청구가 나타난 사실관계하에서 모순되거나 부당한 것이 명확한 경우 이를 지적하여 사안에 적합한 청구취지로 정정하도록 하는 석명은 소송관계를 분명하게 하기 위해서 필요하다. 이 시기 법원은 소의 병합형태(대법원 2002. 10. 25. 선고 2002다23598 판결), 소 변경의 문제점(대법원 2003. 1. 10. 선고 2002다41435 판결) 등에 대해 적극적으로 이를 지적하면서 석명권을 행사할 것을 요구한다.

대법원은 이 경우에도 역시 상대방에게 불의의 타격을 줄 우려가 없는 경우에는 변론에서 명시적으로 주장을 하지 않아도 현출된 소송자료를 통하여 심리가 된 경우에는 이를 주장한 것으로 볼 수 있다고 하였으나(대법원 2002. 2. 26. 선고 2000다48265 판결) 원칙은 당사자에게 명시적으로 주장을 하도록 석명을 구하는 것이 타당하다고 하겠다.

또한 흠결된 법률요건사실을 전심과 달리 재판의 쟁점으로 삼기 위해서는 이를 지적하는 석명이 필요하다는 판례가 전 시기와 같이 계속된다(대법원 2002. 4. 26. 선고 2000다50497 판결). 법률상의 사항에 대한 지적의무를 거론하는 표현이 있으나 종래 석명의 한 유형으로 인정되었던 유형이다.

특히, 법률상 사항의 지적의무 신설로 소송요건의 흠결에 대한 지적의무는 강조되는 추세를 보여 준다. 소송요건에 해당하여 직권조사사항이더라도 이를 재판의 쟁점으로 삼기 위해서는 이를 지적하여 당사자로 하여금 이에 대해 의견을 진술할 수 있는 기회를 주어야 한다는 취지의 판결이 반복하여 나타난다. 소송요건에 대한 석명이 종래 인정되었지만 그 석명의 취지를 지적의무를 근거로 구체적으로 밝힌 점이 주목할 만한 부분이다.

법률상의 사항에 대한 지적의무를 언급하는 판례가 나타나지만, 원고 청구권의 다른 기초를 지적하는 판례는 90년대에 비해서는 숫자가 줄어든 현상을 보여 준다. 한편 청구의 변경에 대해 시사하여 분쟁을 실질적으로 해결할 것을 요구하는 석명은 계속 나타나 청구변경에서도 적극적인 석명권의 행사를 요구하는 태도를 보여 준다. 이에 반해 새로운 공격방어방법에 대한 석명에서는 소극적인 태도가 계속 이어지고 있어 역시 균형이 맞지 않는 감이 있다.

참 고 문 헌

1. 단행본

姜玹中,「民事訴訟法」, 初版, 博英社, 1988.

姜玹中,「民事訴訟法」, 新三全訂版, 博英社, 2001.

姜玹中,「民事訴訟法」, 제6판, 博英社, 2004.

郭潤直,「物權法」, 第7版, 博英社, 2002.

金洪奎,「民事訴訟法(上)」, 初版, 三英社, 1975.

金洪奎,「民事訴訟法」, 제4판 三英社, 2002 제3판.

金東熙,「行政法Ⅰ」, 제5판, 博英社.

方順元,「民事訴訟法」, 서울, 民衆書館, 1955.

方順元,「民事訴訟法(上)」, 一韓圖書出版社, 1964.

方順元,「民事訴訟法(上)」, 全訂版, 普成文化史, 1974.

方順元,「民事訴訟法(上)」, 全訂改版, 韓國司法行政學會, 1987.

朴商鎰,「民事訴訟法」, 국립중앙도서관 디지털자료실, 檀紀4289(1956).

朴商鎰,「新民事訴訟法(上)」.

司法大學院法窓會編,「民事訴訟法」, 進明文化史, 1964.

宋相現,「判例敎材 民事訴訟法」, 제2전정판, 法文社.

宋相現,「民事訴訟法」, 初版, 博英社, 1990.

宋相現,「民事訴訟法」, 新訂版, 博英社, 1997.

宋相現,「民事訴訟法」, 全訂4版, 博英社, 2004.

李時潤,「民事訴訟法」, 初版, 博英社, 1982.

李時潤,「民事訴訟法」, 新訂3版, 博英社, 2000.

李時潤,「新民事訴訟法」, 제3판, 博英社, 2007.

李時潤,「新民事訴訟法」 제5판, 博英社, 2009.

李英燮,「民事訴訟法」, 正音社, 檀紀4290(1957).
李英燮·李石善,「民事訴訟法(全)」, 博英社, 1967.
李英燮·張仁洙,「新民事訴訟法(全)」, 博英社, 1962.
李英燮,「新民事訴訟法(上)」, 第7全訂版, 博英社, 1973.
鄭東潤,「民事訴訟法」, 初版, 法文社, 1988.
鄭東潤,「民事訴訟法」, 第四全訂版, 法文社, 2001.
鄭東潤·庾炳賢,「民事訴訟法」, 제2판, 法文社, 2007.
田炳西,「民事訴訟法講義」, 新版, 法文社, 1998.
胡文赫,「民事訴訟法」, 제2판, 法文社, 2002.
호문혁,「민사소송법」, 제3판, 法文社 2009.
兼子一 著, 李祐吉,「民事訴訟法槪論」, 서울, 世光出版社, 1955.
岩本勇次郎·三ケ尻好人 共著,「新民事訴訟法要論(上)」, 嚴松堂書店, 1929.

2. 논문

康鳳洙, "法院의 法律事項 指摘義務", 竹堂 김상원 선생·公于 윤일
　　영 선생 화갑기념「민사재판의 제문제」제8호, 한국사법행정학
　　회, 1994.
곽종훈, "실권효 적용기준 및 석명권행사의 한계", 법조춘추 제152집
　　(2004), 서울지방변호사회.
권혁재, "법원의 釋明權 행사범위와 법적 관점 지적의무", 인권과 정의
　　2006. 8.(통권 제360호).
金尙永, "少額事件의 範圍擴大에 대한 批判的 考察", 釜山法曹
　　16(1998. 12.), 釜山地方辯護士會.
金尙永, "少額事件審判法의 諸問題", 民事訴訟 제7권 제1호(2003. 2.),
　　韓國民事訴訟法學會誌.
金詳源, "釋明權小考", 사법논집 제1집(1970. 12.), 법원도서관.
金祥源, "少額事件審判制度의 理念과 앞으로의 方向", 法曹 제28권
　　제2호(1979. 2.).
김영, "法官의 釋明權에 관한 研究", 서울대 법학박사 학위논문(2008. 2.).

金洪奎, "辯論主義의 具體的 適用과 그 問題點", 司法行政(1973. 11.).

盧永斌, "釋明權과 辯論主義", 司法行政 제89호(1968. 5.), 韓國司法行政學會.

徐廷友, "辯論再開申請 却下와 審理未盡", 民事判例研究 제14권, 民事判例研究會, 博英社.

吳大性, "辯論主義에 관한 研究: 古典的 辯論主義에 대한 反省", 전남대대학원 박사학위논문, 1989.

吳相悅, "辯論主義(上)", 司法行政 187호(1976. 7.), 韓國司法行政學會.

吳容鎬, "辯論主義에 관한 考察(Ⅱ)", 法曹 335호(1984. 5.).

吳容鎬, "辯論主義에 관한 考察(Ⅱ), 法曹, 334호(1984/4).

吳容鎬, "獨逸民事訴訟에 있어서의 法官의 釋明義務", 裁判資料 제15집.

尹眞秀, "土地賃借人의 買受請求權行使와 法院의 釋明義務", 人權과 正義 236號(1996. 4.).

이교림, "석명권의 대상과 범위", 재판과 판례 제5집(1996. 12), 대구판례연구회.

李時潤, "職權探知主義와 農地事件", 司法行政 제6권 제2호(1965. 2.).

李時潤, "釋明權(1)", 새法政, 제4권 제7호(1974. 7.), 한국사법행정학회.

李英燮, "辯論主義의 宿命", 法曹 제1권 제1호(1949. 4.), 법조협회.

李英燮, "辯論主義와 釋明權", 司法行政 제5권 12호(1964년 11월), 한국사법행정학회.

李明燮, "釋明權", 새法政 제2권 제11호(1972. 11.), 韓國司法行政學會.

李訓熙, 釋明權의 範圍, 湖南大學校 論文集 제13집, 1992/12.

張哲朝, 法院의 法的 觀點 表明義務, 김홍규 박사 화갑기념Ⅰ, 民事訴訟의 諸問題, 三英社, 1992.

조관행, "서면에 의한 변론준비절차 및 사건분류의 효율화 방안", 법조춘추 제152집(2004), 서울지방변호사회.

전오영, "실권효 적용기준과 석명권행사의 한계", 법조춘추 제152집(2004), 서울지방변호사회.

崔恩姬, "釋明權에 관한 研究", 法曹 495(1997. 12.).

胡文赫, "民事訴訟에 있어서의 理念과 辯論主義에 관한 研究", 서울

대학교 法學 제30권 3·4호(1989).

胡文赫, "民事訴訟에 있어서의 眞實義務", 考試界, 1988. 5.

胡文赫, "民事訴訟에 있어서의 法律的 事項에 관한 法官의 示唆義務", 민법학논총, 제2집, 박영사, 1995.

胡文赫, "民事訴訟에 있어서의 信義誠實의 原則", 人權과 正義 제166호(1990. 6.).

판 례 색 인

김영(金凌) ────────────────────────────────────

▌약 력
  서울대학교 법학박사
  서울대학교 민사소송법연구회 회원

석명권의 역사

초판인쇄 | 2010년 4월 15일
초판발행 | 2010년 4월 15일

지은이 | 김영(金凌)
펴낸이 | 채종준
펴낸곳 | 한국학술정보㈜
주　소 | 경기도 파주시 교하읍 문발리 파주출판문화정보산업단지 513-5
전　화 | 031) 908-3181(대표)
팩　스 | 031) 908-3189
홈페이지 | http://www.kstudy.com
E-mail | 출판사업부　publish@kstudy.com
등　록 | 제일산-115호(2000. 6. 19)

ISBN　978-89-268-0888-7 94360 (Paper Book)
　　　　978-89-268-0889-4 98360 (e-Book)
　　　　978-89-268-0886-3 94360 (Paper Book set)
　　　　978-89-268-0887-0 98360 (e-Book set)

내일을여는지식 ◥ 은 시대와 시대의 지식을 이어 갑니다.